# Die internationale Zuständigkeit des „Mittelpunkts der hauptsächlichen Interessen“ und von insolvenzbezogenen Einzelverfahren

**Europäische Hochschulschriften**

European University Studies

Publications Universitaires Européennes

| | |
|---|---|
| Reihe II | **Rechtswissenschaft** |
| Series II | Law |
| Série II | Droit |

Band/Volume **5760**

Christina Heber

# Die internationale Zuständigkeit des „Mittelpunkts der hauptsächlichen Interessen“ und von insolvenzbezogenen Einzelverfahren

Unter besonderer Berücksichtigung
der Rechtsprechung des EuGH zur EuInsVO
und zur EuGVVO

PL ACADEMIC RESEARCH

**Bibliografische Information der Deutschen Nationalbibliothek**
Die Deutsche Nationalbibliothek verzeichnet diese Publikation in der Deutschen Nationalbibliografie; detaillierte bibliografische Daten sind im Internet über http://dnb.d-nb.de abrufbar.

Zugl.: Münster (Westfalen), Univ., Diss., 2014

D 6
ISSN 0531-7312
ISBN 978-3-631-66559-6 (Print)
E-ISBN 978-3-653-05914-4 (E-Book)
DOI 10.3726/978-3-653-05914-4


PL Academic Research ist ein Imprint der Peter Lang GmbH.
Peter Lang – Frankfurt am Main · Bern · Bruxelles · New York · Oxford · Warszawa · Wien



Diese Publikation wurde begutachtet.

www.peterlang.com

# Vorwort

Die vorliegende Arbeit wurde von der Juristischen Fakultät der Westfälischen Wilhelms-Universität Münster im Sommersemester 2014 als Dissertation angenommen.

Meinem Doktorvater, Prof. Dr. Thomas Klicka, möchte ich dafür danken, dass er mein Interesse für das wissenschaftliche Arbeiten sowie das Europäische Insolvenzrecht geweckt und mich bei der Themenfindung unterstützt hat. Bedanken möchte ich mich auch für die außergewöhnlich zügige Korrektur meiner Arbeit. Prof. Dr. Ingo Saenger danke ich für die zeitnahe Erstellung des Zweitgutachtens.

Besonderer Dank gilt meinen Eltern, die mich bei allen Vorhaben und Plänen unterstützt, gefördert und beraten haben. Ihnen ist diese Arbeit in Liebe und Dankbarkeit gewidmet. Von ganzem Herzen möchte ich mich bei meiner Patentante für die liebevolle und uneingeschränkte Unterstützung bedanken. Bedanken möchte ich mich bei meinem Cousin, dessen kritische Anmerkungen und Motivation ich sehr schätze. Meinen Freunden, mit denen ich die Zeit der Promotion gemeinsam in Düsseldorf und Berlin verbracht habe, danke ich für die stetige Motivation und Unterstützung.

Berlin, Juni 2015

# Inhalt

# Abkürzungsverzeichnis

| | |
|---|---|
| a.A. | andere Auffassung |
| ABl. | Amtsblatt |
| Abs. | Absatz |
| AEUV | Vertrag über die Arbeitsweise der Europäischen Union |
| AktG | Aktiengesetz |
| Anm. | Anmerkung |
| AnwBl. | Anwaltsblatt |
| Art. | Artikel |
| BB | Betriebsberater |
| ber. | berichtigt |
| Beschl. | Beschluss |
| BGB | Bürgerliches Gesetzbuch |
| BGBl. | Bundesgesetzblatt |
| BGH | Bundesgerichtshof |
| BGHE | Rechtsprechung des Bundesgerichtshofs in Zivilsachen |
| Brüssel I-VO | Verordnung (Eg) Nr. 44/2001 des Rates vom 22.12.2000 über die gerichtliche Zuständigkeit und die Anerkennung und Vollstreckung in Zivil- und Handelssachen |
| BT | Bundestag |
| bzw. | beziehungsweise |
| BVerfG | Bundesverfassungsgericht |
| BVerfGE | Entscheidungen des Bundesverfassungsgerichts |
| ca. | circa |
| COMI | Center of main interest |
| CVA | Company voluntary arrangement |
| DAV | Deutscher Anwaltsverein |
| Ders. | Derselbe |
| Dies. | Dieselbe/Dieselben |
| d. h. | das heißt |
| Diss. | Dissertation |
| Dok. | Dokument |
| Drs. | Drucksache |
| DZWIR | Deutsche Zeitschrift für Wirtschafts- und insolvenzrecht |
| EDV | Elektronische Datenverarbeitung |
| EG | Europäische Gemeinschaft |
| EGV | Vertrag zur Gründung der Europäischen Gemeinschaft |
| EGInsO | Einführungsgesetz zur Insolvenzordnung |
| Einl. | Einleitung |

| | |
|---|---|
| EU | Europäische Union |
| EuInsÜ | Europäisches Insolvenzübereinkommen |
| EUV | Vertrag über die Europäische Union |
| EuGH | Europäischer Gerichtshof |
| EuGVÜ | Übereinkommen über die gerichtliche Zuständigkeit und die Vollstreckung in Zivil- und Handelssachen vom 27.09.1968 |
| EuGVVO | Verordnung (EG) Nr. 44/2001 des Rates vom 22.12.2000 über die gerichtliche Zuständigkeit und die Anerkennung und Vollstreckung in Zivil- und Handelssachen |
| EInsÜ | Europäisches Insolvenzübereinkommen vom 23.11.1995 |
| EuInsVO | Verordnung (EG) Nr. 1346/2000 des Rates vom 29.05.2000 über Insolvenzverfahren |
| EuIPR | Internationales Privatrecht der Europäischen Union |
| EuZPR | Europäisches Zivilprozessrecht |
| EuZW | Europäische Zeitschrift für Wirtschaftsrecht |
| EWG | Europäische Wirtschaftsgemeinschaft |
| EWGV | Vertrag zur Gründung der Europäischen Wirtschaftsgemeinschaft |
| EWiR | Entscheidungen zum Wirtschaftsrecht |
| EWS | Europäisches Wirtschafts- und Steuerrecht |
| f./ff. | folgend, folgende |
| FD-InsR | Fachdienst Insolvenzrecht |
| Fn. | Fußnote |
| GmbH | Gesellschaft mit beschränkter Haftung |
| GmbHG | Gesetz betreffend die Gesellschaft mit beschränkter Haftung |
| GWR | Gesellschafts- und Wirtschaftsrecht |
| Hrsg./hrsg. | Herausgeber/herausgegeben |
| IHR | Internationales Handelsrecht, Zeitschrift für das Recht des internationalen Warenkaufs und Warenvertriebs |
| InsO | Insolvenzordnung |
| InsolvenzVO | Verordnung (EG) Nr. 1346/2000 des Rates vom 29.05.2000 über Insolvenzverfahren |
| Int. Handels- und GesR | Internationales Handels- und Gesellschaftsrecht |
| IntGesR | Internationales Gesellschaftsrecht |
| IntInsR | Internationales Insolvenzrecht |
| IntKonzernInsR | Internationales Konzerninsolvenzrecht |
| IntZPR | Internationales Zivilprozessrecht |
| IPrax | Praxis des Internationalen Privat- und Verfahrensrechts |

| | |
|---|---|
| i. S. d. | im Sinne des/der |
| IT | Informationstechnik |
| i. V. m. | in Verbindung mit |
| KG | Kommanditgesellschaft |
| KTS | Konkurs-, Treuhand- und Schiedsgerichtswesen |
| lit. | Litera |
| Ltd. | Limited Company by shares (Kommanditgesellschaft auf Aktien irischen Rechts) |
| LMK | Lindmaier-Möhring kommentierte BGH Rechtsprechung |
| m. w. N. | mit weiteren Nachweisen |
| m. W. v. | mit Wirkung vom |
| NJW | Neue Juristische Wochenschrift |
| NJW-Spezial | Neue Juristische Wochenschrift Spezial |
| Nr. | Nummer |
| NZG | Neue Zeitschrift für Gesellschaftsrecht |
| NZI | Neue Zeitschrift für das Recht der Insolvenz und Sanierung |
| OLG | Oberlandesgericht |
| OGH | Oberster Gerichtshof (Österreich) |
| OHG | offene Handelsgesellschaft |
| ÖBA | BankArchiv, Zeitschrift für das gesamte Bank- und Börsen-wesen |
| ÖJZ | Österreichische Juristen-Zeitschrift |
| RabelsZ | Rabels Zeitschrift für ausländisches und internationales Privatrecht |
| RegE | Regierungsentwurf |
| RIW | Recht der internationalen Wirtschaft |
| Rn. | Randnummer/Randnummern |
| Rs. | Rechtssache |
| Rspr. | Rechtsprechung |
| S. | Satz/Seite |
| SE | societas europaea (Europäische Gesellschaft) |
| SE-VO | Verordnung für die Europäische Aktiengesellschaft |
| Slg. | Sammlung der Rechtsprechung des Gerichtshofs und des Gerichts Erster Instanz |
| S.p.A | Società per azioni (Aktiengesellschaft italienischen Rechts) |
| S.r.l. | Società a responsibilitià a limitada (Gesellschaft mit beschränkter Haftung italienischen Rechts) |
| Univ. | Universität |
| Urt. | Urteil |
| USA | United States of America |
| v. | von/vom |

| | |
|---|---|
| Var. | Variante |
| vgl. | Vergleiche |
| Vor. | Vorbemerkung |
| WRP | Wettbewerb in Recht und Praxis |
| z. B. | zum Beispiel |
| ZaK | Zivilrecht aktuell |
| ZEuP | Zeitschrift für Europäisches Privatrecht |
| ZIK | Zeitschrift für Insolvenzrecht und Kreditschutz |
| ZInsO | Zeitschrift für das gesamte Insolvenzrecht |
| ZIP | Zeitschrift für Wirtschaftsrecht |
| zit. | zitiert |
| zgl. | zugelassen |
| ZGR | Zeitschrift für Unternehmens- und Gesellschaftsrecht |
| ZHR | Zeitschrift für das gesamte Handels- und Wirtschaftsrecht |
| ZZP | Zeitschrift für Zivilprozess |

# Teil 1: Einleitung

Eine eindeutige Bestimmung der internationalen Zuständigkeit für die Eröffnung eines grenzüberschreitenden Insolvenzverfahrens sowie für insolvenzbezogene Einzelentscheidungen ist erforderlich, um das durch die Europäische Verordnung über Insolvenzverfahren (EuInsVO)[1] verfolgte Ziel der Koordinierung von grenzüberschreitenden Insolvenzverfahren zu erreichen. Durch die Globalisierung haben sich in den vergangenen Jahrzehnten die Handelsbeziehungen insbesondere von Unternehmen innerhalb der Europäischen Union ausgeweitet. Um den Binnenmarkt weiter zu vollenden, sind nicht nur Regelungen zur Ermöglichung einer grenzüberschreitenden wirtschaftlichen Tätigkeit erforderlich, sondern auch für die finanzielle Krise. Denn die Insolvenz eines grenzüberschreitend tätigen Unternehmens hat Auswirkungen auf die Rechtsbeziehungen des Unternehmens zu den Wirtschaftsbeteiligten in den verschiedenen Mitgliedstaaten. Insbesondere bei in Konzernen organisierten Gesellschaften bestehen enorme rechtliche Verflechtungen, auf die eine Vielzahl europäischer Rechtsakte sowie unterschiedliches nationales Recht anwendbar ist. In das grenzüberschreitende Insolvenzverfahren werden durch die EU-weite Geltung und Beschlagnahme alle Rechtsbeziehungen der schuldnerischen Gesellschaft miteinbezogen, so dass die Eröffnung eines Insolvenzverfahrens verschiedene rechtliche Bereiche betrifft.

Obwohl durch das Inkrafttreten der EuInsVO im Jahre 2002 ein erheblicher Fortschritt erreicht wurde, haben sich in den letzten Jahren neben den Stärken auch die Schwachstellen der Verordnung gezeigt. Zur Verbesserung der EuInsVO hat die Europäische Kommission daher am 12. Dezember 2012 einen Vorschlag vorgelegt.[2] Das Europäische Parlament hat den inhatlich überarbeiteten Entwurf der Legislativen Entschließung am 05. Februar 2014 in der ersten Lesung angenommen.[3] Unter der geltenden Fassung der EuInsVO sind diejenigen Fragestellungen und Unklarheiten, die auf dem Wege der Vorabentscheidung

---

1 Verordnung (EG) Nr. 1346/2000 des Rates vom 29. Mai 2000 über Insolvenzverfahren; ABl. 2000 Nr. L 160, 1.

2 Vorschlag für eine Verordnung des Europäischen Parlaments und des Rates zur Änderung der Verordnung (EG) Nr. 1346/2000 des Rates über Insolvenzverfahren, 12.12.2012, COM(2012) 744 final; diskutiert von *Prager/Keller* NZI 2013, 57; *Reuß* EuZW 2013, 165.

3 http://www.europarl.europa.eu/sides/getDoc.do?pubRef=-//EP//TEXT+TA+P7-TA-2014-0093+0+DO C+XML+V0//DE (zuletzt abgerufen am 18.03.2014).

bis zum EuGH vorgedrungen und von diesem auch entschieden wurden, die relevantesten. Der EuGH hat sich in seinen bisherigen Urteilen vor allem mit zwei Themenbereichen befasst, mit denen sich auch die vorliegende Arbeit auseinandersetzt.

Die internationale Zuständigkeit hat entscheidende Bedeutung für das grenzüberschreitende Insolvenzverfahren einer schuldnerischen Gesellschaft. Denn das universelle und einheitliche Insolvenzverfahren richtet sich nach dem nationalen Insolvenzrecht des Eröffnungsstaates.[4] Die EuInsVO enthält für die internationale Zuständigkeit in Art. 3 Abs. 1 Satz 1 EuInsVO den unbestimmten Rechtsbegriff des „Mittelpunkts der hauptsächlichen Interessen des Schuldners". Dieser Begriff wurde von den unterschiedlichen einzelstaatlichen Gerichten verschieden ausgelegt, wodurch positive Kompetenzkonflikte entstanden. Eine uneinheitliche Auslegung ermöglicht ebenfalls ein unter der EuInsVO unzulässiges „forum shopping" der Beteiligten. Ziel des ersten Teils dieser Arbeit ist es, im Interesse der Verwirklichung der Ziele der EuInsVO durch die Auslegung des Begriffs und der dazu ergangenen Urteile des EuGH eine einheitliche Prüfungsreihenfolge für die Bestimmung des Mittelpunkts der hauptsächlichen Interessen einer schuldnerischen Gesellschaft herzuleiten.

Der zweite Bereich der EuGH-Rechtsprechung zum europäischen Insolvenzrecht betrifft die insolvenzbezogenen Einzelverfahren an der Schnittstelle zwischen der EuInsVO und der Verordnung über die gerichtliche Zuständigkeit, die Anerkennung und Vollstreckung von Entscheidungen in Zivil- und Handelssachen (EuGVVO)[5]. Innerhalb des Insolvenzverfahrens werden nicht alle klärungsbedürftigen Punkte entschieden, sondern es kommt, bedingt durch die Eröffnung des Insolvenzverfahrens, zu weiteren Einzelverfahren, die einen gewissen Bezug zum Insolvenzverfahren haben. Für solche insolvenzbezogenen Einzelverfahren enthalten weder die EuInsVO noch die EuGVVO eine Regelung. Bei einem insolvenzbezogenen Einzelverfahren entsteht durch das Insolvenzverfahren, das im Interesse der grenzüberschreitenden Gläubigergemeinschaft eröffnet wird, eine Sondersituation. Denn für das Insolvenzverfahren und den Insolvenzverwalter ist es entscheidend, ob das insolvenzbezogene Einzelverfahren auch unter die EuInsVO fällt und in dem Mitgliedstaat der Eröffnung des Insolvenzverfahrens durchgeführt wird, oder ob die allgemeinen (Zuständigkeits-)

---

4 Art. 4 EuInsVO, sogenannte *lex fori concursus.*

5 Verordnung (EG) Nr. 44/2001 des Rates über die gerichtliche Zuständigkeit und die Anerkennung von Entscheidungen in Zivil- und Handelssachen vom 22.12.2000; ABl. 2001 Nr. L 12, 1, ber. ABl. 2001 Nr. L 307, 28, zuletzt geändert durch Verordnung (EU) Nr. 517/2013 vom 13.5.2013 m. W. v. 1.7.2013.

Regeln der EuGVVO anwendbar sind. Im zweiten Teil dieser Arbeit werden die in den beiden Verordnungen enthaltenen Rahmenbedingungen und Anforderungen für die Zuordnung von insolvenzbezogenen Einzelverfahren entweder zur EuInsVO oder zur EuGVVO sowie für die Bestimmung der internationalen Zuständigkeit ermittelt und es werden die dazu ergangen EuGH-Urteile diskutiert. Ziel ist es, ein System bzw. Kriterien zu ermitteln, um die anwendbare Verordnung für die jeweiligen insolvenzbezogenen Einzelverfahren sowie die internationale Zuständigkeit dafür zu bestimmen.

# Teil 2: Mittelpunkt der hauptsächlichen Interessen

## § 1 Einleitung und Problemaufriss

Die internationale Zuständigkeit zur Eröffnung des Hauptinsolvenzverfahrens knüpft in Art. 3 Abs. 1 EuInsVO an den Mittelpunkt der hauptsächlichen Interessen des Schuldners (in der englischen Fassung „center of main interest", abgekürzt COMI) an. Bei Gesellschaften und juristischen Personen wird bis zum Beweis des Gegenteils vermutet, dass der Mittelpunkt der hauptsächlichen Interessen der Ort ihres Satzungssitzes ist (Art. 3 Abs. 1 Satz 2 EuInsVO). In Art. 2 der EuInsVO sind viele der zentralen Begriffe der Verordnung legaldefiniert, nicht jedoch der Begriff des Mittelpunkts der hauptsächlichen Interessen des Schuldners. Ferner wird der Begriff in keiner anderen europäischen Verordnung oder Richtlinie verwendet. Die Unbestimmtheit des Rechtsbegriffs führte in der Vergangenheit dazu, dass die einzelstaatlichen Gerichte den Begriff des Mittelpunkts der hauptsächlichen Interessen unterschiedlich ausgelegt haben und sich Gerichte aus verschiedenen Mitgliedstaaten zur Eröffnung des Hauptinsolvenzverfahrens über denselben Schuldner für zuständig erklärten.[6] Da unter der EuInsVO grundsätzlich nur ein universelles Hauptinsolvenzverfahren eröffnet

---

6 *High Court of Justice London*, Beschluss vom 04.08.2006, No. 5618/06, EWiR 2007, 175, *AG Nürnberg*, Beschluss vom 15.08.2006, 8004 IN 1326 - 1331/06, ZIP 2007, 81, *AG Nürnberg*, Beschluss vom 01.10.2006, 8034 IN 1326/06, ZIP 2007, 83 („Brochier"); *Tribunale di Parma*, Urteil vom 19.02.2004, 53/04, ZIP 2004, 1220, *High Court Dublin*, Beschluss vom 23.03.2004, 33/04, ZIP 2004, 1223 („Eurofood"); *High Court of Justice Leeds*, 16.05.2003, *AG Düsseldorf* 10.07.2003, vgl. *BGH*, Urteil vom 29.05.2008, IX ZB 103/07, ZInsO 2008, 745, Uhlenbruck/*Lüer*, InsO, Art. 3 EuInsVO Rn. 32 („I GmbH"); *High Court of Justice Leeds*, Beschluss vom 16.05.2003, No. 861 - 876/03, ZIP 2003, 1362, mit nachgereichter Begründung *High Court of Justice Leeds*, Judment zur Adminstration Order vom 16.05.2003, No 861 - 876/03, ZIP 2004, 963, *AG Düsseldorf*, Beschluss vom 06.06.2003, 502 IN 126/03, ZIP 2003, 1363, *Tribunal de commerce de Pointoise*, Beschluss vom 26.05.2003, vgl. *Court d´appel Versailles*, Urteil vom 04.09.2003, 05038/03, ZIP 2004, 377, HambKomm/*Undritz*, InsO, Art. 3 EuInsVO Rn. 74 („ISA/Daisytek"); *Herchen* ZInsO 2004, 825, 826; Hess, Insolvenzrecht, Anhang G Rn. 16 ff.; *Hess/Laukemann/Seagon* IPrax 2007, 89, 90; *Klöhn* KTS 2006, 259, 278; *Lautenbach* NZI 2004, 383, 386; *Mankowski* BB 2006, 1753, 1753; MünchKommBGB/*Kindler* Art. 3 EuInsVO Rn. 15; MünchKommInsO/*Reinhart* Art. 3 EuInsVO Rn. 7; *Penzlin/Riedemann* NZI 2005, 465, 469; *Wiedemann* ZInsO 2007, 1009, 1009.

wird, das das gesamte Vermögen des Schuldners erfasst,[7] entstanden sogenannte positive Kompetenzkonflikte.[8] Die EuInsVO löst einen solchen nach dem Prioritätsprinzip zugunsten des ersteröffnenden Gerichts.[9] Dadurch entstand zum einen ein Wettlauf der einzelstaatlichen Gerichte um die Ersteröffnung[10] und zum anderen ein sogenanntes „forum shopping".[11]

Vor allem in Großbritannien wurden Hauptinsolvenzverfahren über Gesellschaften verhältnismäßig schnell eröffnet.[12] Englische Gerichte legten den

---

7 Erwägungsgrund 12 EuInsVO.

8 siehe Rechtsprechung zu Fn. 6; Haß/Huber/Gruber/Heiderhoff/*Haß/Herweg*, EuInsVO, Art. 3 Rn. 30; *Hess/Laukemann/Seagon* IPrax 2007, 89, 90; *Herchen* ZInsO 2004, 61, 62; *Klöhn* KTS 2006, 259, 278; *Schilling/Schmidt* ZInsO 2006, 113, 116; *Vallender* KTS 2005, 283, 292; *Weller* IPrax 2004, 412, 413.

9 Erwägungsgrund 22 EuInsVO; *Duursma/Duursma-Kepplinger* DZWIR 2003, 447, 449; Gottwald/*Gottwald* § 128 Rn. 21; Haß/Huber/Gruber/Heiderhoff/*Haß/Herweg*, EuInsVO, Art. 3 Rn. 31; *Herchen* ZInsO 2004, 61, 63; *Huber* in: Festschrift Heldrich 2005, 679, 681; *Laukemann* RIW 2005, 104, 109; *Paulus* ZIP 2003, 1725, 1726.

10 *Bähr/Riedemann* ZIP 2004, 1064, 1067; Graf-Schlicker/*Kebekus/Sabel/Schlegel*, InsO, Art. 3 EuInsVO Rn. 5; Pannen/*Pannen*, EuInsVO, Art. 3 Rn. 17; *Pannen/Riedemann* NZI 2004, 646, 646.

11 *Carstens* S. 85; *Klöhn* KTS 2006, 259, 274; *Pannen/Riedemann* NZI 2004, 646, 646; *Thole* ZEuP 2007, 1137, 1141; *Weller* IPrax 2004, 412, 413.

12 *High Court of Justice London*, Beschluss vom 17.05.2005, unveröffentlicht vgl. *AG Köln*, Beschluss vom 10.08.2005, 71 IN 416/05, ZIP 2005, 1566, *LG Loeben*, Beschluss vom 31.08.2005, 17 S 56/05, ZInsO 2005, 1176, *OLG Graz*, Beschluss vom 20.10.2005, 3 R 149/05, NZI 2006, 660, *High Court of Justice London*, Urteil vom 09.06.2006, (2006) EWHC 1343, NZI 2006, 654 („Collins & Aikman"); *High Court of Justice Leeds*, 16.05.2003, *AG Düsseldorf* 10.07.2003, vgl. *BGH*, Urteil vom 29.05.2008, IX ZB 103/07, ZInsO 2008, 745, Uhlenbruck/*Lüer*, InsO, Art. 3 EuInsVO Rn. 32 („I GmbH"); *High Court of Justice Leeds*, Beschluss vom 16.05.2003, No 861 – 876/03, ZIP 2003, 1362 („ISA/Daisytek"); *High Court of Justice London*, Beschluss vom 04.06.2002, unveröffentlicht vgl. Ferber S. 41 („Enron Directo Sociedad Limitada"); *High Court of Justice London*, Beschluss vom 20.05.2003, unveröffentlicht vgl. Ferber S. 40 („Crisscross Telecommunication Group"); *High Court Birmingham*, Beschluss vom 19.12.2003, unveröffentlicht vgl. HambKomm/*Undritz*, InsO, Art. 3 EuInsVO Rn. 86, Pannen/*Pannen*, EuInsVO, Art. 3 Anhang A Rn. 2, Uhlenbruck/*Lüer*, InsO, Art. 3 EuInsVO Rn. 18, („Automol"); *High Court of Justice Birmingham*, Beschluss vom 18.04.2005, 2375-2382/05, NZI 2005, 467 („MG Rover"); *Bähr/Riedemann* ZIP 2004, 1064, 1066; *Mankowski* NZI 2004, 450, 450; Pannen/*Pannen*, EuInsVO, Art. 3 Rn. 37; *Pannen/Riedemann* NZI 2004, 646, 646; *Poertzgen/Adam* ZInsO 2006, 505, 506.

Begriff des Mittelpunkts der hauptsächlichen Interessen weit aus[13] und bejahten dementsprechend schnell ihre Zuständigkeit gemäß Art. 3 Abs. 1 EuInsVO zur Eröffnung des Hauptinsolvenzverfahrens.[14] Hintergrund sind die Vorteile, die sich für den betreffenden Mitgliedstaat durch die Eröffnung und Durchführung eines Insolvenzverfahrens über eine Gesellschaft ergeben.[15] Ein Insolvenzverfahren über ein großes Unternehmen durchzuführen bringt einem Richter und dem Gericht Reputation.[16] Gemäß Art. 4 EuInsVO bestimmt sich das Insolvenzstatut nach dem Recht des Staates der Verfahrenseröffnung. Werden zahlreiche Insolvenzverfahren nach dem Insolvenzrecht eines Mitgliedstaates durchgeführt, wird dieses Insolvenzrecht weiterentwickelt[17] und eventuell von anderen Staaten rezipiert. Ferner zieht ein Insolvenzverfahren über ein großes Unternehmen ein lukratives Beratungsgeschäft in dem betreffenden Mitgliedstaat nach sich.[18]

Zudem haben viele schuldnerische Unternehmen in der Vergangenheit ein Interesse daran gezeigt, das Hauptinsolvenzverfahren in England zu eröffnen, um dadurch die Möglichkeiten des englischen Insolvenzrechts nutzen zu können.[19] Für die schuldnerische Gesellschaft bietet das englische Insolvenzrecht

---

13 siehe die englische Rechtsprechung zur vorherigen Fn; *Bähr/Riedemann* ZIP 2004, 1064, 1066; *Herchen* ZInsO 2004, 825, 826; *Mankowski* EWiR 2003, 1239, 1239; *Lautenbach* NZI 2004, 383, 385; Pannen/*Pannen*, EuInsVO, Art. 3 Rn. 37; *Pannen/Riedemann* NZI 2004, 646, 646; *Penzlin/Riedemann* NZI 2005, 465, 469; *Sabel* NZI 2004, 126, 126; *Thole* ZEuP 2007, 1137, 1141; *Poertzgen/Adam* ZInsO 2006, 505, 506; *Weller* IPrax 2004, 412, 413.

14 siehe Rechtsprechung zu Fn. 12; *Bähr/Riedemann* ZIP 2004, 1064, 1066; *Mankowski* NZI 2004, 450, 450; Pannen/*Pannen*, EuInsVO, Art. 3 Rn. 37; *Pannen/Riedemann* NZI 2004, 646, 646; *Poertzgen/Adam* ZInsO 2006, 505, 506.

15 *Carstens* S. 85; *Hess/Laukemann/Seagon* IPrax 2007, 89, 89; *Klöhn* KTS 2006, 259, 264; *Mankowski* NZI 2004, 450, 450; *Mankowski* BB 2006, 1753, 1754; *Paulus* NZG 2006, 609, 611; *Wimmer* ZInsO 2005, 119, 121.

16 *Eidenmüller* ZGR 2006, 467, 471; *Klöhn* KTS 2006, 259, 264.

17 *Klöhn* KTS 2006, 259, 264.

18 *Eidenmüller* ZGR 2006, 467, 471; *Hess/Laukemann/Seagon* IPrax 2007, 89, 89; *Kebekus* ZIP 2007, 83, 86; *Klöhn* KTS 2006, 259, 264; *Mankowski* EWiR 2003, 1239, 1240; *Mankowski* NZI 2004, 450, 450; *Mankowski* BB 2006, 1753, 1754; *Paulus* ZIP 2003, 1725, 1725.

19 Gebauer/Wiedmann/*Haubold* Kapitel 32 Art. 3 EuInsVO Rn. 50; *Hess/Laukemann/Seagon* IPrax 2007, 89, 89; *Huber* in: Gottwald, Europäisches Insolvenzrecht, Kollektiver Rechtsschutz, S. 4; *Knopf* ZInsO 2007, 629, 629; *Schwemmer* NZI 2009, 355, 355; *Weller* ZGR 2008, 835, 836.

(vermeintliche) Vorteile im Hinblick auf die Sanierung der Gesellschaft[20] durch das administration[21] oder das company voluntary arrangement (CVA)[22].

Aufgrund dessen haben sich in England ein Insolvenztourismus[23] und ein Insolvenzimperialismus[24] herausgebildet. Ist das englische Recht das maßgebliche Insolvenzstatut, wird dadurch die Anwendung anderer nationaler Insolvenzrechte der Mitgliedstaaten ausgeschlossen. Dies kann dazu führen, dass deutsche Haftungsvorschriften, insbesondere die Insolvenzverschleppungshaftung gemäß § 15a InsO i. V. m. § 823 Abs. 2 BGB, umgangen werden.[25] Die EuInsVO bezweckt jedoch, zu verhindern, dass die Beteiligten Vermögensgegenstände und Rechtsstreitigkeiten von einem Mitgliedstaat in einen anderen verschieben, um dadurch eine bessere Rechtsposition zu erlangen, das sogenannte „forum shopping".[26]

Insbesondere bei international agierenden Konzernen sind die vorgenannten Punkte von großer Tragweite.[27] Insolvenzverfahren wurden am Sitz der Muttergesellschaft nicht nur über die Muttergesellschaft selbst, sondern auch über sämtliche konzernangehörige Tochtergesellschaften eröffnet, selbst wenn diese nach dem Recht eines anderen Mitgliedstaates gegründet wurden, dort ihren Satzungssitz haben und ihrer Tätigkeit nachgehen.[28]

---

20 *Andres/Grund* NZI 2007, 137, 137; Gebauer/Wiedmann/*Haubold* Kapitel 32 Art. 3 EuInsVO Rn. 50; *Paulus* NZI 2008, 1, 1; *Schwemmer* NZI 2009, 355, 355; *Vallender* NZI 2007, 129, 129; *Weller* IPrax 2004, 412, 413.

21 Schedule B 1 Insolvency Act 1986; vgl. *Knopf* ZInsO 2007, 629, 630; *Weller* ZGR 2008, 835, 836.

22 Section 1 ff. Insolvency Act 1986.

23 *Bähr/Riedemann* ZIP 2004, 1064, 1068; *Mankowski* EWiR 2003, 1239, 1239; *Schwemmer* NZI 2009, 355, 355; *Weller* IPrax 2004, 412, 417; *Wimmer* ZInsO 2005, 119, 120.

24 *Mankowski* EWiR 2003, 1239, 1239; *Weller* ZHR 169 (2005), 570, 581.

25 *Knopf* ZInsO 2007, 629, 630; *Schwemmer* NZI 2009, 355, 355; *Weller* ZGR 2008, 835, 844.

26 Erwägungsgrund 4 EuInsVO.

27 *Mankowski* NZI 2004, 450, 450.

28 *High Court of Justice London*, Beschluss vom 17.05.2005, unveröffentlicht vgl. *AG Köln*, Beschluss vom 10.08.2005, 71 IN 416/05, ZIP 2005, 1566, *LG Loeben*, Beschluss vom 31.08.2005, 17 S 56/05, ZInsO 2005, 1176, *OLG Graz*, Beschluss vom 20.10.2005, 3 R 149/05, NZI 2006, 660, *High Court of Justice London*, Urteil vom 09.06.2006, (2006) EWHC 1343, NZI 2006, 654 („Collins & Aikman"); *High Court of Justice Birmingham*, Beschluss vom 18.04.2005, 2375-2382/05, NZI 2005, 467 („MG Rover"); *High Court of Justice Birmingham*, Beschluss vom 19.12.2003, unveröffentlicht vgl. HambKomm/*Undritz*, InsO, Art. 3 EuInsVO Rn. 86, Pannen/*Pannen*, EuInsVO, Art. 3 Anhang A Rn. 2, Uhlenbruck/*Lüer*, InsO, Art. 3 EuInsVO Rn. 18 („Automol"); *High Court of Justice Leeds*, Beschluss vom 16.05.2003, No 861 – 876/03, ZIP 2003, 1362 („ISA/

Dieser durch englische Gerichte begründeten Praxis sind kontinentaleuropäische Gerichte zunehmend gefolgt.[29] Die Insolvenzrechte der nunmehr 28 Mitgliedstaaten der Europäischen Union (EU) sind sehr unterschiedlich ausgestaltet.[30] Angesichts dieser Unterschiede ist die Bestimmung des Mittelpunkts der hauptsächlichen Interessen des Schuldners entscheidend für die Ausgestaltung zentraler Verfahrensfragen wie die Zusammensetzung der Insolvenzmasse, die Rechte der Gläubiger und der Rang ihrer Forderungen, die Befugnisse des Schuldners und des Verwalters, die Auswirkung des Verfahrens auf laufende Verträge sowie etwaige Sanierungsmöglichkeiten.[31]

Infolge der uneinheitlichen Auslegung in Bezug auf den Anknüpfungspunkt für die internationale Zuständigkeit zur Eröffnung des Hauptinsolvenzverfahrens

---

Daisytek"); *High Court of Justice London*, Beschluss vom 04.06.2002, unveröffentlicht vgl. Ferber S. 41 („Enron Directo Sociedad Limitada"); *Braun* NZI 2004 Heft 1 V, V; *Lüer* in: Festschrift Greiner 2005, 201, 201; *Sabel* NZI 2004, 126, 126; *Weller* IPrax 2004, 412, 413; im Fall „Crisscross Telecommunication Group" am Ort einer Tochtergesellschaft *High Court of Justice London*, Beschluss vom 20.05.2003, unveröffentlicht vgl. Ferber S. 40, Pannen/*Pannen*, EuInsVO, Art. 3 Anhang A Rn. 6, HambKomm/*Undritz*, InsO, Art. 3 EuInsVO Rn. 77, Uhlenbruck/*Lüer*, InsO, Art. 3 EuInsVO Rn. 14.

29 *Tribunal de Commerce de Nanterre*, Urteil vom 15.02.2006, unveröffentlicht vgl. HambKomm/*Undritz*, InsO, Art. 3 EuInsVO Rn. 90, Pannen/*Pannen*, EuInsVO, Art. 3 Anhang A Rn. 8, *Penzlin* EWiR 2006, 207, Uhlenbruck/*Lüer*, InsO, Art. 3 EuInsVO Rn. 28 („EMTEC"); *Tribunal de commerce Paris*, Dalloz 2006, 2329 vgl. HambKomm/*Undritz*, InsO, Art. 3 EuInsVO Rn. 91, Pannen/*Pannen*, EuInsVO, Art. 3 Anhang A Rn. 11 („Eurotunnel"), *AG Offenburg*, Beschluss vom 02.08.2004, 2 IN 133/04, NZI 2004, 673 („HUKLA"); *AG Siegen*, Beschluss vom 01.07.2004, 25 IN 154/04, NZI 2004, 673 („Zenith"); *Municipality Court von Fejer/Székesfehéevár*, 14.06.2004, 9. Fpk. 01-04 - 002916/2, ZInsO 2004, 861; *AG München*, Beschluss vom 04.05.2004, 1501 IE 1276/04, ZIP 2004, 962 („Hettlage"); *AG Mönchengladbach*, Beschluss v. 27.04.2004, 19 IN 54/04, ZIP 2004, 1064 („EMBIC"); *Tribunale di Parma*, Urteil vom 19.02.2004, 53/04, ZIP 2004, 1220, *Tribunale di Parma*, Urteil vom 15.06.2004, 93/04, ZIP 2004, 2295; („Eurofood"); *Kammel* NZI 2006, 334, 335; Kindler/Nachmann/*Kindler* § 2 Rn. 26; *Klöhn* KTS 2006, 259, 273; *Mankowski* NZI 2004, 450, 451; *Mankowski* BB 2006, 1753, 1754; Pannen/*Pannen*, EuInsVO, Art. 3 Rn. 37; *Paulus* NZG 2006, 609, 611; *Penzlin/Riedemann* NZI 2005, 465, 469; *Thole* ZEuP 2007, 1137, 1141.

30 Erwägungsgrund 11 EuInsVO; D-K/D/Ch/*Duursma-Kepplinger*, EuInsVO, Vorbemerkung Rn. 10; *Ehricke* EWS 2002, 101, 101; Haß/Huber/Gruber/Heiderhoff/*Haß/Herweg*, EuInsVO, Art. 3 Rn. 1; *Hess/Laukemann/Seagon* IPrax 2007, 89, 89; *Koch* in: Festschrift Jayme 2004, 437, 437; *Laukemann* RIW 2005, 104, 107; *Lautenbach* NZI 2004, 383, 385; *Virgós/Schmit*-Bericht Rn. 12; *Weller* ZHR 169 (2005), 570, 577.

31 *Freitag/Leible* RIW 2006, 641, 642; *Kammel* NZI 2006, 334, 335; *Weller* IPrax 2004, 412, 413; *Weller* ZHR 169 (2005), 570, 570.

ist eine Rechtssicherheit nicht gewährleistet.[32] Dies steht jedoch im Widerspruch zu dem Ziel der EuInsVO, die Funktionsfähigkeit des Binnenmarktes durch einen europäischen Rechtsakt für grenzüberschreitende Insolvenzen zu verbessern.[33] Durch die EuInsVO soll die Insolvenz eines Schuldners, der in mehreren Mitgliedstaaten rechtliche Beziehungen hat, koordiniert werden. Das setzt voraus, dass der Mitgliedstaat der Eröffnung des Hauptinsolvenzverfahrens, das sich materiell-rechtlich nach diesem nationalen Insolvenzrecht richtet, genau bestimmt ist. Daher ist es erforderlich, den Begriff des Mittelpunkts der hauptsächlichen Interessen des Schuldners im Interesse einer einheitlichen Auslegung zu konkretisieren, damit eine einheitliche und eindeutige internationale Zuständigkeit für grenzüberschreitende Insolvenzverfahren gegeben ist.

Im Folgenden wird zunächst die Bedeutung der Begriffsbestimmung als Tatbestandsvoraussetzung für die Ermittlung der internationalen Zuständigkeit des Hauptinsolvenzverfahrens aufgezeigt (hierzu unter § 2). Dann werden die zur Auslegung vertretenen Ansichten zur Bestimmung des Mittelpunkts der hauptsächlichen Interessen sowie die jeweils relevanten Kriterien dargestellt (hierzu unter § 3). Anschließend wird der Begriff anhand von Wortlaut, Historie, Systematik und Telos ausgelegt, und es wird geprüft, inwiefern die Ansichten den einzelnen Arten der Auslegung entsprechen (hierzu unter § 4). Schließlich wird ermittelt, ob der EuGH den Mittelpunkt hauptsächlicher Interessen gemäß dieser Auslegung bestimmt, wie er ihn weiterentwickelt und welches die dafür relevanten Kriterien sind (hierzu unter § 5).

## § 2 Bedeutung der internationalen Zuständigkeit

Art. 3 ist eine der zentralen Vorschriften der EuInsVO.[34] Art. 3 Abs. 1 EuInsVO bestimmt, in welchem Mitgliedstaat das Hauptinsolvenzverfahren zu eröffnen ist. Nach dem Prinzip der EuInsVO wird grundsätzlich nur ein Insolvenzverfahren über das Vermögen des Schuldners eröffnet. Dieses sogenannte Hauptinsolvenzverfahren wirkt universell, das heißt, es erfasst das gesamte schuldnerische

---

32 *Attinger* S. 20; *Kammel* NZI 2006, 334, 335; *Knopf/Mock* ZIP 2006, 907, 914; *Rotstegge* ZIP 2008, 955, 955.

33 vgl. Erwägungsgrund 2 EuInsVO.

34 Graf-Schlicker/*Kebekus/Sabel/Schlegel*, InsO, Art. 3 EuInsVO Rn. 1; MünchKommInsO/*Reinhart* Art. 3 EuInsVO Rn. 1; Paulus, EuInsVO, Art. 3 Rn. 1; Uhlenbruck/*Lüer*, InsO, Art. 3 EuInsVO Rn. 1.

Vermögen.[35] Die anderen Mitgliedstaaten erkennen das einheitliche und universelle Hauptinsolvenzverfahren automatisch an, Art. 16, 17 EuInsVO. Auf das Hauptinsolvenzverfahren ist gemäß Art. 4 EuInsVO das Recht des Staates der Verfahrenseröffnung anwendbar, die sogenannte *lex fori concursus*.[36] Durch die Anknüpfung des Insolvenzstatuts an das Recht der Verfahrenseröffnung wird ein Gleichlauf von internationaler Zuständigkeit und anwendbarem Recht erreicht.[37] Dadurch wird die grundsätzlich schwierige Unterscheidung zwischen materiellem Recht und Verfahrensrecht vermieden,[38] die insbesondere im Insolvenzrecht, das sowohl prozessuales als auch materielles Recht enthält, nur schwer möglich ist.[39] Der Insolvenzverwalter kann in allen Mitgliedstaaten tätig werden. Ihm stehen gemäß Art. 18 EuInsVO in allen Mitgliedstaaten die Befugnisse zu, die ihm nach der *lex fori concursus* zustehen.

Die Einheit und Universalität des Hauptinsolvenzverfahrens kann durch die Eröffnung eines territorial begrenzten Partikularinsolvenzverfahrens durchbrochen werden, Art. 3 Abs. 2 EuInsVO. Die EuInsVO verfolgt ein Prinzip der modifizierten[40] (bzw. kontrollierten[41]/gemäßigten[42]/eingeschränkten[43]) Universalität. Es gibt zwei Arten von Partikularverfahren. Gemeinsame Voraussetzung ist dabei jeweils das Vorhandensein einer Niederlassung in dem betreffenden Staat. Zum einen kann gemäß Art. 3 Abs. 4 EuInsVO ein isoliertes Partikularverfahren eröffnet werden, wenn ein Hauptinsolvenzverfahren in dem Staat, in dem sich der Mittelpunkt des hauptsächlichen Interesses des Schuldners befindet, nicht möglich ist.[44] Das ist beispielsweise dann der Fall, wenn der Schuldner in dem Mitgliedstaat seines Mittelpunkts der hauptsächlichen Interessen nicht

35 Erwägungsgrund 12 EuInsVO; Haß/Huber/Gruber/Heiderhoff/*Haß/Herweg*, EuInsVO, Art. 3 Rn. 2; HK-InsO/*Stephan* Art. 3 EuInsVO Rn. 1.

36 *Virgós/Schmit*-Bericht Rn. 17.

37 Michalski/*Leible*, GmbHG, IntGesR Rn. 173; *Weller* ZHR 169 (2005), 570, 573; *Weller* ZIP 2009, 2029, 2030; *De Christofaro* in: Gottwald, Europäisches Insolvenzrecht, Kollektiver Rechtsschutz, S. 44 Gleichlauf zwischen *forum* und *ius*.

38 Michalski/*Leible*, GmbHG, IntGesR Rn. 173.

39 *Eidenmüller* ZGR 2006, 467, 472; Gottwald/*Gottwald* § 128 Rn. 14; MünchKommBGB/*Kindler* Art. 4 EuInsVO Rn. 5.

40 *Fritz/Bähr* DZWIR 2001, 221, 229.

41 D-K/D/Ch/*Duursma-Kepplinger*, EuInsVO, Vorbemerkung Rn. 43; Kindler/Nachmann/*Kindler* § 2 Rn. 3; MünchKommBGB/*Kindler* Vor. Art. 1 EuInsVO Rn. 14; *Weller* ZHR 169 (2005), 570, 584.

42 Pannen/*Pannen/Riedemann*, EuInsVO, Einl. Rn. 38.

43 *Virgós/Schmit*-Bericht Rn. 5.

44 Erwägungsgrund 17 EuInsVO.

insolvenzfähig ist. In Italien zum Beispiel kann über einen Kleinunternehmer kein Insolvenzverfahren eröffnet werden.[45] Möglich ist dann, in einem anderen Mitgliedstaat, in dem der Schuldner beispielsweise Geschäftspartner und Eigentum an Grundstücken hat, ein isoliertes Partikularverfahren zu eröffnen. Dessen Wirkungen sind auf das Gebiet des eröffnenden Mitgliedstaates begrenzt,[46] und das Verfahren wird nach dem jeweiligen nationalen Recht (*lex fori concursus particularis*[47]) durchgeführt[48] (Territorialitätsprinzip[49]).

Weitaus häufiger und somit auch bedeutsamer ist die Eröffnung eines parallelen Sekundärinsolvenzverfahrens. Um zu vermeiden, dass ausländisches Insolvenzrecht im Inland angewendet wird,[50] und um die lokalen Gläubiger zu schützen,[51] besteht gemäß Art. 3 Abs. 3 EuInsVO die Möglichkeit, parallel zum Hauptinsolvenzverfahren in einem anderen Mitgliedstaat ein Sekundärinsolvenzverfahren zu eröffnen.[52] Dieses ist auf das Gebiet des Mitgliedstaates beschränkt[53] und nach dem nationalen Insolvenzrecht durchzuführen,[54] sogenannte *lex fori concursus secundariae*.[55] Wie schon die Begriffe Haupt- und Sekundärinsolvenzverfahren implizieren, hat das Sekundärinsolvenzverfahren eine untergeordnete Stellung.[56] Der Verwalter des Hauptinsolvenzverfahrens kann Einfluss auf das Sekundärinsolvenzverfahren nehmen. Er kann die Aussetzung der Verwertung in einem Sekundärinsolvenzverfahren beantragen (Art. 33 EuInsVO) und Vorschläge für verfahrensbeendende Maßnahmen im Sekundärinsolvenzverfahren unterbreiten (Art. 34 EuInsVO). Ferner ist ein etwaiger Überschuss im Sekundärinsolvenzverfahren an den Hauptinsolvenzverwalter auszukehren (Art. 35 EuInsVO).

45 Art. 1 Legge Fallimentare, vgl. MünchKommInsO/*Santonocito/Mare-Ehlers* Länderberichte Italien Rn. 11.

46 Art. 3 Abs. 2 EuInsVO.

47 D-K/D/Ch/*Duursma-Kepplinger*, EuInsVO, Vorbemerkung Rn. 38.

48 Erwägungsgrund 23 EuInsVO.

49 Paulus, EuInsVO, Art. 3 Rn. 45.

50 Erwägunsgrund 19 EuInsVO.

51 *Virgós/Schmit*-Bericht Rn. 32.

52 Kindler/Nachmann/*Kindler* § 2 Rn. 4; *Mankowski* RIW 2005, 573, 575; MünchKommBGB/*Kindler* Art. 3 EuInsVO Rn. 6; *Poertzgen/Adam* ZInsO 2006, 505, 506.

53 Art. 3 Abs. 2, 27 EuInsVO; Erwägungsgrund 12 EuInsVO.

54 Art. 28 EuInsVO.

55 D-K/D/Ch/*Duursma-Kepplinger*, EuInsVO, Art. 28 Rn. 1.

56 HK-InsO/*Stephan* Art. 3 EuInsVO Rn. 2; *Kübler* in: Festschrift Gerhardt 2004, 527, 533; *Laukemann* RIW 2005, 104, 108; MünchKommInsO/*Reinhart* Art. 3 EuInsVO Rn. 4; *Sabel* NZI 2004, 126, 127; *Virgós/Schmit*-Bericht Rn. 14.

Folglich ist das Hauptinsolvenzverfahren das zentrale Verfahren über die Insolvenz des Schuldners. Die aufgezeigte Bedeutung des Hauptinsolvenzverfahrens[57] macht klar, dass zur Bestimmung der internationalen Zuständigkeit der Auslegung des Begriffs des Mittelpunkts der hauptsächlichen Interessen eine Schlüsselposition für die Insolvenz des Schuldners zukommt.[58]

## § 3 Ansichten zur Bestimmung des Mittelpunkts der hauptsächlichen Interessen des Schuldners

Die einzelnen Kriterien zur Bestimmung des Mittelpunkts der hauptsächlichen Interessen sind in Rechtsprechung und Literatur detailliert diskutiert worden. Ausgehend von dem gerichtlich zu entscheidenden Fall wurden die Kriterien des Einzelfalls herangezogen, um dadurch eine internationale Zuständigkeit zu begründen. Dabei haben sich im Wesentlichen zwei[59] Grundauffassungen herausgebildet, die insbesondere bei Konzerninsolvenzen zu unterschiedlichen Ergebnissen führen.[60]

### I. Weite Auslegung

Der einen Ansicht[61] zufolge ist der Begriff des Mittelpunkts hauptsächlicher Interessen weit auszulegen. Abgestellt wird insbesondere auf interne Kriterien: auf

57 *Vallender/Fuchs* ZIP 2004, 829, 834.

58 *Kübler* in: Festschrift Gerhardt 2004, 527, 540; *Poertzgen/Adam* ZInsO 2006, 505, 506; *Thole* ZEuP 2007, 1137, 1140; *Vallender* KTS 2005, 283, 291; *Wimmer* ZInsO 2005, 119, 121.

59 von *Eidenmüller* NJW 2004, 3455, 3458, ZGR 2006, 467, 480 und KTS 2009, 137, 158 wird vorgeschlagen, das Insolvenzstatut an das Gesellschaftsstatut anzuknüpfen, um so einen Gleichlauf von Gesellschaftsrecht und Insolvenzrecht zu erreichen. Größte Schwäche dieser Auffassung ist jedoch, dass in Europa der Streit zwischen Sitz- und Gründungstheorie auch nach neuester Rechtsprechung des EuGH, Urteil vom 12.07.2012, Rs. C-378/10, NZI 2012, 937 („VALE") nicht beendet ist und folglich keine einheitliche Anknüpfung für das Gesellschaftsstatut in Europa besteht, so dass eine Anknüpfung des Insolvenzstatuts an das Gesellschaftsstatut mehr Probleme als Vorteile bringt. Insbesondere berücksichtigt diese Auffassung auch die Überschneidung von Verfahrens- und materiellem Recht im Insolvenzrecht nicht.

60 statt vieler: *Huber* in: Festschrift Heldrich 2005, 679, 692; *Weller* IPrax 2004, 412, 415; *Weller* ZHR 169 (2005), 570, 578.

61 *Taylor* mitgeteilt bei Leithaus NZI 2004, 194, 195; siehe die Rechtsprechung in den folgenden Fußnoten.

den Ort, an dem die Personalentscheidungen getroffen werden,[62] an dem sich die wesentlichen Geschäftsbücher und Unterlagen befinden,[63] wo die Geschäftsführer, denen die tatsächliche Unternehmensführung und die laufende Geschäftsführung anvertraut sind, ihren Wohnsitz haben,[64] von wo aus die Geschäftsführer tätig sind,[65] wo die Gesellschafterversammlungen abgehalten werden,[66] wo das interne Rechnungswesen stattfindet,[67] von wo aus die IT geleitet wird.[68] Entscheidend sei der Ort, an dem die zentralen Verwaltungsfunktionen („head office functions") wahrgenommen werden,[69] wo sich der Ort der strategischen Unternehmensleitung

---

62 *High Court of Justice Birmingham*, Beschluss vom 18.04.2005, 2375-2382/05, NZI 2005, 467, 468 („MG Rover"); *AG Offenburg*, Beschluss vom 02.08.2004, 2 IN 133/04, NZI 2004, 673 („HUKLA"); *High Court of Justice Birmingham*, Beschluss vom 19.12.2003, unveröffentlicht vgl. Pannen/*Pannen*, EuInsVO, Art. 3 Rn. 2 („Automol"); *High Court of Justice Leeds*, Beschluss vom 16.05.2003, 861-876/03, ZIP 2003, 1362 mit nachgereichter Begründung ZIP 2004, 963 („ISA"); *High Court of Justice London*, Beschluss vom 04.06.2002, unveröffentlicht vgl. Ferber S. 41, HambKomm/*Undritz*, InsO, Art. 3 EuInsVO Rn. 76, Pannen/*Pannen*, EuInsVO, Art. 3 Anhang A Rn. 9, Uhlenbruck/*Lüer*, InsO, Art. 3 EuInsVO Rn. 13 („Enron Directo Sociedad Limitada").

63 *AG Offenburg*, Beschluss vom 02.08.2004, 2 IN 133/04, NZI 2004, 673 („HUKLA").

64 *High Court of Justice Birmingham*, Beschluss vom 18.04.2005, 2375-2382/05, NZI 2005, 467, 468 („MG Rover"); *Tribunale di Parma*, Urteil vom 19.04.2004, 53/04, ZIP 2004, 1220, 1221 („Eurofood").

65 *High Court of Justice Birmingham*, Beschluss vom 18.04.2005, 2375-2382/05, NZI 2005, 467, 468 („MG Rover"); *AG Offenburg*, Beschluss vom 02.08.2004, 2 IN 133/04, NZI 2004, 673 („HUKLA").

66 *Tribunale di Parma*, Urteil vom 15.06.2004, 93/04, ZIP 2004, 2295, 2297 („Parmalat").

67 *High Court of Justice London*, Beschluss vom 20.05.2003, unveröffentlicht vgl. Martinez Ferber S. 40, HambKomm/*Undritz*, InsO, Art. 3 EuInsVO Rn. 77, Pannen/*Pannen*, EuInsVO, Art. 3 Anhang A Rn. 6 („Crisscross Telecommunications Group"); *High Court of Justice London*, Beschluss vom 04.06.2002, unveröffentlicht vgl. Ferber S. 41, HambKomm/*Undritz*, InsO, Art. 3 EuInsVO Rn. 76, Pannen/*Pannen*, EuInsVO, Art. 3 Anhang A Rn. 9 („Enron Directo Sociedad Limitada").

68 *High Court of Justice Leeds*, Beschluss vom 16.05.2003, 861-876/03, ZIP 2003, 1362, mit nachgereichter Begründung ZIP 2004, 963 („ISA").

69 *Tribunale di Parma*, Urteil vom 15.06.2004, 93/04, ZIP 2004, 2295, 2296 („Parmalat"); *AG München*, Beschluss vom 04.05.2004, 1501 IE 1276/04, NZI 2004, 505 („Hettlage"); *High Court of Justice London*, Beschluss vom 20.05.2003, unveröffentlicht vgl. Ferber S. 40, HambKomm/*Undritz*, InsO, Art. 3 EuInsVO Rn. 77, Pannen/*Pannen*, EuInsVO, Art. 3 Anhang A Rn. 6, Uhlenbruck/*Lüer*, InsO, Art. 3 EuInsVO Rn. 14 („Crisscross Telecommunications Group"); *High Court of Justice Leeds*, Beschluss vom 16.05.2003, 861-876/03, ZIP 2003, 1362 mit nachgereichter Begründung ZIP 2004, 963, 964 („ISA"); *High Court of Justice London*, Beschluss vom 04.06.2002, unveröffentlicht vgl.

(„mind of management")[70] befinde. Bei diesem Ort handle es sich um den Ort, an dem der Schuldner der Verwaltung seiner Interessen nachgehe und der deshalb – wie von Erwägungsgrund 13 und dem *Virgós/Schmit*-Bericht[71] gefordert – für Dritte als Mittelpunkt der hauptsächlichen Interessen erkennbar sei.[72] Inwieweit der so ermittelte Mittelpunkt hauptsächlicher Interessen wirklich für Dritte als solcher erkennbar ist, wird nicht weiter begründet.[73] Der Hinweis auf die Erkennbarkeit für Dritte im Sinne des Erwägungsgrunds 13 scheint eher formaler Natur zu sein. Um den Mittelpunkt der hauptsächlichen Interessen an einem Ort zu begründen, werden vielmehr interne Kriterien herangezogen. Bei Konzernen wird vor allem auf die interne Verbindung der Gesellschaften abgestellt,[74] die Lenkung, Kontrol-

---

Ferber S. 41, HambKomm/*Undritz*, InsO, Art. 3 EuInsVO Rn. 76, Pannen/*Pannen*, EuInsVO, Art. 3 Anhang A Rn. 9, Uhlenbruck/*Lüer*, InsO, Art. 3 EuInsVO Rn. 13 („Enron Directo Sociedad Limitada"); Moss/Fletscher/Isaac/*Moss/Smith* Rn. 8.80.

70 *AG Offenburg*, Beschluss vom 02.08.2004, 2 IN 133/04, NZI 2004, 673 („HUKLA"); *Tribunale di Parma*, Urteil vom 15.06.2004, 93/04, ZIP 2004, 2295, 2296 („Parmalat"); *AG München*, Beschluss vom 04.05.2004, 1501 IE 1276/04, NZI 2004, 505 („Hettlage"); *Tribunale di Parma*, Urteil vom 19.04.2004, 53/04, ZIP 2004, 1220, 1222 („Eurofood"); *High Court of Justice Leeds*, Beschluss vom 16.05.2003, 861-876/03, ZIP 2003, 1362 mit nachgereichter Begründung ZIP 2004, 963 („ISA"); *High Court of Justice London*, Beschluss vom 04.02.2002, unveröffentlicht vgl. HambKomm/*Undritz*, InsO, Art. 3 EuInsVO Rn. 76, Pannen/*Pannen*, EuInsVO, Art. 3 Anhang A Rn. 9, Uhlenbruck/*Lüer*, InsO, Art. 3 EuInsVO Rn. 13 („Enron Directo Sociedad Limitada").

71 Erläuternder Bericht zu dem EU-Überereinkommen über Insolvenzverfahren Doc. 6500/1/96 REV1 abgedruckt in Stoll 1997, S. 32-134.

72 *High Court of Justice Birmingham*, Beschluss vom 18.04.2005, 2375-2382/05, NZI 2005, 467, 468 („MG Rover"); *Tribunale di Parma*, Urteil vom 19.04.2004, 53/04, ZIP 2004, 1220, 1221 („Eurofood"); *High Court of Justice Leeds*, Beschluss vom 16.05.2003, 861-876/03, ZIP 2003, 1362 mit nachgereichter Begründung, ZIP 2004, 963 („ISA").

73 *High Court of Justice Birmingham*, Beschluss vom 18.04.2005, 2375-2382/05, NZI 2005, 467, 468 („MG Rover"); *AG München*, Beschluss vom 04.05.2004, 1501 IE 1276/04, NZI 2004, 450 („Hettlage"); *Eidenmüller* KTS 2009, 137, 158; *Kübler* in: Festschrift Gerhardt 2004, 527, 542; *Lüer* in: Festschrift Greiner 2005, 201, 206, 209; *Penzlin/Riedemann* NZI 2005, 465, 471.

74 *High Court of Justice London*, Beschluss vom 15.07.2005, unveröffentlicht vgl. HambKomm/*Undritz*, InsO, Art. 3 EuInsVO Rn. 88, Pannen/*Pannen*, EuInsVO, Art. 3 Anhang A Rn. 5, Uhlenbruck/*Lüer*, InsO, Art. 3 EuInsVO Rn. 26 („Collins & Aikman"); *High Court of Justice Birmingham*, Beschluss vom 18.04.2005, 2375-2382/05, NZI 2005, 467, 468 („MG Rover"); *AG Offenburg*, Beschluss vom 02.08.2004, 2 IN 133/04, NZI 2004, 673 („HUKLA"); *AG Siegen*, Beschluss vom 01.07.2004, 25 IN 154/04, NZI 2004, 673 („Zenith"); *Tribunale di Parma*, Urteil vom 15.06.2004, 93/04, ZIP 2004, 2295, 2296 („Parmalat"); *AG München*, Beschluss vom 04.05.2004, 1501 IE 1276/04,

le und Koordination durch die Muttergesellschaft.[75] Teilweise werden auch nach außen erkennbare Kriterien mit einbezogen, um den Mittelpunkt der hauptsächlichen Interessen zu begründen: die Bankverbindung,[76] oder die Tatsache, dass die Muttergesellschaft einen Teil der Kundenbeziehung selbst verhandelt und Verträge abgeschlossen[77] oder Garantien abgegeben hat,[78] dass die Konzernmutter über den Außenauftritt[79] entscheidet, die Marketingentscheidungen trifft,[80] dass eine einheitliche Corporate Identity besteht.[81] Teilweise wird auch die Gläubigerperspektive

ZIP 2004, 962 („Hettlage"); *Tribunale di Parma*, Urteil vom 19.04.2004, 53/04, ZIP 2004, 1220, 1222 („Eurofood"); *High Court of Justice Birmingham*, Beschluss vom 19.12.2003, unveröffentlicht vgl. Pannen/*Pannen*, EuInsVO, Art. 3 Rn. 2 („Automol"); *High Court of Justice London*, Beschluss vom 20.05.2003, unveröffentlict vgl. Ferber S. 40, HambKomm/*Undritz*, InsO, Art. 3 EuInsVO Rn. 77, Pannen/*Pannen*, EuInsVO, Art. 3 Anhang A Rn. 6, Uhlenbruck/*Lüer*, InsO, Art. 3 EuInsVO Rn. 14 („Crisscross Telecommunications Group"); *High Court of Justice London*, Beschluss vom 04.06.2002, unveröffentlicht vgl. Ferber S. 41, HambKomm/*Undritz*, InsO, Art. 3 EuInsVO Rn. 76, Pannen/*Pannen*, EuInsVO, Art. 3 Anhang A Rn. 9, Uhlenbruck/*Lüer*, InsO, Art. 3 EuInsVO Rn. 13 („Enron Directo Sociedad Limitada").

75 *AG Offenburg*, Beschluss vom 02.08.2004, 2 IN 133/04, NZI 2004, 673 („HUKLA"); *Tribunale di Parma*, Urteil vom 15.06.2004, 93/04, ZIP 2004, 2295, 2296 („Parmalat"); *High Court of Justice Leeds*, Beschluss vom 16.05.2003, 861-876/03, ZIP 2003, 1362, mit nachgereichter Begründung ZIP 2004, 963 („ISA").

76 *High Court of Justice London*, Beschluss vom 20.05.2003, unveröffentlicht vgl. Ferber S. 40, HambKomm/*Undritz*, InsO, Art. 3 EuInsVO Rn. 77, Pannen/*Pannen*, EuInsVO, Art. 3 Anhang A Rn. 6, Uhlenbruck/*Lüer*, InsO, Art. 3 EuInsVO Rn. 14 („Crisscross Telecommunications Group").

77 *AG Siegen*, Beschluss vom 01.07.2004, 25 IN 154/04, NZI 2004, 673 („Zenith"); *High Court of Justice Leeds*, Beschluss vom 16.05.2003, 861-876/03, ZIP 2003, 1362, mit nachgereichter Begründung ZIP 2004, 963 („ISA"); bzw. der Tochtergesellschaft *High Court of Justice London*, Beschluss vom 20.05.2003, unveröffentlicht vgl. Ferber S. 40, HambKomm/*Undritz*, InsO, Art. 3 EuInsVO Rn. 77, Pannen/*Pannen*, EuInsVO, Art. 3 Anhang A Rn. 6, Uhlenbruck/*Lüer*, InsO, Art. 3 EuInsVO Rn. 14 („Crisscross Telecommunications Group").

78 *Tribunale di Parma*, Urteil vom 19.04.2004, 53/04, ZIP 2004, 1220, 1222 („Eurofood"); *High Court of Justice Leeds*, Beschluss vom 16.05.2003, 861-876/03, ZIP 2003, 1362, mit nachgereichter Begründung ZIP 2004, 963 („ISA").

79 *High Court of Justice Leeds*, Beschluss vom 16.05.2003, 861-876/03, ZIP 2003, 1362, mit nachgereichter Begründung ZIP 2004, 963 („ISA").

80 *High Court of Justice Birmingham*, Beschluss vom 18.04.2005, 2375-2382/05, NZI 2005, 467, 468 („MG Rover").

81 *High Court of Justice Leeds*, Beschluss vom 16.05.2003, 861-876/03, ZIP 2003, 1362, mit nachgereichter Begründung ZIP 2004, 963, 964 („ISA").

eingenommen: dass Dritte nicht umhinkommen hinter der Tochtergesellschaft die Muttergesellschaft als den eigentlichen juristischen und wirtschaftlichen Unternehmensträger zu sehen, mit dem sie in Geschäftskontakt standen.[82] Vereinzelt wurde auch nur auf die Großgläubiger als maßgebliche Dritte abgestellt.[83] Schwerpunkt der Argumentation für die Verortung des Mittelpunkts der hauptsächlichen Interessen bilden jedoch die konzerninternen Umstände. Entscheidend seien die konzerninterne Finanzierung,[84] ein Zustimmungserfordernis der Konzernmutter bei Entscheidungen außerhalb des gewöhnlichen Geschäftsgangs[85] oder bei Ausgaben von mehr als 5.000 Euro,[86] dass die Muttergesellschaft vorher ein Budget genehmigt,[87] ferner die Einkaufsleitung durch die Muttergesellschaft,[88] die Zulieferung der Produkte durch die Konzernmutter[89] bzw. dass ausschließlich für die Muttergesellschaft produziert wird,[90] dass nur im Interesse der Muttergesellschaft gehandelt wird,[91] dass die Tochtergesellschaft bloß ein verlängerter Arm der Konzernmutter[92] oder eine wirtschaftlich unselbstständige Betriebsstätte sei.[93] Maßgeblich seien die von der Muttergesellschaft aus erfolgten internen Dienstleistungen wie Personalabrechnung, Controlling, EDV, Organisation, Planung und Versicherung.[94]

---

82 *Tribunale di Parma*, Urteil vom 15.06.2004, 93/04, ZIP 2004, 2295, 2296 („Parmalat"); *Tribunale di Parma*, Urteil vom 19.02.2004, 53/04, ZIP 2004, 1220, 1222 („Eurofood").

83 *High Court of Justice Leeds*, Beschluss vom 16.05.2003, 861-876/03, ZIP 2003, 1362, mit nachgereichter Begründung ZIP 2004, 963 („ISA").

84 *High Court of Justice Birmingham*, Beschluss vom 18.04.2005, 2375-2382/05, NZI 2005, 467, 468 („MG Rover"); *High Court of Justice Birmingham*, Beschluss vom 19.12.2003, unveröffentlicht vgl. Pannen/*Pannen*, EuInsVO, Art. 3 Rn. 2 („Automol"); *High Court of Justice Leeds*, Beschluss vom 16.05.2003, 861-876/03, ZIP 2003, 1362, mit nachgereichter Begründung ZIP 2004, 963 („ISA").

85 *Tribunale di Parma*, Urteil vom 15.06.2004, 93/04, ZIP 2004, 2295, 2296 („Parmalat").

86 *High Court of Justice Leeds*, Beschluss vom 16.05.2003, 861-876/03, ZIP 2003, 1362, mit nachgereichter Begründung ZIP 2004, 963 („ISA").

87 *AG Offenburg*, Beschluss vom 02.08.2004, 2 IN 133/04, NZI 2004, 673 („HUKLA").

88 *AG München*, Beschluss vom 04.05.2004, 1501 IE 1276/04, NZI 2004, 450 („Hettlage").

89 *High Court of Justice Birmingham*, Beschluss vom 18.04.2005, 2375-2382/05, NZI 2005, 467, 468 („MG Rover").

90 *AG Siegen*, Beschluss vom 01.07.2004, 25 IN 154/04, NZI 2004, 673, 674 („Zenith").

91 *Tribunale di Parma*, Urteil vom 15.06.2004, 93/04, ZIP 2004, 2295, 2297 („Parmalat"); *Tribunale di Parma*, Urteil vom 19.04.2004, 53/04, ZIP 2004, 1220, 1222 („Eurofood").

92 *High Court of Justice Birmingham*, Beschluss vom 18.04.2005, 2375-2382/05, NZI 2005, 467, 468 („MG Rover"); *Tribunale di Parma*, Urteil vom 19.04.2004, 53/04, ZIP 2004, 1220, 1222 („Eurofood").

93 *AG Offenburg*, Beschluss vom 02.08.2004, 2 IN 133/04, NZI 2004, 673 („HUKLA").

94 *AG München*, Beschluss vom 04.05.2004, 1501 IE 1276/04, NZI 2004, 450 („Hettlage").

Ein grenzüberschreitender Unternehmensverbund ist typischerweise so organisiert, dass die Muttergesellschaft in einem Mitgliedstaat ihren Satzungssitz hat und in diesem oder einem anderen schwerpunktmäßig ihrer Tätigkeit nachgeht. In anderen Mitgliedstaaten werden, vor allem aus steuerlichen[95] und haftungsrechtlichen[96] Gründen, hundertprozentige Tochtergesellschaften gegründet, die in dem jeweiligen Satzungssitzmitgliedstaat tätig sind. Die tatsächliche Leitungsmacht des Unternehmensverbundes[97] erfolgt dabei vom Interessenmittelpunkt der Muttergesellschaft aus. Von dort aus werden die wesentlichen strategischen Entscheidungen getroffen und die Tochtergesellschaften kontrolliert.[98] Das führt dieser Ansicht zufolge dazu, dass der Mittelpunkt der hauptsächlichen Interessen der Tochtergesellschaften mit dem Mittelpunkt der hauptsächlichen Interessen der Muttergesellschaft zusammenfällt.[99] Liegt der Interessenmittelpunkt der Muttergesellschaft in dem Mitgliedstaat, in dem sich ihr Satzungssitz befindet, dann wird auch der Interessenmittelpunkt der Tochtergesellschaft dort verortet.[100] An die Widerlegung der Vermutung des Art. 3 Abs. 1 Satz 2 EuInsVO, wonach der Satzungssitz der Tochtergesellschaft als ihr Mittelpunkt der hauptsächlichen Interessen vermutet wird, werden dieser Ansicht zufolge keine allzu hohen Erfordernisse gestellt.[101] Der einzige Bezugspunkt, den die Tochtergesellschaft zu ihrem nach dieser Ansicht ermittelten Interessenmittelpunkt hat, ist die Steuerung und Kontrolle durch die Muttergesellschaft von diesem Ort aus.[102] Faktisch wird durch diese Sichtweise ein einheitlicher Konzerngerichtsstand am Sitz der Muttergesellschaft geschaffen.[103] Die (rechtliche) Selbstständigkeit der Tochtergesellschaft wird dabei zugunsten der wirtschaftlichen Einheit des Konzerns aufgegeben.[104]

---

95 *Paulus* NZG 2006, 609, 610; *Smid* DZWIR 2004, 397, 398.

96 *Paulus* NZG 2006, 609, 610; *Weller* IPrax 2004, 412, 416; *Weller* ZHR 169 (2005), 570, 572.

97 *Wimmer* ZInsO 2005, 119, 120.

98 *Braun* NZI 2004 Heft 1 V, V; Pannen/*Pannen*, EuInsVO, Art. 3 Rn. 47; *Kammel* NZI 2006, 334, 335; *Weller* ZHR 169 (2005), 570, 572.

99 *Braun* NZI 2004 Heft 1 V, V; *Kammel* NZI 2006, 334, 335; *Knopf* ZInsO 2007, 629, 631; *Knopf/Mock* ZIP 2006, 907, 914; MünchKommInsO/*Reinhart* Art. 3 EuInsVO Rn. 20.

100 *Adam/Poertzgen* ZInsO 2006, 281, 282.

101 *Kammel* NZI 2006, 334, 335; *Knopf* ZInsO 2007, 629, 631; *Knopf/Mock* ZIP 2006, 907, 914; *Lautenbach* NZI 2004, 383, 385; *Mankowski* BB 2006, 1753, 1754; MünchKommInsO/*Reinhart* Art. 3 EuInsVO Rn. 20.

102 Virgós/Garcimartín, European Insolvency Regulation, S. 46.

103 vgl. statt vieler: MünchKommBGB/*Kindler* Art. 3 EuInsVO Rn. 30; *Knopf/Mock* ZIP 2006, 907, 914.

104 *Adam* S. 119; *Poertzgen/Adam* ZInsO 2006, 505, 506; *Sabel* NZI 2004, 126, 126; *Weller* IPrax 2004, 412, 415.

## II. Enge Auslegung

Die Gegenansicht[105] legt den Begriff des Mittelpunkts hauptsächlicher Interessen enger aus und stellt auf Umstände ab, die nach außen erkennbar sind[106]. Begrün-

105 *Supreme Court of Ireland*, Urteil vom 27.07.2004, 147/04, NZI 2005, 505, 509 („Eurofood"); *AG Mönchengladbach*, Beschluss vom 27.04.2004, 19 IN 54/04, ZIP 2004, 1064, 1065 („EMBIC"); *High Court Dublin*, Urteil vom 23.03.2004, 33/04, ZIP 2004, 1223, 1225 („Eurofood"); *AG Düsseldorf*, Beschluss vom 06.06.2003, 502 IN 126/03, ZIP 2003, 1363 („PIN"); *AG Hamburg*, Beschluss vom 14.05.2003, 67g IN 358/02, NZI 2003, 442, 443 („Vierländer Bau Union Ltd."); *Adam* S. 131; *Adam/Poertzgen* ZInsO 2008, 281, 283; *Attinger* S. 46; *Bähr/Riedemann* ZIP 2004, 1064, 1067; Beck/Depré/*Kammel*, Praxis der Insolvenz, § 39 Rn. 9; *Carstens* S. 64; *Duursma-Kepplinger/Duursma* DZWIR 2003, 447, 448; *De Cristofaro* in: Cross Border Insolvency, 2011, S. 53; *Duursma-Kepplinger* ZIP 2007, 896, 900; *Ehricke* EWS 2002, 101, 103; *Eidenmüller* NJW 2004, 3455, 3456; FK-InsO/*Wenner/Schuster* Art. 3 EuInsVO Rn. 5; *Freitag/Leible* RIW 2006, 641, 647; Gottwald/*Gottwald/Kohlmann* § 130 Rn. 23; Häsemeyer Rn. 35.27; Haß/Huber/Gruber/Heiderhoff/*Haß/Herweg*, EuInsVO, Art. 3 Rn. 15; *Haubold* IPrax 2003, 34, 38; *Hess/Laukemann/Seagon* IPrax 2007, 89, 90; HK-InsO/*Stephan* Art. 3 EuInsVO Rn. 4; *Huber* ZZP 114 (2001), 133, 141; *Huber* in: Festschrift Heldrich 2005, 679, 691; *Kammel* NZI 2006, 334, 338; *Kebekus* ZIP 2007, 83, 85; Kindler/Nachmann/*Kindler* § 2 Rn. 14; *Knopf* ZInsO 2007, 629, 630; *Kolmann* S. 284; *Konecny* ZIK 2004, 2, 4; *Kübler* in: Festschrift Gerhardt 2004, 527, 551; *Laukemann* RIW 2005, 104, 105; *Lautenbach* NZI 2004, 383, 385; Leonhardt/Smid/Zeuner/*Smid* Art. 3 EuInsVO Rn. 22; *Lieder* S. 124; *Lüer* in: Festschrift Greiner 2005, 201, 206; *Mankowski* NZI 2004, 450, 451; *Mankowski* RIW 2005, 573, 576; *Mankowski* BB 2006, 1753, 1754; MünchKommBGB/*Kindler* Art. 3 EuInsVO Rn. 21; MünchKommInsO/*Reinhart* Art. 3 EuInsVO Rn. 31; Pannen/*Pannen*, EuInsVO, Art. 3 Rn. 45; *Pannen/Riedemann* NZI 2004, 646, 651; Paulus, EuInsVO, Art. 3 Rn. 20; *Penzlin/Riedemann* NZI 2005, 465, 471; *Poertzgen/Adam* ZInsO 2006, 505, 507; *Rotstegge* ZIP 2008, 955, 960; Runkel/*Pannen* § 18 Rn. 91c; *Sabel* NZI 2004, 126, 126; *Saenger/Klockenbrink* EuZW 2006, 363, 364; *Schilling/Schmidt* ZInsO 2006, 113, 116; *Schmittmann/Hesselmann* ZInsO 2008, 957, 960; Smid, Praxishandbuch Insolvenzrecht, § 39 Rn. 1; *Smid* DZWIR 2004, 397, 400; *Stadler* in: Cross Border Insolvency, 2011, S. 22; *Thole* ZEuP 2007, 1137, 1142; Uhlenbruck/*Lüer*, InsO, Art. 3 EuInsVO Rn. 33; *Vallender* KTS 2005, 283, 292; Vallender/Undritz/*Stephan* Kapitel 15 Rn. 108; *Weller* IPrax 2004, 412, 415; *Weller* ZHR 169 (2005), 570, 582; *Weller* ZGR 2008, 835, 857; Westpfahl/Goetker/Wilkens Rn. 108; *Wiedemann* ZInsO 2007, 1009, 1013; *Wimmer* ZInsO 2005, 119, 122.

106 *Ehricke* EWS 2002, 101, 103; FK-InsO/*Wenner/Schuster* Art. 3 EuInsVO Rn. 5; Gottwald/*Gottwald/Kohlmann* § 130 Rn. 23; Haß/Huber/Gruber/Heiderhoff/*Haß/Herweg*, EuInsVO, Art. 3 Rn. 15; *Haubold* IPrax 2003, 34, 38; HK-InsO/*Stephan* Art. 3 EuInsVO Rn. 4; *Konecny* ZIK 2004, 2, 4; Leonhardt/*Smid*/Zeuner/Smid Art. 3

det wird dies mit Erwägungsgrund 13:[107]

*Als Mittelpunkt der hauptsächlichen Interessen sollte der Ort gelten, an dem der Schuldner gewöhnlich der Verwaltung seiner Interessen nachgeht und damit für Dritte feststellbar ist.*

Diese Ansicht betont das zweite Tatbestandsmerkmal des Erwägungsgrunds, die Erkennbarkeit für Dritte. (Konzern-)Interne Umstände werden nicht[108] oder zumindest nicht schwerpunktmäßig[109] berücksichtigt. Abgestellt wird auf objektive,[110]

---

EuInsVO Rn. 22; *Lüer* in: Festschrift Greiner 2005, 201, 206; MünchKommBGB/*Kindler* Art. 3 EuInsVO Rn. 21; Paulus, EuInsVO, Art. 3 Rn. 20; *Schmittmann/Hesselmann* ZInsO 2008, 957, 960; Uhlenbruck/ *Lüer*, InsO, Art. 3 EuInsVO Rn. 33; Vallender/Undritz/*Stephan* Kapitel 15 Rn. 108; Virgós/Garcimartín, European Insolvency Regulation, S. 41.

107 *Bähr/Riedemann* ZIP 2004, 1064, 1067; *Hess/Laukemann/Seagon* IPrax 2007, 89, 90; *Konecny* ZIK 2004, 2, 4; *Kübler* in: Festschrift Gerhardt 2004, 527, 551; *Lautenbach* NZI 2004, 383, 385; *Lüer* in: Festschrift Greiner 2005, 201, 207; *Mankowski* RIW 2005, 573, 576; *Mankowski* BB 2006, 1753, 1754; MünchKommBGB/*Kindler* Art. 3 EuInsVO Rn. 21; *Pannen/Riedemann* NZI 2004, 646, 651; *Penzlin/Riedemann* NZI 2005, 465, 471; Runkel/*Pannen* § 18 Rn. 92j; *Sabel* NZI 2004, 126, 126; *Thole* ZEuP 2007, 1137, 1142; *Vallender* KTS 2005, 283, 292.

108 *AG Mönchengladbach*, Beschluss vom 27.04.2004, 19 IN 54/04, ZIP 2004, 1064, 1065 („EMBIC"); *Attinger* S. 46; *Ehricke* EWS 2002, 101, 103; *Eidenmüller* NJW 2004, 3455, 3456; FK-InsO/*Wenner/Schuster* Art. 3 EuInsVO Rn. 14; *Herchen* ZInsO 2004, 825, 828; *Hess/Laukemann/Seagon* IPrax 2007, 89, 90; HK-InsO/*Stephan* Art. 3 EuInsVO Rn. 4; *Konecny* ZIK 2004, 2, 4; *Kübler* in: Festschrift Gerhardt 2004, 527, 556; Leonhardt/Smid/Zeuner/*Smid* Art. 3 EuInsVO Rn. 26; *Mankowski* BB 2006, 1753, 1754; MünchKommBGB/*Kindler* Art. 3 EuInsVO Rn. 16; *Pannen/Riedemann* NZI 2004, 646, 65; *Penzlin/Riedemann* NZI 2005, 465, 471; *Sabel* NZI 2004, 126, 126; *Saenger/Klockenbrink* EuZW 2006, 363, 364; *Schilling/Schmidt* ZInsO 2006, 113, 116; *Schmittmann/Hesselmann* ZInsO 2008, 957, 961; Uhlenbruck/*Lüer*, InsO, Art. 3 EuInsVO Rn. 33; *Vallender* KTS 2005, 283, 292; Vallender/Undritz/*Stephan* Kapitel 15 Rn. 108; *Weller* IPrax 2004, 412, 415; *Weller* ZHR 169 (2005), 570, 582; *Wimmer* ZInsO 2005, 119, 122.

109 *Supreme Court of Ireland*, Urteil vom 27.07.2004, 147/04, NZI 2005, 505, 509 („Eurofood"); Gottwald/*Gottwald/Kohlmann* § 130 Rn. 23; Haß/Huber/Gruber/Heiderhoff/*Haß/Herweg*, EuInsVO, Art. 3 Rn. 15; Kindler/Nachmann/*Kindler* § 2 Rn. 14; *Lüer* in: Festschrift Greiner 2005, 201, 208; *Mankowski* RIW 2005, 573, 576; *Wimmer* ZInsO 2005, 119, 122.

110 *Bähr/Riedemann* ZIP 2004, 1064, 1067; Gottwald/*Gottwald/Kohlmann* § 130 Rn. 23; *Konecny* ZIK 2004, 2, 4; *Lautenbach* NZI 2004, 383, 386; *Mankowski* BB 2006, 1753, 1755; Pannen/*Pannen*, EuInsVO, Art. 3 Rn. 18, 42, 45; *Pannen/Riedemann* NZI 2004, 646, 651; Paulus, EuInsVO, Art. 3 Rn. 20; *Thole* ZEuP 2007, 1137, 1142; Uhlenbruck/*Lüer*, InsO, Art. 3 EuInsVO Rn. 33; Vallender/Undritz/*Stephan* Kapitel 15 Rn. 110; Westpfahl/Goetker/Wilkens Rn. 108.

tatsächliche[111] Umstände. Entscheidend sei die wirtschaftliche Tätigkeit,[112] die sogenannten „business activities".[113] Es komme darauf an, wo die Gesellschaft ihre Geschäftstätigkeit,[114] das operative Geschäft,[115] die werbende Tätigkeit[116] entfalte, wo das Unternehmen auf dem Markt auftrete.[117] Maßgebliche Kriterien seien der

111 *Freitag/Leible* RIW 2006, 641, 647; Paulus, EuInsVO, Art. 3 Rn. 20.

112 *Adam/Poertzgen* ZInsO 2008, 281, 283; *Attinger* S. 44; Beck/Depré/*Kammel*, Praxis der Insolvenz, § 39 Rn. 9; *Freitag/Leible* RIW 2006, 641, 647; *Herchen* ZInsO 2004, 825, 827; *Kebekus* ZIP 2007, 83, 85; *Knopf* ZInsO 2007, 629, 630; *Lautenbach* NZI 2004, 383, 386; Leonhardt/Smid/Zeuner/*Smid* Art. 3 EuInsVO Rn. 16; MünchKommBGB/*Kindler* Art. 3 EuInsVO Rn. 31; MünchKommInsO/*Reinhart* Art. 3 EuInsVO Rn. 31; *Sabel* NZI 2004, 126, 126; *Schmittmann/Hesselmann* ZInsO 2008, 957, 962; *Smid* DZWIR 2004, 397, 400; Smid, Praxishandbuch Insolvenzrecht, § 39 Rn. 1.

113 HK-InsO/*Stephan* Art. 3 EuInsVO Rn. 4; MünchKommInsO/*Reinhart* Art. 3 EuInsVO Rn. 31; Pannen/*Pannen*, EuInsVO, Art. 3 Rn. 45; Vallender/Undritz/*Stephan* Kapitel 15 Rn. 109; vgl. HambKomm/*Undritz*, InsO, Art. 3 EuInsVO Rn. 10; *Knopf/Mock* ZIP 2004, 907, 914, Leonhardt/Smid/Zeuner/*Smid* Art. 3 EuInsVO Rn. 22; *Rotstegge* ZIP 2008, 955, 960; *Wiedemann* ZInsO 2007, 1009, 1013.

114 *AG Hamburg*, Beschluss vom 14.05.2003, 67g IN 358/02, NZI 2003, 442, 443 („Vierländer Bau Union Ltd."); *Duursma/Duursma-Kepplinger* DZWIR 2003, 447, 448; *Duursma-Kepplinger* ZIP 2007, 896, 900; *Ehricke* EWS 2002, 101, 103; Gottwald/*Gottwald/Kohlmann* § 130 Rn. 23; *Herchen* ZInsO 2004, 825, 827; *Lautenbach* NZI 2004, 383, 386; MünchKommBGB/*Kindler* Art. 3 EuInsVO Rn. 31; *Schmittmann/Hesselmann* ZInsO 2008, 957, 960.

115 HK-InsO/*Stephan* Art. 3 EuInsVO Rn. 3; *Kübler* in: Festschrift Gerhardt 2004, 527, 549; *Lüer* in: Festschrift Greiner 2005, 201, 207; Pannen/*Pannen*, EuInsVO, Art. 3 Rn. 31; *Schmittmann/Hesselmann* ZInsO 2008, 957, 961; Uhlenbruck/*Lüer*, InsO, Art. 3 EuInsVO Rn. 11.

116 *AG Hamburg*, Beschluss vom 01.12.2005, 67 a IN 450/05, ZIP 2005, 2275; *AG Mönchengladbach*, Beschluss vom 27.04.2004, 19 IN 54/04, ZIP 2004, 1064, 1065 („EMBIC"); Beck/Depré/*Kammel*, Praxis der Insolvenz, § 39 Rn. 9; *Bähr/Riedemann* ZIP 2004, 1064, 1067; *Ehricke* EWS 2002, 101, 103; *Herchen* ZInsO 2004, 825, 827; *Hess/Laukemann/Seagon* IPrax 2007, 89, 90; *Huber* in: Festschrift Heldrich 2005, 679, 691; *Kammel* NZI 2006, 334, 338; *Konecny* ZIK 2004, 2, 5; *Kübler* in: Festschrift Gerhardt 2004, 527, 548; Leonhardt/Smid/Zeuner/*Smid* Art. 3 EuInsVO Rn. 22; *Mankowski* RIW 2005, 573, 576; MünchKommBGB/*Kindler* Art. 3 EuInsVO Rn. 16; Pannen/*Pannen*, EuInsVO, Art. 3 Rn. 54; *Pannen/Riedemann* NZI 2004, 646, 651; *Schmittmann/Hesselmann* ZInsO 2008, 957, 961; *Thole* ZEuP 2007, 1137, 1145; *Weller* IPrax 2004, 412, 415; *Weller* ZHR 169 (2005), 570, 582.

117 *Lautenbach* NZI 2004, 383, 386.

Einsatz von Personal,[118] die Belegenheit von Vermögen,[119] der Ort, an dem sich die Geschäftsräume befinden,[120] die Sprache, in der die Generalvollmacht erteilt wird,[121] die Konten, mit denen der Zahlungsverkehr abgewickelt wird,[122] die Namensgebung, der Internetauftritt und die Werbung.[123] Entscheidend sei, wo die Verträge abgeschlossen werden,[124] welchem Recht sie unterliegen[125] und die Bereitstellung

---

118 *AG Mönchengladbach*, Beschluss vom 27.04.2004, 19 IN 54/04, ZIP 2004, 1064, 1065 („EMBIC"); Beck/Depré/*Kammel*, Praxis der Insolvenz, § 39 Rn. 9; FK-InsO/*Wenner/Schuster* Art. 3 EuInsVO Rn. 6; *Freitag/Leible* RIW 2006, 641, 647; *Herchen* ZInsO 2004, 825, 827; Kindler/Nachmann/*Kindler* § 2 Rn. 14; Leonhardt/Smid/Zeuner/*Smid* Art. 3 EuInsVO Rn. 22; MünchKommBGB/*Kindler* Art. 3 EuInsVO Rn. 16, 23; MünchKommInsO/*Reinhart* Art. 3 EuInsVO Rn. 31; *Poertzgen/Adam* ZInsO 2006, 505, 507; *Schmittmann/Hesselmann* ZInsO 2008, 957, 961; Westpfahl/Goetker/Wilkens Rn. 148.

119 *AG Hamburg*, Beschluss vom 01.12.2005, 67a IN 450/05, ZIP 2005, 2275; Beck/Depré/*Kammel*, Praxis der Insolvenz, § 39 Rn. 9; *Duursma/Duursma-Kepplinger* DZWIR 2003, 447, 448; FK-InsO/*Wenner/Schuster* Art. 3 EuInsVO Rn. 6; *Freitag/Leible* RIW 2006, 641, 647; *Herchen* ZInsO 2004, 825, 827; HK-InsO/*Stephan* Art. 3 EuInsVO Rn. 4; Kindler/Nachmann/*Kindler* § 2 Rn. 2, 14; Leonhardt/Smid/Zeuner/*Smid* Art. 3 EuInsVO Rn. 22; *Lüer* in: Festschrift Greiner 2005, 201, 207; MünchKommBGB/*Kindler* Art. 3 EuInsVO Rn. 16, 23; MünchKommInsO/*Reinhart* Art. 3 EuInsVO Rn. 33; *Poertzgen/Adam* ZInsO 2006, 505, 507; *Thole* ZEuP 2007, 1137, 1145; Virgós/Garcimartín, European Insolvency Regulation, S. 40; Westpfahl/Goetker/Wilkens Rn. 148; *Wimmer* ZInsO 2005, 119, 121; a.A. Smid, Praxishandbuch Insolvenzrecht, § 39 Rn. 2.

120 FK-InsO/*Wenner/Schuster* Art. 3 EuInsVO Rn. 6; *Freitag/Leible* RIW 2006, 641, 647; MünchKommBGB/*Kindler* Art. 3 EuInsVO Rn. 16.

121 Kindler/Nachmann/*Kindler* § 2 Rn. 14; MünchKommBGB/*Kindler* Art. 3 EuInsVO Rn. 16.

122 *AG Mönchengladbach*, Beschluss vom 27.04.2004, 19 IN 54/04, ZIP 2004, 1064, 1065 („EMBIC"); FK-InsO/*Wenner/Schuster* Art. 3 EuInsVO Rn. 6; HK-InsO/*Stephan* Art. 3 EuInsVO Rn. 4; Kindler/Nachmann/*Kindler* § 2 Rn. 14; *Kübler* in: Festschrift Gerhardt 2004, 527, 556; Leonhardt/Smid/Zeuner/*Smid* Art. 3 EuInsVO Rn. 22; MünchKommBGB/*Kindler* Art. 3 EuInsVO Rn. 16; *Poertzgen/Adam* ZInsO 2006, 505, 507; Vallender/Undritz/*Stephan* Kapitel 15 Rn. 109.

123 FK-InsO/*Wenner/Schuster* Art. 3 EuInsVO Rn. 6.

124 *AG Mönchengladbach*, Beschluss vom 27.04.2004, 19 IN 54/04, ZIP 2004, 1064, 1065 („EMBIC"); *Konecny* ZIK 2004, 2, 5; *Kübler* in: Festschrift Gerhardt 2004, 527, 556; Leonhardt/Smid/Zeuner/*Smid* Art. 3 EuInsVO Rn. 22; Westpfahl/Goetker/Wilkens Rn. 148.

125 *AG Hamburg*, Beschluss vom 01.12.2005, 67a IN 450/05, ZIP 2005, 2275; *Kübler* in: Festschrift Gerhardt 2004, 527, 550; *Poertzgen/Adam* ZInsO 2006, 505, 507; Westpfahl/Goetker/Wilkens Rn. 148.

von Kreditsicherheiten durch Dritte für die Gläubiger.[126] Teilweise wird auch darauf abgestellt, wo sich die meisten Gläubiger aufhalten.[127] Öffentlich-rechtliche Rechtsverhältnisse seien ebenfalls zu berücksichtigen, wie die Mitgliedschaft in Berufsorganisationen, gewerberechtliche Erlaubnisse[128] und wo Steuern gezahlt werden.[129] Entscheidend sei auch, in welchem Regelungsumfeld die Gesellschaft tätig ist.[130] Bei Tochtergesellschaften wird betont, dass es sich um rechtlich eigenständige Gesellschaften handelt.[131] Der Ort, an dem der Unternehmensgegenstand,[132] der Geschäftszweck,[133] verwirklicht werde, sei maßgeblich. Dabei wird teilweise nach der Art des Unternehmensgegenstands differenziert.[134] Es sei danach zu unterscheiden, ob es sich um ein Handels- oder um ein Produktionsunternehmen handele. Handelsunternehmen sind solche, die Dienstleistungen erbringen oder Waren verkaufen. Diese haben ihren Interessenmittelpunkt am Ort der werbenden Tätigkeit.

---

126 HK-InsO/*Stephan* Art. 3 EuInsVO Rn. 4; *Kübler* in: Festschrift Gerhardt 2004, 527, 556; Vallender/Undritz/*Stephan* Kapitel 15 Rn. 109.

127 *AG Hamburg*, Beschluss vom 01.12.2005, 67a IN 450/05, ZIP 2005, 2275; *Duursma/Duursma-Kepplinger* DZWIR 2003, 447, 448; Kindler/Nachmann/*Kindler* § 2 Rn. 2; *Lüer* in: Festschrift Greiner 2005, 201, 207; MünchKommBGB/*Kindler* Art. 3 EuInsVO Rn. 14; *Thole* ZEuP 2007, 1137, 1145; *Weller* IPrax 2004, 412, 415; *Wimmer* ZInsO 2005, 119, 121; a.A. *Konecny* ZIK 2004, 2, 5.

128 *Herchen* ZInsO 2004, 825, 827; Kindler/Nachmann/*Kindler* § 2 Rn. 14; MünchKommBGB/*Kindler* Art. 3 EuInsVO Rn. 16.

129 *Supreme Court of Ireland*, Urteil vom 27.07.2004, 147/04, NZI 2005, 505, 509 („Eurofood"); *High Court Dublin*, Urteil vom 23.03.2004, 33/04, ZIP 2004, 1223, 1225 („Eurofood"); *Herchen* ZInsO 2004, 825, 827; Kindler/Nachmann/*Kindler* § 2 Rn. 14; MünchKommBGB/*Kindler* Art. 3 EuInsVO Rn. 16.

130 *Supreme Court of Ireland*, Urteil vom 27.07.2004, 147/04, NZI 2005, 505, 509 („Eurofood"); *High Court Dublin*, Urteil vom 23.03.2004, 33/04, ZIP 2004, 1223, 1225 („Eurofood").

131 *Supreme Court of Ireland*, Urteil vom 27.07.2004, 147/04, NZI 2005, 505, 509 („Eurofood"); *AG Mönchengladbach*, Beschluss vom 27.04.2004, 19 IN 54/04, ZIP 2004, 1064, 1065 („EMBIC"); *AG Düsseldorf*, Beschluss vom 06.06.2003, 502 IN 126/03, ZIP 2003, 1363 („PIN").

132 *Herchen* ZInsO 2004, 825, 827.

133 *AG Mönchengladbach*, Beschluss vom 27.04.2004, 19 IN 54/04, ZIP 2004, 1064, 1065 („EMBIC"); Leonhardt/Smid/Zeuner/*Smid* Art. 3 EuInsVO Rn. 22.

134 Beck/Depré/*Kammel*, Praxis der Insolvenz, § 39 Rn. 9; FK-InsO/*Wenner/Schuster* Art. 3 EuInsVO Rn. 6; HK-InsO/*Stephan* Art 3. EuInsVO Rn. 4; *Kübler* in: Festschrift Gerhardt 2004, 527, 549; MünchKommInsO/*Reinhart* Art. 3 EuInsVO Rn. 31; *Schmittmann/Hesselmann* ZInsO 2008, 957, 961; Vallender/Undritz/*Stephan* Kapitel 15 Rn. 111; *Wimmer* ZInsO 2005, 119, 122.

Grund dafür sei, dass die Schuldnerin an diesem Ort mit ihren Kunden in Kontakt trete. Ob dabei eine Kontrolle durch eine ausländische Muttergesellschaft stattfinde, sei für Dritte regelmäßig nicht erkennbar. Bei Produktionsbetrieben hingegen sei der Ort der Produktionsanlagen entscheidend.[135] Grund dafür sei, dass die Rohstoffe der Lieferanten an diesen Ort geliefert werden, und dass es sich um den Standort der Produktionsmaschinen handele. Letzteres sei insbesondere für Banken wichtig, da meist die Produktionsmaschinen den Banken als Kreditsicherungsmittel übereignet würden. Teilweise wird mehr auf die operative Leitung des Unternehmens abgestellt.[136] Eine Gesellschaft werde dort verwaltet, wo sie geleitet wird.[137] Es komme darauf an, wo die Geschäftsführungsmaßnahmen, und zwar nach außen hin erkennbar, als wirtschaftliche Tätigkeiten vorgenommen werden.[138] Diese Formulierung weist Ähnlichkeiten zu der Sandrock´schen Formel[139] auf. Im Anschluss an *Sandrock* wird in Deutschland der Begriff des effektiven Verwaltungssitzes „definiert" als

> *[der] Ort, an dem die grundlegenden Entscheidungen der Unternehmensleitung effektiv in laufende Geschäftsführungsakte umgesetzt werden.*[140]

Teilweise wird auch explizit die Ansicht vertreten, dass der Mittelpunkt der hauptsächlichen Interessen der effektive Verwaltungssitz sei.[141] Das ließe sich wie folgt

---

135 a.A. *Herchen* ZInsO 2004, 825, 828.

136 *Herchen* ZInsO 2004, 825, 827; HK-InsO/*Stephan* Art. 3 EuInsVO Rn. 4; *Konecny* ZIK 2004, 2, 5; *Vallender* KTS 2005, 283, 292; Vallender/Undritz/*Stephan* Kapitel 15 Rn. 109.

137 HK-InsO/*Stephan* Art. 3 EuInsVO Rn. 4; *Schmittmann/Hesselmann* ZInsO 2008, 957, 961; *Vallender* KTS 2005, 283, 292; Vallender/Undritz/*Stephan* Kapitel 15 Rn. 109.

138 Beck/Depré/*Kammel*, Praxis der Insolvenz, § 39 Rn. 9; *Konecny* ZIK 2004, 2, 5; *Lautenbach* NZI 2004, 383, 386; *Poertzgen/Adam* ZInsO 2006, 505, 507; *Schmittmann/Hesselmann* ZInsO 2008, 957, 966; *Vallender* KTS 2005, 283, 293; Westpfahl/Goetker/Wilkens Rn. 148.

139 *Sandrock* in: Festschrift Beitzke 1979, 669, 683.

140 vgl. statt aller Michalski/*Leible*, GmbHG, IntGesR Rn. 72 m. w. N.

141 *Adam* S. 131; *Carstens* S. 64 ff., 121 ff., *Eidenmüller* NJW 2004, 3455, 3457; *Freitag/Leible* RIW 2006, 641, 647; Häsemeyer Rn. 35.27; HK-InsO/*Stephan* Art. 3 EuInsVO Rn. 3; *Huber* ZZP 114 (2001), 133, 141; Kindler/Nachmann/*Kindler* § 2 Rn. 23; *Kolmann* S. 284; Leonhardt/Smid/Zeuner/*Smid* Art. 3 EuInsVO Rn. 10; *Laukemann* RIW 2005, 104, 105; *Lieder* S. 124; *Mankowski* NZI 2004, 450, 451; MünchKommBGB/*Kindler* Art. 3 EuInsVO Rn. 25; Paulus, EuInsVO, Art. 3 Rn. 27; *Rotstegge* ZIP 2008, 955, 959; *Schmittmann/Hesselmann* ZInsO 2008, 957, 960; *Smid* DZWIR 2004, 397, 401; Smid, Praxishandbuch Insolvenzrecht, § 39 Rn. 3; Virgós/Garcimartín, European Insolvency Regulation, S. 37; *Vogler* S. 137; *Weller* ZGR 2008, 835, 857.

begründen: Die Vermutung des Art. 3 Abs. 1 Satz 2 EuInsVO knüpft an den Satzungssitz an. Wenn der Satzungssitz nicht der Mittelpunkt der hauptsächlichen Interessen ist, welchen Sitz kann eine Gesellschaft dann noch haben, an dem sich der Mittelpunkt ihrer hauptsächlichen Interessen befinden könnte? Den effektiven Verwaltungssitz! Das internationale Gesellschaftsrecht kennt bei Gesellschaften zwei Sitze: den Satzungssitz und den effektiven Verwaltungssitz. Folglich könnte die Systematik des Art. 3 Abs. 1 EuInsVO für eine Gleichsetzung von Mittelpunkt der hauptsächlichen Interessen und effektivem Verwaltungssitz sprechen.

Problematisch ist jedoch, dass der Begriff des effektiven Verwaltungssitzes kein europäisch einheitlich definierter Begriff ist.[142] Der effektive Verwaltungssitz ist ein Begriff, den Staaten, die der Sitztheorie folgen, benutzen, um das Gesellschaftsstatut zu bestimmen.[143] Genauso wenig, wie über die Sitztheorie in Europa Einigkeit herrscht,[144] ist der Begriff des effektiven Verwaltungssitzes einheitlich. Selbst in Deutschland gibt es keine Legaldefinition. Zurückgegriffen wird meist auf die Sandrock´sche Formel aus dem Jahre 1979. Diese in Deutschland begründete Formel kann jedoch keinesfalls maßgeblich für die Bestimmung des Zuständigkeitskriteriums in einem europäischen Rechtsakt sein.[145] Im Rahmen der Ermittlung der internationalen Zuständigkeit für das grenzüberschreitende Insolvenzverfahren gemäß der EuInsVO sollte der Begriff des effektiven Verwaltungssitzes nicht gebraucht werden. Vielmehr kommt es auf den dahinterstehenden Gedanken an: Einen für den Schuldner zentralen Ort, der für die Gläubiger erkennbar ist.

Auch wenn innerhalb der dargestellten Ansicht zur engen Auslegung des Begriffs keine Einigkeit darüber herrscht, welche Umstände für die Ermittlung des Mittelpunkts hauptsächlicher Interessen primär maßgeblich sind, wird jedenfalls eine Erkennbarkeit der objektiven Umstände nach außen gefordert. Hintergrund dessen sind der Schutz bzw. die Wahrung der Interessen der Gläubiger.[146]

---

142 *Deyda* S. 89.

143 siehe dazu MünchKommBGB/*Kindler* IntGesR Rn. 358

144 MünchKommBGB/*Kindler* IntGesR Rn. 351 m. w. N.

145 im Ergebnis auch *Weller* ZHR 169 (2005), 570, 593; *Attinger* S. 107, allerdings bezogen auf den Begriff des effektiven Verwaltungssitz („siègle réel") im französischen Recht.

146 *AG Hamburg*, Beschluss vom 01.12.2005, 67a IN 450/05, ZIP 2005, 2275; *Supreme Court of Ireland*, Urteil vom 27.07.2004, 147/04, NZI 2005, 505, 509 („Eurofood"); *AG Mönchengladbach*, Beschluss vom 27.04.2004, 19 IN 54/04, ZIP 2004, 1064, 1065 („EMBIC"); *High Court Dublin*, Urteil vom 23.03.2004, 33/04, ZIP 2004, 1223, 1225 („Eurofood"); *Adam/Poertzgen* ZInsO 2008, 281, 283; *Attinger* S. 44;

## § 4 Auslegung der EuInsVO

Der Begriff des Mittelpunkts der hauptsächlichen Interessen ist in der Verordnung nicht definiert. Die EuInsVO ist als Verordnung gemäß Art. 288 Abs. 2 AEUV Teil des Unionsrechts, durch das eine eigene Rechtsordnung konstituiert wird.[147] Um Rechtssicherheit zu gewährleisten, muss der Begriff des Mittelpunkts der hauptsächlichen Interessen des Schuldners autonom, das heißt unabhängig von den einzelstaatlichen Regelungen und europaweit einheitlich ausgelegt werden.[148] Ein Vergleich mit einem anderen europäischen Rechtsakt ist nicht möglich, da der Begriff in keinem anderen enthalten ist. Insbesondere die der EuInsVO nahestehende EuGVVO knüpft bei der Ermittlung der internationalen Zuständigkeit von Entscheidungen in Zivil- und Handelssachen an den Wohnsitz an, der sich bei Gesellschaften und juristischen Personen gemäß Art. 60 EuGVVO alternativ an dem satzungsmäßigen Sitz, der Hauptverwaltung oder der Hauptniederlassung befindet.

### I. Wortlaut

Der Begriff des Mittelpunkts der hauptsächlichen Interessen ist sehr ungenau formuliert.[149] Interessen können vielfältig und unterschiedlich sein.[150] Durch die Formulierung „Mittelpunkt der hauptsächlichen Interessen des Schuldners" wird deutlich, dass bei mehreren Interessen in verschiedenen

---

Beck/Depré/*Kammel*, Praxis der Insolvenz, § 39 Rn. 9; *Carstens* S. 51; *Duursma/Duursma-Kepplinger* DZWIR 2003, 447, 448; *Freitag/Leible* RIW 2006, 641, 644; Haß/Huber/Gruber/Heiderhoff/*Haß/Herweg*, EuInsVO, Art. 3 Rn. 15; *Huber* in: Festschrift Heldrich 2005, 679, 690; HK-InsO/*Stephan* Art. 3 EuInsVO Rn. 4; *Kübler* in: Festschrift Gerhardt 2004, 527, 550; *Konecny* ZIK 2004, 2, 4; *Penzlin/Riedemann* NZI 2005, 465, 471; Paulus, EuInsVO, Art. 3 Rn. 22a; *Saenger/Klockenbrink* EuZW 2006, 363, 364; *Schilling/Schmidt* ZInsO 2006, 113, 117; *Schmidt* EWiR 2009, 571, 572; Vallender/Undritz/*Stephan* Kapitel 15 Rn. 109.

147 erstmals EuGH, Urteil vom 15.07.1964, Rs. 6/64, Slg. 1964, 1141 (Costa./.ENEL); *Vallender* KTS 2005, 283, 287.

148 *Carstens* S. 44; D-K/D/Ch/*Duursma-Kepplinger*, EuInsVO, Vorbemerkung Rn. 20; *Mankowski* NZI 2004, 450, 451; Morbutter/Ringstmeier/*Wenner* § 20 Rn. 10; MünchKommInsO/*Reinhart* Vor. Art. 1 EuInsVO Rn. 23; *Smid* DZWIR 2004, 397, 401; *Vallender* KTS 2005, 283, 287; *Wimmer* ZInsO 2005, 119, 120, 122.

149 FK-InsO/*Wenner/Schuster* Art. 3 EuInsVO Rn. 5; HambKomm/*Undritz*, InsO, Art. 3 EuInsVO Rn. 3; MünchKommBGB/*Kindler* Art. 3 EuInsVO Rn. 17; Pannen/*Pannen*, EuInsVO, Art. 3 Rn. 27.

150 *Herchen* ZInsO 2004, 825, 827.

Mitgliedstaaten diejenigen ausschlaggebend sind, die den Schwerpunkt bzw. das Zentrum bilden.[151] Dies spricht jedoch weder für die weite noch für die enge Ansicht,[152] sondern verdeutlicht nur das Prinzip der Einheit des Hauptinsolvenzverfahrens.

## II. Historische Auslegung

Bedeutung für die Ermittlung des Mittelpunkts der hauptsächlichen Interessen hat die Entstehungsgeschichte der EuInsVO, die mehrere Jahrzehnte umfasst. Dabei sollen zunächst die verschiedenen Entwicklungsschritte bis hin zur heutigen EuInsVO dargestellt (hierzu unter 1.) und anschließend die Entwicklung in Bezug auf das Kriterium für die Bestimmung der internationalen Zuständigkeit erörtert werden (hierzu unter 2.).

### *1. Historische Entwicklung bis zur EuInsVO – grundsätzlich*

Ausgangspunkt der EuInsVO ist Art. 220 Spiegelstrich 4 des Vertrags zur Gründung der Europäischen Wirtschaftsgemeinschaft (EWGV)[153], der die Mitgliedstaaten verpflichtete,

> *Verhandlungen einzuleiten, um zugunsten ihrer Staatangehörigen die Vereinfachung der Förmlichkeiten für die gegenseitige Anerkennung und Vollstreckung richterlicher Entscheidungen und Schiedssprüche sicherzustellen.*[154]

Ziel der Gründung der Europäischen Wirtschaftsgemeinschaft (EWG) im Jahre 1957 mittels der Römischen Verträge war es, zwischen den sechs Gründungsstaaten Belgien, Deutschland, Frankreich, Italien, Luxemburg und den Niederlanden einen Binnenmarkt ohne Handelsbeschränkungen zu schaffen.[155] Dazu wurden die sogenannten vier Freiheiten des freien Verkehrs von Waren,

---

151 Vallender/Undritz/*Stephan* Kapitel 15 Rn. 102.

152 MünchKommBGB/*Kindler* Art. 3 EuInsVO Rn. 21.

153 Vertrag zur Gründung der Europäischen Wirtschaftsgemeinschaft vom 25.03.1957.

154 Präambel des „Vorentwurfs eines Übereinkommens über den Konkurs, Vergleiche und ähnliche Verfahren vom 16.02.1970" EG-Dok.-3327/XIV/1/70-D abgedruckt in Vorschläge und Gutachten, 1988 S. 3–42 (erläuternder Bericht dazu von *Noël/Lemontey* 16.775/XIV/70-E); D-K/D/Ch/*Duursma*, EuInsVO, 1. Abschnitt Teil 1 Rn. 2; HK-InsO/*Stephan* Vorbemerkung EuInsVO Rn. 1; Paulus, EuInsVO, Einl. Rn. 2; *Lemontey*-Bericht EG-Dok. III/D/222/80-DE, abgedruckt in Kegel S. 93 ff., sowie in ZIP 1981, 547 ff. (im Folgenden zitiert aus ZIP 1981, 547 ff.).

155 Präambel EWGV, Art. 2 EWGV; *Arnold* IPrax 1986, 133, 134.

Personen, Dienstleistungen und Kapital geschaffen.[156] Es wurde erwartet, dass dadurch innerhalb der Gemeinschaft für Unternehmen die Möglichkeit eröffnet bzw. verbessert würde, grenzüberschreitend tätig zu sein.[157] Jedoch machte die dadurch ermöglichte grenzüberschreitende Tätigkeit eine Regelung für eine eventuelle finanzielle Krise erforderlich.[158] Die Konkursrechte der sechs Mitgliedstaaten waren unterschiedlich ausgestaltet, vor allem in Bezug auf die Wirkungserstreckung des eigenen Verfahrens in anderen Staaten und der Anerkennung der Wirkung eines ausländischen Konkursverfahrens. Um zu verhindern, dass die Kosten für ein Konkursverfahren dadurch erhöht werden, dass in jedem Mitgliedstaat, in dem der Schuldner Vermögen oder Gläubiger hat, ein eigenes Konkursverfahren eröffnet wird, bedurfte es einer Regelung auf dem Gebiet des Konkursrechts.[159]

Dass im Fall grenzüberschreitend agierender Unternehmen und Privatpersonen für den Fall wirtschaftlicher Schwierigkeiten eine Regelung zwischen den betroffenen Staaten erforderlich war, ist schon früh erkannt worden. So haben bereits zur Zeit des deutschen Bundes sowohl Preußen (1844) als auch Sachsen (1854) mit Österreich „Übereinkünfte zur gegenseitigen Behandlung von Concursfällen" geschlossen. Daneben wurden weitere bilaterale und dreiseitige Verträge geschlossen.[160] Bilaterale oder dreiseitige Verträge stellten zwar einen Fortschritt dar, waren aber keine zufriedenstellende Lösung;[161] erst recht nicht in dem von der EWG angestrebten einheitlichen Binnenmarkt.[162] Im Jahre 1959 forderte die Kommission der Europäischen Wirtschaftsgemeinschaft die Mitgliedstaaten auf, mit Verhandlungen zu beginnen, um das in Art. 220 EWGV verankerte Ziel zu verwirklichen.[163] In der Note der Kommission heißt es, dass

---

156 Art. 3 lit. a), c) EWGV.

157 *DAV* KTS 1975, 59, 59; *Großfeld* ZIP 1981, 925, 926.

158 *Arnold* IPrax 1986, 133, 134; *DAV* KTS 1975, 59, 59; *Großfeld* ZIP 1981, 925, 926; *Leible/Staudinger* KTS 2000, 533, 534; *Lemontey*-Bericht ZIP 1981, 547, 549.

159 *Lemontey*-Bericht ZIP 1981, 547, 548.

160 französisch-schweizerischer Vertrag vom 15.06.1896, französisch-belgischer Vertrag vom 08.07.1899, belgisch-niederländischer Vertrag vom 28.03.1925, französisch-italienischer Vollstreckungsvertrag vom 03.06.1930, der Vertrag zwischen Frankreich und Monaco vom 09.06.1935; dreiseitiges Konkursübereinkommen zwischen den skandinavischen Ländern von 1933.

161 *Lemontey*-Bericht ZIP 1981, 547, 548; Nerlich/Kreplin/*Minke* § 45 Rn. 13.

162 *Arnold* IPrax 1986, 133, 134.

163 FK-InsO/*Wenner/Schuster* EuInsVO Vorbemerkung Rn. 5; Paulus, EuInsVO, Einl. Rn. 2.

*das Ziel, die Märkte der Mitgliedstaaten zu einem einzigen großen Binnenmarkt zu vereinigen, verlangt, dass auf diesem gemeinsamen Markt ein ausreichender Rechtsschutz gewährleistet ist. Anderenfalls sind Störungen und Schwierigkeiten im Wirtschaftsleben der Gemeinschaft zu befürchten, wenn Ansprüche innerhalb des Markts nicht erforderlichenfalls mit Hilfe der Gerichte festgestellt und durchgesetzt werden können. Da die Gerichtshoheit in Zivil- und Handelssachen bei den Mitgliedstaaten liegt und die Wirkungen eines gerichtlichen Aktes jeweils auf ein bestimmtes Staatsgebiet beschränkt bleiben, hängt der Rechtsschutz und damit die Rechtssicherheit auf dem Gemeinsamen Markt wesentlich davon ab, dass die Anerkennung und Vollstreckung der gerichtlichen Entscheidungen zwischen den Mitgliedstaaten befriedigend geregelt ist.*[164]

Daraufhin begannen im Jahr 1960 die Ausschussarbeiten zu einem Europäischen Übereinkommen über die gerichtliche Zuständigkeit und die Vollstreckung gerichtlicher Entscheidungen in Zivil- und Handelssachen,[165] das am 27. September 1969 in Kraft trat (EuGVÜ[166]; heute EuGVVO). Die ursprüngliche Idee, in diesem Übereinkommen auch das Konkursrecht zu vereinheitlichen, wurde jedoch wegen der besonderen Probleme des Konkursrechts und dem Erfordernis, nicht nur Regelungen über die Anerkennung und Vollstreckung, sondern auch materielles Recht zu regeln, und um die Arbeiten zum EuGVÜ nicht zu verzögern, aus den weiteren Beratungen herausgenommen.[167]

Daraufhin trat 1963 eine Gruppe von Regierungssachverständigen der Mitgliedstaaten der EWG zusammen, die bis 1970 einen ersten „Vorentwurf eines Übereinkommens über den Konkurs, Vergleiche und ähnliche Verfahren vom 16. Februar 1970"[168] erarbeitete.[169] Der Vorentwurf 1970 verfolgte das Ziel der

164 *Lemontey*-Bericht ZIP 1981, 547, 547.

165 Paulus, EuInsVO, Einl. Rn. 3; Uhlenbruck/*Lüer*, InsO, Vor. §§ 335-358 Rn. 9.

166 Übereinkommen über die gerichtliche Zuständigkeit und die Vollstreckung in Zivil- und Handelssachen vom 27.09.1968, ABl. 1972 Nr. L 299, 32.

167 *Arnold* ZIP 1984, 1144, 1146; FK-InsO/*Wenner/Schuster* EuInsVO Vorbemerkung Rn. 4, 6; *Jahr* RabelsZ 36 (1972), 620, 621; *Lemontey*-Bericht ZIP 1981, 547, 547; Pannen/*Pannen/Riedemann*, EuInsVO, Einleitung Rn. 3; Paulus, EuInsVO, Einl. Rn. 3; Uhlenbruck/*Lüer*, InsO, Vor. §§ 335-358 Rn. 9; *Wimmer* NJW 2002, 2427, 2427.

168 siehe Fn. 153, im Folgenden Vorentwurf 1970.

169 FK-InsO/*Wenner/Schuster* EuInsVO Vorbemerkung Rn. 6; *Nadelmann* KTS 1971, 65, 65; Pannen/*Pannen/Riedemann*, EuInsVO, Einleitung Rn. 4; Paulus, EuInsVO, Einl. Rn. 3, 4.

Einheit und der Universalität des Verfahrens.[170] Er stieß jedoch auf heftige Kritik,[171] vor allem von deutscher Seite.[172]

Nicht nur wegen der Kritik an diesem Vorentwurf, sondern auch bedingt durch den Beitritt von Dänemark und den Common-Law-Staaten Großbritannien und Irland zur EWG, wurde der Vorentwurf überarbeitet.[173] Im Jahre 1980 wurde ein nicht mehr nur als Vorentwurf bezeichneter „Entwurf eines Übereinkommens über den Konkurs, Vergleiche und ähnliche Verfahren" veröffentlicht.[174] Dieser enthielt zwar im Vergleich zu dem Vorentwurf von 1970 einige Änderungen, verfolgte jedoch das gleiche Ziel der Universalität und Einheit des Verfahrens.[175] Ein Sekundärverfahren, wie es die heutige EuInsVO kennt, gab es nicht.[176] Jedoch wurden, um den Unterschieden im materiellen Recht der Vertragsstaaten[177] Rechnung zu tragen, zahlreiche Ausnahmen zu dem Universalitätsprinzip vorgesehen.[178] Vor allem in Bezug auf Sicherungsrechte, Vorrechte und bevorrechtigte

170 Art. 2 Vorentwurf; D-K/D/Ch/*Duursma*, EuInsVO, 1. Abschnitt Teil 1 Rn. 4; FK-InsO/*Wenner/Schuster* EuInsVO Vorbemerkung Rn. 6; Gottwald/*Gottwald* § 129 Rn. 1; HK-InsO/*Stephan* Vorbemerkung EuInsVO Rn. 1; MünchKommBGB/*Kindler* Einl. IntInsR Rn. 13; Pannen/*Pannen/Riedemann*, EuInsVO, Einleitung Rn. 5; Paulus, EuInsVO, Einl. Rn. 4; *Virgós/Schmit*-Bericht Rn. 3.

171 *DAV* KTS 1975, 59, 65; FK-InsO/*Wenner/Schuster* EuInsVO Vorbemerkung Rn. 6; HK-InsO/*Stephan* Vorbemerkung EuInsVO Rn. 1; *Jahr* RabelsZ 36 (1972), 620, 620 ff; *Nadelmann* KTS 1971, 65, 79; Paulus, EuInsVO, Einl. Rn. 4; *Schmidt* KTS 1976, 11, 33 ff; Uhlenbruck/*Lüer*, InsO, Vor. §§ 335-358 Rn. 9.

172 vgl. die Nachweise bei *Thieme* RabelsZ 45 (1981), 459, 461.

173 *DAV* KTS 1975, 59, 59; D-K/D/Ch/*Duursma*, EuInsVO, 1. Abschnitt Teil 1 Rn. 4; *Lüer* KTS 1981, 147, 149; MünchKommInsO/*Reinhart*, Vor. Art. 1 EuInsVO, Rn. 3; Paulus, EuInsVO, Einl. Rn. 6; *Thieme* RabelsZ 45 (1981), 459, 462.

174 EG-Dok. III/D/72/80-DE; ebenfalls abgedruckt in Vorschläge und Gutachten S. 45-92 (erläuternder Bericht von *Lemontey*) siehe Fn. 152.

175 *Arnold* ZIP 1984, 1144, 1146; D-K/D/Ch/*Duursma*, EuInsVO, 1. Abschnitt Teil 1 Rn. 4; FK-InsO/*Wenner/Schuster* EuInsVO Vorbemerkung Rn. 7; *Großfeld* ZIP 1981, 925, 927; *Thieme* RabelsZ 45 (1981), 459, 465 f; *Thieme* in: Vorschläge und Gutachten, 1988, 213, 214; Paulus, EuInsVO, Einl. Rn. 6.

176 FK-InsO/*Wenner/Schuster* EuInsVO Vorbemerkung Rn. 6; MünchKommBGB/*Kindler* Einl. IntInsR Rn. 13; Paulus, EuInsVO, Einl. Rn. 4; *Virgós/Schmit*-Bericht Rn. 3.

177 *Arnold* ZIP 1984, 1144, 1146; *Arnold* IPrax 1986, 133, 134; *Berges* KTS 1965, 72, 75; *DAV* KTS 1975, 59, 59; *Großfeld* ZIP 1981, 925, 927; *Lemontey*-Bericht ZIP 1981, 547, 548.

178 *Arnold* ZIP 1984, 1144, 1146; D-K/D/Ch/*Duursma*, EuInsVO, 1. Abschnitt Teil 1 Rn. 4; *Großfeld* ZIP 1981, 925, 931; Gottwald/*Gottwald* § 129 Rn. 1; MünchKommBGB/

Forderungen bestand die Möglichkeit der Bildung nationaler Untermassen, die sich nach dem jeweiligen nationalen Recht regelten.[179] Diese zahlreichen Sonderanknüpfungen[180] sowie die dadurch bedingte Länge (87 Artikel nebst Anlage, einem Protokoll sowie einem Anhang zum Protokoll) führten dazu, dass der Entwurf als zu kompliziert[181] und als zu komplex[182] kritisiert wurde.[183]

Vor allem wegen der anhaltenden Kritik gegen den Entwurf von 1980 verlagerten sich die Arbeiten zur Vereinheitlichung des Konkursrechts in Europa auf den Europarat in Straßburg.[184] Der Europarat erarbeitete ein „Europaratsübereinkommens über bestimmte Aspekte des Konkurses"[185] Dieses enthielt drei zentrale Regelungen: über die Anerkennung des Verwalters, das Recht der

---

*Kindler* Einl. IntInsR Rn. 13; MünchKommInsO/*Reinhart,* Vor. Art. 1 EuInsVO, Rn. 4; Pannen/*Pannen/Riedemann*, EuInsVO, Einleitung Rn. 5; Paulus, EuInsVO, Einl. Rn. 4.

179 *Lemontey*-Bericht ZIP 1981, 547, 550.

180 MünchKommBGB/*Kindler* Einl. IntInsR Rn. 13.

181 *Arnold* IPrax 1986, 133, 134; Pannen/*Pannen/Riedemann*, EuInsVO, Einleitung Rn. 5; Paulus, EuInsVO, Einl. Rn. 4; *Stellungnahme der Sonderkommission des Deutschen Rates für IPR* abgedruckt in Vorschläge und Gutachten, 1988, 411, 411; *Thieme* RabelsZ 55 (1981), 459, 464; *Virgós/Schmit*-Bericht Rn. 5.

182 *Fletcher* in: Festschrift Hanisch 1994, 89, 94; Pannen/*Pannen/Riedemann*, EuInsVO, Einleitung Rn. 6; *Pottharst* S. 54; *Thieme* in: Vorschläge und Gutachten, 1988, 213, 214; *Virgós/Schmit*-Bericht Rn. 5.

183 *Drobnig* in: Vorschläge und Gutachten, 1988, 357, 357 ff; FK-InsO/*Wenner/Schuster* EuInsVO Vorbemerkung Rn. 7; *Flessner* ZIP 1989, 749, 749; *Flessner* in: Vorschläge und Gutachten, 1988, 403, 404 ff; *Großfeld* ZIP 1981, 925, 933; *Hanisch* in: Stoll 1997, 203; *Hanisch* in: Vorschläge und Gutachten, 1988, 319, 321 ff; *Jahr* in: Vorschläge und Gutachten, 1988, 305, 307 ff; *Jahr* in: Vorschläge und Gutachten, 1988, 383, 385 ff; *Lüer* in: Vorschläge und Gutachten, 1988, 341, 343 ff; Paulus, EuInsVO, Einl. Rn. 6; *Spellenberg* in: Vorschläge und Gutachten, 1988, 391, 392 ff; *Thieme* RabelsZ 45 (1981), 459, 464 ff; *Thieme* in: Vorschläge und Gutachten, 1988, 213, 213 ff.; Uhlenbruck/*Lüer*, InsO, Vor. §§ 335-358 Rn. 9; *Wiesbauer* in: Wiesbauer 1986, 64, 65; zur ausländischen Lit. vergleiche *Thieme* in: Vorschläge und Gutachten 1988, 465, 470 m. w. N.

184 BT-Drs. 12/2443, Begründung zu den §§ 379-399 RegEInsO, abgedruckt in: Stoll 1997, 146; *Arnold* ZIP 1984, 1144, 1147; FK-InsO/*Wenner/Schuster* EuInsVO Vorbemerkung Rn. 8; HK-InsO/*Stephan* EuInsVO Vorbemerkung Rn. 1; Uhlenbruck/*Lüer*, InsO, Vor. §§ 335-358 Rn. 10.

185 „European Convention on certain international aspects on Bankruptcy" Council of Europe, European Treaty Series – No. 136 und Explanatory Report; Vorentwurf dazu: Entwurf eines Europäischen Übereinkommens über den Konkurs von 1984, in deutscher Übersetzung abgedruckt bei *Arnold* ZIP 1984, 1152 ff.

Gläubiger, an jedem Verfahren teilzunehmen sowie die Möglichkeit eines Sekundärverfahrens.[186] Das nach seinem Zeichnungsort benannte Istanbuler Übereinkommen[187] wurde von einigen Staaten gezeichnet, jedoch lediglich von Zypern ratifiziert.[188] Wesentliche Schwäche des Übereinkommens war die nach Art. 40 bestehende Möglichkeit der Vertragsstaaten, die Vollmacht des Verwalters und/oder die Vorschriften über Sekundärverfahren für unanwendbar zu erklären.[189]

Auf der Grundlage des Europaratsübereinkommens[190] setzten die Justizminister im Mai 1989 auf einer informellen Tagung eine „Ad-hoc-Gruppe Konkursübereinkommen" ein, um die Beratungen auf der Ebene der Europäischen Gemeinschaft (EG)[191] wieder aufzunehmen.[192] Die Fassung des Übereinkommens folgt ganz wesentlich deutschen Vorschlägen – nicht nur wegen des Vorsitzes von Manfred Balz, der im Bundesjustizministerium für die Abfassung des deutschen Regierungsentwurfs mitverantwortlich war.[193] Deutschland wollte in dieser Zeit sein autonomes internationales Insolvenzrecht regeln, hat den dazu erarbeiteten Regierungsentwurf (§§ 379–399 RegEInsO)[194] aber nicht verabschiedet, um die Entwicklung in Europa

---

186 *Arnold* ZIP 1984, 1144, 1145; FK-InsO/*Wenner/Schuster* EuInsVO Vorbemerkung Rn. 8, 9; *Fletcher* in: Festschrift Hanisch 1994, 89, 95; Gottwald/*Gottwald* § 133 Rn. 2; *Metzger* S. 5, 12; MünchKommBGB/*Kindler* Einl. IntInsR Rn. 18; MünchKommInsO/*Reinhart* Vor. Art. 1 EuInsVO Rn. 5; Uhlenbruck/*Lüer*, InsO, Vor. §§ 335-358 Rn. 10.

187 vorher noch bezeichnet als Straßburger Entwurf nach dem Ort des Europarats, siehe statt vieler *Arnold* IPrax 1986, 133, 133.

188 FK-InsO/*Wenner/Schuster* EuInsVO Vorbemerkung Rn. 10; Paulus, EuInsVO, Einl. Rn. 8; Uhlenbruck/*Lüer*, InsO, Vor. §§ 335-358 Rn. 10.

189 D-K/D/Ch/*Duursma*, EuInsVO, 1. Abschnitt Teil 2 Rn. 4; FK-InsO/*Wenner/Schuster* EuInsVO Vorbemerkung Rn. 10; *Kolmann* S. 66; Paulus, EuInsVO, Einl. Rn. 8; *Taupitz* ZZP 11 (1998), 315, 318; *Virgós/Schmit*-Bericht Rn. 4.

190 *Metzger* S. 7; Pannen/*Pannen/Riedemann*, EuInsVO, Einleitung Rn. 9; *Strub* EuZW 1996, 71, 71; *Stadler* in: Cross Border Insolvency, 2011, S. 17; *Stummel* S. 139; *Taupitz* ZZP 11 (1998), 315, 319.

191 Die EG ist an die Stelle der EWG getreten durch den Vertrag von Maastricht 1992.

192 D-K/D/Ch/*Duursma*, EuInsVO, 1. Abschnitt Teil 1 Rn. 6; *Leible/Staudinger* KTS 2000, 533, 535; Pannen/*Pannen/Riedemann*, EuInsVO, Einleitung Rn. 8; Paulus, EuInsVO, Einl. Rn. 9; *Virgós/Schmit*-Bericht Rn. 1.

193 *Lüke* ZZP 11 (1998), 275, 278; *Gottwald*, Grenzüberschreitende Insolvenzen, S. 15; MünchKommInsO/*Reinhart* Vor. Art. 1 EuInsVO Rn. 6; Paulus, EuInsVO, Einl. Rn. 9; Smid, Praxishandbuch Insolvenzrecht, § 36 Rn. 11; Uhlenbruck/*Lüer*, InsO, Vor. §§ 335-358 Rn. 11; *Virgós/Schmit*-Bericht Rn. 1; *Wimmer* in: Stoll 1997, 79.

194 BT-Drs. 12/7303, S. 117.

abzuwarten.[195] Inhaltlich ist das Europäische Insolvenzübereinkommen (EuInsÜ) als eine Art Mittelweg zwischen dem ausschweifenden Entwurf von 1980 und dem zahlreiche Ausnahmen zulassenden Europaratsübereinkommen anzusehen[196] und berücksichtigt somit sowohl die Kritik am Entwurf von 1980 als auch am Europaratsübereinkommen. Am 23. November 1995 hat der Rat der Innen- und Justizminister das Europäische Insolvenzübereinkommen verabschiedet. Es wurde unmittelbar danach von 12 Mitgliedstaaten außer Irland, den Niederlanden und Großbritannien gezeichnet.[197] Irland und die Niederlande unterzeichneten das Abkommen innerhalb der bis zum 23. Mai 1996 dauernden Zeichnungsfrist[198] während Großbritannien diese Frist aus sachfremden Erwägungen verstreichen ließ.[199]

Als am 02. Oktober 1997 der Amsterdamer Vertrag in Kraft trat, war die justizielle Zusammenarbeit in Zivilsachen in Art. 65 EGV[200] vergemeinschaftet.[201] Wegen des in Art. 64 EGV festgelegten Vorrangs gemeinschaftsrechtlicher Instrumente gegenüber völkerrechtlichen Verträgen war eine Zeichnung durch Großbritannien und eine Ratifikation des Übereinkommens nicht mehr möglich.[202] Es bestand jedoch die Möglichkeit, den Regelungsinhalt des Übereinkommens in ein neues Rechtsinstrument zu transformieren.[203] Auf einer Beratung der Ad-hoc-Gruppe am 27. Januar 1999 wurde eine an das EuInsÜ angelehnte EG-Verordnung befürwortet.[204] Deutschland und Finnland machten daraufhin Gebrauch von dem in Art. 67 Abs. 1 EGV für eine fünfjährige Übergangszeit bestehenden Initiativrecht.[205] Grundanliegen der Initiative war es, den Inhalt des Übereinkommens ohne Veränderungen in

195 *Flessner* IPrax 1997, 1, 1; *Gottwald*, Grenzüberschreitende Insolvenzen, S. 13; Smid, Praxishandbuch Insolvenzrecht, § 36 Rn. 11; *Stoll* in: Stoll 1997 Vorwort; Uhlenbruck/*Lüer*, InsO, Vor. §§ 335-358 Rn. 11.

196 *Metzger* S. 7; MünchKommInsO/*Reinhart* Vor. Art. 1 EuInsVO Rn. 6.

197 *Balz* ZIP 1996, 948, 948; D-K/D/Ch/*Duursma*, EuInsVO, 1. Abschnitt Teil 1 Rn. 6.

198 *Balz* ZIP 1996, 948, 948; Pannen/*Pannen/Riedemann*, EuInsVO, Einleitung Rn. 10; Paulus, EuInsVO, Einl. Rn. 9.

199 FK-InsO/*Wenner/Schuster* EuInsVO Vorbemerkung Rn. 1.

200 Durch den Vertrag von Maastricht 1992 wurde der EWGV in Vertrag zur Gründung der Europäischen Gemeinschaft (EGV) umbenannt.

201 Gottwald/*Gottwald* § 129 Rn. 3.

202 D-K/D/Ch/*Duursma*, EuInsVO, 1. Abschnitt Teil 1 Rn. 8; FK-InsO/*Wenner/Schuster* EuInsVO Vorbemerkung Rn. 1, 2; *Wimmer* ZInsO 2001, 97, 97.

203 HK-InsO/*Stephan* EuInsVO Vorbemerkung Rn. 1.

204 Runkel/*Pannen* § 18 Rn. 15.

205 FK-InsO/*Wenner/Schuster* EuInsVO Vorbemerkung Rn. 2; HK-InsO/*Stephan* EuInsVO Vorbemerkung Rn. 1; Runkel/*Pannen* § 18 Rn. 15.

ein neues Rechtsinstrument zu transformieren.[206] Man befürchtete, dass ansonsten die Regelungen wieder in Frage gestellt würden und somit eine Regelung auf dem Gebiet des europäischen Insolvenzrechts wieder in weite Ferne rücken würde.[207] Der Text wurde dem Rat Justiz und Inneres Ende Mai 1999 vorgelegt und von diesem am 02. Dezember 1999 gebilligt.[208] Der Rat der EG verabschiedete am 29. Mai 2000 die Verordnung (EG) Nr. 1346/2000, die am 31. Mai 2002 in Kraft trat.

### 2. *Historische Entwicklung in Bezug auf die internationale Zuständigkeit*

#### *a) Das Geschäftszentrum im Entwurf von 1980*

Der Entwurf von 1980 ging vom Prinzip der Universalität und Einheit des Verfahrens aus.[209] Zwar bestand die Möglichkeit der Bildung von nationalen Untermassen, jedoch sollte grundsätzlich nur ein einziges universelles Hauptverfahren über das in allen Vertragsstaaten belegene Vermögen des Schuldners eröffnet werden. Demgemäß bestimmte Art. 3 die internationale Zuständigkeit der Gerichte am Ort des Geschäftszentrums des Schuldners. Gemäß Art. 3 Abs. 2 Satz 2 wird

> *bei Gesellschaften und juristischen Personen für die Anwendung des Übereinkommens bis zum Beweis des Gegenteils vermutet, dass sich das Geschäftszentrum am Ort des satzungsmäßigen Sitzes befindet, falls ein satzungsmäßiger Sitz besteht.*

Wenn man den Wortlaut mit Art. 3 Abs. 1 Satz 2 EuInsVO vergleicht, fällt auf, dass im Wesentlichen lediglich der Begriff des Geschäftszentrums durch den Begriff des Mittelpunkts der hauptsächlichen Interessen ersetzt wurde:

> *[...] bei Gesellschaften und juristischen Personen wird bis zum Beweis des Gegenteils vermutet, dass der Mittelpunkt der hauptsächlichen Interessen der Ort des satzungsmäßigen Sitzes ist"*

Es stellt sich die Frage, ob lediglich der Begriff geändert wurde, oder ob auch ein Bedeutungswandel bezweckt war.

---

206 HK-InsO/*Stephan* EuInsVO Vorbemerkung Rn. 1; *Wimmer* ZInsO 2001, 97, 97; *Wimmer* NJW 2002, 2427, 2427.

207 *Wimmer* ZInsO 2001, 97, 97.

208 Gottwald/*Gottwald* § 129 Rn. 3.

209 *Arnold* ZIP 1984, 1144, 1146; D-K/D/Ch/*Duursma*, EuInsVO, 1. Abschnitt Teil 1 Rn. 4; FK-InsO/*Wenner/Schuster* EuInsVO Vorbemerkung Rn. 7; *Großfeld* ZIP 1981, 925, 927; *Thieme* RabelsZ 45 (1981), 459, 465 f; *Thieme* in: Vorschläge und Gutachten, 1988, 213, 214; Paulus, EuInsVO, Einl. Rn. 6.

Die genaue Bedeutung des Begriffs des Geschäftszentrums des Schuldners könnte sich aus dem Bericht von *Jacques Lemontey*, des Vorsitzenden der Arbeitsgruppe Konkursrecht, zum Übereinkommen über den Konkurs, Vergleiche und ähnliche Verfahren ergeben. Demnach bestand Einigkeit darüber, dass es sich bei der Zuständigkeitsregelung um eine direkte handeln müsse, da eine indirekte erst im Stadium der Anerkennung und Vollstreckung relevant werde und daher mit dem Grundsatz der Einheit und Universalität des Verfahrens nicht vereinbar sei. Problematisch war jedoch die Wahl des Zuständigkeitsmerkmals.[210]

Laut dem Bericht zog der Sachverständigenausschuss drei verschiedene Lösungen in Betracht.[211] Die erste Möglichkeit war, die internationale Zuständigkeit den Gerichten des Vertragsstaats zuzuweisen, in dem sich die Hauptniederlassung bzw., in Ermangelung einer solchen und insbesondere bei Nichtkaufleuten, in dem sich der Wohnsitz des Schuldners befindet. Problematisch daran war jedoch, dass das Verständnis bezüglich des Wohnsitzes in den Vertragsstaaten unterschiedlich ist, so dass eine einheitliche Auslegung zur Bestimmung der internationalen Zuständigkeit nicht erreicht werden konnte.

Die zweite Möglichkeit war, die Zuständigkeit, ebenso wie im Benelux-Vertrag, der jedoch nicht in Kraft getreten war, an den Ort der Hauptniederlassung und des Wohnsitzes zu legen. Ein etwaiger positiver Kompetenzkonflikt sollte nach dem sogenannten Prioritätsgrundsatz zugunsten des ersteröffnenden Gerichts gelöst werden. Bemängelt wurde jedoch, dass diese Lösung dazu führen könnte, dass ein örtlich ungünstiges Gericht zuständig sein würde.

Die dritte Möglichkeit war, ein völlig neues Kriterium einzuführen: das des Geschäftszentrums des Schuldners. Der Sachverständigenausschuss sah darin den Vorteil, das ständige und unbestreitbare Zentrum der gewerblichen Tätigkeit des Schuldners festzulegen und gleichzeitig die bekannten Merkmale der innerstaatlichen Rechte bestmöglich zu berücksichtigen. Der Begriff des Geschäftszentrums (im Französischen: „centre des affaires“) ist ein Begriff, der auf die Arbeiten des Instituts für internationales Recht (1864 in Paris und 1902 in Brüssel) zurückzuführen ist und der bereits Eingang in das französisch-italienische Vollstreckungsabkommen von 1930 gefunden hatte.

Der Sachverständigenausschuss verfolgte das Ziel, die Rechtsvorschriften anzugleichen. Er wollte vermeiden, dass ein völlig neues Recht geschaffen würde. Demzufolge sollte der Begriff des Geschäftszentrums auch nicht nach der

210 *Lemontey*-Bericht ZIP 1981, 547, 550.
211 *Lemontey*-Bericht ZIP 1981, 547, 554.

jeweiligen *lex fori*, sondern nach dem „Geiste des Übereinkommens" ausgelegt werden. Art. 3 Abs. 2 Satz 1 definierte das Geschäftszentrum als

> *den Ort, an dem üblicherweise die Hauptinteressen des Schuldners verwaltet werden.*

Laut den Berichten ist die Formulierung „an dem ... verwaltet werden" dem Ausdruck „Leitung" (im Französischen: „direction") vorgezogen worden. Der Grund dafür war, dass der Ausdruck hinreichend neutral sei, um sowohl für natürliche wie für juristische Personen, für Kaufleute wie für Nichtkaufleute verwendet werden zu können, da jedermann sein Vermögen verwalte. Diese Formulierung stelle ein materielles und ein geistiges Merkmal nebeneinander (Verwaltung mit Hilfe von Entscheidungen). Das Zentrum der Betriebsstätten sei daher auszuschließen.[212]

Den letztgenannten Aspekt gilt es, kritisch zu hinterfragen. Denkt man zurück an die eingangs dargestellte enge Ansicht, deren Vertreter teilweise auf die Betriebsstätten als die nach außen erkennbare wirtschaftliche Tätigkeit abstellen, könnte eine solche Auslegung eventuell mit der historischen Entstehung des Begriffs unvereinbar sein.

Ferner bestimmt der *Lemontey*-Bericht, dass bei Tochtergesellschaften der Ort auszuschließen sei, von dem die Anweisungen für die Durchführung und Leitung der Geschäfte ausgehen. Das Geschäftszentrum einer Gesellschaft sei der Ort, an dem diese das Zentrum der Leitung und Verwaltung ihrer Geschäfte hat, selbst wenn die dort getroffenen Entscheidungen auf die Anweisungen von Aktionären zurückgehen, die andernorts wohnen.[213]

Wenn man hier die Formulierung genauer untersucht, dass nicht entscheidend sei, von wo die Anweisungen für die Durchführung und Leitung der Geschäfte ausgehen, könnte dies gegen die weite Ansicht sprechen. Nach der weiten Ansicht ist der Ort der strategischen Unternehmensleitung und folglich der Ort, von dem aus die Anweisungen für die Durchführung und Leitung der Geschäfte erfolgen, entscheidend. Der *Lemontey*-Bericht stellt auf den Fall ab, dass die Anweisungen für die Durchführung und Leitung der Geschäfte durch Aktionäre, die anderenorts wohnen, erfolgen. Der Ort, an dem die Aktionäre wohnen, ist aber nicht ausschlaggebend für die Ermittlung des Mittelpunkts hauptsächlicher Interessen. Entscheidend ist der Ort, an dem die Gesellschaft das Zentrum der Leitung und Verwaltung der Geschäfte hat. Der in dem *Lemontey*-Bericht genannte Fall, dass die Aktionäre andernorts

212 *Lemontey*-Bericht ZIP 1981, 547, 554.
213 *Lemontey*-Bericht ZIP 1981, 547, 554.

wohnen, ist im Sinne eines Beispiels zu verstehen. Daher ist es nicht nur in demjenigen Fall, in dem die Geschäftsanteile von Aktionären gehalten werden, sondern auch bei anderen Gesellschaftsformen unerheblich, durch wen – sei es durch eine natürliche oder eine juristische Person – die Geschäftsanteile gehalten werden und durch wen folglich die Kontrolle ausgeübt wird. Bei Konzernen ist somit der Ort der Muttergesellschaft, die die Geschäftsanteile hält, und von wo aus die Anweisungen für die Durchführung und Leitung der Geschäfte der Tochtergesellschaft erfolgen, *nicht* entscheidend für die Ermittlung des Mittelpunkts hauptsächlicher Interessen der Tochtergesellschaft.[214] Infolgedessen wäre die weite Ansicht mit der historischen Entstehung des Begriffs unvereinbar.

Schließlich bestimmt der *Lemontey*-Bericht, dass bei Gesellschaften und juristischen Personen das Geschäftszentrum dem tatsächlichen Sitz entspricht. Unklar ist jedoch, wie sich der tatsächliche Sitz des Schuldners definieren lässt. Der effektive Verwaltungssitz wird auch als tatsächlicher Sitz bezeichnet.[215] Doch dadurch wird der Begriff nicht klarer, denn es gibt keine einheitliche Definition des effektiven Verwaltungssitzes.[216] Aus den Materialien lassen sich daher der Begriff des Geschäftszentrums und die dafür maßgeblichen Kriterien nicht herleiten. Fest steht jedenfalls, dass für den Ort des Geschäftszentrums als Anknüpfungspunkt für die internationale Zuständigkeit nicht entscheidend ist, wo sich die Betriebsstätten befinden. Ebenfalls ist der Ort, an dem die Gesellschafter wohnen, nicht maßgeblich. Vielmehr kommt es auf das Zentrum der Leitung und Verwaltung der Geschäfte der Gesellschaft an.

#### *b) Der Mittelpunkt der hauptsächlichen Interessen im Istanbuler Übereinkommen*

Im Europaratsübereinkommen taucht erstmalig der „Kunstbegriff"[217] des „Mittelpunkts der hauptsächlichen Interessen" des Schuldners auf. Fraglich ist, ob damit im Gegensatz zu dem Entwurf von 1980 ein Bedeutungswandel einhergeht, oder ob lediglich die Formulierung geändert wurde.

214 *Großfeld* ZIP 1981, 925, 928.

215 MünchKommBGB/*Kindler*, Int. Handels- und GesR, Rn. 456.

216 siehe oben unter Teil 2 § 3 II.

217 *Balz* ZEuP 1996, 325, 327; *Balz* ZIP 1996, 948, 949.

### aa) Unterschiede zwischen dem Entwurf von 1980 und dem Europaratsübereinkommen in Bezug auf die internationale Zuständigkeit

Das Istanbuler Übereinkommen stammt nicht von einem Organ der damaligen EWG, aus der später die Europäischen Gemeinschaft hervorging,[218] sondern vom Europarat. Der Europarat ist eine zwischenstaatliche Organisation, die den Schutz und die Stärkung der Einheit und der Zusammenarbeit aller europäischen Staaten bezweckt.[219] Der Europarat verfolgt das Ziel, eine engere Verbindung zwischen den Mitgliedstaaten herbeizuführen.[220]

Das Istanbuler Übereinkommen ist viel schmaler ausgestaltet als der komplexe[221] und komplizierte[222] Entwurf von 1980.[223] Im Gegensatz zum Entwurf von 1980 wird nicht ein universelles Konkursverfahren eröffnet, durch das der Schuldner seine Verwaltungs- und Verfügungsbefugnis in allen Vertragsstaaten verliert, sondern er bleibt in den anderen Vertragsstaaten verwaltungs- und verfügungsbefugt.[224] Das Istanbuler Übereinkommen verfolgt nicht oder zumindest nicht umfassend das Prinzip der Universalität.[225] Folglich regelt es – im Gegensatz zum Entwurf von 1980 – die Zuständigkeit nicht direkt im Sinne einer primären Zuständigkeit zur Eröffnung des Hauptkonkurses.[226] Die Zuständigkeit wird vielmehr erst bei der Anerkennung der Befugnisse des Verwalters relevant.[227] Gemäß

218 heute Europäische Union (EU). Gemäß Art. 1 Abs. 3 EUV ist die EU Rechtsnachfolgerin der EG.

219 Calliess/Ruffert/*Schmalenbach*, EUV/AEUV, Art. 220 AEUV, Rn. 14.

220 Erwägungsgrund 1 Europaratsübereinkommen.

221 *Fletcher* in: Festschrift Hanisch 1994, 89, 94; Pannen/*Pannen/Riedemann*, EuInsVO, Einleitung Rn. 6; *Potthast* S. 54; *Thieme* in: Vorschläge und Gutachten, 1988, 213, 214; *Virgós/Schmit*-Bericht Rn. 5.

222 *Arnold* IPrax 1986, 133, 134; Pannen/*Pannen/Riedemann*, EuInsVO, Einleitung Rn. 5; Paulus, EuInsVO, Einl. Rn. 4; *Stellungnahme der Sonderkommission des Deutschen Rates für IPR* abgedruckt in Vorschläge und Gutachten, 1988, 411, 411; *Thieme* RabelsZ 55 (1981), 459, 464; *Virgós/Schmit*-Bericht Rn. 5.

223 *Arnold* ZIP 1984, 1144, 1147; *Fletcher* in: Festschrift Hanisch 1994, 89, 94; *Gottwald*, Grenzüberschreitende Insolvenzen, S. 15; *Metzger* S. 6; MünchKommInsO/*Reinhart* Vor. Art. 1 EuInsVO Rn. 5; *Potthast* S. 50; *Taupitz* ZZP 11 (1998), 315, 318; *Stummel* S. 138.

224 *Arnold* ZIP 1984, 1144, 1147; *Arnold* IPrax 1986, 133, 137.

225 *Arnold* ZIP 1984, 1144, 1147; *Arnold* IPrax 1986, 133, 137; *DAV* AnwBl. 1988, 757, 576; *Metzger* S. 6; *Potthast* S. 50; *Stummel* S. 138; *Wiesbauer* in: Wiesbauer 1986, 64, 66.

226 *Arnold* ZIP 1984, 1144, 1150; *Stummel* S. 50.

227 *Arnold* IPrax 1986, 133, 136; *Metzger* S. 25.

Art. 7 Istanbuler Übereinkommen ist der Verwalter in den anderen Vertragsstaaten anzuerkennen, wenn die Voraussetzungen des Art. 3 Istanbuler Übereinkommen vorliegen. Das ist unter anderem dann der Fall, wenn das Verfahren von einem nach Art. 4 zuständigen Gericht eröffnet worden ist. Die Anerkennung der Befugnisse des Verwalters setzt unter anderem voraus, dass der Staat, in dem das Konkursverfahren eröffnet worden ist, im Sinne des Europaratsübereinkommens für zuständig erachtet wird.[228] Es handelt sich um eine indirekte Zuständigkeit,[229] eine sogenannte „compétence internationale indirecte“[230]. Eine indirekte Zuständigkeit wird erst im Stadium der Anerkennung einer Entscheidung eines Gerichts eines anderen Staats relevant.[231] Aus diesen Unterschieden zwischen dem Entwurf von 1980 und dem Istanbuler Übereinkommen könnte man folgern, dass der Europarat damit ein eigenständiges Anknüpfungsmerkmal, völlig unabhängig von dem in dem Entwurf von 1980 gewählt hat.

#### bb) Gemeinsamkeiten zwischen dem Entwurf von 1980 und dem Europaratsübereinkommen in Bezug auf die internationale Zuständigkeit

Trotz der Unterschiede zwischen dem Entwurf von 1980 und dem Istanbuler Übereinkommen gibt es jedoch auch Gemeinsamkeiten. Der Entschluss des Europarats, auf dem Gebiet des Konkursrechts tätig zu werden, ist nicht völlig unabhängig von den Entwicklungen auf EG-Ebene erfolgt.[232] Vielmehr hat man, um die Fronten auf der EG-Ebene zu entspannen, die Überlegungen zur Vereinheitlichung des Konkursrechts dem Europarat übertragen.[233] Da das Istanbuler Übereinkommen, außer von Zypern, nicht ratifiziert wurde, gilt es zwar als gescheitert, es ist aber dennoch ein wichtiger Zwischenschritt zur Vereinheitlichung des Konkursrechts in der EU.[234] Obwohl der Entwurf von 1980 und das Istanbuler Übereinkommen sehr unterschiedlich ausgestaltet sind, verfolgen sie jedoch beide das Ziel, Regelungen für die Insolvenz eines Schuldners einzuführen, der Vermögen

---

228 *Arnold* ZIP 1984, 1144, 1150; *Wiesbauer* in: Wiesbauer 1986, 64, 66.

229 Art. 4 Europaratsübereinkommen; Explanatory Report Nr. 22 ff.

230 *Arnold* IPrax 1986, 133, 136.

231 *Lange* WRP 2000, 940, 945; Schack, Int. ZPR, § 8 Rn. 216.

232 *Arnold* IPrax 1986, 133, 135; *Fletcher* in: Festschrift Hanisch 1994, 89, 94.

233 FK-InsO/*Wenner/Schuster* EuInsVO Vorbemerkung Rn. 8; Uhlenbruck/*Lüer*, InsO, Vor. §§ 335-358 Rn. 11.

234 FK-InsO/*Wenner/Schuster* EuInsVO Vorbemerkung Rn. 8; *Fletcher* in: Festschrift Hanisch 1994, 89, 95; Gottwald/*Gottwald* § 133 Rn. 1; Pannen/*Pannen/Riedemann*, EuInsVO, Einleitung Rn. 16.

und/oder Gläubiger in mehreren Mitgliedstaaten hat, und im Weiteren, diese zu koordinieren, um dadurch zugunsten der Beteiligten die Effizienz des Verfahrens zu erhöhen.[235] Dazu soll grundsätzlich nur ein einziges Insolvenzverfahren über das Vermögen eines Schuldners eröffnet werden, und zwar an einem einzigen, klar bestimmten Gerichtsstand.[236] Dieser soll am Ort des Geschäftszentrums bzw. des Mittelpunkts der hauptsächlichen Interessen des Schuldners liegen. Somit besteht trotz der anderen Begrifflichkeit eine Parallele. Auch das Anknüpfungsmerkmal der Niederlassung und die Systematik – Prioritätsgrundsatz bei mehreren Niederlassungen – für die Eröffnung eines Insolvenzverfahrens sind identisch.[237]

### cc) Fazit

Das Istanbuler Übereinkommen verwendet einen anderen Begriff für die Bestimmung der internationalen Zuständigkeit als der Entwurf von 1980. Trotz der grundsätzlichen Unterschiede des Regelungskonzepts im Entwurf von 1980 und dem Istanbuler Übereinkommen wollen beide Übereinkommen für den Hauptkonkurs[238] an einen für den Schuldner zentralen Ort anknüpfen. Da sich das anwendbare Recht in beiden Übereinkommen nach dem Recht des Staates der Verfahrenseröffnung richtet, war das Ziel, durch das Zuständigkeitskriterium an den Ort der engsten Verbindung[239] anzuknüpfen bzw. nach allgemeinen kollisionsrechtlichen Grundsätzen an den Ort der größten Sachnähe.[240] Dass man das Verständnis, wo genau dieser Ort der engsten Verbindung ist, geändert hätte, ist nicht ersichtlich. Vielmehr ist die Begriffsänderung auf die Kritik an dem Entwurf von 1980 zurückzuführen. Zwar stand der Anknüpfungspunkt für die internationale Zuständigkeit nicht im Zentrum der Kritik zu diesem Entwurf (die Kritik richtete sich vielmehr gegen das Konzept als solches[241]) jedoch wurde der

---

235 für 1970: *DAV* KTS 1975, 59, 60; für Istanbuler Übereinkommen: Explanatory Report Nr. 6.

236 *Metzger* S. 27.

237 Art. 4, 10, 13 Abs. 2 Entwurf von 1980, Art. 4 Istanbuler Übereinkommen; *Metzger* S. 29.

238 *Arnold* ZIP 1984, 1144, 1152.

239 *Leible/Staudinger* KTS 2000, 533, 543.

240 FK-InsO/*Wenner/Schuster* EGInsO Art. 120 § 1 Rn 3.

241 *Arnold* IPrax 1986, 133, 134; *Fletcher* in: Festschrift Hanisch 1994, 89, 94; Pannen/*Pannen/Riedemann*, EuInsVO, Einleitung Rn. 5; Paulus, EuInsVO, Einl. Rn. 4; *Pottharst* S. 54; *Stellungnahme der Sonderkommission des Deutschen Rates für IPR* abgedruckt in Vorschläge und Gutachten, 1988, 411, 411; *Thieme* RabelsZ 55 (1981), 459, 464; *Thieme* in: Vorschläge und Gutachten, 1988, 213, 214; *Virgós/Schmit*-Bericht Rn. 5.

Ort teilweise als zu unbestimmt angesehen.[242] Manche Autoren wollten dies aufgrund des generalklauselhaften Charakters gelassener sehen,[243] jedoch assoziierte der Begriff des Geschäftszentrums eine gewerbliche Aktivität.[244] Ebenso wie der Entwurf von 1980[245] sollte der persönliche Anwendungsbereich des Istanbuler Übereinkommens[246] auch für Privatpersonen eröffnet sein,[247] so dass der Begriff des Geschäftszentrums nicht ganz passend formuliert war. Daher lässt sich nicht erkennen, dass man das Verständnis geändert hätte. Vielmehr ist der Begriff des Mittelpunkts der hauptsächlichen Interessen des Istanbuler Übereinkommens trotz der unterschiedlichen Ausgestaltung in Bezug auf die indirekte Zuständigkeit mit dem Begriff des Geschäftszentrums aus 1980 abgestimmt[248] und deckt sich mit diesem.[249]

### *c) Der Mittelpunkt der hauptsächlichen Interessen im EuInsÜ*

Im EuInsÜ ist die internationale Zuständigkeit in Art. 3 als direkte Zuständigkeit geregelt, die an den Mittelpunkt der hauptsächlichen Interessen des Schuldners anknüpft. Das EuInsÜ ist von seiner grundsätzlichen Konzeption her eine Art Mittelweg zwischen dem als zu komplex[250] und kompliziert[251] empfundenen Entwurf von 1980 und dem schmalen, zahlreiche Ausnahmen zulassenden

242 *DAV* KTS 1975, 59, 73.

243 *Schröder* in: Vorschläge und Gutachten, 1988, 299, 300; *Thieme* RabelsZ 45 (1981), 459, 471.

244 siehe auch die Formulierung in den erläuternden Bericht von *Lemontey „Zentrum der gewerblichen Tätigkeit“*; FK-InsO/*Wenner/Schuster* EGInsO Art. 120 § 1 Rn 3.

245 *Lemontey*-Bericht ZIP 1981, 547, 550; *Schröder* in: Vorschläge und Gutachten, 1988, 299, 300; *Stummel* S. 59.

246 vgl. die in Anhang A aufgeführten Verfahren, wobei sich die Konkursfähigkeit nach dem jeweiligen nationalen Recht richtet.

247 FK-InsO/*Wenner/Schuster* EGInsO Art. 120 § 1 Rn. 3.

248 *Arnold* ZIP 1984, 1144, 1150.

249 *Arnold* IPrax 1986, 133, 136.

250 *Fletcher* in: Festschrift Hanisch 1994, 89, 94; Pannen/*Pannen/Riedemann*, EuInsVO, Einleitung Rn. 6; *Pottharst* S. 54; *Thieme* in: Vorschläge und Gutachten, 1988, 213, 214; *Virgós/Schmit*-Bericht Rn. 5.

251 *Arnold* IPrax 1986, 133, 134; Pannen/*Pannen/Riedemann*, EuInsVO, Einleitung Rn. 5; Paulus, EuInsVO, Einl. Rn. 4; *Stellungnahme der Sonderkommission des Deutschen Rates für IPR* abgedruckt in Vorschläge und Gutachten, 1988, 411, 411; *Thieme* RabelsZ 55 (1981), 459, 464; *Virgós/Schmit*-Bericht Rn. 5.

Istanbuler Übereinkommen.[252] Das EuInsÜ berücksichtigt die Kritik, die an beiden Vorschlägen geübt worden war.[253] Das gilt auch in Bezug auf die internationale Zuständigkeit. Die Regelung als direkte Zuständigkeit ist dem Entwurf von 1980, der Begriff des Mittelpunkts der hauptsächlichen Interessen dem Istanbuler Übereinkommen entnommen.[254] Das EuInsÜ verfolgt das Ziel der Eröffnung eines – mit Ausnahme der Sekundärinsolvenzverfahren – einheitlichen, universellen Insolvenzverfahrens, das gemäß Art. 16, 17 EuInsÜ automatisch anerkannt wird.[255] Aufgrund dessen regelt das EuInsÜ die Zuständigkeit nicht als bloße indirekte Zuständigkeit, sondern die Zuständigkeit ist direkt im Wege einer vertraglichen Allokation geregelt.[256] Der Begriff des Mittelpunkts der hauptsächlichen Interessen ist jedoch dem Istanbuler Übereinkommen entnommen[257] und somit dem Begriff des Geschäftszentrums vorgezogen worden. Dies lässt sich vor allem auf die Kritik am Begriff des Geschäftszentrums zurückführen, sowie auf den Willen des Verordnungsgebers, den persönlichen Anwendungsbereich des Übereinkommens auch für Privatpersonen zu eröffnen.[258] Der Begriff des Mittelpunkts der hauptsächlichen Interessen ist neutraler und ist nicht – im Gegensatz zum Begriff des Geschäftszentrums – mit einer gewerblichen Tätigkeit assoziiert.[259]

Große Bedeutung in Bezug auf eine genauere Bestimmung des Mittelpunkts der hauptsächlichen Interessen kommt dem *Virgós/Schmit*-Bericht zu. Dieser ist zwar nicht Bestandteil des Textes des Übereinkommens, jedoch der offizielle Bericht, der Erläuterungen zu den einzelnen Regelungen enthält. In Bezug auf die internationale Zuständigkeit bestimmt der Bericht, dass der Mittelpunkt der hauptsächlichen Interessen des Schuldners der Ort ist,

---

252 *Arnold* ZIP 1984, 1144, 1147; *Fletcher* in: Festschrift Hanisch 1994, 89, 94; *Gottwald*, Grenzüberschreitende Insolvenzen, S. 15; *Metzger* S. 6; MünchKommInsO/*Reinhart* Vor. Art. 1 EuInsVO Rn. 5; *Pottharst* S. 50; *Taupitz* ZZP 11 (1998), 315, 318; *Stummel* S. 138.

253 *Balz* ZEuP 1996, 325, 325; Paulus, EuInsVO, Einl. Rn. 10

254 *Balz* ZIP 1996, 948, 949; *Carstens* S. 45; FK-InsO/*Wenner/Schuster* EGInsO Art. 120 § 1 Rn 3; *Fletcher* in: Festschrift Hanisch 1994, 89, 101; *Taupitz* ZZP 11 (1998), 315, 319

255 *Virgós/Schmit*-Bericht Rn. 20

256 *Balz* ZIP 1996, 948, 949; *Gottwald*, Grenzüberschreitende Insolvenzen, S. 19

257 FK-InsO/*Wenner/Schuster* Art. 3 EuInsVO Rn. 2; *Gottwald*, Grenzüberschreitende Insolvenzen, S. 19

258 *Carstens* S. 47; *Virgós/Schmit*-Bericht Rn. 53

259 *Carstens* S. 47; *Fletcher* in: Festschrift Hanisch 1994, 89, 101.

*an dem der Schuldner üblicherweise – und damit für Dritte erkennbar – der Verwaltung seiner Interessen nachgeht.*[260]

Vergleicht man diese Erläuterung des Mittelpunkts der hauptsächlichen Interessen mit der Formulierung aus dem *Lemontey*-Bericht von 1980, wonach das Geschäftszentrum der Ort ist,

*an dem üblicherweise die Hauptinteressen des Schuldners verwaltet werden*

so fällt auf, dass die Erläuterung von *Virgós/Schmit* um ein zweites Tatbestandsmerkmal, nämlich die Erkennbarkeit für Dritte, ergänzt worden ist. Der *Virgós/Schmit*-Bericht nennt als Grund dafür, dass die Insolvenz ein konkretes Risiko sei. Deshalbe sei es wichtig, die internationale Zuständigkeit an einen Ort zu knüpfen, den die potentiellen Gläubiger kennen, damit sie im Insolvenzfall ihre rechtlichen Risiken kalkulieren können.

Daraus folgt, dass der Begriff des Mittelpunkts der hauptsächlichen Interessen, der sich mit dem Begriff des Geschäftszentrums deckt, genauso ausgelegt wird wie im Entwurf von 1980, jedoch ausdrücklich ergänzt um das Erfordernis der Erkennbarkeit nach außen.

### *d) Der Mittelpunkt der hauptsächlichen Interessen unter der EuInsVO*

Die EuInsVO hat den Text des EuInsÜ fast wortgleich – bis auf die Regelungen, die wegen der Transformation der Rechtsnatur von einem Übereinkommen in eine Verordnung geändert werden mussten – übernommen,[261] so auch die Anknüpfung der internationalen Zuständigkeit an den Mittelpunkt der hauptsächlichen Interessen des Schuldners. Es wurde befürchtet, dass ansonsten die Regelung wieder in Frage gestellt und die Verordnung scheitern würde. Auch über den Begriff des Mittelpunkts der hauptsächlichen Interessen wurde diskutiert.[262] Jedoch hat man sich nicht auf eine Veränderung einigen können, so dass

---

260 *Virgós/Schmit*-Bericht Rn. 75.

261 D-K/D/Ch/*Duursma*, EuInsVO, 1. Abschnitt Teil 1 Rn. 10; FK-InsO/*Wenner/Schuster* EuInsVO Vorbemerkung Rn. 2; Mohrbutter/Ringstmeier/*Wenner*, InsO, § 20 Rn. 11; MünchKommInsO/*Reinhart* Vor. Art. 1 EuInsVO Rn. 9; Nerlich/Kreplin/*Minke* § 45 Rn. 15; Paulus, EuInsVO, Einl. Rn. 12; Uhlenbruck/*Lüer*, InsO, Vor. §§ 335-358 Rn. 11; *Wimmer* ZInsO 2001, 97, 97.

262 Die Initiative der Bundesrepublik Deutschland und der Republik Finnland schlug vor Erwägungsgrund 13 wie folgt zu fassen: „*[…] Mit dem Mittelpunkt der hauptäschlichen Interessen wird ein Ort bezeichnet, zu dem der Schuldner regelmäßig die engsten Beziehungen unterhält, an dem sich seine vielfältigen Geschäftsbeziehungen konzentrieren und an dem zumindest der Schwerpunkt seines Vermögens belegen ist. Dieser*

der Begriff wortgleich und undefiniert geblieben ist. Wegen der Transformation in eine Verordnung hat der *Virgós/Schmit*-Bericht keine unmittelbare Gültigkeit mehr.[263] Er hat jedoch Bedeutung als Auslegungshilfe.[264] Die Hauptaussagen des Berichts sind der Verordnung als Erwägungsgründe vorangestellt.[265] Für die internationale Zuständigkeit bestimmt Erwägungsgrund 13, dass als Mittelpunkt der hauptsächlichen Interessen der Ort gelten soll,

> *an dem der Schuldner gewöhnlich der Verwaltung seiner Interessen nachgeht und damit für Dritte feststellbar ist.*

### *e) Fazit*

Der Anknüpfungspunkt für die internationale Zuständigkeit blickt auf eine lange Entstehungsgeschichte zurück. Ausgehend vom Begriff des Geschäftszentrums im Entwurf von 1980 hat sich über das Europaratsübereinkommen der Begriff des Mittelpunkts der hauptsächlichen Interessen des Schuldners etabliert. Diese Entwicklung ist nicht in der Weise zu verstehen, dass die drei Stufen (Geschäftszentrum: 1980; Mittelpunkt der hauptsächlichen Interessen als indirekte Zuständigkeit: Istanbuler Übereinkommen; Mittelpunkt der hauptsächlichen Interessen als direkte Zuständigkeit: EuInsÜ/EuInsVO) isoliert zu betrachten wären. Vielmehr haben sich Begriff und Bedeutung in einer logischen Abfolge entwickelt.[266] Hintergrund war stets, das zentrale Hauptinsolvenzverfahren in dem Vertragsstaat bzw. Mitgliedsaat zu eröffnen, zu dem der Schuldner die

---

*Ort ist auch den Gläubigern bestens bekannt.*" (ABl. 1999 Nr. C 221, 8). Der Ausschuss der Freiheiten und Bürgerrechte meinte, dass der Begriff des Mittelpunkts der hauptsächlichen Interessen näher zu definieren sei, da er den Ort des Hauptverfahrens bestimme und somit ein Schlüsselelement der Verordnung darstelle. In Art. 2 lit. i) solle folgende Definition aufgenommen werden: „*der Ort von dem aus der Schuldner hauptsächlich Geschäftsbeziehungen unterhält sowie andere wirtschaftliche Tätigkeiten ausübt und zu dem er deshalb die engsten Bezeihungen unterhält*" (Stellungnahme des Ausschuss für Recht und Binnenmarkt vom 28.01.2000, RR\232606DE S. 13).

263 HK-InsO/*Stephan* EuInsVO Vorbemerkung Rn. 1; *Wimmer* ZInsO 2001, 97, 97; *Wimmer* NJW 2002, 2427, 2427.

264 HK-InsO/*Stephan* EuInsVO Vorbemerkung Rn. 4; Mohrbutter/Ringstmeier/*Wenner*, InsO, § 20 Rn. 11; MünchKommInsO/*Reinhart* Vor. Art. 1 EuInsVO Rn. 9; *Wimmer* ZInsO 2001, 97, 98.

265 D-K/D/Ch/*Duursma*, EuInsVO, 1. Abschnitt Teil 1 Rn. 10; HK-InsO/*Stephan* EuInsVO Vorbemerkung Rn. 1; Paulus, EuInsVO, Einl. Rn. 12; *Wimmer* ZInsO 2001, 97, 97; *Wimmer* NJW 2002, 2427, 2427.

266 *Arnold* IPrax 1986, 133, 135.

engste Verbindung hat,[267] bzw. – da sich das Insolvenzstatut nach dem Recht des Staates der Verfahrenseröffnung richtet – nach allgemeinen kollisionsrechtlichen Grundsätzen an dem Ort der größten Sachnähe.[268]

Mit Blick auf die historische Entstehungsgeschichte lässt sich jedoch der Begriff nicht genau bestimmen. Jedenfalls muss dies erstens ein Ort sein, an dem der Schuldner seine Interessen verwaltet. Der Ort der Interessenverwaltung ist im Sinne einer Negativabgrenzung nicht der Ort der Betriebsstätten und auch nicht der Ort, von wo aus die Anweisungen zur Leitung des Unternehmens erfolgen. Daraus folgt, dass die weite Auslegung insofern nicht mit der historischen Entstehung des Begriffs vereinbar ist, wenn auf den Ort abgestellt wird, von dem aus die Gesellschaft angewiesen wird. Denn in dem Entwurf von 1980 war für den Begriff des Geschäftszentrums, den Vorgänger des Begriffs des Mittelpunkts hauptsächlicher Interessen, nicht entscheidend, von wo aus die Anweisungen für die Durchführung und Leitung der Geschäfte einer Gesellschaft ausgehen. Daher kann sich der Mittelpunkt einer Gesellschaft nicht dort befinden, wo die Gesellschafter – und im Falle eines Konzerns die Konzernobergesellschaft – Entscheidungen treffen und die Gesellschaft anweisen. Die enge Ansicht ist mit der historischen Entstehungsgeschichte insofern nicht vereinbar, wenn auf den Ort der Betriebsstätten abgestellt wird.

Zweitens muss dieser so ermittelte Ort der Interessenverwaltung – gemäß dem *Virgós/Schmit*-Bericht – für Dritte erkennbar sein.

## III. Systematik

### *1. Systematik des Art. 3 Abs. 1 EuInsVO*

Die EuInsVO stellt die Vermutung auf, dass sich der Mittelpunkt der hauptsächlichen Interessen einer Gesellschaft an ihrem satzungsmäßigen Sitz befindet. Der Satzungssitz ist durch einen Blick ins Handelsregister oder ein entsprechendes Register der anderen Mitgliedstaaten leicht zu ermitteln.[269] Folglich handelt es sich um einen realen, erkennbaren Ort.

---

267 *Ehricke* EWS 2002, 101, 103; *Hanisch* in: Festschrift Jahr 1993, 455, 458; Haß/Huber/Gruber/Heiderhoff/*Haß/Herweg*, EuInsVO, Art. 3 Rn. 7; *Vormstein* S. 176; *Vogler* S. 120; *Willemer* S. 143.

268 FK-InsO/*Wenner/Schuster* EGInsO Art. 120 § 1 Rn 3; *Metzger* S. 28.

269 *Adam* S. 122; *Kübler* in: Festschrift Gerhardt 2004, 527, 551; *Lüer* in: Festschrift Greiner 2005, 201, 207; *Wimmer* ZInsO 2005, 119, 122; anders ist dies hingegen bei Gesellschaften, die keinen satzungsmäßigen Sitz haben, wie Personengesellschaften, die Vermutung findet dann keine Anwendung, *Carstens* zufolge ist sie „sinnlos" S. 121.

Liegt nun der Mittelpunkt der hauptsächlichen Interessen nicht am Ort des Satzungssitzes, muss dieser Ort in Parallele zum Satzungssitz auch nach außen erkennbar sein.[270] Als Umkehrschluss aus Art. 3 Abs. 1 Satz 2 EuInsVO folgt, dass der Interessenmittelpunkt so lange am Satzungssitz vermutet wird bis diese Vermutung durch nach außen erkennbare Umstände widerlegt ist.[271] Die Erkennbarkeit von Umständen nach außen hin ist folglich eine Art Mindestanforderung, die durch die Systematik des Art. 3 Abs. 1 Satz 2 EuInsVO gefordert wird. Daraus folgt, dass die weite Ansicht, die für die Bestimmung des Mittelpunkts der hauptsächlichen Interessen auf gesellschafts- oder konzerninterne Strukturen abstellt, nicht in Einklang mit der Systematik des Art. 3 Abs. 1 EuInsVO ist.

### *2. Systematik der EuInsVO*

Nach der weiten Ansicht fällt der Mittelpunkt der hauptsächlichen Interessen der Tochtergesellschaften mit dem der Muttergesellschaft zusammen, wenn von diesem die zentralen Leitungs- und Verwaltungsentscheidungen für den Konzern getroffen werden. Unberücksichtigt bleibt, wo die Tochtergesellschaft ihren Sitz hat oder ihrer Tätigkeit nachgeht. Das kann dazu führen, dass das Hauptinsolvenzverfahren über die Tochtergesellschaft in einem Staat und unter Anwendung der Rechtsvorschriften eines Staates durchgeführt wird, in dem sich weder Vermögen noch Gläubiger, Arbeitnehmer oder sonst irgendwelche wirtschaftlichen Aktivitäten der Tochtergesellschaft befinden.[272]

In dieser Situation besteht die Möglichkeit der Eröffnung eines parallelen Sekundärinsolvenzverfahrens in dem Mitgliedstaat, in dem der Satzungssitz der Tochtergesellschaft liegt. Voraussetzung für die Eröffnung des Sekundärinsolvenzverfahrens ist gemäß Art. 3 Abs. 2 EuInsVO das Bestehen einer Niederlassung. Art 2 lit. h) definiert eine Niederlassung als

> *jeden Tätigkeitsort, an dem der Schuldner einer wirtschaftlichen Tätigkeit von nicht vorübergehender Art nachgeht, die den Einsatz von Personal und Vermögenswerten voraussetzt.*

---

270 *Deyda* S. 119; *Wimmer* ZInsO 2005, 119, 122.

271 *Adam* S. 122; *Kübler* in: Festschrift Gerhardt 2004, 527, 551; *Lüer* in: Festschrift Greiner 2005, 201, 207.

272 *Bähr/Riedemann* ZIP 2004, 1064, 1067; HK-InsO/*Stephan* Art. 3 EuInsVO Rn. 4; Pannen/*Pannen,* EuInsVO, Art. 3 Rn. 38; *Pannen/Riedemann* NZI 2004, 646, 647; *Penzlin/Riedemann* NZI 2005, 465, 469; *Sabel* NZI 2004, 126, 126; Vallender/Undritz/*Stephan* Kapitel 15 Rn. 113; *Weller* ZHR 169 (2005), 570, 581; *Wimmer* ZInsO 2005, 119, 122.

Eine Tochtergesellschaft, die in ihrem Satzungssitzmitgliedstaat ihrer Tätigkeit nachgeht, dort Gläubiger und belegenes Vermögen hat, hat dort folglich einen Tätigkeitsort von nicht vorübergehender Art, der den Einsatz von Personal und Vermögenswerten voraussetzt.[273] Mithin hat die Tochtergesellschaft in dem Satzungssitzmitgliedstaat eine Niederlassung. Folge dessen ist, dass gemäß Art. 3 Abs. 3 EuInsVO in dem Satzungssitzmitgliedstaat der Tochtergesellschaft ein auf dieses Gebiet begrenztes Insolvenzverfahren eröffnet werden kann, das nach dem innerstaatlichen Recht durchgeführt wird. Alle Gläubiger, oder zumindest der Großteil davon, nehmen nun an diesem Verfahren teil, und auch die Masse, oder zumindest ihr größter Teil, befindet sich in diesem Verfahren.[274] Das Sekundärinsolvenzverfahren ist massereich, das Hauptinsolvenzverfahren massearm.[275] Diese Bedeutungsverlagerung zugunsten des Sekundärinsolvenzverfahren entspricht jedoch nicht der Systematik der EuInsVO, wonach der Hauptinsolvenzverwalter auf das Sekundärinsolvenzverfahren Einfluss nehmen kann und ein eventueller Überschuss des Sekundärinsolvenzverfahrens an das Hauptinsolvenzverfahren ausgekehrt werden muss (Art. 35 EuInsVO). Dominiert nun aber das Sekundärinsolvenzverfahren aufgrund der größeren Masse und der Anzahl der Gläubiger die Insolvenz des Schuldners, widerspricht dies dem Grundprinzip der EuInsVO, wonach das universelle, einheitliche Hauptinsolvenzverfahren das zentrale Verfahren ist.[276] Eine solche Bedeutungsverlagerung auf das Sekundärinsolvenzverfahren ist zu vermeiden. Daher ist der Mittelpunkt hauptsächlicher Interessen einer Tochtergesellschaft, die ihre Tätigkeit in einem anderen Mitgliedstaat als dem des Interessenmittelpunkts der Muttergesellschaft ausübt, nicht mit diesem gleichzusetzen. Vielmehr ist entsprechend der Systematik der Verordnung – und im Gegensatz zur weiten Ansicht – der Mittelpunkt der hauptsächlichen Interessen einer Tochtergesellschaft gesondert zu bestimmen.

---

273 *Huber* in: Festschrift Heldrich 2005, 679, 691; *Huber* in: Gottwald, Europäisches Insolvenzrecht, Kollektiver Rechtsschutz, S. 27; *Oberhammer* ZInsO 2006, 761, 771; *Sabel* NZI 2004, 126, 127.

274 *Mankowski* BB 2006, 1753, 1755; *Sabel* NZI 2004, 126, 127; *Weller* ZHR 169 (2005), 570, 586.

275 *Mankowski* RIW 2005, 573, 576; *Mankowski* BB 2006, 1753, 1755.

276 vgl. Erwägungsgrund 20 EuInsVO.

## IV. Telos

Die EuInsVO schafft einen rechtlichen Rahmen zur Koordination von grenzüberschreitenden Insolvenzen, um dadurch das reibungslose Funktionieren des Binnenmarktes zu fördern.[277] Ziel ist die Verhinderung von „forum shopping"[278] und die Verbesserung der Effizienz und Wirksamkeit von grenzüberschreitenden Insolvenzen.[279]

### *1. „Forum shopping" (Erwägungsgrund 4)*

Die Insolvenzrechte der Mitgliedstaaten der EU sind unterschiedlich, so dass ein sogenanntes Rechtsgefälle[280] besteht. Das wirkt sich aus auf die Haftung, die Gläubigerrechte, die Befugnisse des Schuldners und des Verwalters, die Folgen des Insolvenzverfahrens auf laufende Verträge sowie auf etwaige Sanierungsmöglichkeiten.[281] Das anwendbare Recht bestimmt sich gemäß Art. 4 EuInsVO nach dem Staat der Verfahrenseröffnung. Folglich besteht die Gefahr, dass durch eine Wahl des *forums* das anwendbare Recht (*lex fori concursus*) gewählt wird, sogenanntes „forum shopping". Dass dabei die Wahl des Schuldners nicht auf das insgesamt effizienteste Recht fällt, sondern auf ein solches Insolvenzstatut, das den Schuldner oder die Großgläubiger begünstigt, ist nicht selten.[282] Um Rechtssicherheit zu schaffen, soll es dem Schuldner jedoch nicht möglich sein, durch die Wahl des Insolvenzstatuts Einfluss auf die Rechtsstellung der Gläubiger zu nehmen.[283] Daher verfolgt die EuInsVO das Ziel, das „forum shopping" zu verhindern. Gemäß Erwägungsgrund 4

> *muss verhindert werden, dass es für die Parteien vorteilhafter ist, Vermögensgegenstände oder Rechtsstreitigkeiten von einem Mitgliedstaat in einen anderen zu verlagern, um auf diese Weise eine verbesserte Rechtsstellung anzustreben.*

Zur Verhinderung des „forum shopping" unterstellt die EuInsVO das Insolvenzverfahren nur einem nationalen Insolvenzrecht, das auf das gesamte

---

277 Erwägungsgrund 2 EuInsVO.

278 Erwägungsgrund 4 EuInsVO.

279 Erwägungsgründe 2, 8 EuInsVO.

280 *Koch* in: Festschrift Jayme 2004, 437, 437.

281 *Freitag/Leible* RIW 2006, 641, 642; *Kammel* NZI 2006, 334, 335; *Weller* IPrax 2004, 412, 413; *Weller* ZHR 169 (2005), 570, 570.

282 *Schwemmer* NZI 2009, 355, 357.

283 *Adam* S. 122; *Kübler* in: Festschrift Gerhardt 2004, 527, 554; *Weller* IPrax 2004, 412, 416.

universelle Hauptinsolvenzverfahren anwendbar ist.[284] Da sich das anwendbare Recht nach dem Recht des Staates der Verfahrenseröffnung bestimmt, hat die EuInsVO einen einheitlichen Anknüpfungspunkt für die internationale Zuständigkeit geschaffen. Art. 3 Abs. 1 EuInsVO knüpft dafür an den Mittelpunkt der hauptsächlichen Interessen des Schuldners an. Jedoch wird durch die unterschiedliche Auslegung des Begriffs in der Rechtsprechung der einzelstaatlichen Gerichte eine Einheitlichkeit nicht gewährleistet. Das erhöht die Zuständigkeitskonflikte und erleichtert ein „forum shopping".[285] Fraglich ist, welche Ansicht unter dem Gesichtspunkt der Verhinderung des „forum shopping" vorzugswürdig ist.

Stellt man zur Ermittlung des Mittelpunkts der hauptsächlichen Interessen, wie die weite Ansicht, auf gesellschafts- bzw. konzerninterne Faktoren ab, birgt dies die Gefahr, dass der Ort, von dem aus die Gesellschaft geleitet wird, im Vorfeld der Insolvenz von einem Mitgliedstaat in einen anderen verlegt wird, um dort den Anknüpfungspunkt für die internationale Zuständigkeit zu verorten.[286] Der Ort, von dem aus die Gesellschaft geleitet wird, lässt sich relativ leicht[287] durch eine Verlegung der Büroräume der für die Steuerung Verantwortlichen, unter Mitnahme der Geschäftsunterlagen, verändern. Erfolgt bei Konzernen die Steuerung des gesamten Konzerns von der Muttergesellschaft aus, lässt sich ebenfalls ein zügiges „forum shopping" erreichen. Entweder schon im Vorhinein durch eine geschickte Wahl des Sitzes der Konzernobergesellschaft[288] oder durch die oben beschriebene Verlegung der Steuerungszentrale der Muttergesellschaft in einen anderen Mitgliedstaat. Denn dieser Ort ist nach der weiten Ansicht für alle konzernangehörigen Gesellschaften für die internationale Zuständigkeit und somit auch für das Insolvenzstatut maßgeblich. Denkbar ist es auch, in dem Mitgliedstaat der gewünschten Jurisdiktion eine Holdinggesellschaft für den gesamten Konzern zu gründen und die Unternehmensleitung

---

284 MünchKommBGB/*Kindler* Art. 4 EuInsVO Rn. 5; *Vallender* NZI 2007, 129, 130.

285 *Klöhn* KTS 2006, 259, 274; *Lüer* in: Festschrift Greiner 2005, 201, 207.

286 HambKomm/*Undritz*, InsO, Art. 3 EuInsVO Rn. 4; *Pannen/Riedemann* NZI 2004, 646, 647; *Schilling/Schmidt* ZInsO 2006, 113, 116; Uhlenbruck/*Lüer*, InsO, Art. 3 EuInsVO Rn. 33.

287 HambKomm/*Undritz*, InsO, Art. 3 EuInsVO Rn. 4; *Klöhn* KTS 2006, 259, 274; *Lüer* in: Festschrift Greiner 2005, 201, 207; Uhlenbruck/*Lüer*, InsO, Art. 3 EuInsVO Rn. 33.

288 Vallender/Undritz/*Stephan* Kapitel 15 Rn. 98.

auf diese zu übertragen, um dort den Anknüpfungspunkt für die internationale Zuständigkeit zu schaffen.[289]

Eine solche Beeinflussung – man mag sie auch als Manipulation[290] oder Missbrauch[291] bezeichnen – wird dann erschwert, wenn für die Bestimmung des Mittelpunkts der hauptsächlichen Interessen Kriterien herangezogen werden, die für die wesentlichen Beteiligten, insbesondere die Gläubiger, transparent und bei ihrem üblichen Umgang mit dem schuldnerischen Unternehmen erkennbar sind.[292] Die Gläubiger vertrauen darauf, dass ein eventuelles Insolvenzverfahren über den Vertragspartner nach dem Insolvenzstatut durchgeführt wird, das auf den Vertragspartner zur Zeit der Begründung des Rechtsverhältnisses anwendbar ist. Dieses Insolvenzstatut legen die Gläubiger bei der Berechnung ihrer wirtschaftlichen und rechtlichen Risiken zugrunde.[293] Daraus folgt jedoch nicht, dass sich das Insolvenzstatut nicht ändern könnte.[294] Der Anknüpfungspunkt des Mittelpunkts der hauptsächlichen Interessen für die internationale Zuständigkeit und folglich für das Insolvenzstatut ist nicht starr, sondern kann sich verändern.[295] Im europäischen Binnenmarkt sind die Grundfreiheiten des AEUV[296], beispielsweise die Niederlassungsfreiheit gemäß Art. 49, 54 AEUV, auch auf Gesellschaften anwendbar. Folglich können sich Gesellschaften beispielsweise grenzüberschreitend identitätswahrend umwandeln[297] oder ihren Tätigkeitsschwerpunkt in andere Mitgliedstaaten verlagern. Das kann dann dazu führen, dass sich der Mittelpunkt

---

289 *Andres/Grund* NZI 2007, 137, 137; *Braun* NZI 2004 Heft 1 V, VII; *Hess/Laukemann/Seagon* IPrax 2007, 89, 90; *Knopf* ZInsO 2007, 629, 631; siehe auch den Fall „Brochier" HambKomm/*Undritz*, InsO, Art. 3 EuInsVO Rn. 92.

290 *Kübler* in: Festschrift Gerhardt 2004, 527, 554; *Mankowski* BB 2006, 1753, 1754; *Wimmer* ZInsO 2005, 119, 121.

291 *Braun* NZI 2004 Heft 1 V, VI.

292 *Adam* S. 122; *Kübler* in: Festschrift Gerhardt 2004, 527, 554; *Lüer* in: Festschrift Greiner 2005, 201, 207; *Wimmer* ZInsO 2005, 119, 122.

293 *Duursma/Duursma-Kepplinger* DZWIR 2003, 447, 448; *Saenger/Klockenbrink* EuZW 2006, 363, 364; *Thole* ZEuP 2007, 1137, 1141; *Weller* IPrax 2004, 412, 415; *Weller* ZHR 169 (2005), 570, 575; *Weller* ZGR 2008, 835, 848.

294 *Deyda* S. 120; *Klöhn* KTS 2006, 259, 264; *Rotstegge* ZIP 2008, 955, 961; *Weller* ZGR 2008, 835, 849.

295 *Weller* ZGR 2008, 835, 850; *Weller* ZIP 2009, 2029, 2031.

296 Vertrag über die Arbeitsweise der Europäischen Union, ABl. 2008 Nr. C 115, 1, ber. ABl. 2009 Nr. C 290, 1; durch den Vertrag von Lissabon wurde der Vertrag über die Gründung der Europäischen Gemeinschaft mit Wirkung zum 01.12.2009 in Vertrag über die Arbeitsweise der Europäischen Union umbenannt.

297 EuGH, Urteil vom 12.07.2012, Rs. C-378/10, NZI 2012, 937 („VALE").

der hauptsächlichen Interessen ändert.[298] Die Gläubiger haben mithin keinen „Anspruch" darauf oder keine Sicherheit, dass das maßgebliche Insolvenzstatut immer das gleiche ist. Hinzu kommt, dass im internationalen Verfahrensrecht der Grundsatz des *actor sequitur forum rei* (zu deutsch: Der Kläger folgt dem Gerichtsstand des Beklagten) gilt.[299] Daher ist es nicht ungewöhnlich, dass die Gläubiger dem Schuldner im Insolvenzverfahren an seinen Gerichtsstand folgen. Anders als der Entwurf von 1980 sieht die EuInsVO keine sogenannte „période suspecte" bzw. *anticipatio fori* vor, innerhalb derer der Mittelpunkt der hauptsächlichen Interessen Bestand haben muss, bevor er anerkannt wird. Im Interesse eines ordnungsgemäßen Funktionierens des Binnenmarktes muss jedoch verhindert werden, dass der Schuldner die Unterschiede der einzelnen Rechtsordnungen und die Grundfreiheiten ausnutzt, um zu seinen Gunsten und unter Benachteiligung der Gläubigergemeinschaft ein „forum shopping" betreibt.[300]

### 2. *Effizienz und Wirksamkeit des Verfahrens (Erwägungsgründe 2 und 8)*

Ziel der EuInsVO ist es, die Effizienz und Wirksamkeit grenzüberschreitender Insolvenzen zu verbessern.[301]

Die Wirksamkeit des grenzüberschreitenden Insolvenzverfahrens wird dadurch erhöht, dass das Hauptinsolvenzverfahren nach dem Insolvenzrecht eines Mitgliedstaats durchgeführt (Art. 4 EuInsVO) und in allen anderen Mitgliedstaaten automatisch anerkannt wird (Art. 16, 17 EuInsVO). Es stellt sich die Frage, inwieweit die Effizienz im Sinne einer Minimierung der Verfahrenskosten bei gleichzeitiger Maximierung der Masse verbessert werden kann.

#### *a) Vorteil eines einheitlichen Konzerninsolvenzgerichtsstands*

Bei Konzernen ist die Insolvenz meist ein umfassendes Problem. Das bedeutet, dass bei Insolvenz der Muttergesellschaft vielfach auch die Tochtergesellschaften insolvent sind und umgekehrt.[302] Folglich könnte es effizienter sein,

---

298 *Deyda* S. 120; *Knopf* ZInsO 2007, 629, 636; *Weller* ZGR 2008, 835, 849; *Weller* ZIP 2009, 2029, 2031.

299 *Weller* ZGR 2008, 835, 849.

300 *Klöhn* KTS 2006, 259, 279.

301 Erwägungsgründe 2, 8 EuInsVO.

302 *Adam* S. 119; *Adam/Poertzgen* ZInsO 2006, 281, 281; *Deyda* S. 27; *Lieder* S. 2; Gottwald/*Gottwald/Kolmann* § 130 Rn. 29; Pannen/*Pannen*, EuInsVO, Art. 3 Rn. 46; *Schilling/Schmidt* ZInsO 2006, 113, 117.

die Verfahren an einem Gericht unter Einsatz eines Verwalters und unter Anwendung der gleichen *lex fori concursus* zu konzentrieren.[303] Durch eine weite Auslegung des Begriffs des Mittelpunkts der hauptsächlichen Interessen ließe sich eine solche formelle Zusammenfassung[304] der Verfahren über Mutter- und ihre Tochtergesellschaften erreichen. Aus prozessökonomischer Sicht ist dies sinnvoll.[305] Schafft man einen einheitlichen Konzerngerichtsstand von Mutter- und Tochtergesellschaften bei einem einzigen Gericht, so entsteht dort eine Kenntnisbündelung.[306] Ferner werden Koordinations- und Kooperationsprobleme, die durch die unterschiedliche Gerichtssprache in den Mitgliedstaaten und die verschiedenen materiellen sowie prozessualen Rechtsordnungen entstehen, vermieden.[307] Außerdem besteht die Möglichkeit, einen einzigen Verwalter zu bestellen, der in den anderen Mitgliedstaaten die Befugnisse ausüben kann, die ihm nach der *lex fori concursus* zustehen, Art. 18 EuInsVO.[308] Die Verfahren werden folglich beschleunigt[309] und es ergehen einheitliche Entscheidungen.[310] Durch eine Verfahrenskonzentration können die Reibungsverluste vermieden werden, die dadurch entstehen, dass über Mutter- und Tochtergesellschaften in unterschiedlichen Mitgliedstaaten nach unterschiedlichen Rechtsordnungen und unter Einsatz verschiedener Verwalter Hauptinsolvenzverfahren durchgeführt werden.[311] Die Kosten der Verfahren werden folglich im Interesse der schuldnerischen Gesellschaften und der Gläubiger gesenkt.[312]

---

303 *Adam* S. 157; *Adam/Poertzgen* ZInsO 2006, 281, 281; *Deyda* S. 69; *Ehricke* EWS 2002, 101, 102; *Eidenmüller* NJW 2004, 3455, 3456; *Eidenmüller* KTS 2009, 137, 149; *Herchen* ZInsO 2004, 825, 826; *Lieder* S. 236; *Oberhammer* ZInsO 2006, 761, 768; *Vormstein* S. 55; Westpfahl/Goetker/Wilkens Rn. 1064.

304 im Gegensatz zur materiellen Zusammenfassung vgl. *Paulus* ZIP 2005, 1948, 1948; *Vormstein* S. 54.

305 *Adam* S. 158; *Ehricke* EWS 2002, 101, 102; *Lieder* S. 236; *Vormstein* S. 206.

306 *Adam* S. 158; *Adam/Poertzgen* ZInsO 2006, 281, 283; *Rotstegge* ZIP 2008, 955, 955; Westpfahl/Goetker/Wilkens Rn. 1064.

307 *Ehricke* EWS 2002, 101, 102; *Vormstein* S. 207; *Wolf* S. 65.

308 *Adam/Poertzgen* ZInsO 2006, 281, 283; *Paulus* ZIP 2005, 1948, 1951.

309 Westpfahl/Goetker/Wilkens Rn. 1017.

310 *Adam* S. 158; *Adam/Poertzgen* ZInsO 2006, 281, 283; *Lieder* S. 236.

311 *Hess/Laukemann/Seagon* IPrax 2007, 89, 91; *Paulus* ZIP 2005, 1948, 1951; *Rotstegge* ZIP 2008, 955, 955; *Schmittmann/Hesselmann* ZInsO 2008, 957, 966; *Vormstein* S. 207.

312 *Adam* S. 158; *Adam/Poertzgen* ZInsO 2006, 281, 283; *Eidenmüller* NJW 2004, 3455, 3456; *Freitag/Leible* RIW 2006, 641, 642; *Kammel* NZI 2006, 334, 338; *Klöhn* KTS 2006, 259, 283; *Lautenbach* NZI 2004, 383, 386; *Lieder* S. 236; *Mankowski* BB 2006,

Ferner könnte im Falle der Sanierung eine Gesamtsanierung des Konzerns vorteilhafter sein.[313] Spaltet man bei einem Konzern die wirtschaftliche Einheit auf, besteht die Gefahr, dass der in der Gesamtheit des Konzerns liegende Mehrwert verlorengeht.[314] Bei einer Gesamtsanierung besteht jedoch die Möglichkeit, im Wege eines Paketkaufs den gesamten Konzern oder einzelne Konzernuntergruppen zu veräußern, um so einen höheren Gewinn zu erzielen.[315]

Daraus folgt, dass durch eine formelle Zusammenfassung der Verfahren über Mutter- und Tochtergesellschaften die Effizienz grenzüberschreitender Insolvenzverfahren verbessert werden kann.[316] Die weite Ansicht, die eine solche Zuständigkeitskonzentration ermöglicht, dient daher dem mit den Erwägungsgründen 2 und 8 verfolgten Ziel.

### *b) Nachteil der Eröffnung eines Sekundärinsolvenzverfahrens über die Tochtergesellschaft*

Nachteil ist jedoch die bestehende Möglichkeit der Eröffnung von Sekundärinsolvenzverfahren über die Tochtergesellschaften in ihren Satzungssitzmitgliedstaaten.[317] Die Schaffung eines einheitlichen Konzerninsolvenzgerichtsstands kann für die Gläubiger insoweit nachteilig sein, dass sie ihre Forderungen vor einem

---

1753, 1754; Moss/Fletscher/Isaacs/*Moss/Smith* Rn. 8.90; *Penzlin/Riedemann* NZI 2005, 465, 470; *Poertzgen/Adam* ZInsO 2006, 505, 506; *Weller* ZHR 169 (2005), 570, 573; Westpfahl/Goetker/Wilkens Rn. 1017; *Wolf* S. 65.

313 *High Court of Justice Birmingham*, Beschluss vom 18.04.2005, 2375-2382/05, NZI 2005, 467, 469, Rn. 21; *ders.*, Beschluss vom 11.05.2006, 2375-2382/05, NZI 2008, 515, 516, Rn. 6 („MG Rover"); *OLG Graz*, Beschluss vom 20.10.2005, 3 R 149/05, NZI 2006, 660, 661; *High Court of Justice London*, Urteil vom 09.06.2006, (2006) EWHC 1343, NZI 2006, 654, 655 („Collins & Aikman"); *Braun* NZI 2004 Heft 1 V, VI; *Deyda* S. 69; Kindler/Nachmann/*Kindler* § 2 Rn. 43; Pannen/*Pannen*, EuInsVO, Art. 3 Rn. 46; *Paulus* NZI 2008, 1, 2; *Penzlin* EWiR 2006, 207, 208; *Saenger/Klockenbrink* EuZW 2006, 363, 364; *Schmittmann/Hesselmann* ZInsO 2008, 957, 966; *Vormstein* S. 205.

314 *Deyda* S. 19, 70; *Ehricke* EWS 2002, 101, 101; *Freitag/Leible* RIW 2006, 641, 642; *Kammel* NZI 2006, 334, 338; Pannen/*Pannen*, EuInsVO, Art. 3 Rn. 53; *Paulus* NZG 2006, 609, 611; *Weller* IPrax 2004, 412, 415; *Weller* ZHR 169 (2005), 570, 591.

315 *Adam* S. 157; *Braun* NZI 2004 Heft 1 V, VI; *Mankowski* BB 2006, 1753, 1754; *Weller* ZHR 169 (2005), 570, 573.

316 *Vormstein* S. 205

317 *Adam/Poertzgen* ZInsO 2006, 281, 284; *Ehricke* EWS 2002, 101, 101; *Mankowski* EWiR 2003, 1239, 1240; *Mankowski* BB 2006, 1753, 1755; *Penzlin/Riedemann* NZI 2005, 465, 470.

ausländischen Gericht in einer fremden Sprache geltend machen müssen[318] und dass der Rechtsrat eventuell kostspieliger ist.[319] Die inländischen Gläubiger sind gemäß Art. 29 lit. b) EuInsVO befugt, einen Antrag auf Eröffnung des parallelen Sekundärinsolvenzverfahrens zu stellen, unter der Voraussetzung, dass sie nach der *lex fori concursus secundariae* antragsbefugt sind. Das führt dazu, dass bei einem anderen Gericht in einem anderen Mitgliedstaat ein Sekundärinsolvenzverfahren eröffnet wird, das nach dem innerstaatlichen Recht durchgeführt und in dem ein neuer Verwalter bestellt wird. Dies birgt die Gefahr, dass das Verfahren durch die Kooperation und Koordination zwischen Verwaltern (und Gerichten) unterschiedlicher Mitgliedstaaten verzögert[320] und dadurch die Masse geschmälert wird.[321] Dadurch wäre die Effizienz gemindert. Hinzu kommt, dass ein Sekundärinsolvenzverfahren gemäß Art. 27 Satz 3, Art. 3 Abs. 3 Satz 2, Art. 2 lit. c) EuInsVO in Verbindung mit Anhang B in den Grenzen des Art. 34 Abs. 1 EuInsVO immer auch ein Liquidationsverfahren ist. Wird in dem jeweiligen Satzungssitzmitgliedstaat der Tochtergesellschaft, in dem diese den Großteil ihres Vermögens hat, ein auf Liquidation gerichtetes Sekundärinsolvenzverfahren eröffnet, steht das einer Gesamtsanierung des Konzerns entgegen.[322] Trotz dieser bestehenden Gefahr der Eröffnung von Sekundärinsolvenzverfahren, wodurch die Effizienz des Verfahrens gemindert werden kann, ist die weite Auslegung als solche mit dem Telos der EuInsVO, effiziente Insolvenzverfahren zu fördern, vereinbar.

### *c) Rechtsgrundlage eines einheitlichen Konzerninsolvenzgerichtsstands in der EuInsVO*

Problematisch ist jedoch, dass die EuInsVO einen einheitlichen Konzerninsolvenzgerichtsstand nicht regelt.[323] Der EuInsVO liegt der Grundsatz „eine Person, ein Vermögen, ein Verfahren“ zugrunde.[324] Die internationale

318 *Adam* S. 133; *Deyda* S. 70; *Freitag/Leible* RIW 2006, 641, 643; *Vallender/Fuchs* ZIP 2004, 829, 836; *Wimmer* ZInsO 2005, 119, 121.

319 *Deyda* S. 70.

320 *Adam/Poertzgen* ZInsO 2006, 281, 283; *Deyda* S. 71; *Ehricke* EWS 2002, 101, 101; *Mankowski* EWiR 2003, 1239, 1240; *Mankowski* BB 2006, 1753, 1755.

321 *Adam/Poertzgen* ZInsO 2006, 281, 283; *Deyda* S. 70; *Ehricke* EWS 2002, 101, 101; *Penzlin/Riedemann* NZI 2005, 465, 470.

322 *Adam/Poertzgen* ZInsO 2006, 281, 284; *Huber* in: Gottwald, Europäisches Insolvenzrecht, Kollektiver Rechtsschutz, S. 35.

323 *Virgós/Schmit*-Bericht Rn. 76; vgl. statt vieler *Wimmer* ZInsO 2005, 119, 120.

324 statt aller: HambKomm/*Undritz*, InsO, Art. 3 EuInsVO Rn. 7; Paulus, EuInsVO, Art 3 Rn. 30; *Knopf/Mock* ZIP 2006, 907, 914.

Zuständigkeit bestimmt sich folglich nach dem Konzept der EuInsVO für jedes Rechtssubjekt gesondert.[325] Ist ein Konzern so organisiert, dass er rechtlich selbstständige Tochtergesellschaften gründet, kann diese rechtliche Selbstständigkeit der Tochtergesellschaften in der Insolvenz nicht unbeachtet bleiben.[326]

Fraglich ist, ob der Verordnungsgeber eine abschließende Nichtregelung bezüglich des Konzerninsolvenzgerichtsstands geschaffen hat, bzw. ob sich diese Lücke durch Auslegung schließen lässt. Die EuInsVO enthält kein abschließendes Regelwerk, sondern punktuelle Regelungen über die zentralen Fragestellungen im europäischen Insolvenzrecht: die internationale Zuständigkeit, die Anerkennung ausländischer Verfahren und das anwendbare Recht.[327] Dass die EuInsVO keine Regelungen über die Behandlung von Konzernsachverhalten enthält, ist auf die verschiedenartigen Erscheinungsformen von Konzernen in Europa zurückzuführen.[328] Das Gesellschaftsrecht ist auf diesem Gebiet nicht harmonisiert, so dass die rechtliche Ausgestaltung den einzelnen Mitgliedstaaten überlassen bleibt.[329] Die EuInsVO schafft für die Behandlung grenzüberschreitender Insolvenzen eine Art Mindestrahmen, auf den sich die Mitgliedstaaten nach jahrzehntelangen Beratungen und einigen gescheiterten Entwürfen einigen konnten. Die EuInsVO ist fast wortgleich mit dem EuInsÜ von 1994 und folglich auf dem Stand von 1994.[330] Seitdem haben sich die wirtschaftlichen Verflechtungen im europäischen Binnenmarkt erhöht. Konzerninsolvenzen haben sich zum Hauptanwendungsfall grenzüberschreitender Insolvenzen entwickelt.[331] Aufgrund der Entstehungsgeschichte der Verordnung und wegen des Zieles, den Binnenmarkt durch effiziente grenzüberschreitende

---

325 D-K/D/CH/*Duursma-Kepplinger*, EuInsVO, Art. 1 Rn. 48; FK-InsO/*Wenner/Schuster* Art. 3 EuInsVO Rn. 12; *Hess/Laukemann/Seagon* IPrax 2007, 89, 91; Runkel/*Pannen* § 18 Rn. 92i.

326 *Mankowski* BB 2006, 1753, 1754; MünchKommBGB/*Kindler* Art. 3 EuInsVO Rn. 31; MünchKommInsO/*Reinhart* Art. 3 EuInsVO Rn. 20; *Weller* IPrax 2004, 412, 416.

327 Erwägungsgründe 6, 8 EuInsVO; *Fehrenbach* IPrax 2009, 51, 53; *Kammel* NZI 2006, 334, 335; *Koch* in: Festschrift Jayme 2004, 437, 438.

328 *Adam* S. 114; *Attinger* S. 49; *Ehricke* EWS 2002, 101, 102; *Freitag/Leible* RIW 2006, 641, 643; *Lieder* S. 28, 93; MünchKommInsO/*Kirchhof/Lwowski/Stürner* Int. KonzernInsR Rn. 21; *Wimmer* ZInsO 2005, 119, 120.

329 *Freitag/Leible* RIW 2006, 641, 643; *Lieder* S. 28; *Wolf* S. 55.

330 *Paulus* NZG 2006, 609, 611.

331 *Attinger* S. 50; Kindler/Nachmann/*Kindler* § 2 Rn. 42; *Knopf/Mock* ZIP 2006, 907, 913; *Lieder* S. 2; *Mankowski* NZI 2004, 450, 452; Pannen/*Pannen*, EuInsVO, Art. 3 Rn. 46; Paulus, EuInsVO, Einl. Rn. 43; *Smid* DZWIR 2004, 397, 399.

Insolvenzen weiter zu vollenden, ist ein Konzerninsolvenzgerichtsstand von der EuInsVO zwar nicht intendiert, aber auch nicht ausgeschlossen.[332] Folglich lässt sich ein Konzerninsolvenzgerichtsstand in Übereinstimmung mit dem Ziel der EuInsVO durch eine weite Auslegung des Begriffs des Mittelpunkts der hauptsächlichen Interessen schaffen. Daraus folgt, dass die weite Ansicht unter dem Gesichtspunkt der Effizienz des Verfahrens mit den Zielen der EuInsVO vereinbar ist.

## V. Fazit

Zusammenfassend lässt sich feststellen, dass eine weite Auslegung des Begriffs des Mittelpunkts hauptsächlicher Interessen zwar mit dem Ziel der EuInsVO, die Effizienz des Insolvenzverfahrens zu erhöhen, vereinbar ist. Die anderen Arten der Auslegung sprechen jedoch dagegen, den Mittelpunkt der hauptsächlichen Interessen nach gesellschafts- bzw. konzerninternen Strukturen zu bestimmen. Letztlich ist jedoch die Auslegung des Begriffs durch den EuGH als europäische Auslegungsinstanz[333] entscheidend.[334]

Der EuGH hat bisher zweimal die Möglichkeit gehabt, über die Auslegung dieses Begriffs zu entscheiden. Am 02. Mai 2006 ist das Eurofood-Urteil[335] und am 20. Oktober 2011 das Interedil-Urteil[336] ergangen. Fraglich ist, inwieweit es dem EuGH gelungen ist, durch seine Urteile den unbestimmten Rechtsbegriff des Mittelpunkts hauptsächlicher Interessen zu konkretisieren, um dadurch eine einheitliche und vorhersehbare Auslegung des Begriffs sowie Rechtssicherheit zu schaffen.[337]

---

332 *Braun* NZI 2004 Heft 1 V, VI; *Ehricke* EWS 2002, 101, 107; *Freitag/Leible* RIW 2006, 641, 644; *Herchen* ZInsO 2004, 825, 826; *Lieder* S. 122; MünchKommBGB/*Kindler* Art. 3 EuInsVO Rn. 31; a.A: *Hess/Laukemann/Seagon* IPrax 2007, 89, 98; *Lüer* in: Festschrift Greiner 2005, 201, 212; *Schilling/Schmidt* ZInsO 2006, 113, 117; *Vormstein* S. 203; *Weller* ZHR 169 (2005), 570, 581.

333 *Mankowski* RIW 2005, 573, 574.

334 statt vieler: *Huber* in: Festschrift Heldrich 2005, 679, 690; *Weller* ZGR 2008, 835, 854.

335 EuGH, Urteil vom 02.05.2006, Rs. C-341-04, Slg. I-3813 („Eurofood").

336 EuGH, Urteil vom 20.20.2011, Rs. C-396/09, NZI 2011, 990 („Interedil").

337 Haß/Huber/Gruber/Heiderhoff/*Haß/Herweg*, EuInsVO, Art. 3 Rn. 15; *Lüer* in: Festschrift Greiner 2005, 201, 214

# § 5 Auslegung durch den EuGH in den Urteilen Eurofood und Interedil

Der EuGH hat gemäß Art. 19 Abs. 1 EUV[338] die Aufgabe, das Unionsrecht auszulegen. Entscheidend für die Ermittlung des Mittelpunkts der hauptsächlichen Interessen ist folglich die Auslegung des Begriffs durch den EuGH[339] in den Urteilen Eurofood (hierzu unter I.) und Interedil (hierzu unter II.).

## I. Eurofood

### *1. Sachverhalt*

Die Eurofood IFSC wurde im Jahre 1997 als „company limited by shares", also als Kommanditgesellschaft auf Aktien, mit satzungsmäßigem Sitz in Irland gegründet. Sie ist eine 100%-ige Tochtergesellschaft der Parmalat S.p.A., einer Aktiengesellschaft italienischen Rechts. Der Hauptzweck der Eurofood bestand darin, Finanzmittel für die Gesellschaften des Parmalat-Konzerns zu beschaffen. Über die Parmalat S.p.A. wurde am 23. Dezember 2003 das Verfahren der außerordentlichen Verwaltung durch das italienische Ministerio delle Attività Produttive (Ministerium für die Produktionstätigkeit) zugelassen. Nachdem der High Court Dublin im Januar 2004 über die Eurofood ein Zwangsliquidationsverfahren („compulsory winding up by the court") eröffnete und einen vorläufigen Verwalter bestellte, ließ das Ministerio delle Attività Produttive die Eurofood zum Verfahren der außerordentlichen Verwaltung zu und bestellte einen außerordentlichen Verwalter. Im Folgenden erklärten sich sowohl das italienische Tribunale di Parma (am 20. Februar 2004)[340] als auch der High Court Dublin (am 23. März 2004)[341] für die Eröffnung des Insolvenzverfahrens für zuständig, jeweils mit der Begründung, dass sich der Mittelpunkt der hauptsächlichen Interessen der Eurofood im Sinne des Art. 3 Abs. 1 EuInsVO in ihrem Mitgliedstaat befände. Nachdem der italienische Verwalter Berufung gegen das Urteil des High Court Dublin eingelegt hatte, hielt es der Supreme Court of Ireland für erforderlich, dem EuGH mehrere Fragen zur Vorabentscheidung gemäß des damals geltenden Art. 234

338 ABl. 2008 Nr. C 115, 1, ber. ABl. 2009 Nr. C 290, 1, früher Art. 220 Abs. 1 EGV, geändert durch den „Vertrag von Lissabon zur Änderung des Vertrags über die Europäische Union und des Vertrags zur Gründung der Europäischen Gemeinschaft", ABl. 2007 Nr. C 306, 1.

339 *Huber* in: Festschrift Heldrich 2005, 679, 690; *Weller* ZGR 2008, 835, 854.

340 *Tribunale di Parma*, Urteil vom 19.02.2004, 53/04, ZIP 2004, 1220.

341 *High Court Dublin*, Urteil vom 23.03.2004, 33/04, ZIP 2004, 1223.

i. V. m. Art. 68 Abs. 1 EGV[342] vorzulegen.[343] In Bezug auf die internationale Zuständigkeit wollte der Supreme Court of Ireland in seiner vierten Vorlagefrage wissen:

*Sind, wenn*

*a) der satzungsmäßige Sitz einer Muttergesellschaft und der ihrer Tochtergesellschaft in zwei verschiedenen Mitgliedstaaten liegen,*

*b) die Tochtergesellschaft der Verwaltung ihrer Interessen in einer für Dritte erkennbaren Art und Weise gewöhnlich und unter vollständiger und stetiger Wahrung ihrer eigenen Corporate Identity in dem Mitgliedstaat nachgeht, in dem ihr satzungsmäßiger Sitz liegt, und*

*c) die Muttergesellschaft aufgrund ihrer Beteiligung und ihrer Befugnis zur Bestellung der Verwaltungsratsmitglieder in der Lage ist, die Geschäftspolitik der Tochtergesellschaft zu kontrollieren, und dies auch tut, bei der Bestimmung des „Mittelpunkts der hauptsächlichen Interessen" die vorstehend unter b) oder die unter c) genannten Faktoren ausschlaggebend?*

## *2. Entscheidung des EuGH*

Die Entscheidung des EuGH in der Rechtssache C-341/04 erging am 02. Mai 2006.[344] Der EuGH beantwortet die vierte Vorlage als erste und geht dabei auf das der EuInsVO zugrundeliegende Prinzip der universellen Wirkung des Hauptinsolvenzverfahrens ein, das durch die Eröffnung eines Sekundärinsolvenzverfahrens in dem Mitgliedstaat, in dem der Schuldner eine Niederlassung hat, durchbrochen werden kann.

Im Folgenden stellt der EuGH fest, dass die EuInsVO für jeden Schuldner, der eine eigene Rechtspersönlichkeit hat, ein gesondertes Insolvenzverfahren zu eröffnen ist. Denn Art. 3 Abs. 1 Satz 2 EuInsVO stelle klar, dass bei Gesellschaften bis zum Beweis des Gegenteils vermutet werde, dass der Mittelpunkt ihrer hauptsächlichen Interessen der Ort des satzungsmäßigen Sitzes ist. Der Begriff des Mittelpunkts der hauptsächlichen Interessen zur Eröffnung des Hauptinsolvenzverfahrens sei der Verordnung eigen und deshalb eigenständig und unabhängig von den nationalen Rechtsordnungen autonom auszulegen. Der EuGH zieht Erwägungsgrund 13 heran, der bestimmt, dass

---

342 heute Art. 267 AEUV, geändert durch den „Vertrag von Lissabon zur Änderung des Vertrags über die Europäische Union und des Vertrags zur Gründung der Europäischen Gemeinschaft", ABl. 2007 Nr. C 306, 1.

343 *Supreme Court of Ireland*, Urteil vom 27.07.2004, 147/04, NZI 2004, 505.

344 EuGH, Urteil vom 02.05.2006, Rs. C-341/04, Slg. I-3813 („Eurofood").

*als Mittelpunkt der hauptsächlichen Interessen der Ort gelten [soll], an dem der Schuldner gewöhnlich der Verwaltung seiner Interessen nachgeht und der damit für Dritte feststellbar ist.*

Er misst Erwägungsgrund 13 den Charakter einer Definition bei, die die Bedeutung des Begriffs erhelle. Laut EuGH geht aus der sogenannten Definition in Erwägungsgrund 13 hervor, dass der Mittelpunkt der hauptsächlichen Interessen nach objektiven und zugleich für Dritte feststellbaren Kriterien zu bestimmen sei. Diese Objektivität und die Möglichkeit der Feststellung durch Dritte seien erforderlich, um Rechtssicherheit und Vorhersehbarkeit bei der Bestimmung des für die Eröffnung eines Hauptinsolvenzverfahrens zuständigen Gerichts zu garantieren. Dies sei umso wichtiger, als die Eröffnung des Hauptinsolvenzverfahrens die *lex fori concursus* und mithin das materielle Recht bestimme, nach dem das Hauptinsolvenzverfahren durchgeführt werde.

Die in Art. 3 Abs. 1 Satz 2 EuInsVO aufgestellte Vermutung könne widerlegt werden, wenn objektive und zugleich für Dritte feststellbare Elemente belegen, dass in Wirklichkeit die Lage nicht derjenigen entspricht, die die Verortung am genannten Satzungssitz widerspiegeln solle. Der EuGH nennt den Fall einer sogenannten Briefkastenfirma, die in dem Mitgliedstaat, in dem sich ihr satzungsmäßiger Sitz befindet, keiner Tätigkeit nachgeht.

Des Weiteren stellt der EuGH fest, dass wenn eine Gesellschaft in dem Mitgliedstaat, in dem sich ihr satzungsmäßiger Sitz befindet, einer Tätigkeit nachgeht, die Tatsache allein, dass die wirtschaftlichen Entscheidungen der Gesellschaft von einer Muttergesellschaft kontrolliert werden, die ihren Satzungssitz in einem anderen Mitgliedstaat hat, nicht ausreicht, um die Vermutung zu widerlegen.

### 3. *Konsequenzen*

Der EuGH hat klargestellt, dass Erwägungsgrund 13 für die Bestimmung des Mittelpunkts der hauptsächlichen Interessen des Schuldners eine zentrale Bedeutung hat. Selbst wenn man in Anbetracht der Tatsache, dass die Erwägungsgründe keinen rechtsverbindlichen Charakter haben und mit Art. 2 EuInsVO ein eigener „Definitionsartikel“ besteht, an der Bezeichnung des Erwägungsgrunds 13 als Definition zweifeln mag,[345] hat der EuGH dennoch klargestellt, dass Erwägungsgrund 13 große Relevanz hat.[346] Nach dem Wortlaut des Erwägungsgrunds 13 liegt der Mittelpunkt der hauptsächlichen Interessen erstens an dem Ort der gewöhnlichen

---

345 *Attinger* S. 108, 293; Moss/Fletscher/Isaacs/*Moss/Smith* Rn. 8.77; a.A. Virgós/Garcimartín, European Insolvency Regulation, S. 39.

346 *Attinger* S. 108.

Interessenverwaltung, der zweitens – und zwar kumulativ – für Dritte erkennbar ist. Die Maßgeblichkeit der Erkennbarkeit für Dritte betont der EuGH in seiner Entscheidung mehrfach. Vielfach wird daraus gefolgert, dass der EuGH der „mind of management"-Theorie eine klare Absage erteilt habe.[347] Dies lässt sich jedoch nicht eindeutig erkennen.[348] Der EuGH hat lediglich festgestellt, dass im Falle von durch die Muttergesellschaft kontrollierten Tochtergesellschaften die Tatsache, dass die wirtschaftlichen Entscheidungen von der Muttergesellschaft getroffen werden, nicht ausreicht, um die Vermutung zu widerlegen. Aus der Formulierung „allein" kann geschlossen werden, dass bei Hinzutreten weiterer Umstände, und zwar solcher, die nach außen erkennbar sind, die Entscheidungsmacht der Muttergesellschaft für die Verortung des Mittelpunkts der hauptsächlichen Interessen eine Bedeutung zukommen kann.[349] Denkbar ist der Fall, in dem die Tochtergesellschaft nach außen erkennbar nur als eine betriebliche Untereinheit der Muttergesellschaft wahrgenommen wird, beispielsweise bei einem einheitlichen Konzernauftritt.[350] Dies wäre beispielsweise der Fall gewesen, wenn der Name der Tochtergesellschaft nicht „Eurofood", sondern beispielsweise „Parmalat Finance" gewesen wäre, womit also ein deutlicher Hinweis zum Mutterkonzern gegeben gewesen wäre.[351] In der Literatur wird auch eine Formulierung wie „X-Mitglied der Y-Gruppe" vorgeschlagen, durch die die Zugehörigkeit zum Konzern deutlich zum Ausdruck kommt.[352]

Die Konzernsituation ist für die Gläubiger aber auch dann erkennbar, wenn die Konzernmutter Garantien oder Patronatserklärungen zugunsten der Gläubiger

---

347 FK-InsO/*Wenner/Schuster* Art. 3 EuInsVO Rn. 14; *Hess/Laukemann/Seagon* IPrax 2007, 89, 90; *Mankowski* BB 2006, 1753, 1754; MünchKommBGB/*Kindler* Art. 3 EuInsVO Rn. 22; MünchKommInsO/*Reinhart* Art. 3 EuInsVO Rn. 30; Pannen/*Pannen*, EuInsVO, Art. 3 Rn. 41; *Schmittmann/Hesselmann* ZInsO 2008, 957, 961; *Stadler* in: Cross Border Insolvency, 2011, S. 21; *Wiedemann* ZInsO 2007, 1009, 1013.

348 HambKomm/*Undritz*, InsO, Art. 3 EuInsVO Rn. 13; *Knopf/Mock* ZIP 2006, 907, 914; *Schmidt* EWiR 2009, 571, 571.

349 *Duursma/Kepplinger* ZIP 2007, 896, 898; FK-InsO/*Wenner/Schuster* Art. 3 EuInsVO Rn. 13; HambKomm/*Undritz*, InsO, Art. 3 EuInsVO Rn. 13; Paulus, EuInsVO, Art. 3 Rn. 30a; *Knopf* ZInsO 2007, 629, 632; *Knopf/Mock* ZIP 2006, 907, 914; *Schmidt* EWiR 2009, 571, 572; *Paulus* NZG 2006, 609, 612; *Paulus* NZI 2008, 1, 1; *Weller* ZGR 2008, 835, 857.

350 Gottwald/*Gottwald/Kolmann* § 130 Rn. 31; *Huber* in: Gottwald, Europäisches Insolvenzrecht, Kollektiver Rechtsschutz, S. 11; *Mankowski* BB 2006, 1753, 1755.

351 *Paulus* NZG 2006, 609, 612.

352 *Paulus* NZG 2006, 609, 612.

der Tochtergesellschaft abgibt[353] oder die Gläubiger sich nachweislich auf bestehende konzernrechtliche Verlustübernahmepflichten der Muttergesellschaft verlassen.[354] Solche nach außen erkennbare Umstände sind bei der Ermittlung des Mittelpunkts der hauptsächlichen Interessen des Schuldners zu berücksichtigen.[355] Sie können im Einzelfall dazu führen, dass der Mittelpunkt der hauptsächlichen Interessen der Tochtergesellschaft mit dem der Muttergesellschaft zusammenfällt.

Ferner hat der EuGH klargestellt, dass der Mittelpunkt der hauptsächlichen Interessen des Schuldners solange am Satzungssitz besteht, bis die Vermutung widerlegt wird. Die Vermutung kann nur durch solche Umstände widerlegt werden, die dem Erwägungsgrund 13 entsprechen, also solche, die für Dritte erkennbar sind. Die Formulierung, dass die Lage nicht derjenigen entspricht, die die Verortung am genannten Satzungssitz widerspiegeln würde, ist in der Weise zu verstehen, dass es nicht der Wirklichkeit entspricht, dass der Mittelpunkt der hauptsächlichen Interessen am Satzungssitz ist.[356] Es können nur solche Umstände die Vermutung widerlegen, die überhaupt geeignet sind, eine solche Vermutung aufzustellen: objektive, für Dritte überprüfbare Tatsachen.[357] Dritte gehen so lange davon aus, dass der Satzungssitz der Mittelpunkt der hauptsächlichen Interessen ist, bis es einen anderen Ort gibt, der der Mittelpunkt der hauptsächlichen Interessen der Gesellschaft ist. Dabei ist die Sichtweise der Dritten zu verobjektivieren.[358] Entscheidend ist, was allgemein zugänglich ist und was Dritte im Rahmen des gewöhnlichen Geschäftsverkehrs mit der Gesellschaft erfahren würden.[359]

Der EuGH betont ausdrücklich, dass für jede Gesellschaft, die eine eigene Rechtspersönlichkeit besitzt, ein gesondertes Verfahren zu eröffnen ist. Dementsprechend ist die internationale Zuständigkeit gemäß Art. 3 Abs. 1 EuInsVO und somit auch der Mittelpunkt der hauptsächlichen Interessen des Schuldners für jede Gesellschaft gesondert zu ermitteln. Daraus folgt, dass sich die Auslegung des EuGH nicht nur auf Konzernsachverhalte bezieht. Vielmehr gelten die Maßstäbe auch für die Bestimmung der internationalen Zuständigkeit von einzelnen Gesellschaften.

---

353 *Freitag/Leible* RIW 2006, 641, 644; Gottwald/*Gottwald/Kolmann* § 130 Rn. 31; *Huber* in: Gottwald, Europäisches Insolvenzrecht, Kollektiver Rechtsschutz, S. 11.

354 *Freitag/Leible* RIW 2006, 641, 644.

355 *Knopf* ZInsO 2007, 629, 632; *Knopf/Mock* ZIP 2006, 907, 914; *Freitag/Leible* RIW 2006, 641, 644; *Schmidt* EWiR 2009, 571, 571.

356 *Attinger* S. 109; *Kammel* NZI 2006, 334, 336.

357 FK-InsO/*Wenner/Schuster* Art. 3 EuInsVO Rn. 9.

358 Gottwald/*Gottwald/Kolmann* § 130 Rn. 21; *Poertzgen/Adam* ZInsO 2006, 505, 507.

359 *Schmidt* EWiR 2009, 571, 571.

Trotz der klarstellenden Worte des EuGH in Bezug auf die Notwendigkeit der Erkennbarkeit für Dritte hat der EuGH leider keine genauen und eindeutigen Kriterien benannt, die für die Feststellung des Mittelpunkts der hauptsächlichen Interessen des Schuldners von Bedeutung sind.[360] Im Wege einer Negativabgrenzung[361] hat der EuGH den äußeren Rahmen umrissen. Die Vermutung kann nicht allein durch die rein interne Kontrolle durch eine Muttergesellschaft widerlegt werden.[362] Andererseits ist die Vermutung bei bloßen Briefkastengesellschaften, die in ihrem Satzungssitzmitgliedstaat keinerlei Tätigkeit nachgehen, regelmäßig widerlegt. Weitere Konkretisierungen nimmt der EuGH nicht vor, es gibt also keine genauen Kriterien für die Bestimmung des Mittelpunkts der hauptsächlichen Interessen des Schuldners.[363]

---

360 *De Cristofaro* in: Cross Border Insolvency, 2011, S. 50; *Duursma/Kepplinger* ZIP 2007, 896, 899; *Freitag/Leible* RIW 2006, 641, 647; *Hess/Laukemann/Seagon* IPrax 2007, 89, 91; *Kammel* NZI 2006, 334, 336; *Knopf/Mock* ZIP 2006, 907, 914; *Mankowski* BB 2006, 1753, 1754; *Poertzgen/Adam* ZInsO 2006, 505, 507; *Schwemmer* NZI 2009, 355, 356; *Stadler* in: Cross Border Insolvency, 2011, S. 22; *Thole* ZEuP 2007, 1137, 1142; *Wiedemann* ZInsO 2007, 1009, 1014.

361 *Poertzgen/Adam* ZInsO 2006, 505, 506; *Saenger/Klockenbrink* EuZW 2006, 363, 364.

362 AG *Köln*, Beschluss vom 19.02.2008, 73 IE 1/08, NZI 2008, 257, 260 („PIN").

363 siehe dazu die unterschiedlichen Kriterien in Rechtsprechung und Literatur nach dem Eurofood-Urteil: *High Court of Justice London*, Urteil vom 26.11.2009, [2009] EWHC 3199 (Ch), EWiR 2010, 563 („Hellas II"); *High Court of Justice London*, Urteil vom 03.07.2009, [2009] EWHC 1441 (Ch) Case Nos. 13338 and 13959 of 2009, ZIP 2009, 1776, 1778; AG *Köln*, Beschluss vom 19.02.2008, 73 IE 1/08, NZI 2008, 257, 260 („PIN"); *AG Nürnberg*, Beschluss vom 01.10.2006, 8034 IN 1326/06, ZIP 2007, 83 („Brochier"); *AG Hamburg*, Beschluss vom 16.08.2006, 67a IE 1/06, ZIP 2006, 1642; *Tribunal de Commerce de Paris*, 02.08.2006, unveröffentlicht vgl. HambKomm/*Undritz*, InsO, Art. 3 EuInsVO Rn. 91, Pannen/*Pannen*, EuInsVO, Art. 3 Rn. 11 („Eurotunnel"); Beck/Depré/*Kammel*, Praxis der Insolvenz, § 39 Rn. 9; *Duursma-Kepplinger* ZIP 2007, 896, 899; *Freitag/Leible* RIW 2006, 641, 647; Gottwald/*Gottwald/Kohlmann* § 130 Rn. 22; HambKomm/*Undritz*, InsO, Art. 3 EuInsVO Rn 12; *Hess/Laukemann/Seagon* IPrax 2007, 89, 90; HK-InsO/*Stephan* Art. 3 EuInsVO Rn. 4; Leonhardt/Smid/Zeuner/*Smid* Art. 3 EuInsVO Rn. 22; *Kebekus* ZIP 2007, 83, 86; *Knopf* ZInsO 2007, 629, 630; *Knopf* EWiR 2010, 563, 563; Moss/Fletscher/Isaacs/*Moss/Smith* Rn. 8.80; MünchKommBGB/*Kindler* Art. 3 EuInsVO Rn. 20; MünchKommInsO/*Reinhart* Art. 3 EuInsVO Rn. 24, 30; Paulus, EuInsVO, Art. 3 Rn. 21, 25a, 30a, 30b; *Paulus* NZI 2008, 1, 2; *Poertzgen/Adam* ZInsO 2006, 505, 507; *Rotstegge* ZIP 2008, 955, 959; *Schmidt* EWiR 2009, 571, 572; *Schmittmann/Hesselmann* ZInsO 2008, 957, 961; *Schwemmer* NZI 2009, 355, 356; *Thole* ZEuP 2007, 1137, 1142; Uhlenbruck/*Lüer*, InsO, Art. 3 EuInsVO Rn. 33; Vallender/Undritz/

## II. Interedil

### 1. Sachverhalt

Die Interedil S.r.l. wurde als „società a responsibilità a limitata", als Gesellschaft mit beschränkter Haftung italienischen Rechts mit satzungsmäßigem Sitz in Italien gegründet. Am 18. Juli 2001 verlegte sie ihren satzungsmäßigen Sitz nach London. Daraufhin wurde sie im Register des italienischen Staates gestrichen und mit dem Vermerk „FC" („Foreign Company", ausländische Gesellschaft) in das Gesellschaftsregister des Vereinigten Königreichs eingetragen. In der Folgezeit wurde die Gesellschaft von der Gruppe Canupus übernommen. Das Eigentum der Interedil an Gebäuden in Italien wurde auf die Windowmist Limited übertragen. Am 22. Juli 2002 wurde die Interedil im Gesellschaftsregister des Vereinigten Königreichs gelöscht. Eine Gläubigerin der Interedil beantragte am 28. Oktober 2003 beim Tribunale di Bari die Eröffnung eines Insolvenzverfahrens („fallimento") über das Vermögen der Interedil. Interedil rügte jedoch die Zuständigkeit des Gerichts mit der Begründung, dass sie ihren satzungsmäßigen Sitz in das Vereinigte Königreich verlegt habe und dass folglich allein die Gerichte dieses Mitgliedstaats für die Eröffnung des Insolvenzverfahrens zuständig seien. Am 13. Dezember 2003 beantragte Interedil die Vorabentscheidung des Corte suprema di cassazione über die Frage der Zuständigkeit. Noch bevor der Corte suprema di cassazione eine Entscheidung fällte, eröffnete das Tribunale di Bari am 24. Mai 2004 das Insolvenzverfahren über das Vermögen der Interedil. Interedil legte dagegen Beschwerde ein. Über ein Jahr später, am 20. Mai 2005, erklärte der Corte suprema di cassazione das Tribunale di Bari für zuständig. Grund dafür war nach Ansicht des Corte suprema, dass die Vermutung des Art. 3 Abs. 1 Satz 2 EuInsVO aufgrund verschiedener Umstände wiederlegt werden könne. Denn in Italien befänden sich Immobilien von Interedil, ein Mietvertrag über zwei Hotelkomplexe und es bestünde ein Vertrag mit einem Geldinstitut. Angesichts des am 02. Mai 2006 ergangenen Eurofood-Urteils bezweifelte nun das Tribunale di Bari seine internationale Zuständigkeit. Es legte daher dem EuGH unter anderem folgende Fragen zur Vorabentscheidung gemäß Art. 267 AEUV vor:

1. *Ist der Begriff „Mittelpunkt der hauptsächlichen Interessen des Schuldners" im Sinne von Art. 3 Abs. 1 der Verordnung im Einklang mit dem Gemeinschaftsrecht oder dem nationalen Recht auszulegen und – falls die erste Alternative zu bejahen sein sollte*

---

*Stephan* Kapitel 15 Rn. 97, 109; *Weller* ZGR 2008, 835, 857; *Weller* ZIP 2009, 2029, 2031; Westpfahl/Goetker/Wilkens 148; *Wiedemann* ZInsO 2007, 1009, 1013.

*– was besagt dieser Begriff und welches sind die entscheidenden Faktoren oder Elemente zur Bestimmung des „Mittelpunkts der hauptsächlichen Interessen"?*

2. *Kann die Vermutung nach Art. 3 Abs. 1 der Verordnung, wonach bei Gesellschaften bis zum Beweis des Gegenteils vermutet wird, dass der Mittelpunkt ihrer hauptsächlichen Interessen der Ort des satzungsmäßigen Sitzes ist, durch die Feststellung widerlegt werden, dass die Gesellschaft in einem anderen Staat als dem ihres satzungsmäßigen Sitzes einer tatsächlichen geschäftlichen Tätigkeit nachgeht, oder ist zur Widerlegung der Vermutung die Feststellung erforderlich, dass die Gesellschaft in dem Staat ihres satzungsmäßigen Sitzes keine geschäftliche Tätigkeit entfaltet hat?*
3. *Sind die Belegenheit von Immobilien der Gesellschaft in einem anderen Mitgliedstaat als dem ihres satzungsmäßigen Sitzes, das Bestehen eines Mietvertrags zwischen der Schuldnergesellschaft und einer anderen Gesellschaft über zwei Hotelkomplexe sowie eines Vertrags der Gesellschaft mit einem Geldinstitut Elemente oder Faktoren, die ausreichen, um die Vermutung nach Art. 3 der Verordnung zugunsten des „satzungsmäßigen Sitzes" der Gesellschaft zu widerlegen [...]?*

## 2. Entscheidung des EuGH

Die Entscheidung des EuGH in der Rechtssache C-396/09 erging am 20. Oktober 2011.[364] In Bezug auf die genannten Vorlagefragen stellt der EuGH zunächst allgemein – unter Verweis auf seine ständige Rechtsprechung – klar, dass Begriffe des Gemeinschaftsrechts, soweit sie nicht auf eine nationale Rechtsordnung Bezug nehmen, autonom und einheitlich ausgelegt werden müssen, um eine einheitliche Anwendung des Gemeinschaftsrechts sowie eine Gleichbehandlung zu gewährleisten. In Bezug auf den Begriff des Mittelpunkts der hauptsächlichen Interessen verweist der EuGH auf seine Ausführungen im Eurofood-Urteil, wonach es sich bei dem Begriff des Mittelpunkts der hauptsächlichen Interessen um einen Begriff des Gemeinschaftsrechts handle, der autonome Bedeutung hat und daher einheitlich und unabhängig von den nationalen Rechtsvorschriften auszulegen sei.

Die weiteren Fragen in Bezug auf die internationale Zuständigkeit zur Eröffnung des Hauptinsolvenzverfahrens beantwortet der EuGH gemeinsam und stellt zunächst fest, dass die Verordnung zwar keine Definition des Begriffs des Mittelpunkts der hauptsächlichen Interessen des Schuldners enthalte. Die Bedeutung erhelle sich jedoch, wie bereits im Eurofood-Urteil festgestellt, durch den 13. Erwägungsgrund. Der EuGH ist der Ansicht, dass in der Bezugnahme auf den Ort der Verwaltung der Interessen im 13. Erwägungsgrund und auf den satzungsmäßigen Sitz in Art. 3 Abs. 1 Satz 2 EuInsVO die Intention des

364 EuGH, Urteil vom 20.10.2011, Rs. C-396/09, NZI 2011, 990 („Interedil").

Unionsgesetzgebers zum Ausdruck komme, dem Ort der Hauptverwaltung der Gesellschaft als Zuständigkeitskriterium den Vorzug zu geben.

Im Folgenden fasst der EuGH seine Ausführungen zum Mittelpunkt der hauptsächlichen Interessen im Eurofood-Urteil zusammen. In dem Eurofood-Urteil habe er präzisiert, dass sich der Mittelpunkt der hauptsächlichen Interessen nach objektiven und zugleich für Dritte feststellbaren Kriterien bestimmt, um Rechtssicherheit und Vorhersehbarkeit bei der Bestimmung des für die Eröffnung eines Hauptinsolvenzverfahrens zuständigen Gerichts zu garantieren. Seien die konkreten Umstände bekannt gemacht oder zumindest so transparent, dass Dritte, insbesondere die Gläubiger davon Kenntnis haben konnten, sei diesem Erfordernis Genüge getan.

Der EuGH stellt sodann fest, dass die Vermutung des Art. 3 Abs. 1 Satz 2 EuInsVO voll zum Tragen komme, wenn sich die Verwaltungs- und Kontrollorgane einer Gesellschaft am Ort ihres satzungsmäßigen Sitzes befinden und die Verwaltungsentscheidungen der Gesellschaft in für Dritte feststellbarer Weise an diesem Ort getroffen werden. In diesem Fall scheide eine anderweitige Verortung des Mittelpunkts der hauptsächlichen Interessen des Schuldners aus. Die Vermutung könne jedoch dann widerlegt werden, wenn sich der Ort der Hauptverwaltung einer Gesellschaft aus der Sicht von Dritten nicht am Ort des satzungsmäßigen Sitzes befinde. Unter Bezugnahme auf das Eurofood-Urteil führt der EuGH aus, dass sich die Vermutung zugunsten des satzungsmäßigen Sitzes entkräften lasse, wenn objektive und für Dritte feststellbare Elemente belegen, dass in Wirklichkeit die Lage nicht derjenigen entspricht, die die Verortung der hauptsächlichen Interessen am satzungsmäßigen Sitz widerspiegeln soll.

Nach Ansicht des EuGH gehören zu den zu berücksichtigenden Faktoren unter anderem alle Orte, an denen die Schuldnergesellschaft eine wirtschaftliche Tätigkeit ausübt sowie alle Orte, an denen sie Vermögenswerte besitzt. Voraussetzung sei jedoch stets, dass die Orte für Dritte erkennbar seien. Diese Faktoren sollen anhand einer Gesamtbetrachtung unter Berücksichtigung des Einzelfalls beurteilt werden. Die vom vorlegenden Gericht vorgetragenen Umstände, dass der Schuldnergesellschaft in einem anderen Mitgliedstaat als dem des satzungsmäßigen Sitzes Immobilien gehören, über die sie Mietverträge geschlossen habe, und dass in demselben Mitgliedstaat ein Vertrag mit einem Finanzinstitut abgeschlossen wurde, können als objektive und von Dritte wahrnehmbare Faktoren angesehen werden. Das Vorhandensein von Gesellschaftsaktiva und das Bestehen von Verträgen über deren finanzielle Nutzung können nur dann als zur Widerlegung der Vermutung des Art. 3 Abs. 1 Satz 2 EuInsVO geeignete Faktoren angesehen werden, wenn eine Gesamtbetrachtung aller relevanten Faktoren die von Dritten überprüfbare Tatsache zulasse, dass sich der tatsächliche Mittelpunkt der Verwaltung und der Kontrolle der Gesellschaft sowie der Verwaltung ihrer Interessen in diesem Mitgliedstaat befinde.

Ferner stellt der EuGH klar, dass sich aus diesen Ausführungen ergebe, dass dem Begriff des Mittelpunkts der hauptsächlichen Interessen des Schuldners das Anliegen zugrunde liege, eine Verknüpfung mit dem Ort herzustellen, mit dem die Gesellschaft objektiv und für Dritte erkennbar die engste Verbindung unterhalte.

### 3. *Konsequenzen*

Im Interedil-Urteil konkretisiert der EuGH die maßgeblichen Kriterien für die Bestimmung des Mittelpunkts der hauptsächlichen Interessen und führt somit seine durch das Eurofood-Urteil begründete Rechtsprechung fort.[365] Wie schon im Eurofood-Urteil stellt der EuGH eingangs klar, dass der Begriff des Mittelpunkts der hauptsächlichen Interessen autonom und einheitlich ausgelegt werden müsse. Erwägungsgrund 13 misst er nunmehr zutreffenderweise nicht mehr den Charakter einer Definition zu.[366] Entscheidend für die Verortung des Mittelpunkts hauptsächlicher Interessen sind objektive, für Dritte erkennbare Kriterien. Neu ist, im Vergleich zum Eurofood-Urteil, dass er ausdrücklich die Gläubiger als maßgebliche Dritte benennt. Nach dem Eurofood-Urteil herrschte in der Literatur Uneinigkeit darüber, auf wen der EuGH in der Eurofood-Entscheidung als maßgebliche Dritte abgestellt habe.[367] Teilweise wurde aus der Formulierung des EuGH gefolgert, die Richter hätten sich selbst als maßgebliche Dritte angesehen.[368] Nunmehr hat der EuGH klargestellt, dass die maßgeblichen Dritten die Gläubiger sind. Eine solche Sichtweise lässt sich ebenfalls durch den Erläuternden Bericht bestätigen. Auch der *Virgós/Schmit*-Bericht benennt die Gläubiger als die maßgeblichen Dritten. Die Insolvenz ist ein konkretes Risiko für die Gläubiger, so dass eine Erkennbarkeit für sie notwendig ist, um die rechtlichen und wirtschaftlichen Risiken zu kalkulieren.[369]

---

365 *Cranshaw* DZWIR 2012, 53, 57; Graf-Schlicker/*Kebekus/Sabel/Schlegel*, InsO, Art. 3 EuInsVO Rn. 7; HambKomm/*Undritz* Art. 3 EuInsVO Rn. 6; *Mankowski* NZI 2011, 990, 994; NJW-Spezial 2012, 181; *Paulus* EWiR 2011, 745, 746; *Piekenbrock* LMK 2012, 327375; *Tschentscher* FD-InsR 2011, 325372.

366 a.A. Virgós/Garcimartín, European Insolvency Regulation, S. 39

367 HambKomm/*Undritz* Art. 3 EuInsVO Rn. 5; Westpfahl/Goetker/Wilkens Rn. 140.

368 *Paulus* NZG 2006, 609, 612; Paulus, EuInsVO, Art. 3 Rn. 22.

369 *Virgós/Schmit*-Bericht Rn. 75.

Auch wenn der EuGH keine weiteren Beispiele oder Fallgruppen zur Ermittlung des Mittelpunkts hauptsächlicher Interessen nennt, sollte durch die generelle Formulierung des EuGH eine einheitliche Bestimmung des Mittelpunkts hauptsächlicher Interessen möglich sein.[370] Dem Ort der Hauptverwaltung misst der EuGH bei der Ermittlung des Mittelpunkts der hauptsächlichen Interessen große Bedeutung zu. Diesem Ort solle bei der Ermittlung des Mittelpunkts hauptsächlicher Interessen der Vorzug gegeben werden. Jedoch wird man wohl nicht so weit gehen können, den Ort der Hauptverwaltung mit dem Mittelpunkt hauptsächlicher Interessen gleichzusetzen. Vielmehr ist der Ort der Hauptverwaltung ein gewichtiger Faktor bei der Ermittlung des Mittelpunkts hauptsächlicher Interessen.

Der EuGH hat durch den Begriff der Hauptverwaltung jedoch nicht nur ein weiteres ausfüllungsbedürfitges Merkmal – neben dem Geschäftszentrum und dem Mittlepunkt hauptsächlicher Interessen – eingeführt. Vielmehr ergeben sich die für die Hauptverwaltung erforderlichen Faktoren aus dem Wortlaut und aus der Systematik des Urteils. Denn der EuGH erläutert einerseits, dass die Vermutung des Art. 3 Abs. 1 Satz 2 EuInsVO nicht widerlegbar sei, wenn sich am Ort des satzungsmäßigen Sitzes die Verwaltungs- und Kontrollorgane der Gesellschaft befinden und wenn dort die Verwaltungsentscheidungen der Gesellschaft in für Dritte feststellbarer Weise getroffen werden. Andererseits könne die Vermutung widerlegt werden, wenn der Ort der Hauptverwaltung sich an einem anderen Ort befindet. Daraus folgt, dass der Ort, an dem sich die Verwaltungs- und Kontrollorgane der Gesellschaft befinden und an dem die Verwaltungsentscheidungen der Gesellschaft in für Dritte feststellbarer Weise getroffen werden, maßgebliche Faktoren sind, um den Ort der Hauptverwaltung zu ermitteln. Daneben treten als weitere Faktoren alle Orte, an denen die Schuldnergesellschaft eine wirtschaftliche Tätigkeit ausübt, und alle Orte, an denen sie Vermögenswerte besitzt, sofern diese Orte für Dritte erkennbar sind. Aus der Formulierung des EuGH, dass die Vermutung unwiderlegbar ist, wenn die ersten beiden Umstände vorliegen, folgt, dass die weiteren zwar geeignete Umstände, jedoch nicht alleine ausschlaggebend sein können, um einen anderen Ort der Hauptverwaltung zu begründen und somit die Vermutung zu widerlegen. Des Weiteren nennt der EuGH das Eigentum an Immobilien sowie Mieterverträge über diese und einen Vertrag mit einem Finanzinstitut als geeignete Kriterien unter der Voraussetzung, dass diese Umstände für Dritte erkennbar sind. Dabei handelt es sich um

370 *Tschentscher* FD-InsR 2012, 325372.

entscheidungserhebliche Umstände des Sachverhalts, die bei generalisierender Betrachtung lediglich beispielhaften Charakter haben.

Der EuGH hat entschieden, dass dem Ort, an dem sich die Verwaltungs- und Kontrollorgane der Gesellschaft befinden und der Ort, an dem die Verwaltungsentscheidungen in für Dritte erkennbarere Weise getroffen werden, entscheidende Bedeutung zukommt bei der Ermittlung des Mittelpunkts der hauptsächlichen Interessen. Es stellt sich daher die Frage, was der EuGH unter den Verwaltungsorganen und den Kontrollorganen versteht. Zur Definition des Verwaltungsorgans könnte auf die Verordnung für die Europäische Aktiengesellschaft („societas europaea", abgekürzt „SE", daher SE-VO[371]), die vom gleichen europäischen Normgeber wie die EuInsVO und die EuGVVO stammt, zurückgegriffen werden. Art. 43 Abs. 1 SE-VO bestimmt:

*Das Verwaltungsorgan führt die Geschäfte aus.*

Dem Wortlaut zufolge nimmt ein Verwaltungsorgan die Geschäfte im Innenverhältnis wahr. Die Befugnis zum Handeln im Außenverhältnis, die Vertretung, ist davon nicht umfasst.[372] Für die Ermittlung des Mittelpunkts der hauptsächlichen Interessen sind gemäß dem Eurofood-Urteil und entsprechend der historischen, systematischen und teleologischen Auslegung objektive Umstände, die nach außen erkennbar sind, heranzuziehen. Daher erscheint es fernliegend, dass der EuGH, der auch in dem Interedil-Urteil die Erkennbarkeit des Mittelpunkts der hauptsächlichen Interessen insbesondere für die Gläubiger betont, auf ein Organ abstellen möchte, das die Befugnis hat, intern die Geschäfte zu führen.

Hinzu kommt, dass ein sogenanntes Verwaltungsorgan unter der SE-VO nur bei monoistisch organisierten Gesellschaften besteht. Bei einer Gesellschaft, die sich gemäß der SE-VO gründet, besteht die Wahl zwischen einer monoistischen und einer dualistischen Organisation.[373] Bei dem monoistischen System besteht neben den Gesellschaftern nur ein weiteres Organ, das sowohl handelt als auch kontrolliert: das Verwaltungsorgan gemäß Art. 43 SE-VO. Ein eigenes Kontrollorgan, auf das der EuGH in seinem Urteil abstellt, gibt es bei der monoistisch organisierten Gesellschaft neben dem Verwaltungsorgan nicht. Ein solches existiert nur bei der dualistisch organisierten Gesellschaft. Diese hat neben dem handelnden Organ (Leitungsorgan, Art. 39 SE-VO) ein

371 Verordnung (EG) Nr. 2157/2001 des Rates vom 8. Oktober 2001 über das Statut der Europäischen Gesellschaft (SE); ABl. 2001 Nr. L 294, 1.

372 Manz/Mayer/Schröder/*Manz*, SE, Art. 39 SE-VO Rn. 4, 17.

373 Art. 38 SE-VO; Erwägungsgrund 14 SE-VO.

kontrollierendes, das in der Terminologie der SE-VO als Aufsichtsorgan bezeichnet wird, Art. 40 SE-VO. Hingegen gibt es ein solches bezeichnetes „Kontrollorgan" in der SE-VO weder im monoistischen, noch im dualistischen System. Aufgrund dieser unterschiedlichen Terminologie kann für die Definition des Verwaltungsorgans im Rahmen des Interedil-Urteils nicht auf die SE-VO zurückgegriffen werden, auch wenn ein einheitliches europäisches Begriffsverständnis wünschenswert gewesen wäre.

Ein Verwaltungsorgan ist daher vielmehr ein Organ, das für die Gesellschaft handelt und insbesondere Rechtsbeziehungen nach außen begründet. Bezogen auf die deutschen Rechtsformen sind dies bei der Aktiengesellschaft der Vorstand,[374] bei der GmbH der Geschäftsführer[375] und bei den Personengesellschaften der oder die Gesellschafter.[376]

Die Kontrolle üben diejenigen aus, die die Gesellschaftsanteile halten: die Gesellschafter.[377] Bei der GmbH beispielsweise nimmt die Gesellschafterversammlung die Willensbildung der Gesellschaft vor und kontrolliert das Handeln der anderen Organe.[378] Anders ist dies hingegen bei der Aktiengesellschaft. Die Hauptversammlung ist das „Parlament", in dem die Aktionäre ihre Rechte wahrnehmen und wo die Willensbildung der Gesellschaft erfolgt.[379] Kontrollorgan hingegen ist bei der Aktiengesellschaft der Aufsichtsrat. Dieser überwacht beispielsweise die Geschäftsführung, § 111 Abs. 1 AktG.

Abhängig von der jeweiligen Gesellschaftsform sind daher die Verwaltungs- und Kontrollorgane zu ermitteln und wo sie sich befinden. Dabei kommt es nicht darauf an, wo die einzelnen Gesellschafter, Geschäftsführer, Vorstands- oder Aufsichtsratsmitglieder wohnen. Entscheidend ist vielmehr die auf die Gesellschaft bezogene geschäftliche wirtschaftliche Tätigkeit. Gemäß dem zweiten vom EuGH gewichtigen Kriterium kommt es auch darauf an, wo die Verwaltungsentscheidungen in für Dritte erkennbarer Weise getroffen werden. Dadurch wird die notwendige Erkennbarkeit des Mittelpunkts der hauptsächlichen Interessen gewährleistet.

374 §§ 77, 78 AktG.

375 §§ 35 ff. GmbHG.

376 §§ 709 ff. BGB (für die Gesellschaft bürgerlichen Rechts); §§ 114 ff., 125 HGB (für die OHG) bzw. i. V. m. § 161 Abs. 2 HGB (für die KG).

377 beispielsweise bei der Gesellschaft bürgerlichen Rechts gemäß §§ 713, 716 BGB, vgl. Saenger, GesR, § 3 Rn. 161 ff.

378 beispielsweise gemäß § 37 Abs. 1 GmbHG; vgl. Saenger, GesR, § 17 Rn. 779

379 § 118 AktG; Saenger, GesR, § 15 Rn. 606; BVerfG, Beschluss vom 20.09.1999, 1 BvR 638/95, BVerfGE 114, 73.

## § 6 Fazit

Der Begriff des Mittelpunkts der hauptsächlichen Interessen des Schuldners gemäß Art. 3 Abs. 1 EuInsVO ist autonom zu bestimmen, um eine einheitliche Anwendung der EuInsVO in den einzelnen Mitgliedstaaten zu gewährleisten. Insbesondere kann nicht auf nationale Begriffe wie beispielsweise den effektiven Verwaltungssitz nach deutschem Verständnis zurückgegriffen werden. Bei der Ermittlung der internationalen Zuständigkeit zur Eröffnung des Insolvenzverfahrens über eine Gesellschaft, die grenzüberschreitend tätig ist, ist zunächst der Mitgliedstaat des satzungsmäßigen Sitzes zu bestimmen. Denn bei der Frage nach dem international zuständigen Gericht ist von diesem Ort als Mittelpunkt der hauptsächlichen Interessen auszugehen. Das ergibt sich aus dem Wortlaut von Art. 3 Abs. 1 Satz 2 EuInsVO. Auch erfüllt der Ort des satzungsmäßigen Sitzes die von der EuInsVO, insbesondere von Erwägungsgrund 13 geforderte Erkennbarkeit für Dritte. Denn der Ort des satzungsmäßigen Sitzes ist durch einen Blick ins Handelsregister oder ein ähnliches Register eines anderen Mitgliedstaates leicht zu erkennen. Die Vermutung zugunsten des satzungsmäßigen Sitzes kann nur durch solche Umstände widerlegt werden, die geeignet sind, eine solche Vermutung aufzustellen. Das folgt im Umkehrschluss aus Art. 3 Abs. 1 Satz 2 EuInsVO. Denn Dritte gehen so lange davon aus, dass der Ort des Satzungssitzes der Mittelpunkt der hauptsächlichen Interessen ist, bis für sie ein anderer Ort als Mittelpunkt der hauptsächlichen Interessen erkennbar ist. Die Erkennbarkeit für Dritte ist daher eine Art Mindestanforderung, die sich aus der Systematik des Art. 3 Abs. 1 Satz 2 ergibt.

Gemäß der Auslegung durch den EuGH in dem Interedil-Urteil kann die Vermutung zugunsten des Satzungssitzes dann widerlegt werden, wenn sich die Hauptverwaltung der Gesellschaft in einem anderen Mitgliedstaat befindet. Die für die Hauptverwaltung entscheidenden Kriterien benennt der EuGH ebenfalls in seinem Interedil-Urteil. Maßgeblich seien einerseits, wo sich die Leitungs- und Verwaltungsorgane der Gesellschaft befinden, und andererseits, wo die Verwaltungsentscheidungen in für Dritte feststellbarer Weise umgesetzt werden. Letzteres entspricht der Intention des Verordnungsgebers in Erwägungsgrund 13, demgemäß sich der Mittelpunkt der hauptsächlichen Interessen an dem Ort befindet, an dem der Schuldner gewöhnlich seine Interessen verwaltet und der für Dritte erkennbar ist. Hingegen findet sich in der EuInsVO kein Anhaltspunkt dafür, dass bei der Ermittlung des Mittelpunkts der hauptsächlichen Interessen einer Gesellschaft auf den Ort, an dem sich die Leitungs- und Verwaltungsorgane der Gesellschaft befinden, abgestellt wird. Auch lassen sich die Begriffe nicht durch eine andere Verordnung wie beispielsweise die SE-VO konkretisieren. Vielmehr hat der EuGH im Wege der Rechtsfortbildung neue

Kriterien eingeführt und eine Wertentscheidung zugunsten der Steuerungszentrale der Gesellschaft getroffen. Auch wenn sich die Frage stellt, wie der EuGH diese Kriterien erforscht hat, sollte versucht werden, sich an diesen zu orientieren. Denn der EuGH betrachtete seine Urteile meist als kontinuierliche Kette und neigt dazu, die in einem Urteil verwendete „Formel" zu wiederholen und auf neue Fälle anzuwenden. Hinzu kommt, dass der EuGH die Kompetenz zur Rechtsfortbildung hat, Art. 19 EUV. Durch das Abstellen auf den Ort der Leitungs- und Verwaltungsorgane verlieren andere Faktoren wie beispielsweise der Ort der produzierenden Tätigkeit an Bedeutung bei der Bestimmung der internationalen Zuständigkeit. Das ist insbesondere vor dem Hintergrund, dass grenzüberschreitend tätige Unternehmen oft Produktionsstätten in mehreren europäischen und auch außereuropäischen Ländern haben, sinnvoll. Denn Unternehmen produzieren meist in Ländern, in denen das Lohnniveau geringer ist. Würde man auf die Größe, die Anzahl der Mitarbeiter, etc. der einzelnen Betriebsstätten abstellen, um dort den Mittelpunkt der hauptsächlichen Interessen anzunehmen, widerspräche das nicht nur der historischen Auslegung. Denn in dem Bericht zu dem Entwurf von 1980 hatte *Lemontey* bereits festgestellt, dass es für die Bestimmung des „Geschäftszentrums" nicht darauf ankomme, wo sich die Betriebsstätten der Gesellschaft befinden. Der Begriff des Geschäftszentrums ist durch den Begriff des Mittelpunkts der hauptsächlichen Interessen des Schuldners, der dem Istanbuler Übereinkommen entstammt, ersetzt worden. Inhaltlich ist dadurch keine Änderung bezweckt worden. Denn im Laufe der Jahrzehnte andauernden Gesetzgebungsverfahren bis hin zur EuInsVO haben sich Begriff und Bedeutung zur Bestimmung der internationalen Zuständigkeit für die Eröffnung des Hauptinsolvenzverfahrens in einer logischen Abfolge entwickelt. Einziger Unterscheid bei einem Vergleich der Berichte von *Lemontey* und *Virgós/Schmit* ist, dass der Begriff des Mittelpunkts der hauptsächlichen Interessen dadurch ergänzt worden ist, dass der Ort für Dritte erkennbar sein muss. Dieses Erfordernis erfüllt eine Betriebsstätte einer Gesellschaft jedoch nicht zwangsläufig. Für die Arbeitnehmer, die an diesem Ort beschäftigt sind, und für Zulieferer sowie Vertragspartner vor Ort ist die jeweilige Betriebsstätte der Gesellschaft zwar erkennbar, nicht jedoch unbedingt die weiteren Betriebsstätten. Auch Kunden und andere Vertragspartner werden vielfach keine Kenntnis über die interne Organisation der Produktion haben. Mit der von der EuInsVO geforderten Erkennbarkeit für Dritte ist eine solche für die Gläubiger des insolventen Schuldners gemeint. Denn es soll Vertragspartnern möglich sein, zu kalkulieren, in welchem Mitgliedstaat ein Insolvenzverfahren über den anderen Teil durchgeführt werden könnte. Insbesondere, weil sich das Insolvenzverfahren nach diesem nationalen Insolvenzrecht richtet, Art. 4 EuInsVO.

Problematisch könnte jedoch sein, in welchem Maß welche Faktoren für die Gläubiger erkennbar sein müssen. Denn in der Praxis wird es schwierig zu ermitteln sein, welcher Gläubiger Zugang zu welchen Informationen über die Gesellschaft hatte, die entscheidend für die Ermittlung ihres Interessenmittelpunkts sind. Aufgrund dessen, dass es sich bei dem Insolvenzverfahren um ein Gesamtverfahren handelt, ist auf die Sichtweise aller Gläubiger abzustellen. Entscheidend ist die grenzüberschreitende Gläubigergemeinschaft.

Es ließe sich überlegen, ob ein gesondertes europäisches Register, in das die Gesellschaften ihren Mittelpunkt der hauptsächlichen Interessen eintragen, zielführend wäre. Einerseits wäre dadurch Rechtssicherheit geschaffen. Denn der Mittelpunkt der hauptsächlichen Interessen ließe sich, ebenso wie beim Satzungssitz, durch einen Blick in dieses europäische Register erkennen. Gesteigert würde die Rechtssicherheit, wenn Gläubiger über eine Veränderung des Mittelpunkts der hauptsächlichen Interessen informiert würden. Beispielsweise für den Fall, dass eine Gesellschaft ihren Mittelpunkt der hauptsächlichen Interessen von Deutschland nach England verlegt. Denn dadurch würde sich das Recht, das auf ein mögliches Insolvenzverfahren über die Gesellschaft anwendbar ist, verändern.[380] Zur besseren Kalkulation ihrer Risiken könnten Vertragspartner beispielsweise auch vertragliche Folgen an die Veränderung des Insolvenzforums des anderen Vertragspartners knüpfen.

Andererseits ist unter der geltenden Fassung der EuInsVO ein solches Register weder ausdrücklich vorgesehen noch gibt es einen Anhaltspunkt dafür. Es ließe sich argumentieren, dass die EuInsVO kein abschließendes Regelwerk enthalte, so dass eine Nichtregelung in der EuInsVO der Schaffung eines Registers nicht entgegenstünde. Jedoch enthält die EuInsVO Vorschriften zu den zentralen Regelungen im europäischen Insolvenzrecht, wozu auch die internationale Zuständigkeit zur Eröffnung des Hauptinsolvenzverfahres gehört. Daher liegt es fern, dass unter der EuInsVO die Schaffung eines solchen Registers möglich ist. Auch besteht die Gefahr, dass Gesellschaften durch die Eintragung ein „forum shopping“ betreiben. Beispielsweise, indem eine Gesellschaft einen anderen Mitgliedstaat als ihren Mittelpunkt der hauptsächlichen Interessen angibt, um die vermeintlichen Vorteile des dortigen Insolvenzforums zu nutzen. Oder beispielsweise in dem Fall, dass eine Gesellschaft ihren Mittelpunkt der hauptsächlichen Interessen ändert, obwohl eine solche Veränderung tatsächlich nicht stattgefunden hat.

Hinzu kommt, dass der Begriff des Mittelpunkts der hauptsächlichen Interessen des Schuldners eine gewisse Flexibilität hat, die sich nicht erstarren bzw. fixieren

380 Art. 4 EuInsVO.

lässt. Der europäische Gesetzgeber hatte sich bereits 1980 bewusst dazu entschieden, einen eigenen, neuen Begriff für die internationale Zuständigkeit zur Eröffnung eines grenzüberschreitenden Insolvenzverfahrens zu wählen. Insbesondere wird nicht einfach nur auf den mehr oder weniger starren Satzungssitz abgestellt, sondern Hintergrund der Schaffung dieses neuen Anknüpfungsmerkmals war es, einen Ort zu bestimmen, der für den Schuldner zentral ist. Ein solches Zentrum ist jedoch nicht unveränderlich. Denn gemäß Art. 49, 54 AEUV ist die Niederlassungsfreiheit auch anwendbar auf Gesellschaften und juristische Personen. Daher können sich Gesellschaften beispielsweise grenzüberschreitend umwandeln oder ihren Tätigkeitsschwerpunkt in einen anderen Mitgliedstaat verlegen. Hinzu kommt, dass nach dem im internationalen Verfahrensrecht geltenden Grundsatz des *actor sequitur forum rei* der Kläger dem Beklagten grundsätzlich an seinen Gerichtsstand folgt. Die Gläubiger haben daher keinen Anspruch darauf, dass sich der Mittelpunkt der hauptsächlichen Interessen einer Gesellschaft immer in dem gleichen Mitgliedstaat befindet. Jedoch haben sie das Recht den Mittelpunkt der hauptsächlichen Interessen erkennen zu können. Bei dieser Erkennbarkeit kommt es entsprechend des Charakters des Insolvenzverfahrens als Kollektivverfahren auf die Erkennbarkeit für die grenzüberschreitende Gläubigergemeinschaft an. Das kann jedoch in Widerspruch dazu stehen, dass das angerufene Gericht schnell über seine Zuständigkeit entscheiden muss, um die Effizienz des Verfahrens nicht zu gefährden. Um diesen Konflikt zu lösen, gilt es die Ziele, die durch die EuInsVO verfolgt werden, in ein Verhältnis zueinander zu setzen.

Oberstes Ziel der EuInsVO ist es, einen Rechtsakt zu schaffen, um das grenzüberschreitende Insolvenzverfahren über einen Schuldner zu koordinieren. Denn dadurch wird der von der EU angestrebte Binnenmarkt weiter ausgeformt. Im Rahmen dieser Koordination verfolgt die EuInsVO das Ziel, das Verfahren möglichst effizient durchzuführen. Diese Effizienz im Sinne einer Minimierung der Verfahrenskosten bei gleichzeitiger Maximierung der Masse dient auch der grenzüberschreitenden Gläubigergemeinschaft, deren Interessen die EuInsVO wahren will. Denn das Insolvenzverfahren wird auch für die Gläubiger durchgeführt. Da die Gläubiger das Ziel der Befriedigung ihrer Forderungen verfolgen, liegt die Effizienz des Verfahrens auch in ihrem Interesse. Gleichwohl kann die Effizienz des Verfahrens mit einem weiteren Ziel der EuInsVO kollidieren; nämlich dem Verbot des „forum shopping". So kann es beispielsweise effizienter sein, das Insolvenzverfahren über eine Gesellschaft in einem anderen Mitgliedstaat durchzuführen, wenn die dortige *lex fori concursus* vermeintliche Vorteile für einige der Beteiligten bietet. Die Verschiebung von Vermögensgegenständen oder Rechtsstreitigkeiten in einen anderen Mitgliedstaat soll gemäß Erwägungsgrund 4 EuInsVO jedoch verhindert werden.

Denn ansonsten würde sich die auf das Insolvenzverfahren anwendbare *lex fori concursus* ändern, wodurch die Rechtsstellung der Gläubiger beeinflusst wäre. Die EuInsVO schützt jedoch das Vertrauen der Gläubiger; insbesondere nicht eines einzelnen, sondern das der grenzüberschreitenden Gläubigergemeinschaft. Indem der EuGH in seinem Interedil-Urteil an die Hauptverwaltung anknüpft, die sich insbesondere durch den Ort der Leitungs- und Verwaltungsorgane der Gesellschaft sowie den Ort, an dem die Verwaltungsentscheidungen in für Dritte feststellbarer Weise umgesetzt werden, definiert, trägt er diesen Erfordernissen Rechnung. Denn der Ort, an dem sich die Leitungs- und Verwaltungsorgane der Gesellschaft befinden, ist für das Gericht gut zu erkennen. Abhängig von der jeweiligen Gesellschaftsform des nationalen Rechts muss ermittelt werden, wo sich die Leitungs- und Verwaltungsorgane befinden, d. h. wo sie in ihrer Funktion tätig sind. Diese Erkennbarkeit ermöglicht eine schnelle Eröffnung des Insolvenzverfahrens mit der dadurch zu erwartenden Effizienzsteigerung. Gleichzeitig muss der Mittelpunkt der hauptsächlichen Interessen für die Gläubigergemeinschaft erkennbar sein, um ihr Vertrauen zu schützen. Das Gericht hat also zu ermitteln, welchen Ort die Gläubigergemeinschaft objektiv als Hauptverwaltung der Gesellschaft ansieht. Dafür kommt es darauf an, wo die Verwaltungsentscheidungen in für Dritte feststellbarer Weise nach außen umgesetzt werden. Entscheidend sind auch weitere Faktoren wie die Belegenheit von Vermögen oder, wo die Gesellschaft ihre wirtschaftlichen Tätigkeiten ausübt. Dabei muss es sich um objektive Umstände handeln, die nach außen erkennbar sind. Da ein Insolvenzverfahren die rechtlichen Beziehungen des Schuldners regelt, kommt es vor allem auch darauf an, zu welchem Mitgliedstaat der Schuldner enge rechtliche Verbindungen, auch beispielsweise öffentlich-rechtliche durch das Zahlen von Steuern, hat.

Für in Konzernen verbundene Gesellschaften ist eine solche Prüfung in gleicher Weise durchzuführen. Organisiert sich ein Unternehmensverbund in der Weise, dass er rechtlich selbstständige Untergesellschaften gründet, können diese in der Insolvenz nicht wie bloße Niederlassungen behandelt werden. Denn die EuInsVO geht davon aus, dass für jeden Schuldner ein gesondertes Insolvenzverfahren durchzuführen ist. Auch wenn die EuInsVO für die Insolvenz von verbundenen Gesellschaften keine Regelungen vorsieht, lässt sich ein einheitlicher Konzerninsolvenzgerichtsstand begründen. Vorteil einer formellen Zusammenfassung der Insolvenzverfahren über Mutter- und Tochtergesellschaften ist die dadurch erleichterte Koordination der Verfahren sowie die Kooperation zwischen Gerichten und Verwaltern. Die Konzentration der Verfahren dient der Prozessökonomie, wodurch die Verfahren beschleunigt werden und einheitliche Entscheidungen ergehen. Hinzu kommt, dass eine Gesamtsanierung des Konzerns bzw. ein Paketverkauf vorteilhafter sein kann. Diese formelle Zusammenfassung ist im Gegensatz zu einer materiellen durch die EuInsVO nicht untersagt. Denn die EuInsVO hat den Bereich des Konzerninsolvenzrechts nicht geregelt. Da der Text der Verordnung dem Text des EuInsÜ von 1994 entspricht, handelt es sich nicht um eine abschließende Nichtregelung, sondern die Lücke die dadurch entsteht, dass Konzerninsolvenzen sich zum Hauptanwendungsfall der EuInsVO entwickelt haben, lässt sich durch die Anwendung der für eine einzelne Gesellschaft geltenden Maßstäbe schließen. Bei der Ermittlung des Mittelpunkts der hauptsächlichen Interessen einer Tochtergesellschaft ist zunächst von dem Mitgliedstaat, in dem sich der Satzungssitz der jeweiligen Tochtergesellschaft befindet, auszugehen. Ob diese Vermutung widerlegt ist, hängt von dem Umfang des Einflusses der Muttergesellschaft ab. Eine Steuerung und Kontrolle durch eine Muttergesellschaft allein reicht dafür nicht aus. Dies wurde bereits in dem Bericht zu dem geplanten Konkursübereinkommen von 1980 festgestellt. Dieser stellte darauf ab, dass die Aktionäre anderenorts wohnten und sprach dem jegliche Relevanz für die Bestimmung der internationalen Zuständigkeit ab. Auch unter der EuInsVO reicht die bloße Kontrolle durch eine Muttergesellschaft nicht aus. Denn dies birgt die Gefahr des „forum shopping". Zum einen in der Weise, dass durch die geschickte Wahl des Ortes einer Konzernobergesellschaft das Insolvenzforum eines Mitgliedstaates für die Insolvenz aller konzernangehörigen Unternehmen gewählt würde. Oder zum anderen durch eine Veränderung dieses für alle konzernangehörigen Unternehmen geltenden Mittelpunkts der hauptsächlichen Interessen. Der Einfluss der Muttergesellschaft muss daher vielmehr für die Gläubigergemeinschaft erkennbar sein und kann nur dann dazu führen, dass der Mittelpunkt der hauptsächlichen Interessen mit dem der Muttergesellschaft zusammenfällt. Für die Gläubiger muss die Kontrolle durch die Muttergesellschaft stärker erkennbar sein als andere Faktoren wie beispielsweise die wirtschaftlichen Aktivitäten oder die Belegenheit von Vermögen der Gesellschaft und so dazu führen, dass die Gläubiger der Tochtergesellschaft deren Mittelpunkt der hauptsächlichen Interessen am Ort der Muttergesellschaft wahrnehmen. Denn nur dann entsteht kein Widerspruch zu dem Regelungskonzept der EuInsVO. Die EuInsVO sieht vor, dass das Hauptinsolvenzverfahren, entsprechend seiner Bezeichnung, bedeutender ist. Wird eine Gesellschaft jedoch nur von der Muttergesellschaft aus geleitet und hat die Tochtergesellschaft in ihrem Satzungssitzmitgliedstaat ihre hauptsächliche wirtschaftliche Tätigkeit, besteht die Gefahr, dass dort ein Sekundärinsolvenzverfahren eröffnet wird. Dieses wäre dann massereicher als das Hauptinsolvenzverfahren, was in Widerspruch zu den Regelungen in den Art. 31 ff. EuInsVO stünde. Denn an dem Ort des Hauptinsolvenzverfahrens würden sich kaum Gläubiger oder

Vermögenswerte der Gesellschaft befinden und die Gläubiger müssten an einem Hauptinsolvenzverfahren in einem anderen Mitgliedstaat teilnehmen. Ein einheitlicher Konzerngerichtsstand ist daher nur dann möglich, wenn dadurch die Effizienz des Verfahrens erhöht wird bei gleichzeitiger Wahrung der Interessen der Gesamtheit der Gläubiger. Ansonsten trägt ein einheitlicher Konzerninsolvenzgerichtsstand nicht zu dem obersten, von der EuInsVO verfolgten Ziel der Koordination des grenzüberschreitenden Verfahrens über einen insolventen Schuldner bei.

# Teil 3: Internationale Zuständigkeit für Verfahren im Zusammenhang mit der Insolvenz des Schuldners

Hat man den Mittelpunkt der hauptsächlichen Interessen nach diesem System ermittelt und so die internationale Zuständigkeit für die Eröffnung des Hauptinsolvenzverfahrens bestimmt, stellt sich in einem weiteren Schritt die Frage, ob, und wenn ja, für welche Verfahren, die in einem gewissen Zusammenhang mit der Insolvenz des Schuldners stehen, auch eine internationale Zuständigkeit im Mitgliedstaat des Mittelpunkts der hauptsächlichen Interessen des Schuldners besteht.

## § 1 Einleitung und Problemaufriss

Gemäß Art. 3 Abs. 1 EuInsVO sind die Gerichte desjenigen Mitgliedstaats, in dem sich der Mittelpunkt der hauptsächlichen Interessen des Schuldners befindet, international zuständig für die

*Eröffnung des Insolvenzverfahrens.*

Auch die weiteren Absätze des Art. 3 bestimmen für Sekundärinsolvenz- und Partikularinsolvenzverfahren die internationale Zuständigkeit für die Eröffnung des jeweiligen Insolvenzverfahrens. In dem Insolvenverfahren werden nicht alle klärungsbedürftigen Punkte entschieden, sondern bedingt durch die Eröffnung des Insolvenzverfahrens kommt es zu weiteren Verfahren. Für diese weiteren Entscheidungen, die nicht im Gesamtverfahren als solchem ergehen, dazu aber eine gewisse Nähe aufweisen, enthält Art. 3 EuInsVO keine ausdrückliche Regelung. Dabei handelt es sich vor allem um Ansprüche der Gläubiger sowie des Schuldners, Aus- und Absonderungsprozesse, Anfechtungsklagen[381] sowie Streitigkeiten, die das Gesellschaftsverhältnis betreffen. Diese Streitigkeiten, die nicht in dem Gesamtverfahren, sondern in einem eigenen, kontradiktorischen Verfahren entschieden werden, werden im Folgenden als insolvenzbezogene Verfahren bezeichnet.[382] In der EuInsVO ist keine ausdrückliche internationale Zuständigkeit für solche insolvenzbezogenen Verfahren enthalten.

---

381 *Haubold* IPrax 2002, 157, 157; *Zeuner/Elsner* DZWIR 2008, 1, 2.

382 Da weder die EuInsVO noch die EuGVVO eine ausdrückliche Regelung über diese Verfahren enthalten, ist die Bezeichnung in der Literatur uneinheitlich. Teilweise

Die internationale Zuständigkeit für insolvenzbezogene Verfahren könnte sich aus der EuGVVO ergeben. Die EuGVVO enthält Regelungen über die internationale Zuständigkeit, Anerkennung und Vollstreckung von Entscheidungen in Zivil- und Handelssachen. In Bezug auf die internationale Zuständigkeit enthält die EuGVVO in den Art. 2–24 verschiedene Gerichtsstände. Entscheidungen, die nicht im Insolvenzverfahren als solchem ergehen, aber dazu eine gewisse Nähe aufweisen, könnten eine Zivil- oder Handelssache im Sinne der EuGVVO sein. Die EuGVVO definiert weder den Begriff der Handelssache noch den Oberbegriff der Zivilsache positiv.[383] Die Begriffe sind autonom auszulegen, um sicherzustellen, dass die Verordnung in den Mitgliedstaaten einheitlich angewandt wird.[384] Gemäß Art. 1 Abs. 1 Satz 2 erfasst die Verordnung

*insbesondere nicht Steuer- und Zollsachen sowie verwaltungsrechtliche Angelegenheiten.*

Aus der Formulierung „insbesondere" ergibt sich, dass die Aufzählung nur beispielhaft ist.[385] Daraus folgt, dass alle öffentlich-rechtlichen Verfahren vom Anwendungsbereich der EuGVVO ausgeschlossen sind.[386] Entscheidend ist dabei gemäß Art. 1 Abs. 1, 2. Halbsatz nicht die Art des Gerichts. Es kommt daher nicht darauf an, welchem Rechtsweg die Streitigkeit nach nationalem Recht zugewiesen ist, entscheidend sind vielmehr materiell-rechtliche Kriterien.[387] Insolvenzbezogene Verfahren, durch die der Insolvenzverwalter oder die Gläubiger Rechte geltend machen, sind keine öffentlich-rechtlichen Verfahren. Daher handelt es um Entscheidungen in einem Zivilverfahren, so dass sie unter Art. 1 EuGVVO fallen.[388] Als Folge dessen ist der Anwendungsbereich der EuGVVO grundsätzlich eröffnet. Der sachliche Anwendungsbereich der EuGVVO ist jedoch begrenzt. Gemäß Art. 1 Abs. 2 lit. b) EuGVVO sind vom Anwendungsbereich ausgenommen:

---

werden alle Verfahren, die einen Zusammenhang zu der Insolvenz haben, als „Annexverfahren" bezeichnet. Vorliegend wird der Begriff „Annexverfahren" für die Entscheidungen im Sinne des Art. 25 Abs. 1 Unterabsatz 2 EuInsVO verwendet.

383 Fasching/Konecny/*Kodek* Art. 1 EuGVVO Rn. 29; Rauscher/*Mankowski*, EuZPR/EuIPR, Art. 1 Brüssel I-VO Rn. 1.

384 EuGH, Urteil vom 14.10.1976, Rs. 29/76, Slg. 1976, 1541 (LTU./.Eurocontrol); Geimer/Schütze/*Pörnbacher*, Internationaler Rechtsverkehr, Art. 1 VO (EG) Nr. 44/2001 Rn. 4; MünchKommZPO/*Gottwald* Art. 1 EuGVO Rn. 1.

385 so auch Rauscher/*Mankowski*, EuZPR/EuIPR, Art. 1 Brüssel I-VO Rn. 2g.

386 Zöller/*Geimer*, ZPO, Art. 1 EuGVVO Rn. 19.

387 Fasching/Konecny/*Kodek* Art. 1 EuGVVO Rn. 36; Geimer/Schütze/*Pörnbacher*, Internationaler Rechtsverkehr, Art. 1 VO (EG) Nr. 44/2001 Rn. 2; MünchKommZPO/*Gottwald* Art. 1 EuGVO Rn. 1; Zöller/*Geimer*, ZPO, Art. 1 EuGVVO Rn. 20.

388 Beck/Depré/*Kammel*, Praxis der Insolvenz, § 39 Rn. 18.

*Konkurse, Vergleiche und ähnliche Verfahren.*

Insolvenzbezogene Verfahren könnten aber durchaus unter diesen Ausschlusstatbestand fallen, mit der Folge, dass weder die EuGVVO noch die EuInsVO eine ausdrückliche Regelung über die internationale Zuständigkeit dieser Entscheidungen enthalten. Um diese Regelungslücke[389] zu schließen, ist es denkbar, entweder den Ausschlusstatbestand der EuGVVO eng zu fassen, so dass die insolvenzbezogenen Verfahren in den Anwendungsbereich der EuGVVO fallen und die dortigen Regelungen über die internationale Zuständigkeit anzuwenden sind.[390] Die zweite Möglichkeit besteht darin, diese Verfahren unter die EuInsVO fallen zu lassen und entweder Art. 3 EuInsVO über seinen Wortlaut hinaus auch auf insolvenzbezogene Einzelverfahren auszudehnen[391] bzw. Art. 3 EuInsVO analog[392] anzuwenden. Drittens könnte die Lücke durch die Anwendung nationalen Rechts geschlossen werden.[393]

---

389 Haß/Huber/Gruber/Heiderhoff/*Haß/Herweg*, EuInsVO, Art. 3 Rn. 20; MünchKommBGB/*Kindler* Art. 3 EuInsVO Rn. 84; MünchKommInsO/*Reinhart* Art. 3 EuInsVO Rn. 87; Pannen/*Pannen*, EuInsVO, Art. 3 Rn. 97; Uhlenbruck/*Lüer*, InsO, Art. 3 EuInsVO Rn. 57.

390 *Berner/Klöhn* ZIP 2007, 106, 110; *Dutta* IPrax 2007, 195, 198; Geimer/Schütze/*Geimer*, Europäisches Zivilverfahrensrecht, A.1 Art. 1 EuGVVO Rn. 130; Mohrbutter/Ringstmeier/*Wenner*, InsO, § 20 Rn. 17, 208; MünchKommInsO/*Reinhart* Art. 3 EuInsVO Rn. 91; Nerlich/Römermann/*Nerlich*, InsO, Art. 3 EuInsVO Rn. 71; *Schwarz* NZI 2002, 290, 294; *Thole* ZIP 2006, 1183, 1186; Zöller/*Geimer*, ZPO, Art. 1 EuGVVO Rn. 35a.

391 Gebauer/Wiedemann/*Haubold* Kapitel 32 Art. 3 EuInsVO Rn. 85; Gottwald/*Gottwald/Kolmann* § 130 Rn. 62; *Klöhn/Berner* ZIP 2007, 1418, 1419; *Konecny* ZIK 2009, 40, 41; Kübler/Prütting/Bork/*Kemper*, InsO, Art. 3 EuInsVO Rn. 20; Leonhardt/Smid/Zeuner/*Smid* Art. 25 EuInsVO Rn. 10; *Lorenz* S. 119; *Oberhammer* KTS 2009, 27, 46; *Paulus* RabelsZ 70 (2006), 458, 469; Paulus, EuInsVO, Art. 25 Rn. 25.

392 *Ambach* S. 222; D-K/D/CH/*Duursma-Kepplinger*, EuInsVO, Art. 25 Rn. 37; Gebauer/Wiedemann/*Gebauer* Kapitel 27 Art. 1 EuGVVO Rn. 23; Geimer/Schütze/*Haß/Herweg*, Internationaler Rechtsverkehr, Art. 3 InsolvenzVO Rn. 23; HambKomm/*Undritz*, InsO, Art. 13 EuInsVO Rn. 10; Haß/Huber/Gruber/Heiderhoff/*Haß/Herweg*, EuInsVO, Art. 3 Rn. 23; HK-InsO/*Stephan* Art. 3 EuInsVO Rn. 14; *Leipold* in: Festschrift Ishikawa 2001, 221, 235; MünchKommBGB/*Kindler* Art. 3 EuInsVO Rn. 85; *Oberhammer* ÖBA 2002, 698, 707; Pannen/*Dammann*, EuInsVO, Art. 13 Rn. 16; Pannen/*Pannen*, EuInsVO, Art. 3 Rn. 110; Pannen/*Riedemann*, EuInsVO, Art. 25 Rn. 23; Rauscher/*Mäsch*, EuZPR/EuIPR, Art. 1 EG-InsVO Rn. 7; *Stürner* IPrax 2005, 416, 419; Uhlenbruck/*Lüer*, InsO, Art. 3 EuInsVO Rn. 57, Art. 25 Rn. 8; Westpfahl/Goetker/Wilkens Rn. 221; *Willemer* S. 90; *Zeuner/Elsner* DZWIR 2008, 1, 6.

393 *Burgstaller* in: Festschrift Jelinek 2002, 31, 37; Fasching/Konecny/*Kodek* Art. 1 EuGVVO Rn. 134; *Fuchs* ÖJZ 2005, 624, 627; *Oberhammer* ZInsO 2004, 761, 765;

Im Folgenden wird durch Auslegung der Verordnungstexte, der Erwägungsgründe sowie allgemeiner Prinzipen untersucht, ob sich die internationale Zuständigkeit für insolvenzbezogene Einzelverfahren nach den Zuständigkeitsregeln der EuInsVO oder nach der EuGVVO bestimmt (hierzu unter § 2). Anschließend werden die dazu ergangenen Urteile des EuGH dargestellt, und es wird geprüft, wie der EuGH die internationale Zuständigkeit für die einzelnen insolvenzbezogenen Verfahren bestimmt (hierzu unter § 3). Schließlich wird anhand dieser Grundsätze die internationale Zuständigkeit für die noch nicht vom EuGH entschiedenen insolvenzbezogenen Einzelverfahren ermittelt (hierzu unter § 4).

## § 2 Auslegung der Verordnungen

### I. Verordnungstexte von EuGVVO und EuInsVO

Sowohl die EuGVVO als auch die EuInsVO enthalten keine ausdrückliche Regelung über die internationale Zuständigkeit von insolvenzbezogenen Einzelverfahren. In Bezug auf insolvenzrechtliche Streitigkeiten enthält die EuGVVO nur den Ausschlusstatbestand des Art. 1 Abs. 2 lit. b). Die Begriffe „Konkurse, Vergleiche und ähnliche Verfahren" sind in der EuGVVO jedoch nicht definiert. Ausdrücklich genannt sind insolvenzbezogene Entscheidungen in der EuInsVO in Art. 25 Abs. 1 Unterabsatz 2:

> *Art. 25 Anerkennung und Vollstreckung sonstiger Entscheidungen*
> *(1) Die zur* ***Durchführung und Beendigung eines Insolvenzverfahrens ergangenen Entscheidungen*** *eines Gerichts, dessen Eröffnungsentscheidung nach Art. 16 anerkannt wird, sowie ein von einem solchen Gericht bestätigter Vergleich werden ebenfalls ohne weitere Förmlichkeiten anerkannt. Diese Entscheidungen werden nach den Artikeln 31 bis 51 (mit Ausnahme von Artikel 34 Absatz 2) des Brüsseler Übereinkommens über die gerichtliche Zuständigkeit und die Vollstreckung gerichtlicher Entscheidungen in Zivil- und Handelssachen in der durch die Beitrittsübereinkommen zu diesem Übereinkommen geänderten Fassung vollstreckt.*
> *Unterabsatz 1 gilt auch für* ***Entscheidungen, die unmittelbar auf Grund des Insolvenzverfahrens ergehen und in engem Zusammenhang damit stehen,*** *auch wenn diese Entscheidungen von einem anderen Gericht getroffen werden.*

---

*Vogler* S. 219; Nach *Mörsdorf-Schulte* IPrax 2004, 31 und NZI 2008, 282, 286 entscheidet das nationale Recht des Insolvenzeröffnungsstaats darüber, ob und inwieweit für Einzelentscheidungen eine Annexzuständigkeit besteht und daher Art. 3 Abs. 1 EuInsVO anzuwenden ist oder die allgemeinen Zuständigkeitsregeln der EuGVVO einschlägig sind.

*Unterabsatz 1 gilt auch für* ***Entscheidungen über Sicherungsmaßnahmen****, die nach dem Antrag auf Eröffnung eines Insolvenzverfahrens getroffen werden.*
*(2) Die Anerkennung und Vollstreckung* ***der anderen*** *[sic!]* ***als der in Absatz 1 genannten Entscheidungen*** *unterliegen dem Übereinkommen nach Absatz 1, soweit jenes Übereinkommen anwendbar ist.* (Hervorhebungen hinzugefügt)

Art. 25 EuInsVO differenziert neben der Eröffnungsentscheidung zwischen vier verschiedenen Arten von Verfahren:[394]

1. Durchführungs- und Beendigungsentscheidungen im Insolvenzverfahren,
2. Entscheidungen, die unmittelbar aufgrund des Insolvenzverfahrens ergehen und in engem Zusammenhang damit ergehen,
3. Entscheidungen über Sicherungsmaßnahmen und
4. andere als die genannten Entscheidungen.

Seinem Wortlaut, seiner Überschrift und seiner systematischen Stellung nach bezieht sich Art. 25 EuInsVO auf die Anerkennung und Vollsteckung von Entscheidungen. Über die internationale Zuständigkeit der Entscheidungen trifft Art. 25 EuInsVO hingegen ausdrücklich keine Aussage.[395] Voraussetzung für eine Anerkennung und Vollstreckung einer Entscheidung ist das Bestehen einer internationalen Zuständigkeit für die Entscheidung.[396] Daher stellt sich die Frage, ob sich durch Auslegung der Vorschrift die internationale Zuständigkeit für die dort genannten Verfahren, insbesondere diejenigen im Sinne des Art. 25 Abs. 1 Unterabsatz 2 EuInsVO, ermitteln lässt.

### *1. Art. 25 Abs. 1 Unterabsatz 1 EuInsVO*

Entscheidungen zur Durchführung des Insolvenzverfahrens sind Entscheidungen eines Gerichts, die im laufenden Verfahren getroffen werden, um eine Verhandlung vorzunehmen, einen Verfahrensschritt zu gestalten oder einen Verfahrensfortschritt zu erreichen.[397] Entscheidungen zur Beendigung des

---

394 *Ambach* S. 95; HK-InsO/*Stephan* Art. 25 EuInsVO Rn. 3; Pannen/*Riedemann*, EuInsVO, Art. 25 Rn. 5; Andere Einteilung bei HambKomm/*Undritz*, InsO, Art. 25 EuInsVO Rn. 1 sowie *Mankowski* NZI 2010, 508, 509.

395 D-K/D/CH/*Duursma-Kepplinger*, EuInsVO, Art. 25 Rn. 1; MünchKommBGB/*Kindler* Art. 3 EuInsVO Rn. 83, Art. 25 EuInsVO Rn. 1; *Oberhammer* ZInsO 2004, 761, 764.

396 D-K/D/CH/*Duursma-Kepplinger*, EuInsVO, Art. 25 Rn. 1; Morscher, EuInsVO, 6.1.

397 HK-InsO/*Stephan* Art. 25 EuInsVO Rn. 3; Kübler/Prütting/Bork/*Kemper*, InsO, Art. 25 EuInsVO Rn. 4; Pannen/*Riedemann*, EuInsVO, Art. 25 Rn. 10; Uhlenbruck/*Lüer*, InsO, Art. 25 EuInsVO Rn. 4.

Verfahrens sind solche, die das Verfahren oder einen Teil davon förmlich abschließen.[398] Art. 25 Abs. 1 Unterabsatz 1 EuInsVO nennt beispielhaft den Vergleich als eine verfahrensbeendende Maßnahme.[399] Die Entscheidungen, die im Laufe des Verfahrens und zur Beendigung desselben ergehen, werden gemäß Art. 25 Abs. 1 Unterabsatz 1 EuInsVO ohne weitere Förmlichkeiten, das heißt automatisch, anerkannt.[400] Nach dem Wortlaut des Art. 25 Abs. 1 Unterabsatz 1 EuInsVO werden die Entscheidungen nach den Artikeln 31 bis 51 (mit Ausnahme von Artikel 34 Abs. 2) des Brüsseler Übereinkommens vollstreckt. Gemäß Art. 68 Abs. 2 EuGVVO ist der Verweis auf das EuGVÜ als Verweis auf die EuGVVO zu lesen. Für die Vollstreckung sind daher die Art. 38 bis 52 EuGVVO anzuwenden.[401] Der von der Verweisung ausgenommene Art. 34 Abs. 2 EuGVÜ ist nicht in die EuGVVO übernommen worden. Art. 34 Abs. 2 EuGVÜ enthielt die Möglichkeit der Ablehnung der Vollstreckung aus den dort genannten Gründen. Eine solche Möglichkeit besteht unter der EuGVVO nicht mehr, siehe Art. 41 EuGVVO.[402] Vielmehr besteht die Möglichkeit gemäß Art. 45 Abs. 1 EuGVVO einen Rechtsbehelf gegen die Vollstreckbarerklärung einzulegen. Art. 45 Abs. 1 EuGVVO verweist dazu auf die in den Art. 34 und 35 EuGVVO genannten Gründe. Der von dem Verweis in Art. 25 Abs. 1 Unterabsatz 1 EuInsVO ausgenommene Art. 34 Abs. 2 EuGVÜ ist daher so zu verstehen, dass eine Überprüfung nicht aus den in Art. 45 Abs. 1 EuGVVO genannten Gründen erfolgen darf.[403] Vielmehr sind für die Entscheidungen im Sinne des Art. 25 Abs. 1 Unterabsatz

398 HK-InsO/*Stephan* Art. 25 EuInsVO Rn. 3; Kübler/Prütting/Bork/*Kemper*, InsO, Art. 25 EuInsVO Rn. 5; Pannen/*Riedemann*, EuInsVO, Art. 25 Rn. 10; Uhlenbruck/*Lüer*, InsO, Art. 25 EuInsVO Rn. 5.

399 HK-InsO/*Stephan* Art. 25 EuInsVO Rn. 3; Kübler/Prütting/Bork/*Kemper*, InsO, Art. 25 EuInsVO Rn. 5; Mohrbutter/Ringstmeier/*Wenner*, InsO, § 20 Rn. 207; Pannen/*Riedemann*, EuInsVO, Art. 25 Rn. 11; Uhlenbruck/*Lüer*, InsO, Art. 25 EuInsVO Rn. 5.

400 Pannen/*Riedemann*, EuInsVO, Art. 25 Rn. 13.

401 D-K/D/CH/*Duursma-Kepplinger*, EuInsVO, Art. 25 Rn. 6; FK-InsO/*Wenner/Schuster* Art. 25 EuInsVO Rn. 13; Pannen/*Riedemann*, EuInsVO, Art. 25 Rn. 37; Uhlenbruck/*Lüer*, InsO, Art. 25 EuInsVO Rn. 12; a.A. Paulus, EuInsVO Art. 25 Rn. 13 Art. 38 – 58 EuGVVO.

402 Gebauer/Wiedemann/*Haubold* Kapitel 32 Art. 25 EuInsVO Rn. 205; Pannen/*Riedemann*, EuInsVO, Art. 25 Rn. 37; Paulus, EuInsVO, Art. 25 Rn. 13.

403 FK-InsO/*Wenner/Schuster* Art. 25 EuInsVO Rn. 13; Gebauer/Wiedemann/*Haubold* Kapitel 32 Art. 25 EuInsVO Rn. 205; Geimer/Schütze/*Gruber*, Internationaler Rechtsverkehr, Art. 25 InsolvenzVO Rn. 65; Uhlenbruck/*Lüer*, InsO, Art. 25 EuInsVO Rn. 12.

1 EuInsVO die in den Art. 25 Abs. 3 und 26 EuInsVO genannten Gründe maßgeblich.[404] Daher ist die Anerkennung und Vollstreckung der Entscheidungen im Sinne des Art. 25 Abs. 1 EuInsVO im Gegensatz zu den Entscheidungen im Anwendungsbereich der EuGVVO vereinfacht.[405]

Eine ausdrückliche Regelung für die internationale Zuständigkeit von Entscheidungen, die im Laufe des Verfahrens und zur Beendigung getroffen werden, enthält die EuInsVO nicht. Art. 3 EuInsVO betrifft seinem Wortlaut zufolge nur die Eröffnung des Insolvenzverfahrens. Art. 3 EuInsVO könnte jedoch in der Weise auszulegen sein, dass auch Entscheidungen, die zur Durchführung und Beendigung des Insolvenzverfahrens ergehen, miterfasst sind.

Dafür spricht, dass allein die Eröffnung des Gesamtverfahrens den finanziellen Zusammenbruch des Schuldners nicht regeln bzw. abwickeln kann. Erforderlich sind weitere Verfahrensschritte wie die Bestellung des Verwalters, die Bestellung des Gläubigerausschusses sowie die Entscheidung über Anmeldefristen[406] und die Anordnung bestimmter Verfügungsbeschränkungen gegenüber dem Schuldner.[407] Solche Verfahrensschritte werden während des Insolvenzverfahrens getroffen.

Ein weiteres Argument dafür, dass Art. 3 EuInsVO auch die internationale Zuständigkeit für die Durchführungs- und Beendigungsentscheidungen bestimmt, ist der von der EuInsVO angestrebte Gleichlauf von internationaler Zuständigkeit und anwendbarem Recht.[408] Gemäß Art. 4 EuInsVO gilt, soweit die Verordnung nichts anderes bestimmt,

> *für das Insolvenzverfahren und seine Wirkungen das Insolvenzrecht des Mitgliedstaates, in dem das Verfahren eröffnet wird [...]*

---

404 D-K/D/CH/*Duursma-Kepplinger*, EuInsVO, Art. 25 Rn. 10; *Fehrenbach* IPrax 2009, 492, 497; Gebauer/Wiedemann/*Haubold* Kapitel 32 Art. 25 EuInsVO Rn. 205; Geimer/Schütze/*Grube*, Internationaler Rechtsverkehr, Art. 25 InsolvenzVO Rn. 6; HambKomm/*Undritz*, InsO, Art. 25 EuInsVO Rn. 12; Kübler/Prütting/Bork/*Kemper*, InsO, Art. 25 EuInsVO Rn. 20; Pannen/*Riedemann*, EuInsVO, Art. 25 Rn. 37; Paulus, EuInsVO, Art. 25 Rn. 13; Rauscher/*Mäsch*, EuZPR/EuIPR, Art. 25 EG-InsVO Rn. 5; *Virgós/Schmit*-Bericht Rn. 192.

405 D-K/D/CH/*Duursma-Kepplinger*, EuInsVO, Art. 25 Rn. 10; *Fehrenbach* IPrax 2009, 492, 497; Geimer/Schütze/*Gruber*, Internationaler Rechtsverkehr, Art. 25 InsolvenzVO Rn. 5; Pannen/*Riedemann*, EuInsVO, Art. 25 Rn. 37; Paulus, EuInsVO, Art. 25 Rn. 13; Rauscher/*Mäsch*, EuZPR/EuIPR, Art. 25 EG-InsVO Rn. 10.

406 MünchKommInsO/*Reinhart* Art. 25 EuInsVO Rn. 5.

407 Pannen/*Riedemann*, EuInsVO, Art. 25 Rn. 10; Uhlenbruck/*Lüer*, InsO, Art. 25 EuInsVO Rn. 4.

408 vgl. statt aller Haß/Huber/Gruber/Heiderhoff/*Haß/Herweg*, EuInsVO, Art. 4 Rn. 1.

*Das Recht der Verfahrenseröffnung regelt, unter welchen Voraussetzungen das Verfahren eröffnet wird und wie es durchzuführen und zu beenden ist.*

Die *lex fori concursus* bestimmt, welche Entscheidungen im Einzelnen zur Durchführung und Beendigung des Verfahrens ergehen.[409] In Deutschland sind das beispielsweise die Einsetzung eines Gläubigerausschusses (§ 67 InsO), die Aufhebung des Verfahrens nach Vollzug der Schlussverteilung (§ 200 InsO) oder die Einstellung mangels Masse (§ 207 InsO). Um den Gleichlauf von internationaler Zuständigkeit und anwendbarem Recht zu verwirklichen, müssten diese Entscheidungen auch in dem Staat der Eröffnung des Insolvenzverfahrens getroffen werden. Das ist der Fall, wenn sich die internationale Zuständigkeit für Entscheidungen zur Durchführung und Beendigung des Verfahrens ebenfalls nach dem Mittelpunkt der hauptsächlichen Interessen des Schuldners[410] bestimmt.

Für eine solche Auslegung sprechen ferner die Erwägungsgründe 2 und 8, die eine Verbesserung der Effizienz und der Wirksamkeit des Insolvenzverfahrens anstreben. Die Entscheidungen zur Durchführung und zur Beendigung des Verfahrens sind Teil des Insolvenzverfahrens. Daher ist es vorteilhafter für das Insolvenzverfahren, wenn dasselbe Gericht, das für die Eröffnung des Verfahrens zuständig ist, auch über die Durchführungs- und Beendigungsmaßnahmen entscheidet.[411] Wäre ein Gericht in einem anderen Mitgliedstaat für die Durchführungs- und Beendigungsentscheidungen, die sich materiell nach der *lex fori concursus* richten, zuständig, würde sich das Insolvenzverfahren verzögern. Ferner entstünden durch ein zweites Gericht, auch aufgrund der anderen Sprache und des für den Richter fremden materiellen Rechts, höhere Kosten zulasten der Masse. Ein „Zuständigkeitssplitting" zwischen der Eröffnungsentscheidung einerseits und den Entscheidungen zur Durchführung und Beendigung des Verfahrens andererseits sollte vermieden werden.[412]

Zusammenfassend lässt sich feststellen, dass sich die internationale Zuständigkeit für Durchführungs- und Beendigungsentscheidungen i. S. d. Art. 25 Abs. 1 Satz 1

---

409 Kübler/Prütting/Bork/*Kemper*, InsO, Art. 25 EuInsVO Rn. 3; Paulus, EuInsVO, Art. 25 Rn. 4; Rauscher/*Mäsch*, EuZPR/EuIPR, Art. 1 EG-InsVO Rn. 5; Uhlenbruck/*Lüer*, InsO, Art. 25 EuInsVO Rn. 5.

410 bzw. bei Sekundär- und Partikularinsolvenzverfahren nach der Niederlassung des Schuldners.

411 MünchKommBGB/*Kindler* Art. 25 EuInsVO Rn. 14.

412 D-K/D/CH/*Duursma-Kepplinger*, EuInsVO, Art. 25 Rn. 14; *Fehrenbach* IPrax 2009, 492, 496.

EuInsVO nach der internationalen Zuständigkeit der Eröffnungsentscheidung gemäß Art. 3 EuInsVO richtet.[413]

## *2. Art. 25 Abs. 1 Unterabsatz 3 EuInsVO*

Gemäß Art. 25 Abs. 1 Unterabsatz 3 EuInsVO sind Entscheidungen über Sicherungsmaßnahmen, die nach dem Antrag auf Eröffnung eines Insolvenzverfahrens getroffen werden, automatisch anzuerkennen und nach den Vorschriften der EuGVVO zu vollstrecken.[414] Entscheidungen eines Gerichts im Sinne des Art. 2 lit. d) EuInsVO, die nach der Stellung des Antrags auf Eröffnung eines Insolvenzverfahrens, jedoch vor der Entscheidung über die Eröffnung des Insolvenzverfahrens getroffen werden sind sogenannte vorläufige Sicherungsmaßnahmen.[415] Nach Eröffnung des Insolvenzverfahrens sind Sicherungsmaßnahmen als Teil des Insolvenzverfahrens Entscheidungen im Sinne des Art. 25 Abs. 1 Unterabsatz 1 EuInsVO.[416] Ebenso wie Abs. 1 Unterabsatz 1 enthält Unterabsatz 3 eine Regelung über die Anerkennung und Vollstreckung der Entscheidungen, aber keine über die internationale Zuständigkeit.

Hintergrund der Aufnahme der Bestimmung ist ein Urteil des EuGH aus dem Jahre 1979 über vorläufige Sicherungsmaßnahmen im Zuge einer Ehescheidung.[417] Der EuGH entschied, dass sich die Eröffnung des Anwendungsbereichs des EuGVÜ für vorläufige Sicherungsmaßnahmen

> *nicht nach ihrer eigenen Rechtsnatur, sondern nach derjenigen der durch sie gesicherten Ansprüche*

bestimmt.[418] Insolvenzverfahren sind ebenso wie Ehesachen gemäß Art. 1 Abs. 2 aus dem Anwendungsbereich des EuGVÜ bzw. der EuGVVO ausgeschlossen. Folglich sind auch vorläufige Sicherungsmaßnahmen, die die Wirksamkeit

---

413 D-K/D/CH/*Duursma-Kepplinger*, EuInsVO, Art. 25 Rn. 15; *Fuchs* ÖJZ 2005, 624, 625; *Haubold* IPrax 2002, 157, 160; MünchKommBGB/*Kindler* Art. 25 EuInsVO Rn. 14; Paulus, EuInsVO, Art. 25 Rn. 23; Westpfahl/Goetker/Wilkens Rn. 222.

414 Der Verweis auf das EuGVÜ ist als dynamischer Verweis auf Art. 38 – 52 EuGVVO mit Ausnahme von Art. 45 Abs. 1 EuGVVO zu lesen, siehe oben unter Teil 3 § 2 II 1.

415 MünchKommInsO/*Reinhart* Art. 25 EuInsVO Rn. 9; Pannen/*Riedemann*, EuInsVO, Art. 25 Rn. 25; Uhlenbruck/*Lüer*, InsO, Art. 25 EuInsVO Rn. 9.

416 Pannen/*Riedemann*, EuInsVO, Art. 25 Rn. 25.

417 D-K/D/CH/*Duursma-Kepplinger*, EuInsVO, Art. 25 Rn. 57; Geimer/Schütze/*Gruber*, Internationaler Rechtsverkehr, Art. 25 InsolvenzVO Rn. 11; *Virgós/Schmit*-Bericht Rn. 198.

418 EuGH, Urteil vom 27.03.1979, Rs. 134/78, Slg. 1979, 1055 (De Cavel./.De Cavel) Rn. 8.

des Insolvenzverfahrens sicherstellen sollen, aus dem Anwendungsbereich der EuGVVO ausgeschlossen. Diese fallen in den Anwendungsbereich der EuInsVO.

International zuständig für den Erlass vorläufiger Sicherungsmaßnahmen ist das gemäß Art. 3 Abs. 1 EuInsVO zuständige Gericht, das das Insolvenzverfahren eröffnet hat.[419] Auch wenn das in der EuInsVO nicht ausdrücklich geregelt ist, ergibt sich dies aus dem Sinn und Zweck der Verordnung sowie aus der Systematik. Vorläufige Sicherungsmaßnahmen in Bezug auf das Insolvenzverfahren verfolgen das Ziel, das Vermögen des Schuldners schon vor Eröffnung des Insolvenzverfahrens zu sichern, um dadurch die Gesamtheit der Gläubiger zu schützen.[420] Ebenso wie das Hauptinsolvenzverfahren universelle Geltung im gesamten Gebiet der EU hat und das Vermögens des Schuldners europaweit beschlagnahmt wird, sollen die vorläufigen Sicherungsmaßnahmen Wirksamkeit im gesamten Gebiet der EU haben.[421] Erwägungsgrund 16 bestimmt:

> *Das für die Eröffnung des Hauptinsolvenzverfahrens zuständige Gericht sollte zur Anordnung einstweiliger Sicherungsmaßnahmen ab dem Zeitpunkt des Antrags auf Verfahrenseröffnung befugt sein. […]*
> *Zum einen sollte das für das Hauptinsolvenzverfahren zuständige Gericht vorläufige Sicherungsmaßnahmen auch über Vermögensgegenstände anordnen können, die im Hoheitsgebiet anderer Mitgliedstaaten belegen sind. Zum anderen sollte ein vor Eröffnung des Hauptinsolvenzverfahrens bestellter vorläufiger Insolvenzverwalter in den Mitgliedstaaten, in denen sich eine Niederlassung des Schuldners befindet, die nach dem Recht dieser Mitgliedstaaten möglichen Sicherungsmaßnahmen beantragen können.*

Der Schutz der Gläubiger durch vorläufige Sicherungsmaßnahmen des eröffnenden Gerichts wird ergänzt durch die Möglichkeit des vorläufigen Insolvenzverwalters Sicherungsmaßnahmen auch in anderen Mitgliedstaaten zu beantragen.[422]

---

419 D-K/D/CH/*Duursma-Kepplinger*, EuInsVO, Art. 25 Rn. 57; FK-InsO/*Wenner/Schuster* Art. 25 EuInsVO Rn. 5; Gebauer/Wiedemann/*Haubold* Kapitel 32 Art. 3 EuInsVO Rn. 80, Art. 25 EuInsVO Rn. 202; Geimer/Schütze/*Gruber*, Internationaler Rechtsverkehr, Art. 25 InsolvenzVO Rn. 11; Geimer/Schütze/*Haß/Herweg*, Internationaler Rechtsverkehr, Art. 3 InsolvenzVO Rn. 28; Kübler/Prütting/Bork/*Kemper*, InsO, Art. 25 EuInsVO Rn. 15; MünchKommBGB/*Kindler* Art. 3 EuInsVO Rn. 85; Pannen/*Riedemann*, EuInsVO, Art. 25 Rn. 29; Paulus, EuInsVO, Art. 25 Rn. 23; *Virgós/Schmit*-Bericht Rn. 198.

420 Kübler/Prütting/Bork/*Kemper*, InsO, Art. 25 EuInsVO Rn. 14; Uhlenbruck/*Lüer*, InsO, Art. 25 EuInsVO Rn. 9.

421 D-K/D/CH/*Duursma-Kepplinger*, EuInsVO, Art. 25 Rn. 57; Pannen/*Herchen*, EuInsVO, Art. 38 Rn. 51.

422 FK-InsO/*Wenner/Schuster* Art. 25 EuInsVO Rn. 7; Geimer/Schütze/*Gruber*, Internationaler Rechtsverkehr, Art. 25 InsolvenzVO Rn. 12; Pannen/*Herchen*, EuInsVO Art. 38 Rn. 4.

Diese vorläufigen Sicherungsmaßnahmen wirken vor Ort.[423] Im Gegensatz zu den vom Insolvenzeröffnungsgericht angeordneten vorläufigen Sicherungsmaßnahmen kommt ihnen keine universelle Geltung zu.

Zusammenfassend lässt sich feststellen, dass sich, obwohl die internationale Zuständigkeit für Entscheidungen im Sinne des Art. 25 Abs. 1 Unterabsatz 3 EuInsVO nicht ausdrücklich in der EuInsVO geregelt ist, durch Auslegung ergibt, dass das Insolvenzeröffnungsgericht gemäß Art. 3 Abs. 1 EuInsVO international zuständig ist.

### *3. Art. 25 Abs. 2 EuInsVO*

Art. 25 Abs. 2 EuInsVO bestimmt, dass sich die Anerkennung und Vollstreckung von den anderen als den in Abs. 1 genannten Entscheidungen nach der EuGVVO richtet, soweit diese anwendbar ist. Folglich bestimmt sich auch die internationale Zuständigkeit für diese anderen Entscheidungen nach der EuGVVO. Das ergibt sich bereits aus der EuGVVO selbst.[424] Denn gemäß Art. 1 ist die EuGVVO – und somit auch ihre Regelungen über die internationale Zuständigkeit – grundsätzlich auf alle Zivilsachen anwendbar, mit der Ausnahme für „Konkurse, Vergleiche und ähnliche Verfahren". Dass in die EuInsVO die Regelung des Art. 25 Abs. 2 EuInsVO aufgenommen wurde, deutet darauf hin, dass zwischen den Verordnungen ein lückenloses Alternativverhältnis[425] besteht und sie sich ergänzen.[426] Die in Art. 25 Abs. 1 EuInsVO genannten Entscheidungen fallen in den Anwendungsbereich der EuInsVO. Die anderen Entscheidungen fallen in den der EuGVVO, sofern es sich um eine Zivil- oder Handelssache handelt.

### *4. Art. 25 Abs. 1 Unterabsatz 2 EuInsVO, Gourdain/ Nadler-Entscheidung*

Die Formulierung des Art. 25 Abs. 1 Unterabsatz 2 EuInsVO geht zurück auf das Urteil des EuGH[427] aus dem Jahre 1979 im Gourdain/Nadler-Fall.[428] In diesem hatte der EuGH darüber zu entscheiden, ob ein von einem französischen Zivilgericht erlassenes Urteil unter das EuGVÜ fällt oder ob dessen

---

423 D-K/D/CH/*Duursma-Kepplinger*, EuInsVO, Art. 38 Rn. 13.

424 Kübler/Prütting/Bork/*Kemper*, InsO, Art. 25 EuInsVO Rn. 22; *Mankowski* NZI 2008, 604, 605; *Mankowski* NZI 2010, 508, 509.

425 Rauscher/*Mankowski*, EuZPR/EuIPR, Art. 1 Brüssel I-VO Rn. 18a; *Stürner* IPrax 2005, 416, 417.

426 Moss/Fletscher/Isaac/*Moss/Smith* Rn. 8.131.

427 EuGH, Urteil vom 22.02.1979, Rs. 133/78, Slg. 1979, 733 (Gourdain/Nadler).

428 vgl. statt aller D-K/D/CH/*Duursma-Kepplinger*, EuInsVO, Art. 25 Rn. 19.

Ausnahmetatbestand in Art. 1 Abs. 2 Nr. 2 für „Konkurse, Vergleiche und ähnliche Verfahren" erfüllt ist. Der Court d`Appel Paris hatte den faktischen Leiter einer sich in Konkurs befindlichen französischen Gesellschaft gemäß dem damaligen Art. 99 des französischen Gesetzes Nr. 67-563 vom 13. Juli 1967 verurteilt, einen Teil der Verbindlichkeiten der Gesellschaft zu tragen (sog. „action en comblement du passif social", heute: „action en comblement par insuffisance d´actif", Art. L 651-1 Code de commerce,[429] die sogenannte Ausfallhaftung des faktischen Geschäftsführers[430] bzw. Geschäftsführerhaftung[431]).

In seinem Urteil stellte der EuGH fest, dass die Bedeutung der Begriffe der Bereichsausnahme des Art. 1 Abs. 2 Nr. 2 EuGVÜ nicht näher bestimmt sei. Art. 1 bestimme den Anwendungsbereich des Übereinkommens. Im Interesse möglichst weitgehender Gleichheit und Einheitlichkeit der sich für die Vertragsstaaten und die betroffenen Personen aus diesem Übereinkommen ergebenden Rechte und Pflichten sei der Anwendungsbereich des Übereinkommens nicht als schlichte Verweisung auf das innerstaatliche Recht des einen oder anderen Vertragsstaats anzusehen. Vielmehr, so stellte der EuGH klar, seien die Begriffe „Konkurse, Vergleiche und ähnliche Verfahren" des Ausnahmetatbestands in Art. 1 Abs. 2 Nr. 2 EuGVÜ autonom zu bestimmen. Für deren Auslegung seien die Ziele und der Aufbau des Übereinkommens zum einen und die sich aus der Gesamtheit der nationalen Rechtssysteme ergebenden allgemeinen Grundsätze zum anderen heranzuziehen. Im Folgenden definierte der EuGH „Konkurse, Vergleiche und ähnliche Verfahren" als Verfahren, die nach den verschiedenen Vertragsstaaten auf der Zahlungseinstellung, der Zahlungsunfähigkeit oder der Erschütterung des Kredits des Schuldners beruhen und ein Eingreifen der Gerichte beinhalten, das in eine zwangsweise kollektive Liquidation der Vermögenswerte des Schuldners oder zumindest in eine Kontrolle durch die Gerichte mündet. Der EuGH erläuterte, dass durch das EuGVÜ die Förmlichkeiten für die gegenseitige Anerkennung und Vollstreckung gerichtlicher Entscheidungen erleichtert und der Rechtsschutz verstärkt werden sollten. Wegen der Eigentümlichkeit bestimmter Sachgebiete und der tiefgreifenden Unterschiede zwischen den Rechtsvorschriften der damaligen Vertragsstaaten seien verschiedene Bereiche, wie etwa Art. 1 Abs. 2 Nr. 2, aus dem allgemeinen Anwendungsbereich des Übereinkommens

429 vgl. Geimer/Schütze/*Geimer*, Europäisches Zivilverfahrensrecht, A.1 Art. 1 EuGVVO Rn. 132.

430 *Kindler* in: Festschrift Ulmer 2003, 305, 308.

431 *Thole* ZIP 2006, 1183, 1183.

herausgenommen worden. Der EuGH konkretisierte die Bereichsausnahme des Art. 1 Abs. 2 Nr. 2 EuGVÜ wie folgt:

> *Entscheidungen, die sich auf ein Insolvenzverfahren beziehen, sind nur dann von der Anwendung des Übereinkommens ausgeschlossen, wenn sie unmittelbar aus diesem Verfahren hervorgehen und sich eng innerhalb des Rahmens eines Konkurs- oder Vergleichsverfahrens in dem vorgenannten Sinne halten.*

Maßgeblich sei, worin eine Klage ihre Rechtsgrundlage habe. Der EuGH subsumierte die französische „action en comblement du passif social" unter den Ausnahmetatbestand des Art. 1 Abs. 2 Nr. 2. Dabei zog er folgende sechs Kriterien heran: Es besteht (1) eine ausschließliche Zuständigkeit des Insolvenzeröffnungsgerichts für die Klagen, die (2) nur der Konkursverwalter im Namen der Gläubigergemeinschaft erheben kann. Dabei handelt er (3) im Namen und im Interesse der Gläubiger und (4) mit dem Ziel der Wahrung der Gläubigergleichbehandlung nach Berücksichtigung der ordnungsgemäß erworbenen Vorrechte. Ferner besteht (5) eine Beweislastumkehr sowie (6) eine besondere Verjährungsfrist. Hintergrund dessen war,[432] dass der Ausschluss in Nr. 2 des EuGVÜ weit gefasst werden sollte, um die damaligen Arbeiten zum Konkursübereinkommen nicht zu behindern und den Anwendungsbereich des Konkursübereinkommens nicht von vornherein einzuschränken.

Die Formulierung aus dem Gourdain/Nadler-Urteil hat der europäische Gesetzgeber in die EuInsVO übernommen, auch wenn er keine ausdrückliche Regelung über die internationale Zuständigkeit für Entscheidungen in diesem Sinne geschaffen hat. Aus der Übernahme der Formulierung lässt sich folgern, dass die Auslegung des EuGH in Gourdain/Nadler auch nach Erlass der EuInsVO Gültigkeit hat.[433] Hätte der europäische Gesetzgeber im Zuge des Erlasses der EuInsVO die Auslegung durch den EuGH aufgeben wollen, hätte er die Formulierung des EuGH zur Auslegung des Ausnahmetatbestands des EuGVÜ nicht wortgleich in Art. 25 Abs. 1 Unterabsatz 2 EuInsVO sowie in Erwägungsgrund 6 aufgenommen.[434] Der europäische Gesetzgeber hat sich jedoch dazu entschieden, den Wortlaut und somit auch die dahinterstehende Auslegung durch den

432 Schlussanträge des Generalanwalts *Reischl*, 22.02.1979, Rs. 133/78, Slg. 1979, 00733, Rn. 4a; siehe statt vieler *Leipold* in: Festschrift Ishikawa 2001, 221, 230.

433 Fasching/Konecny/*Kodek* Art. 1 EuGVVO Rn. 133; Rauscher/*Mankowski*, EuZPR/EuIPR, Art. 1 Brüssel I-VO Rn. 18b; a.A. *Geimer* in: Festschrift Maschacek/Matscher 2008, 743, 750; Geimer/Schütze/*Geimer*, Europäisches Zivilverfahrensrecht, A.1 Art. 1 EuGVVO Rn. 130; *Strobel* S. 102.

434 Geimer/Schütze/*Gruber*, Internationaler Rechtsverkehr, Art. 25 InsolvenzVO Rn. 26; *Mörsdorf-Schulte* NZI 2008, 282, 284.

EuGH in den Verordnungstext und in die Erwägungsgründe der EuInsVO aufzunehmen.[435] Daraus folgt, dass die Entscheidungen, die unmittelbar aufgrund des Insolvenzverfahrens ergehen und damit in einem engen Zusammenhang stehen, nicht in den Anwendungsbereich der EuGVVO,[436] sondern in den der EuInsVO fallen. Folglich richtet sich auch die internationale Zuständigkeit für die sogenannten Annexentscheidungen zum Insolvenzverfahren nach der EuInsVO.[437] Die EuGVVO ist über die dynamische Verweisung in Art. 25 Abs. 1 Unterabsatz 2 EuInsVO für die Vollstreckung der Annexentscheidungen anwendbar. Die internationale Zuständigkeit für Entscheidungen in diesem Sinne bestimmt sich hingegen nicht nach der EuGVVO, sondern nach den Zuständigkeitsregeln der EuInsVO.[438]

Auch ergibt sich aus dem Wortlaut des Art. 25 Abs. 1 Unterabsatz 2 EuInsVO, dass die Entscheidungen eines „anderen Gerichts" automatisch anerkannt werden, nichts anderes. Aus dieser Formulierung ließe sich folgern, dass damit ein Gericht in einem anderen Mitgliedstaat gemeint ist.[439] Dem ist jedoch nicht so. Vielmehr ist dies in der Weise zu verstehen, dass ein anderes nationales Gericht in dem Staat der Verfahrenseröffnung zuständig ist.[440] Denn die einzige Zuständigkeitsvorschrift in der EuInsVO, der Art. 3, enthält nur eine Regelung über die internationale Zuständigkeit. Die sachliche und örtliche Zuständigkeit richtet

---

435 *Fuchs* ÖJZ 2005, 624, 626; Gebauer/Wiedemann/*Haubold* Kapitel 32 Art. 3 EuInsVO Rn. 82; Rauscher/*Mankowski*, EuZPR/EuIPR, Art. 1 Brüssel I-VO Rn. 18b.

436 *Burgstaller* in: Festschrift Jelinek 2002, 31, 38; Fasching/Konecny/*Kodek* Art. 1 EuGVVO Rn. 134; *Fuchs* ÖJZ 2005, 624, 626; *Hau* in: Gottwald, Europäisches Insolvenzrecht, Kollektiver Rechtsschutz, S. 88; Pannen/*Pannen*, EuInsVO, Art. 3 Rn. 105.

437 a.A. *Hau* in: Gottwald, Europäisches Insolvenzrecht, Kollektiver Rechtsschutz, S. 103 der die Ansicht vertritt, dass insolvenzbezogene Einzelverfahren gemäß der Gourdain/Nadler-Rechtsprechung nicht in den Anwedungsbereich der EuGVVO fallen, jedoch trotzdem für die internationale Zuständigkeit entweder Art. 3 EuInsVO oder Art. 2 ff. EuGVVO anwendbar sind.

438 Pannen/*Pannen*, EuInsVO, Art. 3 Rn. 111; *Stürner* IPrax 2005, 416, 418; a.A. FK-InsO/Wenner/Schuster Art. 25 EuInsVO Rn. 4.

439 *Hau* in: Gottwald, Europäisches Insolvenzrecht, Kollektiver Rechtsschutz, S. 105; Pannen/*Riedemann*, EuInsVO, Art. 25 Rn. 15; Uhlenbruck/*Lüer*, InsO, Art. 25 EuInsVO Rn. 6.

440 D-K/D/CH/*Duursma-Kepplinger*, EuInsVO, Art. 25 Rn. 39; *Fuchs* ÖJZ 2005, 624, 626; Gebauer/Wiedemann/*Haubold* Kapitel 32 Art. 25 EuInsVO Rn. 201; *Haubold* IPrax 2002, 157, 160; Kübler/Prütting/Bork/*Kemper*, InsO, Art. 25 EuInsVO Rn. 12; *Leipold* in: Festschrift Ishikawa 2001, 221, 237; *Strobel* S. 104; Westpfahl/Goetker/Wilkens Rn. 214.

sich hingegen nach nationalem Recht.[441] Bestimmt sich die internationale Zuständigkeit für Annexverfahren nach der Zuständigkeitsvorschrift der EuInsVO, also nach Art. 3, wird dadurch auch nur die internationale Zuständigkeit für die Annexverfahren bestimmt.[442] Die sachliche und örtliche Zuständigkeit richtet sich nach nationalem Recht.[443] Es kann somit ein anderes nationales Gericht als das Eröffnungsgericht für die Annexstreitigkeit zuständig sein kann.

Eine solche Auslegung des Art. 25 Abs. 1 Unterabsatz 2 EuInsVO folgt auch im Umkehrschluss aus Art. 25 Abs. 2 EuInsVO.[444] Würden sich für die unmittelbar aus dem Insolvenzverfahren hervorgehenden und damit in engem Zusammenhang stehenden Annexentscheidungen sowohl die internationale Zuständigkeit, die Anerkennung als auch die Vollstreckung der Annexentscheidungen nach der EuGVVO richten, wäre Art. 25 Abs. 1 Unterabsatz 2 EuInsVO bedeutungslos.[445] Denn dann würden diese Annexentscheidungen unter Art. 25 Abs. 2 EuInsVO fallen. Art. 25 Abs. 1 Unterabsatz 2 EuInsVO hätte keinen eigenen Regelungsgehalt.[446] Art. 25 Abs. 1 Unterabsatz 2 EuInsVO ist ferner nicht in der Weise zu verstehen, dass sich zwar die internationale Zuständigkeit für Annexverfahren nach der EuGVVO richtet, die Anerkennung und die Vollstreckung sich aber nach der Regelung in der EuInsVO (Art. 25 Abs. 1 Unterabsatz 2) bestimmt.[447] Denn zum einen enthält die EuGVVO in Art. 1 einen einheitlichen Anwendungsbereich in Bezug auf Zuständigkeits-,

441 Erwägungsgrund 15 EuInsVO.

442 Geimer/Schütze/*Gruber*, Internationaler Rechtsverkehr, Art. 25 InsolvenzVO Rn. 32; *Haubold* IPrax 2002, 157, 160; Kübler/Prütting/Bork/*Kemper*, InsO, Art. 3 EuInsVO Rn. 22; *Leipold* in: Festschrift Ishikawa 2001, 221, 237; Pannen/*Pannen*, EuInsVO, Art. 3 Rn. 115.

443 Geimer/Schütze/*Gruber*, Internationaler Rechtsverkehr, Art. 25 InsolvenzVO Rn. 32; *Haubold* IPrax 2002, 157, 160; Kübler/Prütting/Bork/*Kemper*, InsO, Art. 3 EuInsVO Rn. 20; *Leipold* in: Festschrift Ishikawa 2001, 221, 237; Pannen/*Pannen*, EuInsVO, Art. 3 Rn. 115.

444 Pannen/*Pannen*, EuInsVO, Art. 3 Rn. 112.

445 FK-InsO/*Wenner/Schuster* Art. 25 EuInsVO Rn. 4; *Fehrenbach* IPrax 2009, 492, 493; *Fuchs* ÖJZ 2005, 624, 626; *Lorenz* S. 72; Mohrbutter/Ringstmeier/*Wenner*, InsO, § 20 Rn. 208; MünchKommInsO/*Reinhart* Art. 25 EuInsVO Rn. 4; *Stürner* IPrax 2005, 416, 417; *Willemer* S. 89.

446 FK-InsO/Wenner/Schuster Art. 25 EuInsVO Rn. 4; Rauscher/*Mankowski*, EuZPR/EuIPR, Art. 1 Brüssel I-VO Rn. 22d.

447 D-K/D/CH/*Duursma-Kepplinger*, EuInsVO, Art. 25 Rn. 32; *Fehrenbach* IPrax 2009, 492, 493; *Oberhammer* ZInsO 2004, 761, 765; a.A. *Hau* in: Gottwald, Europäisches Insolvenzrecht, Kollektiver Rechtsschutz, S. 105; *Schwarz* NZI 2002, 290, 294; *Thole* ZIP 2006, 1183, 1187; *Willemer* S. 85; Zöller/*Geimer*, ZPO, Art. 1 EuGVVO Rn. 35a.

Anerkennungs- und Vollstreckungsregeln.[448] Zum anderen ließe sich die – im Gegensatz zur EuGVVO – privilegierte Anerkennung und Vollstreckung der Entscheidungen[449] im Sinne von Art. 25 Abs. 1 Unterabsatz 2 EuInsVO nicht erklären bzw. rechtfertigen, wenn es sich um „normale“ Zivilsachen handelte.[450]

Aus der Entstehungsgeschichte und der Systematik des Art. 25 EuInsVO folgt, dass sich die internationale Zuständigkeit für Annexverfahren im Sinne des Art. 25 Abs. 1 Unterabsatz 2 nach der EuInsVO bestimmt.[451] Andere Verfahren, auch wenn sie einen Bezug zum Insolvenzverfahren des Schuldners haben, sind Entscheidungen in Zivilsachen, die sich nach der EuGVVO richten, vgl. Art. 25 Abs. 2 EuInsVO. Zu klären ist, welche Verfahren unmittelbar aus dem Insolvenzverfahren hervorgehen und einen engen Zusammenhang zu diesem aufweisen, so dass sie in den Anwendungsbereich der EuInsVO fallen, und welche anderen insolvenzbezogenen Erkenntnisverfahren diese Voraussetzungen nicht erfüllen, mit der Folge, dass die EuGVVO anwendbar ist (Art. 25 Abs. 2 EuInsVO). Durch Auslegung des Art. 25 Abs. 1 Unterabsatz 2 EuInsVO lässt sich jedenfalls folgern, dass die Regelung des Art. 25 Abs. 1 Unterabsatz 2, die auf das Gourdain/Nadler-Urteil zurückgeht, diese Annexverfahren der EuInsVO und deren Zuständigkeitsregelung unterstellt.

## II. Erwägungsgründe

### *1. Erwägungsgrund 6 EuInsVO*

Auch Erwägungsgrund 6 übernimmt das in Gourdain/Nadler entwickelte Kriterium des unmittelbaren Hervorgehens aus dem Insolvenzverfahrens und der Enge des Zusammenhangs. Gemäß Erwägungsgrund 6 soll sich die EuInsVO

> *auf Vorschriften beschränken, die die Zuständigkeit für die Eröffnung von Insolvenzverfahren und für Entscheidungen regeln, die unmittelbar aufgrund des Insolvenzverfahrens ergehen und in engem Zusammenhang damit stehen. Darüber hinaus sollte diese Verordnung Vorschriften hinsichtlich der Anerkennung solcher Entscheidungen und hinsichtlich des anwendbaren Rechts, die ebenfalls diesem Grundsatz genügen, enthalten.*

Die Vorgaben von Satz 2 wurden in Art. 25 EuInsVO und Art. 4 ff. EuInsVO umgesetzt. Art. 25 Abs. 1 Unterabsatz 2 EuInsVO bestimmt, dass die Entscheidungen,

---

448 *Haubold* IPrax 2002, 157, 160; *Oberhammer* ZInsO 2004, 761, 765; vgl. *Thole* ZIP 2006, 1183, 1187; *Willemer* S. 86.

449 Morscher, EuInsVO, 6.1; *Thole* ZEuP 2010, 904, 907.

450 D-K/D/CH/*Duursma-Kepplinger*, EuInsVO, Art. 25 Rn. 32; *Fehrenbach* IPrax 2009, 492, 497; *Haubold* IPrax 2002, 157, 160; *Mankowski* NZI 2010, 508, 509; *Willemer* S. 86.

451 *Ambach* S. 233; *Fehrenbach* IPrax 2009, 492, 495.

die unmittelbar aufgrund des Insolvenzverfahrens ergehen und in einem engen Zusammenhang damit stehen, automatisch anerkannt werden. Art. 4 ff. EuInsVO bestimmen das anwendbare Recht für Rechtsverhältnisse, die Gegenstand von Annexstreitigkeiten sein können. Weitere Regelungen in Bezug auf Annexstreitigkeiten trifft die EuInsVO nicht. Aus der Formulierung „darüber hinaus" sowie aus dem ersten Satz des Erwägungsgrunds 6 folgt jedoch, dass die EuInsVO auch weitere Vorschriften über Annexstreitigkeiten enthalten sollte. Insbesondere eine solche über die internationale Zuständigkeit.[452]

In dem erläuternden Bericht von *Virgós/Schmit*, auf den die Erwägungsgründe zurückgehen, heißt es:

> *Artikel 1 Absatz 2 des Brüsseler Übereinkommens von 1968 schließt aus seinem Anwendungsbereich Konkurse, Vergleiche und ähnliche Verfahren aus. In dem genannten Urteil* [Gourdain/Nadler] *verwendet der Gerichtshof die Art der Klage als Abgrenzungskriterium, um zu bestimmen, wann die Zuständigkeitsregelung des Brüsseler Übereinkommens von 1968 anwendbar ist und wann nicht. Nach diesem Kriterium sind Klagen, die unmittelbar aus der Insolvenz hervorgehen und in engem Zusammenhang mit der Insolvenz des Schuldners stehen, vom Brüsseler Übereinkommen von 1968 ausgeschlossen. Logischerweise fallen diese Klagen nun in den Anwendungsbereich des Übereinkommens über Insolvenzverfahren und seine Zuständigkeitsvorschriften; andernfalls würden zwischen den beiden Übereinkommen nicht zu rechtfertigende Rechtslücken verbleiben.*[453]

Der erläuternde Bericht bestimmt, dass die Klagen im Sinne der Gourdain/Nadler-Rechtsprechung in den Anwendungsbereich des EuInsÜ und die dortigen Zuständigkeitsvorschriften fallen sollen. Ziel ist es, Rechtslücken zwischen den Übereinkommen zu verhindern. Dieses Ziel wird an einer weiteren Stelle nochmals betont:

> *Der Grund der Aufnahme dieser Bestimmung* [Art. 25 Abs. 1 Unterabsatz 2 EuInsVO] *liegt in einer Entscheidung des Gerichtshofs vom 22. Februar 1979 (Rechtssache 133/78; Gourdain/Nadler, Slg. 1979, 733). Im Rahmen der Auslegung des Artikels 1 Absatz 1 des Brüsseler Übereinkommens von 1968, der Konkurse, Vergleiche und ähnliche Verfahren vom Anwendungsbereich des Übereinkommens ausschließt, stellte der Gerichtshof ein Kriterium zur Abgrenzung des Konkursbereichs auf, das auf der Art der angestrebten Klage beruht. Gemäß diesem Kriterium fallen Klagen, deren unmittelbare Rechtsgrundlage das Konkursrecht bildet und die mit dem Insolvenzverfahren in engem Zusammenhang stehen, nicht in den Anwendungsbereich des Brüsseler Übereinkommens von 1968. Die Art des Gerichts, das über die Klage entscheidet, spielt dabei keine Rolle.*
> *Im Einklang mit dieser Entscheidung des Gerichtshofs sollten diejenigen Verfahren im Anwendungsbereich des Übereinkommens über Insolvenzverfahren verbleiben, da sonst*

452 a.A. *Thole* ZEuP 2010, 904, 911.
453 *Virgós/Schmit*-Bericht Rn. 77.

*zwischen dem allgemeinen Übereinkommen und dem spezifischen Übereinkommen nicht vertretbare Rechtslücken gelassen würden. Aus diesem Grunde wurde eben dieses Abgrenzungskriterium in Art. 25 Absatz 1 Unterabsatz 2 des Übereinkommens über Insolvenzverfahren ausdrücklich übernommen.*
*Damit das Insolvenzübereinkommen Anwendung findet, ist es erforderlich, dass sich die Klage unmittelbar aus dem Konkursrecht herleitet und in engem Zusammenhang mit dem Insolvenzverfahren steht.*"[454]

Es ist widersprüchlich,[455] dass der Bericht davon ausgeht, dass eine *vis attractiva* nicht in das EuInsÜ übernommen werde:

*Mit Art. 3 Absatz 1 wird den Gerichten des Eröffnungsmitgliedstaats die Zuständigkeit für das Insolvenzverfahren übertragen. Das Übereinkommen enthält jedoch keine Vorschrift zur Abgrenzung dieser Zuständigkeit.*
*Dies ist eine grundlegende Frage, da sich mit ihr das Problem des Zusammenhangs zwischen dem Übereinkommen über Insolvenzverfahren und dem Brüsseler Übereinkommen von 1986 sowie ihrer jeweiligen Anwendungsbereiche stellt.*
*Im innerstaatlichen Recht verschiedener Vertragsstaaten gibt es eine „vis attractiva concursus", aufgrund deren das Gericht, für welches das Insolvenzverfahren eröffnet ist, nicht nur für die Abwicklung des eigentlichen Insolvenzverfahrens, sondern auch für die sich aus der Insolvenz ergebenden Klagen zuständig ist.*
*Obgleich die Übertragung dieses Grundsatzes auf den internationalen Bereich strittig ist, enthielt der Übereinkommensentwurf der Gemeinschaft von 1982 in Art. 15 eine Vorschrift, die sich nach dem Lemontey-Bericht an der Theorie der „vis attractiva" ausrichtete. Dieser Artikel übertrug den Gerichten des Staates der Eröffnung des Insolvenzverfahrens die Zuständigkeit für eine ganze Reihe von sich aus der Insolvenz ergebender Klagen.*
*In das Übereinkommen wurde weder eine solche Vorschrift noch eine solche Theorie übernommen. In Artikel 3 wird dieses Problem nicht behandelt.*[456]

Eine *vis attractiva concursus* in der Weise, dass eine Zuständigkeitskonzentration für insolvenzbezogene Einzelverfahren bei dem Insolvenzgericht besteht – wie dies in einigen nationalen Rechtsordnung der Fall ist[457] – kann von dem erläuternden Bericht in Bezug auf das EuInsÜ nicht gemeint sein.[458] Denn das Übereinkommen bestimmt die örtliche und sachliche Zuständigkeit nicht, sondern enthält in

---

454 *Virgós/Schmit*-Bericht Rn. 195, 196.

455 D-K/D/CH/*Duursma-Kepplinger*, EuInsVO, Art. 25 Rn. 41; Geimer/Schütze/*Gruber*, Internationaler Rechtsverkehr, Art. 13 InsolvenzVO Rn. 20; *Kodek* ÖBA 2009, 629, 630; Mohrbutter/Ringstmeier/*Wenner*, InsO, § 20 Rn. 17; Nerlich/Römermann/*Nerlich*, InsO, Art. 3 EuInsVO Rn. 65; *Oberhammer* in: Festschrift Koziol 2010, 1239, 1250; *Strobel* S. 100; a.A. *Fehrenbach* IPrax 2009, 492, 496.

456 *Virgós/Schmit*-Bericht Rn. 77.

457 siehe *Lemontey*-Bericht ZIP 1981, 547, 560; Paulus, EuInsVO, Art. 25 Rn. 5.

458 vgl. MünchKommBGB/*Kindler* Art. 3 EuInsVO Rn. 85 in Bezug auf Art. 3 EuInsVO.

Art. 3 vielmehr eine Regelung über die internationale Zuständigkeit. Daher ist die Formulierung, dass „weder eine solche Vorschrift, noch eine solche Theorie" übernommen wurde, im Sinne einer Zuständigkeitskonzentration für insolvenzbezogene Einzelverfahren in dem Staat der Insolvenzverfahrenseröffnung zu verstehen. Eine solche Zuständigkeitskonzentration für Annexverfahren in dem Staat, in dem das Insolvenzverfahren eröffnet wurde, enthielten die früheren Übereinkommensentwürfe in Art. 12 und 17 Vorentwurf 1970 bzw. Artikel 11 und 15 Entwurf 1980.[459] Gemäß dem *Virgós/Schmit*-Bericht ist eine solche Zuständigkeitskonzentration weder als ausdrückliche Vorschrift noch als generelles Prinzip in das EuInsÜ übernommen worden. Art. 3 behandle dieses Problem nicht.

Das widerspricht jedoch dem im Bericht genannten Ziel, dass die Verfahren, die das Gourdain/Nadler-Kriterium erfüllen, in den Anwendungsbereich des EuInsÜ und dessen Zuständigkeitsvorschriften fallen sollen. Die einzige Zuständigkeitsvorschrift ist Art 3 EuInsÜ. Art. 3 EuInsÜ bestimmt eine internationale Zuständigkeit für die Eröffnung des Insolvenzverfahrens in dem Staat des Mittelpunkts der hauptsächlichen Interessen des Schuldners. Eine Anwendung der Zuständigkeitsvorschrift des Art. 3 EuInsÜ auf Annexverfahren würde daher zu einer Zuständigkeitskonzentration in dem Staat der hauptsächlichen Interessen und somit im Insolvenzeröffnungsstaat führen. Folge dessen wäre eine *vis attractiva concursus* wie in den früheren Übereinkommensentwürfen.

Aus dem Bericht lässt sich daher nicht eindeutig feststellen, ob das EuInsÜ eine internationale Zuständigkeit für Annexentscheidungen, die das Gourdain/Nadler-Kriterium erfüllen, enthalten sollte.

In die Erwägungsgründe der EuInsVO hingegen wurde nicht aufgenommen, dass die EuInsVO das Prinzip der *vis attractiva concursus* nicht enthält. Vielmehr übernimmt Erwägungsgrund 6 das Ziel, dass die EuInsVO auch eine internationale Zuständigkeit für die Entscheidungen im Sinne der Gourdain/Nadler-Rechtsprechung enthält.[460] Daraus ließe sich folgern, dass jedenfalls in der EuInsVO eine internationale Zuständigkeit für Annexverfahren

459 siehe zu dem Entwurf 1980 *Lemontey*-Bericht ZIP 1981, 547, 560.

460 D-K/D/CH/*Duursma-Kepplinger*, EuInsVO, Art. 25 Rn. 41; Geimer/Schütze/*Haß/Herweg*, Internationaler Rechtsverkehr, Art. 3 InsolvenzVO Rn. 24; Haß/Huber/Gruber/Heiderhoff/*Haß/Herweg*, EuInsVO, Art. 3 Rn. 24; a.A. *Hau* KTS 2009, 378, 383 betont genau den anderen Teil des *Virgós/Schmit*-Berichts.

enthalten ist,[461] auch wenn Art. 3 EuInsÜ und Art. 3 EuInsVO den gleichen Wortlaut haben.[462]

### 2. *Erwägungsgründe 2 und 8 EuInsVO*

Eine Zuständigkeitsbündelung in dem Mitgliedstaat, in dem das Verfahren eröffnet wird, könnte auch dem von den Erwägungsgründen 2 und 8 verfolgten Ziel der Verbesserung der Effizienz und Wirksamkeit des Verfahrens dienen. Eine Bündelung der Annexstreitigkeiten in dem Mitgliedstaat, in dem das Insolvenzverfahren eröffnet wird,[463] ist grundsätzlich prozessökonomisch.[464] Ist das gleiche Gericht zuständig, entsteht eine Kenntnisbündelung bei diesem Gericht[465] und es ergehen einheitliche Entscheidungen.[466] Selbst wenn ein anderes Gericht in dem Mitgliedstaat zuständig ist, ist aufgrund der einheitlichen Sprache das Annexverfahren schneller und leichter durchzuführen.[467] Dies wirkt sich auch positiv auf die Verfahrensdauer des Insolvenzverfahrens aus,[468] beispielsweise wenn es um die Verfolgung von Ansprüchen geht, die der Mehrung der Masse dienen.[469] Ferner ist gemäß Art. 4 auf einige Rechtsverhältnisse, die Gegenstand eines Annexverfahrens sein können, die *lex fori concursus* anwendbar. Werden diese Annexstreitigkeiten in dem Staat der Verfahrenseröffnung durchgeführt,

461 a.A. Mohrbutter/Ringstmeier/*Wenner*, InsO, § 20 Rn. 17; *Oberhammer* ÖBA 2002, 698, 706.

462 Der Wortlaut unterscheidet sich nur insofern, dass es in der EuInsVO wegen der Transformation des Übereinkommens in eine Verordnung „Mitgliedstaat" und nicht „Vertragsstaat" heißt.

463 Kübler/Prütting/Bork/*Kemper*, InsO, Art. 3 EuInsVO Rn. 22; MünchKommBGB/*Kindler* Art. 3 EuInsVO Rn. 85.

464 Geimer/Schütze/*Gruber*, Internationaler Rechtsverkehr, Art. 25 InsolvenzVO Rn. 30; *Oberhammer* ZInsO 2004, 761, 767; *Oberhammer* KTS 2009, 27, 44; *Riewe* NZI 2009, 549, 550; *Saenger/Klockenbrink* IHR 2007, 60, 64; *Vogler* S. 208; a.A. *Klöhn/Berner* ZIP 2007, 1418, 1419.

465 *Saenger/Klockenbrink* IHR 2007, 60, 63.

466 *Ambach* S. 221.

467 *Lorenz* S. 126; *Mankowski/Willemer* RIW 2009, 669, 675.

468 Gottwald/*Gottwald/Kolmann* § 130 Rn. 60; Kübler/Prütting/Bork/*Kemper*, InsO, Art. 3 EuInsVO Rn. 21; *Saenger/Klockenbrink* IHR 2007, 60, 64; *Willemer* S. 154.

469 *Dutta* IPrax 2007, 195, 195; *Oberhammer* KTS 2009, 27, 44; *Saenger/Klockenbrink* IHR 2007, 60, 64.

wird der von der EuInsVO erstrebte Gleichlauf von anwendbarem Recht und internationaler Zuständigkeit erreicht.[470]

Anders könnte dies hingegen bei solchen Streitigkeiten sein, deren Gegenstand sich gemäß Art. 5 ff. materiell-rechtlich nicht nach der *lex fori concurus* richtet. Dann ist es eventuell effizienter das Verfahren beispielsweise am Ort der Belegenheit der Sache durchzuführen. Daraus folgt, dass eine Zuständigkeitsbündelung in dem Mitgliedstaat der Verfahrenseröffnung das von den Erwägungsgründen 2 und 8 verfolgte Ziel nicht in jedem Fall fördert. Vielmehr ist dies für jede Annexstreitigkeit einzeln zu beurteilen.

### *3. Erwägungsgründe 2, 6 und 7 EuGVVO*

Um die Funktionsfähigkeit des Binnenmarktes zu fördern, verfolgt die EuGVVO das Ziel, den freien Verkehr von Entscheidungen zu gewährleisten. Dazu schafft die EuGVVO einheitliche Vorschriften über die internationale Zuständigkeit und vereinfacht die Anerkennung und Vollstreckung von Entscheidungen in Zivil- und Handelssachen.[471] Denn durch die unterschiedlichen Vorschriften in den einzelnen Mitgliedstaaten können die Ziele nicht erreicht werden. Vielmehr ist eine Regelung auf europäischer Ebene notwendig.[472] Der sachliche Anwendungsbereich der EuGVVO soll sich gemäß Erwägungsgrund 7,

> *von einigen genau festgelegten Rechtsgebieten abgesehen, auf den wesentlichen Teil des Zivil- und Handelsrechts erstrecken.*

Die Ausnahmen von der grundsätzlichen Anwendbarkeit der EuGVVO müssen klar definiert sein. Denn grundsätzlich soll die EuGVVO alle Entscheidungen in Zivil- und Handelssachen erfassen. Das in Art. 1 Abs. 2 lit. b) ausgeschlossene Rechtsgebiet erstreckt sich auf „Konkurse, Vergleiche und ähnliche Verfahren". Ausdrücklich genannt ist somit das Gesamtverfahren als solches.[473] Ob ein insolvenznahes Einzelverfahren ein „ähnliches Verfahren" zu einem Konkurs bzw. Vergleich ist, ist nicht eindeutig definiert. Daher liegt ein genau festgelegter und eindeutiger Ausschluss im Sinne des Erwägungsgrunds 7 nicht vor. Zur Wahrung der Ziele der EuGVVO muss sich demnach auch die internationale Zuständigkeit für insolvenzbezogene Einzelverfahren nach den durch die EuGVVO geregelten, europaweit

470 MünchKommBGB/*Kindler* Art. 3 EuInsVO Rn. 88; *Saenger/Klockenbrink* IHR 2007, 60, 64; *Thole* ZIP 2006, 1183, 1186.

471 Erwägungsgrund 2 EuGVVO.

472 Erwägungsgrund 6 EuGVVO.

473 *Haubold* IPrax 2002, 157, 157.

einheitlichen Zuständigkeitsvorschriften für Zivil- und Handelssachen richten.[474] Dadurch würde auch die Rechtssicherheit gefördert. Denn eine Abgrenzung der einzelnen insolvenznahen Verfahren müsste nicht erfolgen, wenn der Ausschluss des Art. 1 Abs. 2 lit. b) nur das Gesamtverfahren als solches erfassen würde.[475]

### 4. *Erwägungsgrund 19 EuGVVO*

Gemäß Erwägungsgrund 19 soll die Kontinuität von EuGVÜ und EuGVVO gewahrt werden. Erwägungsgrund 19 Satz 2 bestimmt:

> *Dies gilt auch für die Auslegung der Bestimmungen des Brüsseler Übereinkommens durch den Gerichtshof der Europäischen Gemeinschaften.*

Daher hat die vom EuGH in dem Gourdain/Nadler-Urteil vorgenommene Auslegung auch für die EuGVVO Gültigkeit. Entscheidungen, die das in Gourdain/Nadler entwickelte Kriterium erfüllen, wären daher von dem ausgeschlossenen Rechtsgebiet der „Konkurse, Vergleiche und ähnliche[n] Verfahren" erfasst.

Andererseits ließe sich argumentieren, dass die Auslegung des Gerichtshofs im Gourdain/Nadler-Urteil überholt sei, da sich die Umstände seit der Entscheidung im Jahre 1979 geändert hätten.[476] Hintergrund der weiten Auslegung des Art. 1 Abs. 2 Nr. 2 EuGVÜ sei gewesen, den Anwendungsbereich des damals geplanten Konkursübereinkommens nicht zu beschränken.[477] Denn der Vorentwurf von 1970 erfasste in seinen Art. 12 und 15 auch Regelungen über insolvenznahe Verfahren. Im Gegensatz dazu sähe die EuInsVO keine ausdrückliche Regelung darüber vor, dass insolvenznahe Einzelentscheidungen in den Anwendungsbereich der EuInsVO fallen. Um zu verhindern, dass für insolvenznahe Entscheidungen eine Regelungslücke auf europäischer Ebene bestehe, müsse der Ausschluss für „Konkurse, Vergleiche und ähnliche Verfahren" daher anders als im Jahre 1979 ausgelegt werden.[478]

---

474 *Lüke* in: Festschrift Schütze 1999, 467, 482; *Thole* ZIP 2006, 1183, 1185.

475 *Geimer* in: Festschrift Maschacek/Matscher 2008, 743, 750; Geimer/Schütze/*Geimer*, Europäisches Zivilverfahrensrecht, A.1 Art. 1 EuGVVO Rn. 130; *Oberhammer* KTS 2009, 27, 45.

476 *Dutta* IPrax 2007, 195, 198; Hess, Europäisches Zivilprozessrecht, § 6 Rn. 20; *Lüke* in: Festschrift Schütze 1999, 467, 473; Mohrbutter/Ringstmeier/*Wenner*, InsO, § 20 Rn. 17; *Oberhammer* KTS 2009, 27, 42; *Wagner* ZEuP 2008, 6, 27; a.A. Simons/Hausmann/*Hausmann*, Brüssel I-VO, Art. 1 Rn. 82.

477 D-K/D/CH/*Duursma-Kepplinger*, EuInsVO, Art. 25 Rn. 35; *Dutta* IPrax 2007, 195, 198; Geimer/Schütze/*Haß*/*Herweg*, Internationaler Rechtsverkehr, Art. 3 InsolvenzVO Rn. 27; *Lüke* in: Festschrift Schütze 1999, 467, 473.

478 *Dutta* IPrax 2007, 195, 198; Mohrbutter/Ringstmeier/*Wenner*, InsO, § 20 Rn. 17.

Auch wenn – im Gegensatz zum Vorentwurf von 1970 und zum Entwurf von 1980 – eine ausdrückliche Regelung über die internationale Zuständigkeit für Entscheidungen i. S. d. Gourdain/Nadler-Urteils nicht in die EuInsVO aufgenommen wurde, widerspricht die oben genannte Auslegung nicht nur der Existenz von Art. 25 Abs. 1 Unterabsatz 2 EuInsVO.[479] Insbesondere hat der Verordnungsgeber von EuInsVO und EuGVVO seine Intention in den Erwägungsgründen der Verordnungen klar zum Ausdruck gebracht. Denn einerseits bestimmt Erwägungsgrund 6 der EuInsVO, dass die EuInsVO eine internationale Zuständigkeit für Entscheidungen i. S. d. Gourdain/Nadler-Rechtsprechung enthalten solle. Die Anerkennung und Vollstreckung dieser Entscheidungen wurde in die EuInsVO ausdrücklich aufgenommen. Zum anderen legt Erwägungsgrund 19 EuGVVO fest, dass die durch den EuGH für das EuGVÜ vorgenommene Auslegung für die EuGVVO Bestand haben soll. Hinzu kommt, dass der europäische Gesetzgeber beim Erlass der EuGVVO die Formulierung des Ausschluss für „Konkurse, Vergleiche und ähnliche Verfahren" nicht geändert hat.[480] Er hätte die Möglichkeit gehabt, das ausgeschlossene Rechtsgebiet in Art. 1 Abs. 2 lit. b) beispielsweise so zu definieren:

> *Insolvenzverfahren gemäß Art. 1 Abs. 1, Art. 2 lit. a) i. V. m. Anhang A der VO (EG) Nr. 1346/2000 über Insolvenzverfahren.*

Der europäische Gesetzgeber hat Art. 1 Abs. 2 Nr. 2 EuGVÜ jedoch unverändert gelassen und somit gemäß Erwägungsgrund 19 die dahinterstehende Auslegung durch den EuGH in die EuGVVO übernommen. Folge dessen ist, dass insolvenznahe Einzelentscheidungen, die unmittelbar aus dem Insolvenzverfahren hervorgehen und damit in engem Zusammenhang stehen, aus dem Anwendungsbereich der EuGVVO und deren Zuständigkeitsvorschriften ausgeschlossen sind.

### 5. *Erwägungsgründe 11, 12 und 13, Grundsatz des* actor sequitur forum rei *in der EuGVVO*

Erwägungsgrund 11 EuGVVO bestimmt:

> *Die Zuständigkeitsvorschriften müssen in hohem Maße vorhersehbar sein und sich grundsätzlich nach dem Wohnsitz des Beklagten richten, und diese Zuständigkeit muss stets*

479 Geimer/Schütze/*Gruber*, Internationaler Rechtsverkehr, Art. 25 InsolvenzVO Rn. 26.

480 *Burgstaller* in: Festschrift Jelinek 2002, 31, 38; *Hau* in: Gottwald, Europäisches Insolvenzrecht, Kollektiver Rechtsschutz, S. 94; Rauscher/*Mankowski*, EuZPR/EuIPR, Art. 1 Brüssel I-VO Rn. 22d; Westpfahl/Goetker/Wilkens Rn. 214.

*gegeben sein außer in einigen genau festgelegten Fällen, in denen aufgrund des Streitgegenstands oder der Vertragsfreiheit der Parteien ein anderes Anknüpfungskriterium gerechtfertigt ist.*

Umgesetzt wird das Erfordernis des ersten Halbsatzes in Art. 2 Abs. 1 EuGVVO. Art. 2 EuGVVO bestimmt den allgemeinen Gerichtsstand des Beklagten. Gemäß Art. 2 Abs. 1 EuGVVO ist eine Klage in dem Mitgliedstaat zu erheben, in dem der Beklagte seinen Wohnsitz hat (Art. 59 EuGVVO). Bei Gesellschaften und juristischen Personen befindet sich gemäß Art. 60 EuGVVO der Wohnsitz entweder am satzungsmäßigen Sitz oder der Hauptverwaltung oder der Hauptniederlassung.

Die durch die EuGVVO aufgestellte Grundregel, dass eine internationale Zuständigkeit in dem Mitgliedstaat des Wohnsitzes des Beklagten besteht, beruht auf dem Grundsatz des *actor sequitur forum rei.*[481] Dieser besagt, dass der Kläger dem Beklagten an seinen Gerichtsstand folgt. Die EuGVVO enthält auch Ausnahmen von diesem Grundsatz. Vorrangig zu prüfen ist, ob eine ausschließliche internationale Zuständigkeit gemäß Art. 22 EuGVVO oder eine Zuständigkeitsvereinbarung i. S. d. Art. 23 EuGVVO zwischen den Parteien besteht. In den Art. 5–7 EuGVVO sind besondere Zuständigkeitsvorschriften enthalten, die in Konkurrenz zum allgemeinen Gerichtsstand in Art. 2 Abs. 1 EuGVVO stehen. Gemäß Erwägungsgrund 12 wird der allgemeine Gerichtsstand des Wohnsitzes durch alternative Gerichtsstände ergänzt, die

*entweder aufgrund der engen Verbindung zwischen Gericht und Rechtsstreit oder im Interesse einer geordneten Rechtspflege zuzuordnen sind.*

So sieht beispielsweise Art. 5 EuGVVO besondere Gerichtsstände vor bei besonderer Sachnähe oder um die Zuständigkeitsinteressen des Klägers zu berücksichtigen.[482] Zuständigkeitsinteressen werden auch in den speziellen Vorschriften der Art. 8–21 EuGVVO für Versicherungs-, Verbraucher- und Arbeitssachen berücksichtigt. Erwägungsgrund 13 bestimmt:

*Bei Versicherungs-, Verbraucher- und Arbeitssachen sollte die schwächere Partei durch Zuständigkeitsvorschriften geschützt werden, die für sie günstiger sind als die allgemeine Regelung.*

Dementsprechend enthält beispielsweise Art. 16 Abs. 1, 2. Var. EuGVVO einen Klägergerichtsstand zugunsten der schwächeren Partei.

Eine umfassende Zuständigkeitsbündelung für sämtliche insolvenzbezogene Einzelverfahren im Insolvenzeröffnungsstaat entspricht daher nicht

---

481 *Hau* KTS 2009, 378, 384.

482 Rauscher/*Leible*, EuZPR/EuIPR, Art. 5 Brüssel I-VO Rn. 2.

dem Zuständigkeitssystem der EuGVVO.[483] Vielmehr geht die EuGVVO von dem *actor sequitur forum rei*-Grundsatz aus und enthält ein differenziertes Zuständigkeitssystem,[484] in dem unterschiedliche Interessen berücksichtigt werden.[485] Um das nicht auszuhöhlen, ist nicht jedes Zivilverfahren, das einen gewissen Bezug zu einem Insolvenzverfahren hat, von der Zuständigkeitskonzentration in der EuInsVO erfasst.[486] Vielmehr fordert die EuGVVO, dass auch das Interesse des Beklagten oder einer schwächeren Partei oder die Nähe eines Gerichts zum Streitgegenstand berücksichtigt wird und nicht pauschal die Gerichte des Mitgliedstaats, in dem sich der Mittelpunkt der hauptsächlichen Interessen des insolventen Schuldners befindet, international zuständig sind.

## III. Allgemeine Grundsätze

### *1.* Lex specialis derogat legi generali

Gemäß dem Grundsatz *lex specialis derogat legi generali* verdrängt die speziellere die allgemeinere Regelung. Insolvenzbezogene Einzelentscheidungen sind meist Zivilsachen, so dass der sachliche Anwendungsbereich der EuGVVO grundsätzlich eröffnet ist. Es ließe sich daher argumentieren, dass mangels einer ausdrücklichen Regelung über die internationale Zuständigkeit von insolvenz-bezogenen Einzelentscheidungen in der spezielleren EuInsVO auf die allgemeinere Vorschrift, die EuGVVO, zurückgegriffen werden müsse.[487] Die Folge wäre, dass sich die internationale Zuständigkeit für sämtliche insolvenzbezogene Einzelentscheidungen nach den Zuständigkeitsvorschriften der EuGVVO richtet.[488] Jedoch folgt aus der Entstehungsgeschichte und aus dem Sinn und Zweck der EuInsVO, dass sich die internationale Zuständigkeit für Entscheidungen im Sinne des Art. 25 Abs. 1 Unterabsatz 2 EuInsVO nach der EuInsVO richten soll.[489] Die EuInsVO

---

483 Fasching/Konecny/*Kodek* Art. 1 EuGVVO Rn. 137; *Haubold* IPrax 2002, 157, 163; *Klöhn/Berner* ZIP 2007, 1418, 1419; *Kodek* ÖBA 2009, 629, 632; *Stürner* IPrax 2005, 416, 419, in Bezug auf Aktivklagen des Insolvenzverwalters *Thole* ZIP 2006, 1183, 1186.

484 *Klöhn/Berner* ZIP 2007, 1418, 1419; Rauscher/*Mankowski*, EuZPR/EuIPR, Vorbem Art. 2 Brüssel I-VO Rn. 1.

485 *Strobel* S. 99.

486 *Fehrenbach* IPrax 2009, 492, 493; *Klöhn/Berner* ZIP 2007, 1418, 1419 kein einziges insolvenznahes Verfahren.

487 *Dutta* IPrax 2007, 195, 198; Mohrbutter/Ringstmeier/*Wenner*, InsO, § 20 Rn. 17; *Schwarz* NZI 2002, 290, 294; *Leipold* in: Festschrift Ishikawa 2001, 220, 232; *Thole* ZEuP 2010, 904, 917.

488 *Dutta* IPrax 2007, 195, 198; Mohrbutter/Ringstmeier/*Wenner*, InsO, § 20 Rn. 17.

489 *Virgós/Schmit*-Bericht Rn. 77, Erwägungsgrund 6.

enthält daher zwar keine ausdrückliche Zuständigkeitsvorschrift, jedoch lässt sich eine internationale Zuständigkeit für Annexverfahren durch Auslegung oder analoge Anwendung der EuInsVO bestimmen. Die EuInsVO als speziellere Vorschrift des gleichen Normgebers[490] verdrängt daher die EuGVVO für insolvenzbezogene Einzelentscheidungen im Sinne von Art. 25 Abs. 1 Satz 2 EuInsVO.[491]

## 2. Lex posterior derogat legi priori

In die nach der EuInsVO erlassene EuGVVO wurde weder aufgenommen, dass insolvenzbezogene Einzelverfahren nicht vom Anwendungsbereich ausgeschlossen sind, noch wurden Regelungen über eine internationale Zuständigkeit dafür geschaffen. Gemäß dem Grundsatz *lex posterior derogat legi priori* hebt das jüngere Gesetz das ältere auf. Der europäische Gesetzgeber hat die Möglichkeit, eine internationale Zuständigkeit für insolvenzbezogene Einzelverfahren in der EuGVVO zu schaffen, nicht genutzt.[492] Vielmehr gilt gemäß Erwägungsgrund 19 die Auslegung durch den EuGH im Gourdain/Nadler-Urteil für die Ausnahme in Art. 1 Abs. 2 Nr. 2 EuGVÜ in Bezug auf „Konkurse, Vergleiche und ähnliche Verfahren" für die EuGVVO fort. Daher hat die Auslegung des EuGH im Gourdain/Nadler-Urteil Gültigkeit für die EuGVVO. Entscheidungen, die das in Gourdain/Nadler entwickelte Kriterium erfüllen, fallen daher nicht in den Anwendungsbereich der EuGVVO.

Einzig aus der Änderung der EuInsVO gegenüber dem Vorentwurf von 1970, dem Entwurf von 1980 und dem revidierten Entwurf von 1984 könnte sich gemäß dem Grundsatz der *lex posterior derogat legi priori* etwas anderes ergeben. Denn die drei geplanten Insolvenzübereinkommen sahen – jeweils in anderer Ausprägung – eine *vis attractiva concursus* vor.[493] Im Vorentwurf von 1970:

> ***Artikel 12 – Personen, die für die Geschäftsleitung von Gesellschaften und juristischen Personen verantwortlich sind***
> *Die Gerichte des Vertragsstaates, in dem der Konkurs über das Vermögen der Gesellschaft oder einer juristischen Person eröffnet worden ist, sind zuständig für die Entscheidung über Haftungsklagen, welche gegen die in Artikel 2 der Anlage I genannten Personen wegen ihrer Geschäftsleitung erhoben werden.*
> *[…]*

490 *Haubold* IPrax 2002, 157, 161.

491 *Müller* EWIR 2009, 411, 412.

492 *Klöhn/Berner* ZIP 2007, 1418, 418; Westpfahl/Goetker/Wilkens Rn. 214 in Bezug auf eine Regelung zur Anerkennung und Vollstreckung.

493 Geimer/Schütze/*Geimer*, Europäisches Zivilverfahrensrecht, A.1 Art. 1 EuGVVO Rn. 133; *Strobel* S. 100.

***Abschnitt IV: Die sich aus dem Konkurs ergebenden Klagen***
***Artikel 17***
*Die Gerichte des Konkurseröffnungsstaates sind ausschließlich zuständig für die Entscheidungen über:*

1) *die Unwirksamkeit bestimmter Rechtshandlungen gegenüber den Konkursgläubigern, die der Schuldner während des Verdachtszeitraums vorgenommen hat, auch wenn sie Grundstücke betreffen;*
2) *Anträge auf Zahlung oder Rückerstattung, die sich aus der Unwirksamkeit der in Nummer 1 aufgeführten Rechtshandlungen gegenüber den Konkursgläubigern ergeben;*
3) *Anfechtungsklagen wegen Rechtshandlungen, die der Schuldner in der Absicht vorgenommen hat, seine Gläubiger zu benachteiligen, auch wenn die Anfechtung auf anderen als konkursrechtlichen Vorschriften beruht;*
4) *Streitigkeiten wegen des Verkaufs beweglicher Sachen des Gemeinschuldners durch den Konkursverwalter, die auf eine Verletzung der Bestimmungen über die Befugnisse des Konkursverwalters gestützt werden;*
5) *Ansprüche auf Herausgabe beweglicher Sachen aus der Masse, vorbehaltlich des Artikels 21 Absatz 3;*
6) *Klagen, die gegen den Ehegatten des Gemeinschuldners erhoben werden und sich auf eine konkursrechtliche Bestimmung stützen;*
7) *Klagen, die darauf gestützt werden, dass der Konkursverwalter bei Ausübung seines Amtes eine Pflichtverletzung begangen hat, sowie Einsprüche wegen der Rechnungslegung;*
8) *Klagen auf Feststellung streitig gebliebener Forderungen mit Ausnahme der Steuerforderungen und der Forderungen, die wie Forderungen auf dem Gebiet des Steuerwesens beigetrieben werden, der Forderungen auf dem Gebiet der sozialen Sicherheit und der Forderungen aus Arbeitsverträgen. In diesen Ausnahmefällen entscheiden die sonst zuständigen Gerichte und Behörden über Bestehen und Höhe der Forderung sowie über den Umfang des für diese Forderung etwa bestehenden Vorrechts;*
9) *Streitigkeiten, welche die Beendigung laufender Verträge auf Grund einer konkursrechtlichen Bestimmung zum Gegenstand haben, unter Ausschluß der Arbeitrsverträge sowie der Miet- und Pachtverträge über Grundstücke.*

Der Entwurf von 1980 bestimmt:

***Artikel 11 – Leiter von Gesellschaften und juristischen Personen und Gesellschafter, die unbeschränkt für die Gesellschaftsschulden haften***
*Die Gerichte des Vertragsstaats, in dem der Konkurs über das Vermögen einer Gesellschaft oder einer juristischen Person eröffnet worden ist, sind ausschließlich zuständig für die Entscheidung über Haftungsklagen gegen*

*a) jeden Leiter dieser Gesellschaft oder dieser juristischen Person wegen seiner Geschäftsführung auf Ersatz des Schadens, der den Konkursgläubigern entstanden ist, oder, wenn das Recht des Konkurseröffnungsstaats diese Klage gestattet, auf Ersatz des Schadens, welcher der Gesellschaft oder der juristischen Person entstanden ist;*
*b) Gesellschafter, die für die Schulden dieser Gesellschaft oder dieser juristischen Person unbeschränkt und gesamtschuldnerisch haften.*
***Abschnitt IV – Klagen auf Grund des Konkurses***
***Artikel 15 – Klagen auf Grund des Konkurses***
*Die Gerichte des Konkurseröffnungsstaates sind ausschließlich zuständig für die Entscheidungen über:*
1. *die Unwirksamkeit von Rechtshandlungen gegenüber den Konkursgläubigern, die der Schuldner vor oder nach der Konkurseröffnung vorgenommen hat, auch wenn sie unbewegliche Sachen betreffen;*
2. *auf die Unwirksamkeit einer Rechtshandlung nach Nummer 1 gestütze Anträge auf Zahlung oder Rückerstattung gegen den Erwerber, der mit dem Schuldner das Geschäft geschlossen hat;*
3. *Streitigkeiten wegen der Bestellung oder der Befugnisse des Konkursverwalters; Artikel 33 Absatz 3 bleibt unberührt;*
4. *Streitigkeiten wegen der Gültigkeit des Verkaufs beweglicher Sachen des Gemeinschuldners durch den Konkursverwalter, die auf eine Verletzung der einschlägigen Bestimmung über die Befugnissse des Konkursverwalters gestützt werden; Artikel 33 Absatz 3 bleibt unberührt;*
5. *Ansprüche auf Herausgabe beweglicher Sachen aus der Masse;*
6. *Klagen, die gegen den Ehegatten des Gemeinschuldners erhoben werden und die sich auf eine konkursrechtliche Bestimmung stützen; Streitigkeiten wegen der Zulassung von Forderungen. Jedoch bleiben*
   a) *bei Steuerforderungen und Forderungen, die wie Forderungen auf dem Gebiet des Steuerwesens beigetrieben werden, bei Forderungen auf dem Gebiet der sozialen Sicherheit und bei Forderungen aus Arbeitsverträgen, die sonst zuständigen Gerichte oder Behörden zuständig, um über Bestehen und Höhe der Forderung sowie über den Umfang des für die Forderung etwa bestehenden Vorrechts zu entscheiden;*
   b) *bei Forderungen, für die allgemeine oder besondere Vorrechte oder Sicherheiten an einer eintragungspflichtigen Sache bestehen, die Gerichte des Vertragsstaats zuständig, in dessen Hoheitsgebiet sich die Sache befindet, um zu entscheiden, welche allgemeinen oder besonderen Vorrechte oder Sicherheiten die Sache belasten;*
7. *Streitigkeiten, welche die Beendigung laufender Verträge auf Grund einer konkursrechtlichen Bestimmung zum Gegenstand haben, unter Ausschluß der Arbeitsverträge sowie der Verträge über unbewegliche Sachen;*
8. *Klagen wegen der persönlichen Haftung des Konkursverwalters sowie Streitigkeiten wegen der Rechnungslegung.*

*Artikel 16*
*Die besonderen Zuständigkeiten nach Artikel 15 Nummer 7 Buchstabe a) und b) schließen nicht die Zuständigkeit des Konkursgerichts für die Entscheidungen über die Zulassung von Forderungen aus.*

Im EuInsÜ von 1991 war eine *vis attractiva concursus* nicht mehr enthalten. Daraus könnte man folgern, dass eine solche Zuständigkeitsbündelung unter dem EuInsÜ nicht möglich sein sollte.[494] Grundsätzlich spricht die Streichung einer Regelung deutlicher dafür, dass eine Regelung nicht mehr enthalten sein soll, als wenn eine solche Regelung gar nicht erst in Betracht gezogen wurde. Hintergrund der Streichung der *vis attractiva concursus* war jedoch, dass sich die Mitgliedstaaten aufgrund der unterschiedlichen nationalen Insolvenzrechte nicht auf eine *vis attractiva concursus* einigen konnten.[495] In den romanischen Ländern besteht im Insolvenzverfahren eine umfassende *vis attractiva*, anderen Ländern, darunter Deutschland,[496] ist eine solche Zuständigkeitsbündelung fremd.[497] Aus der Streichung der Art. 12 und 15 des Entwurfs von 1980 folgt jedoch nicht, dass eine Zuständigkeitsbündelung für Verfahren unter der Geltung der heutigen EuInsVO verboten ist.[498] Denn einerseits bestimmt Erwägungsgrund 6, dass die Verordnung auch Zuständigkeitsvorschriften für Annexverfahren enthalten soll. Andererseits ist der Grundsatz *lex posterior* nicht direkt anwendbar, da der Entwurf von 1980 nie in Kraft trat. Daher bietet die Streichung der umfassenden *vis attractiva concursus* vielmehr noch Raum für eine restriktive Zuständigkeitsbündelung.[499] Folge dessen wäre, dass für manche insolvenzbezogenen Einzelverfahren eine Zuständigkeit im Insolvenzeröffnungsstaat besteht, für andere hingegen nicht.

---

494 *Fuchs* ÖJZ 2005, 624, 626; Mohrbutter/Ringstmeier/*Wenner*, InsO, § 20 Rn. 17; MünchKommInsO/*Reinhart* Art. 3 EuInsVO Rn. 90 in Bezug auf die EuInsVO; *Thole* ZEuP 2010, 904, 910; *Vogler* S. 218 in Bezug auf die EuInsVO.

495 vgl. D-K/D/CH/*Duursma-Kepplinger*, EuInsVO, Art. 25 Rn. 39.

496 Bereits bei Erlass der Konkursordnung 1877 hat sich der deutsche Gesetzgeber gegen eine *vis attractiva concusus* entschieden, vgl. Ambach S. 89; *Jahr* in: Vorschläge und Gutachten, 1988, 305, 316. Auch bei Erlass der Insolvenzordnung 1992 hat sich der deutsche Gesetzgeber gegen eine vis attractiva concusus entschieden, siehe BT-Drs. 12/2443 vom 15.04.1992, S. 164.

497 MünchKommInsO/*Reinhart* Art. 3 EuInsVO Rn. 82; *Thole* ZEuP 2010, 904, 909.

498 a.A. *Fuchs* ÖJZ 2005, 624, 627; MünchKommInsO/*Reinhart* Art. 3 EuInsVO Rn. 90.

499 Gebauer/Wiedemann/*Haubold* Kapitel 32 Art. 3 EuInsVO Rn. 87; Geimer/Schütze/*Haß/Herweg*, Internationaler Rechtsverkehr, Art. 3 InsolvenzVO Rn. 24; Haß/Huber/Gruber/Heiderhoff/*Haß/Herweg*, EuInsVO, Art. 3 Rn. 24; *Leipold* in: Festschrift Ishikawa 2001, 221, 237; Pannen/*Pannen*, EuInsVO, Art. 3 Rn. 112; *Willemer* S. 90; a.A. *Thole* ZIP 2006, 1183, 1186.

## IV. Fazit

Zusammenfassend lässt sich feststellen, dass eine europäische Regelung über die internationale Zuständigkeit sowohl für Entscheidungen in Zivil- und Handelssachen als auch in Bezug auf Insolvenzverfahren besteht. Für insolvenzbezogene Einzelentscheidungen an der Schnittstelle[500] bzw. in der Grauzone[501] oder im Grenzbereich[502] dieser beiden Bereiche ist daher ebenfalls eine Regelung auf europäischer Ebene zu finden.[503] Eine Anwendung nationalen Rechts zur Bestimmung der internationalen Zuständigkeit von insolvenzbezogenen Einzelentscheidungen entspricht insbesondere nicht den Zielen, die von der EuGVVO und der EuInsVO verfolgt werden.[504] Hinzu kommt, dass ein Wertungswiderspruch zu der automatischen Anerkennung gemäß Art. 25 Abs. 1 Unterabs. 2 EuInsVO besteht, wenn sich die internationale Zuständigkeit nach einer nationalen Vorschrift bestimmt.[505] Denn eine europaweite automatische Anerkennung knüpft als Ausprägung des Grundsatzes des gemeinschaftlichen

---

500 *Hau* KTS 2009, 378, 382; *Lüttringhaus/Weber* RIW 2010, 45, 46; MünchKommBGB/*Kindler* Art. 25 EuInsVO Rn. 16.

501 *Mankowski* NZI 2008, 604, 604.

502 *Hau* in: Gottwald, Europäisches Insolvenzrecht, Kollektiver Rechtsschutz, S. 102.

503 *Dutta* IPrax 2007, 195, 198; Hess, Europäisches Zivilprozessrecht, § 6 Rn. 21; *Klöhn/Berner* ZIP 2007, 1418, 1419; *Leipold* in: Festschrift Ishikawa 2001, 221, 234; *Mankowski* NZI 2010, 508, 511; *Mörsdorf-Schulte* NZI 2008, 282, 286; MünchKommBGB/*Kindler* Art. 3 EuInsVO Rn. 84; *Paulus* RabelsZ 70 (2006), 458, 469; *Schwarz* NZI 2002, 290, 294; *Stürner* IPrax 2005, 416, 417; *Thole* ZIP 2006, 1183, 1185; *Thole* ZEuP 2010, 904, 913; Uhlenbruck/*Lüer*, InsO, Art. 3 EuInsVO Rn. 59.

504 *Dutta* IPrax 2007, 195, 198; Geimer/Schütze/*Gruber*, Internationaler Rechtsverkehr, Art. 25 InsolvenzVO Rn. 20, 27; Haß/Huber/Gruber/Heiderhoff/*Haß/Herweg*, EuInsVO, Art. 3 Rn. 20; *Hau* in: Gottwald, Europäisches Insolvenzrecht, Kollektiver Rechtsschutz, S. 101; *Klöhn/Berner* ZIP 2007, 1418, 1419; *Leipold* in: Festschrift Ishikawa 2001, 221, 234; MünchKommBGB/*Kindler* Art. 3 EuInsVO Rn. 84, 87; MünchKommInsO/*Reinhart* Art. 3 EuInsVO Rn. 87; *Mörsdorf-Schulte* NZI 2008, 282, 286; Simons/Hausmann/*Hausmann*, Brüssel I-VO, Art. 1 Rn. 88; *Stürner* IPrax 2005, 416, 417; Westpfahl/Goetker/Wilkens Rn. 220; Virgós/Garcimartín, European Insolvency Regulation, S. 57.

505 D-K/D/CH/*Duursma-Kepplinger*, EuInsVO, Art. 25 Rn. 32; Geimer/Schütze/*Gruber*, Internationaler Rechtsverkehr, Art. 25 InsolvenzVO Rn. 27; Geimer/Schütze/*Haß/Herweg*, Internationaler Rechtsverkehr, Art. 3 InsolvenzVO Rn. 20; Haß/Huber/Gruber/Heiderhoff/*Haß/Herweg*, EuInsVO, Art. 3 Rn. 20; *Kodek* ÖBA 2009, 629, 630; *Klöhn/Berner* ZIP 2007, 1418, 1419; *Leipold* in: Festschrift Ishikawa 2001, 221, 228; *Lorenz* S. 97; *Mankowski* NZI 2010, 508, 509; *Thole* ZIP 2006, 1383, 1385; *Thole* ZEuP 2010, 904, 912; *Stürner* IPrax 2005, 416, 417; Westpfahl/Goetker/Wilkens Rn. 215;

Vertrauens an eine gemeinschaftsweit einheitliche Zuständigkeit an.[506] Ferner ist europäisches Recht sowohl nach der Rechtsprechung des EuGH als auch nach der des BGH höherrangig.[507]

Bei insolvenzbezogenen Einzelentscheidungen muss differenziert werden. Entscheidungen, die unmittelbar aus dem Insolvenzverfahren hervorgehen und damit in einem engen Zusammenhang stehen, fallen als insolvenzbezogene Annexentscheidungen unter die EuInsVO. Aus der Entstehungsgeschichte sowie aus dem Sinn und Zweck der Verordnung folgt, dass sich die internationale Zuständigkeit für diese Verfahren nach der Zuständigkeitsregelung in der EuInsVO, Art. 3, bestimmt. Folge dessen ist eine Zuständigkeitskonzentration im Insolvenzeröffnungsstaat.

Diejenigen Verfahren, die das in Gourdain/Nadler entwickelte Kriterium nicht erfüllen, fallen in den Anwendungsbereich der EuGVVO und deren Zuständigkeitssystem.

## § 3 Auslegung durch den EuGH in den Urteilen Deko Marty, Alpenblume, German Graphics, F-Tex und ÖFAB

Für die Zuordnung der einzelnen insolvenzbezogenen Verfahren und die Bestimmung der internationalen Zuständigkeit ist die Auslegung durch den EuGH als europäische Auslegungsinstanz[508] entscheidend. Daher werden im Folgenden die Urteile des EuGH dargestellt, und es wird untersucht, wie der EuGH die internationale Zuständigkeit für die einzelnen insolvenzbezogenen Entscheidungen bestimmt, welche Verfahren unmittelbar aus dem Insolvenzverfahren hervorgehen und einen engen Zusammenhang damit aufweisen, und welche Kriterien zur Konkretisierung selbiger der EuGH heranzieht.[509]

---

a.A. Fasching/Konecny/*Kodek* Art. 1 EuGVVO Rn. 136; *Oberhammer* ÖBA 2002, 698, 707.

506 D-K/D/CH/*Duursma-Kepplinger*, EuInsVO, Art. 25 Rn. 32; *Mankowski/Willemer* RIW 2009, 669, 671; *Mörsdorf-Schulte* NZI 2008, 282, 286; *Klöhn/Berner* ZIP 2007, 1418, 1419; *Stürner* IPrax 2005, 416, 417; *Thole* ZIP 2006, 1383, 1385; *Thole* ZEuP 2010, 904, 912.

507 EuGH, Urteil vom 15.07.1964, Rs. 6/64, Slg. 1964, 1141 (Costa./.E.N.E.L.); BVerfG, Urteil vom 09.06.1971, 2 BvR 225/69, BVerfGE 31, 145; BVerfG, Urteil vom 18.10.1967, 1 BvR 248/63, 216/67, BVerfGE 22, 293.

508 Art. 19 EUV; *Mankowski* RIW 2005, 573, 574.

509 Statt vieler: *Leipold* in: Festschrift Ishikawa 2001, 221, 239 *„[…] das letzte Wort wird der EuGH zu sprechen haben."*; a.A. *Mörsdorf-Schulte* NZI 2008, 282 zufolge hat der europäische Gesetzgeber die starre Fixierung einer Grenze zwischen EuInsVO und

## I. Deko Marty

### *1. Sachverhalt*

Am 14. März 2002, einen Tag bevor die Frick Teppichböden Supermärkte GmbH Eigenantrag auf Eröffnung eines Insolvenzverfahrens stellte, überwies sie einen Betrag in Höhe von 50.000 Euro auf das in Deutschland geführte Konto der Deko Marty Belgium NV, einer Aktiengesellschaft belgischen Rechts mit Sitz in Brüssel. Das Amtsgericht Marburg eröffnete am 01. Juni 2002 das Insolvenzverfahren über das Vermögen der Frick GmbH. Der Insolvenzverwalter Christopher Seagon erhob vor dem Landgericht Marburg Anfechtungsklage wegen der Zahlung an Deko Marty. Das Landgericht Marburg wies die Klage als unzulässig ab, mit der Begründung, es sei international nicht zuständig. Nach erfolgloser Berufung seitens des Insolvenzverwalters vor dem Oberlandesgericht Frankfurt am Main legte dieser Revision beim BGH ein. Der BGH setzte das Verfahren aus und legte dem EuGH gemäß der damals geltenden Art. 234 i. V. m. Art. 68 Abs. 1 EGV folgende Fragen zur Vorabentscheidung vor:

> *1. Sind die Gerichte des Mitgliedstaates, in dessen Gebiet das Insolvenzverfahren über das Vermögen des Schuldners eröffnet worden ist, für eine Insolvenzanfechtungsklage gegen einen Anfechtungsgegner, der seinen satzungsmäßigen Sitz in einem anderen Mitgliedstaat hat, nach der EuInsVO international zuständig?*
> *2. Falls die erste Frage zu verneinen ist: Fällt die Insolvenzanfechtungsklage unter Art. 1 Abs. 2 lit. b EuGVVO?*

### *2. Entscheidung des EuGH*

Die Entscheidung des EuGH in der Rechtssache C-339/07 erging am 12. Februar 2009.[510] Zunächst stellt der EuGH fest, dass die vom vorlegenden Gericht gestellten Fragen die internationale Zuständigkeit für Insolvenzanfechtungsklagen betreffen. Der EuGH erläutert, dass die Insolvenzanfechtungsklage nach deutschem Recht nur vom Insolvenzverwalter erhoben werden könne und ausschließlich der Wahrnehmung der Interessen der Gesamtheit der Gläubiger diene. Nach Maßgabe der §§ 130–146 InsO könne der Insolvenzverwalter Rechtshandlungen

EuGVVO unterlassen, weil er die Entscheidung darüber, welche Verordnung anwendbar ist nationalem Recht überlassen wollte. Daher *„ist es jetzt auch dem EuGH verwehrt, eine allgemeingültige, mitgliedstaatenunabhängige Festlegung nachzuholen, mit der er seiterseits in den vom Gesetzgeber speziell für die Mitgliedstaaten freigehaltenen Bereich übergreifen würde."*

510 EuGH, Urteil vom 12.02.2009, Rs. C-339/07, Slg. 2009, I-767 (Deko Marty).

anfechten, die vor Insolvenzeröffnung vorgenommen worden sind und die Gläubiger schädigen. Somit verfolge die Anfechtungsklage nach deutschem Recht das Ziel, die Aktiva des Unternehmens, über dessen Vermögen das Insolvenzverfahren eröffnet wurde, zu vermehren. Zu prüfen sei daher, ob die Klage in den Anwendungsbereich von Art. 3 Abs. 1 EuInsVO fällt.

Der EuGH stellt fest, dass die Anfechtungsklage nach deutschem Recht der Klage gleiche, die Gegenstand des Gourdain/Nadler-Urteils aus dem Jahre 1979 war. In diesem hatte der EuGH entschieden, dass eine Klage, die unmittelbar aus dem Insolvenzverfahren hervorgeht und damit in engem Zusammenhang steht, nicht in den Anwendungsbereich des EuGVÜ fällt. Das damals durch den EuGH entwickelte Kriterium sei zur Abgrenzung ihres Gegenstands in Erwägungsgrund 6 der EuInsVO aufgenommen worden. Aus dieser Absicht des Gesetzgebers und aus der praktischen Wirksamkeit der EuInsVO folgert der EuGH, dass Art. 3 Abs. 1 dahingehend auszulegen ist, dass Art. 3 Abs. 1 dem Mitgliedstaat, in dessen Gebiet das Insolvenzverfahren eröffnet worden ist, auch eine internationale Zuständigkeit für Klagen zuweist, die unmittelbar aus dem Insolvenzverfahren hervorgehen und in engem Zusammenhang damit stehen.

Der EuGH begründet dies mit dem von den Erwägungsgründen 2 und 8 verfolgten Ziel der Verbesserung der Effizienz und Beschleunigung der Insolvenzverfahren. Eine Bündelung sämtlicher sich aus der Insolvenz des Unternehmens ergebender Klagen vor den Gerichten des Eröffnungsmitgliedstaats entspreche offenkundig diesem Ziel. Weiterhin sieht der EuGH sein Auslegungsergebnis durch das von Erwägungsgrund 4 verfolgte Ziel, der Verhinderung des „forum shopping“, bestätigt. Bestehe die Möglichkeit, dass verschiedene Gerichte für in unterschiedlichen Mitgliedstaaten erhobene Anfechtungsklagen zuständig seien, würde dieses Ziel geschwächt. Schließlich finde diese Auslegung des Art. 3 Abs. 1 in Art. 25 Abs. 1 eine weitere Bestätigung. Der EuGH stellt zunächst fest, dass Unterabsatz 1 zur Anerkennung von Durchführungs- und Beendigungsentscheidungen verpflichtet, die von einem Gericht erlassen werden, dessen Entscheidung zur Eröffnung des Verfahrens nach Art. 16 anerkannt wird. Dies sei ein nach Art. 3 Abs. 1 EuInsVO zuständiges Gericht. Der EuGH folgert mithin aus Art. 25 Abs. 1 Unterabsatz 1, über Art. 16, dass Art. 3 Abs. 1 auch für die Entscheidungen zur Durchführung und Beendigung des Verfahrens eine internationale Zuständigkeit enthält. Im Folgenden stellt der EuGH fest, dass gemäß Art. 25 Abs. 1 Unterabsatz 2 dessen Unterabsatz 1 auch für Entscheidungen gilt, die unmittelbar aufgrund des Insolvenzverfahrens ergehen und in engem Zusammenhang damit stehen. Der EuGH sieht durch diese Bestimmung die Möglichkeit eingeräumt, dass die Gerichte eines Mitgliedstaats, in dessen Gebiet ein Insolvenzverfahren gemäß Art. 3 Abs. 1 EuInsVO eröffnet wurde, auch über

Anfechtungsklagen entscheiden können. Ferner stellt der EuGH klar, dass die Formulierung „anderes Gericht“ in Art. 25 Abs. 1 Unterabsatz 2 nicht in der Weise zu verstehen sei, dass eine Zuständigkeit der Gerichte im Eröffnungsstaat ausgeschlossen werden solle. Vielmehr obliege es den Mitgliedstaaten das örtlich und sachlich zuständige Gericht zu bestimmen. Bei diesem könne es sich um ein anderes als dasjenige der Eröffnung des Insolvenzverfahrens handeln. Abschließend stellt der EuGH fest, dass die zweite Vorlagefrage nicht zu beantworten sei.

### 3. *Konsequenzen*

#### a) *Die Insolvenzanfechtungsklage als eine Klage, die unmittelbar aus dem Insolvenzverfahren hervorgeht und in einem engen Zusammenhang damit steht*

Der EuGH bezieht sich in seinem Urteil auf das Gourdain/Nadler-Urteil aus dem Jahre 1979 und führt die in diesem Urteil begründete Auslegung weiter aus.[511] Dadurch stellt der EuGH klar, dass die Auslegung in Gourdain/Nadler zur Konkretisierung des Ausnahmetatbestands für „Konkurse, Vergleiche und ähnliche Verfahren“ des EuGVÜ weiterhin Gültigkeit hat, auch seitdem die EuGVVO an die Stelle des EuGVÜ getreten ist. Der EuGH subsumiert die Insolvenzanfechtungsklage nach deutschem Recht unter das in Gourdain/Nadler entwickelte Kriterium, um festzustellen, dass die Insolvenzanfechtungsklage unter die Zuständigkeitsvorschrift der EuInsVO in Art. 3 Abs. 1 EuInsVO fällt. Auch wenn man an der Ähnlichkeit der in Gourdain/Nadler zur Entscheidung stehenden Klage der französischen „action en comblement du passif social“ und der deutschen Insolvenzanfechtungsklage zweifeln mag,[512] differenziert der EuGH auch in der vorliegenden Entscheidung nach der Art der Klage. Die Art der Klage ist entscheidend für die Anwendbarkeit von EuGVVO oder EuInsVO. Daraus folgt, dass das Auslegungsergebnis des EuGH nicht nur für die Insolvenzanfechtungsklage nach deutschem Recht gilt, sondern grundsätzlich für Insolvenzanfechtungsklagen, die diese Merkmale aufweisen.[513] Der EuGH charakterisiert die Insolvenzanfechtungsklage nach deutschem Recht als eine Klage, die nur vom Insolvenzverwalter im Interesse der Gesamtheit der Gläubiger erhoben werden kann. Ziel der Klage sei es, die Aktiva des Unternehmens, über dessen Vermögen

---

511 Gottwald/*Gottwald/Kolmann* § 130 Rn. 59; *Mansel/Thorn/Wagner* IPrax 2010, 1, 21.

512 *Stürner/Kern* LMK 2009, 278572; *Mankowski/Willemer* RIW 2009, 669, 670; *Mörsdorf-Schulte* ZIP 2009, 1456, 1459; *Oberhammer* in: Festschrift Koziol 2010, 1239, 1253; *Oberhammer* IPrax 2010, 317, 317.

513 *Konecny* ZIK 2009, 40, 42.

das Insolvenzverfahren eröffnet worden ist, zu vermehren. Diese Kriterien sieht der EuGH als typisch für die Insolvenzanfechtungsklage an und subsumiert diese als eine Klage, die unmittelbar aufgrund des Insolvenzverfahrens ergeht und in einem engen Zusammenhang damit steht. Im Gourdain/Nadler-Urteil hatte der EuGH festgestellt, dass es sich bei der französischen „action en comblement du passif social" um eine Klage handelt, die unmittelbar aus dem Insolvenzverfahren hervorgeht und sich eng innerhalb des Rahmens eines Konkurs- und Vergleichsverfahrens hält.[514] Dabei stellte er darauf ab, dass für die französische Klage eine ausschließliche Zuständigkeit des Insolvenzgerichts besteht, dass nur der Insolvenzverwalter die Klage im Interesse der Gläubigergemeinschaft erheben kann, und dass eine besondere Verjährungsfrist für den Anspruch besteht.[515] Bei der im „Deko Marty"-Fall zu beurteilenden deutschen Insolvenzanfechtungsklage besand keine ausschließliche Zuständigkeit des Insolvenzgerichts. Das deutsche Insolvenzrecht enthält im Gegensatz zum französischen keine *vis attractiva concursus*.[516] Ferner besteht im vorliegenden Fall keine besondere Verjährungsfrist. Vielmehr verjähren die Ansprüche aus Insolvenzanfechtung in der Regelverjährungsfrist des BGB.[517] Gemeinsam ist den Klagen, dass vorher ein Insolvenzverfahren eröffnet worden ist, dass durch den geltend gemachten Anspruch der insolvenzspezifische Zweck der Mehrung der Masse verfolgt wird und dass der Insolvenzverwalter Partei des Prozesses ist.[518] Es stellt sich daher die Frage, ob jede Klage, die diese „Voraussetzungen" bzw. Kriterien erfüllt, sich als eine Klage subsumieren lässt, die unmittelbar aufgrund des Insolvenzverfahrens ergeht und in einem engen Zusammenhang damit steht; mit der Folge, dass eine internationale Zuständigkeit gemäß Art. 3 Abs. 1 EuInsVO am Mittelpunkt der hauptsächlichen Interessen des Schuldners besteht.[519] Jedenfalls zieht der EuGH das in Gourdain/Nadler entwickelte Kriterium zur Konkretisierung des Ausnahmetatbestands der EuGVVO heran, um festzustellen, dass für eine solche Klage eine internationale Zuständigkeit nach Art. 3 Abs. 1 EuInsVO besteht.

---

514 EuGH, Urteil vom 22.02.1979, Rs. 133/78, Slg. 1979, 733 (Gourdain/Nadler) Rn. 4.

515 EuGH, Urteil vom 22.02.1979, Rs. 133/78, Slg. 1979, 733 (Gourdain/Nadler) Rn. 5.

516 Bereits bei Erlass der Konkursordnung 1877 hat sich der deutsche Gesetzgeber gegen eine *vis attractiva concusus* entschieden, vgl. Ambach S. 89; *Jahr* in: Vorschläge und Gutachten, 1988, 305, 316. Auch bei Erlass der Insolvenzordnung 1992 hat sich der deutsche Gesetzgeber gegen eine *vis attractiva concusus* entschieden, siehe BT-Drs. 12/2443 vom 15.04.1992, S. 164.

517 § 146 Abs. 1 InsO.

518 *Mankowski/Willemer* RIW 2009, 669, 672.

519 *Mock* ZInsO 2009, 470, 471.

Daraus lässt sich folgern, dass der EuGH das Verhältnis zwischen EuGVVO und EuInsVO in der Weise versteht, dass eine Klage, die den Ausnahmetatbestand des Art. 1 Abs. 2 lit. b) EuGVVO erfüllt unter die Zuständigkeitsvorschriften der EuInsVO fällt. Unklar ist, welche Klage – neben der Insolvenzanfechtungsklage und der französischen „action en comblement du passif social" (heute: „action en comblement par insuffisance d´actif") dieses Kriterium erfüllt.

### *b) Internationale Zuständigkeit für Annexverfahren gemäß Art. 3 Abs. 1 EuInsVO*

Der EuGH legt Art. 3 Abs. 1 EuInsVO aus und bestimmt, dass für die unmittelbar aufgrund des Insolvenzverfahrens ergehenden und damit im Zusammenhang stehenden Klagen, insbesondere für die Insolvenzanfechtungsklage, eine internationale Zuständigkeit gemäß Art. 3 Abs. 1 EuInsVO besteht.[520] Art. 3 Abs. 1 EuInsVO ist nach Ansicht des EuGH nicht analog, sondern direkt anwendbar. Zur Auslegung zieht der EuGH primär Erwägungsgrund 6 und den Grundsatz des *effet utile* heran. Der Grundsatz des *effet utile* fordert, dass die praktische Wirksamkeit der Norm gewahrt wird, und dass das mit der Bestimmung verfolgte Ziel möglichst effektiv erreicht werden soll.[521] Die Regelungsziele sind der EuInsVO in Form von Erwägungsgründen vorangestellt. In Bezug auf die internationale Zuständigkeit bestimmt Erwägungsgrund 6, dass die EuInsVO eine solche sowohl für Eröffnungsentscheidungen als auch für Entscheidungen, die unmittelbar aus dem Insolvenzverfahren hervorgehen und damit in einem engen Zusammenhang stehen, enthalten soll. Eine solche Regelung enthält die EuInsVO jedoch nicht. Denn der einzige Artikel der Verordnung, der eine Regelung über die internationale Zuständigkeit enthält, nämlich Art. 3, bestimmt nur die internationale Zuständigkeit für Eröffnungsentscheidungen. Daher besteht eine Regelungslücke.[522] Der EuGH stellt nicht fest, dass eine solche vorliegt, sondern legt Art. 3 Abs. 1 EuInsVO über seinen Wortlaut hinaus weit[523] aus, anstatt die Voraussetzungen einer Analogie zu prüfen.[524] Der EuGH hätte sich sonst mit der Frage der Planwidrigkeit der Lücke und der in den Vorentwürfen bestehenden *vis attractiva concursus* auseinandersetzen müssen. Teilweise

520 *Cranshaw* DZWIR 2009, 353, 362; *Konecny* ZIK 2009, 40, 42; *Neumayr* ZaK 2009, 78, 79; *Riedemann/Pannen* EWIR 2009, 505, 506; Paulus, EuInsVO, Art. 3 Rn. 2a unklar, ob alle Entscheidungen i. S. d. Art. 25 Abs. 1 Unterabsatz 2 gemeint sind.

521 Calliess/Ruffert/*Wegener*, EUV/AEUV, Art. 19 EUV Rn. 15.

522 vgl. statt vieler MünchKommBGB/*Kindler* Art. 3 EuInsVO Rn. 88.

523 *Müller* EWIR 2009, 411, 411.

524 *Hau* KTS 2009, 378, 383.

wird die Ansicht vertreten, der EuGH habe sich mit diesem Problemkreis nicht auseinandersetzen wollen.[525] Jedoch hätte das kein anderes Auslegungsergebnis erfordert, denn der EuGH hat die Kompetenz zur Rechtsfortbildung.[526]

Im Folgenden wird untersucht, inwiefern die vom EuGH herangezogenen Argumente sein Auslegungsergebnis begründen.[527]

#### aa) Die für die Auslegung herangezogenen Argumente des EuGH

Das Auslegungsergebnis, dass für Annexverfahren eine internationale Zuständigkeit gemäß Art. 3 Abs. 1 EuInsVO besteht, begründet der EuGH mit den Erwägungsgründen 2, 8 und 4 der Verordnung, sowie mit Wortlaut und Systematik des Art. 25 EuInsVO.

##### (1) Erwägungsgründe 2 und 8

Zunächst zieht der EuGH das von den Erwägungsgründen 2 und 8 verfolgte Ziel der Verbesserung der Effizienz und der Beschleunigung des Insolvenzverfahrens heran. Dem Wortlaut der Erwägungsgründe zufolge soll die Effizienz und Wirksamkeit des Verfahrens verbessert werden. „Wirksamkeit“ kann nicht mit dem deutschen juristischen Verständnis, dass eine Norm existiert und Rechtswirkungen entfaltet,[528] gleichgesetzt werden. Vielmehr bedeutet „Wirksamkeit“ hier Effektivität. Das bestätigen auch die anderen Sprachfassungen in denen es beispielsweise heißt: „effectively“ (englisch), „efectiva“ (spanisch) und „effectivement“ (französisch). Alle diese Begriffe lassen sich mit „wirksam“ im Sinne von „effektiv“ übersetzen. Die Effektivität bestimmt den Zielerreichungsgrad.[529] Die Effizienz hingegen misst die Wirtschaftlichkeit, das Kosten-Nutzen-Verhältnis.[530] Insolvenzverfahren, die lange andauern, zehren einen größeren Teil der Insolvenzmasse auf als kürzere Insolvenzverfahren. Ferner ist es bei Unternehmen,

525 *Stoecker/Zschaler* NZI 2010, 757, 759; *Mankowski/Willemer* RIW 2009, 669, 674.

526 Art. 19 Abs. 1 S. 1 EUV; Schulze/Zuleeg/Kadelbach/*Borchardt*, Europarecht, § 15 Rn. 14 ff.

527 *Hau* KTS 2009, 378, 383; *Mock* ZInsO 2009, 470, 471, *Stürner/Kern* LMK 2009, 278572 zufolge überzeugt die Argumentation insgesamt nicht; die Argumentationsstruktur für sinnvoll hält *Müller* EWIR 2009, 411, 412.

528 Zippelius, Rechtsphilosophie, S. 19.

529 „Die richtigen Dinge tun.“ *Drucker*, Harvard Business Rewiew, Mai–Juni 1963, 53 *"Doing the right things."*.

530 „Die Dinge richtig tun.“ *Drucker*, Harvard Business Rewiew, Mai–Juni 1963, 53 *"Doing things right."*.

die saniert werden sollen, vorteilhafter, diese schneller zu veräußern.[531] Auch kann eine schnelle Verwertung vorteilhaft sein.[532] Folglich sind schnelle Insolvenzverfahren effizienter. Das Ziel der Beschleunigung des Insolvenzverfahrens, auf das der EuGH vorliegend abstellt, ist ein Unterfall der Verbesserung der Effizienz des Verfahrens.

Bei einer Anfechtungsklage, die eine Aktivklage des Insolvenzverwalters zur Mehrung der Masse ist, könnte durch eine Zuständigkeitsbündelung im Eröffnungsstaat das Insolvenzverfahren beschleunigt werden und damit effizienter sein.[533] Besteht eine Zuständigkeitsbündelung im Eröffnungsstaat, muss der Insolvenzverwalter keine zeitintensiven Auslandsprozesse führen.[534] Müsste der Insolvenzverwalter gegen jede möglicherweise anfechtbare Handlung Klage vor den Gerichten der verschiedenen Mitgliedstaaten erheben, entstünden ihm höhere Kosten, die zu Lasten der Masse und somit der Gläubigergemeinschaft des Insolvenzverfahrens gehen.[535] Hinzu kommt, dass gemäß Art. 4 Abs. 2 lit. m) EuInsVO auf Rechtshandlungen, die nichtig, anfechtbar oder relativ unwirksam sind, materiell-rechtlich die *lex fori concursus* anwendbar ist. Durch diesen Gleichlauf von internationaler Zuständigkeit und anwendbarem Recht wird das Anfechtungsverfahren beschleunigt.[536] Da durch das Anfechtungsverfahren entschieden wird, ob ein Vermögenswert zur Masse gehört oder nicht, wird durch eine schnelle Entscheidung darüber das Insolvenzverfahren beschleunigt und also effizienter.

Etwas anderes könnte hingegen dann der Fall sein, wenn gemäß Art. 13 EuInsVO die anfechtbare Rechtshandlung materiell-rechtlich nicht nach der *lex fori*

---

531 *Hau* KTS 2009, 378, 384.

532 MünchKommInsO/*Görg/Janssen* § 159 Rn. 6.

533 a.A. *Mörsdorf-Schulte* ZIP 2009, 1456, 1457.

534 *Bariatti* RabelsZ 73 (2009), 629, 657; *Fehrenbach* IPrax 2009, 492, 494; *Mankowski/Willemer* RIW 2009, 669, 677; *Mock* ZInsO 2008, 1381, 1382; MünchKommBGB/*Kindler* Art. 3 EuInsVO Rn. 88; *Saenger/Klockenbrink* IHR 2007, 60, 64; *Thole* ZEuP 2010, 904, 912; *Zeuner/Elsner* DZWIR 2008, 1, 1.

535 *Hau* in: Gottwald, Europäisches Insolvenzrecht, Kollektiver Rechtsschutz, S. 107; *Kodek* ÖBA 2009, 629, 631; *Mankowski/Willemer* RIW 2009, 669, 677; *Mock* ZInsO 2008, 1381, 1382; MünchKommBGB/*Kindler* Art. 3 EuInsVO Rn. 88; *Oberhammer* KTS 2009, 27, 44; Pannen/*Pannen*, EuInsVO, Art. 3 Rn. 108; *Saenger/Klockenbrink* IHR 2007, 60, 64; *Thole* ZEuP 2010, 904, 912.

536 Kropholler/von Hein, Europäisches Zivilprozessrecht, Art. 1 EuGVO Rn. 36; *Kodek* ÖBA 2009, 629, 631; *Mankowski/Willemer* RIW 2009, 669, 678; *Mock* ZInsO 2008, 1381, 1382; MünchKommBGB/*Kindler* Art. 3 EuInsVO Rn. 88; *Oberhammer* in: Festschrift Koziol 2010, 1239, 1249; *Saenger/Klockenbrink* IHR 2007, 60, 64; *Thole* ZEuP 2010, 904, 912.

*concursus* beurteilt wird.[537] Gemäß Art. 13 EuInsVO findet Art. 4 Abs. 2 lit. m) EuInsVO keine Anwendung,

> *wenn die Person, die durch eine die Gesamtheit der Gläubiger benachteiligende Handlung begünstigt wurde, nachweißt,*
> - *dass für diese Handlung das Recht eines anderen Mitgliedstaates als des Staates der Verfahrenseröffnung maßgeblich ist und*
> - *dass in diesem Fall diese Handlung in keiner Weise nach diesem Recht angreifbar ist.*

Bei dem in Art. 13 EuInsVO genannten Recht handelt es sich um die für das angefochtene Rechtsgeschäft geltende *lex causae.*[538] Sind die Voraussetzungen des Art. 13 EuInsVO erfüllt, müsste das Gericht im Eröffnungsstaat die Anfechtbarkeit einer Rechtshandlung nach ausländischem Recht beurteilen. Bereits bei der Vorgängerregelung der EuInsVO, die eine umfassende *vis attractiva concursus* auch für die Insolvenzanfechtungsklage vorsah, wurde dieses Problem gesehen. *Jahr* stellte plakativ fest:

> *Soll die Klage auf Bewilligung der Berichtigung des Grundbuches gegen den Erwerber eines oberbayrischen Grundstücks in Schottland entschieden werden, nur weil der Veräußerer vor der Veräußerung dort in Konkurs gefallen war? Sollen umgekehrt bei einem Konkurs in Deutschland die deutschen Gerichte über Rückgewährklagen hinsichtlich eines Ferienhauses in den schottischen Hochmooren entscheiden?*[539]

Hinzu kommt, dass sich der Vermögenswert der anfechtbaren Rechtshandlung in den meisten Fällen in der Verfügungsgewalt des Anfechtungsgegners und somit in einem anderen Mitgliedstaat befindet.[540] Zwar werden die Annexentscheidungen gemäß Art. 25 Abs. 1 Unterabsatz 2 EuInsVO automatisch anerkannt und – im Vergleich zur EuGVVO – vereinfacht vollstreckt.[541] Jedoch ist es aufwendiger, den vor einem ausländischen Gericht erstrittenen Titel zu vollstrecken, als wenn sich Entscheidungs- und Vollstreckungsgericht in einem Mitgliedstaat befinden.[542] Gelangt der angefochtene Vermögenswert nicht oder nur erschwert zur Masse, kann das Insolvenzverfahren verlangsamt werden.[543]

---

537 *Thole* ZEuP 2010, 904, 912.

538 *Oberhammer* in: Festschrift Koziol 2010, 1239, 1249.

539 *Jahr* in: Vorschläge und Gutachten, 1988, 305, 311.

540 *Mankowski/Willemer* RIW 2009, 669, 675; *Hau* KTS 2009, 378, 385.

541 siehe oben unter Teil 3 § 2 I 4.

542 *Hau* in: Gottwald, Europäisches Insolvenzrecht, Kollektiver Rechtsschutz, S. 109; *Hau* KTS 2009, 378, 385; *Mock* ZInsO 2008, 1381, 1382; *Oberhammer* in: Festschrift Koziol 2010, 1239, 1258.

543 *Mankowski/Willemer* RIW 2009, 669, 675.

Solange der Vermögenswert nicht vollstreckt wurde, ist er der Verfügungsgewalt des Insolvenzverwalters entzogen. Eine „offensichtliche" Förderung der Effizienz und Beschleunigung des Verfahrens durch die Zuständigkeitsbündelung für Annexverfahren, die der EuGH sieht, liegt nicht vor.[544] Vielmehr hängt es davon ab, ob sich die anfechtbare Handlung nach der *lex fori concursus* beurteilt und wie die Gerichte ausländische Entscheidungen vollstrecken. Daher lässt sich nur im jeweiligen Einzelfall gesondert feststellen, ob es bei einer Zuständigkeitsbündelung im Insolvenzeröffnungsstaat zur Verbesserung der Effizienz und Beschleunigung des Insolvenzverfahrens kommt.[545]

### (2) Erwägungsgrund 4

Der EuGH sieht sein Auslegungsergebnis ferner durch das von Erwägungsgrund 4 verfolgte Ziel der Verhinderung des „forum shopping" bestätigt. „Forum shopping" bedeutet, dass einer der Beteiligten durch die Verlagerung von Rechtsstreitigkeiten und Vermögensgegenständen eine verbesserte Rechtsstellung zu erzielen versucht. Bestimmt sich die internationale Zuständigkeit für Annexentscheidungen nach der internationalen Zuständigkeit der Eröffnungsentscheidung gemäß Art. 3 Abs. 1 EuInsVO, könnte ein „forum shopping" durch die Zuständigkeitsbündelung verhindert sein. Ist das Insolvenzverfahren eröffnet, kann das Annexverfahren dann nicht vor den Gerichten eines anderen Mitgliedstaats eröffnet werden. Bestünde hingegen die Möglichkeit, dass verschiedene Gerichte in unterschiedlichen Mitgliedstaaten für dieselbe Anfechtungsklage zuständig wären, läge die Gefahr des „forum shopping" vor.[546] In seine Überlegung bezieht der EuGH jedoch nicht ein, dass bereits durch die Eröffnungsentscheidung ein „forum shopping" erfolgt sein kann.[547] Dann nämlich würde durch eine Zuständigkeitsbündelung für die Insolvenzanfechtungsklage das „forum shopping" verstärkt.[548] Der „gewählte" Mitgliedstaat ist nicht nur für die Eröffnung des Insolvenzverfahrens zuständig, sondern auch die Annexentscheidungen werden vor diesen Gerichten nach dem nationalen Recht, der *lex fori concursus*, entschieden.[549] Der knappe Verweis des EuGH auf Erwägungsgrund 4 bezieht Letzteres nicht mit ein.

---

544 *Stürner/Kern* LMK 2009, 278572.
545 *Fehrenbach* IPrax 2009, 492, 494.
546 EuGH, Urteil vom 12.02.2009, Rs. C-339/07, Slg. 2009, I-767 (Deko Marty) Rn. 24.
547 *Fehrenbach* IPrax 2009, 492, 495; *Stürner/Kern* LMK 2009, 278572.
548 *Fehrenbach* IPrax 2009, 492, 495.
549 *Mock* ZInsO 2008, 1381, 1382.

### (3) Art. 25 EuInsVO

Als Letztes zieht der EuGH Art. 25 EuInsVO zur Begründung heran. Zunächst stellt der EuGH fest, dass die Durchführungs- und Beendigungsentscheidungen von einem Gericht entschieden werden, dessen Entscheidung nach Art. 16 EuInsVO anerkannt wird. Art. 16 EuInsVO regelt die automatische Anerkennung der Eröffnungsentscheidung. Für Eröffnungsentscheidungen ist gemäß Art. 3 Abs. 1 EuInsVO ein Gericht des Mitgliedstaates, in dem sich der Mittelpunkt der hauptsächlichen Interessen des Schuldners befindet, international zuständig. Daraus folgert der EuGH, dass für Durchführungs- und Beendigungsentscheidungen auch eine internationale Zuständigkeit gemäß Art. 3 Abs. 1 EuInsVO besteht. Gemäß Art. 25 Abs. 1 Unterabsatz 2 EuInsVO gilt Unterabsatz 1 auch für Entscheidungen, die unmittelbar aufgrund des Insolvenzverfahrens ergehen und in einem engen Zusammenhang damit stehen. Der EuGH folgert daraus, dass Art. 25 Abs. 1 Unterabsatz 2 EuInsVO die „Möglichkeit" einräumt, dass die Gerichte des Eröffnungsstaats auch über Annexklagen befinden. In Bezug auf Durchführungs- und Beendigungsentscheidungen überzeugt die systematische Schlussfolgerung des EuGH aus Art. 25 und Art. 16 EuInsVO. Für Durchführungs- und Beendigungsentscheidungen besteht die gleiche internationale Zuständigkeit wie für Eröffnungsentscheidungen. Die Durchführungs- und Beendigungsentscheidungen sind Teil des Insolvenzverfahrens, so dass keine Aufspaltung der Zuständigkeit erfolgt.

Es stellt sich jedoch die Frage, was genau der EuGH mit der „Möglichkeit", dass die Gerichte des Eröffnungsstaats über die Annexverfahren im Sinne des Art. 25 Abs. 1 Unterabsatz 2 EuInsVO befinden, meint. Das könnte in der Weise zu verstehen sein, dass der EuGH neben der Möglichkeit der Zuständigkeit im Insolvenzeröffnungsstaat weitere Möglichkeiten zur Bestimmung der internationalen Zuständigkeit für Annexverfahren sieht. Art. 3 Abs. 1 EuInsVO wäre dann keine ausschließliche Zuständigkeitsvorschrift.[550] Für Eröffnungsentscheidungen steht hingegen fest, dass Art. 3 Abs. 1 EuInsVO eine ausschließliche Zuständigkeit ist. Denn es kann nur *einen* Mittelpunkt hauptsächlicher Interessen des Schuldners geben. Jedoch könnte der EuGH Art. 3 Abs. 1 EuInsVO für Annexstreitigkeiten anders, also nicht als ausschließliche Zuständigkeit, auslegen. Der Generalanwalt bezeichnet die internationale Zuständigkeit für Anfechtungsklagen in seinen Schlussanträgen als *„relative ausschließliche Zuständigkeit."*[551] Diese

550 *Thole* ZEuP 2010, 904, 916.

551 Schlussanträge des Generalanwalts *Colomer*, 16.10.2008, Rs. C-339/07, Slg. 2009, I-767; so bereits zuvor Virgós/Garcimartín, European Insolvency Regulation, S. 63.

Formulierung übernimmt der EuGH nicht. Er äußert sich dazu nicht ausdrücklich. Daher stellt sich die Frage, ob Art. 3 Abs. 1 EuInsVO als ausschließliche Zuständigkeitsvorschrift auszulegen ist, oder ob daneben noch weitere Vorschriften zur Bestimmung der internationalen Zuständigkeit für insolvenzbezogene Annexverfahren bestehen.

#### bb) Art. 3 Abs. 1 EuInsVO als ausschließliche internationale Zuständigkeit?

Zunächst wird untersucht, ob sich aus dem Urteil des EuGH ermitteln lässt, ob der EuGH Art. 3 Abs. 1 EuInsVO für Annexentscheidungen als ausschließliche Zuständigkeit ansieht, oder ob er davon ausgeht, dass daneben noch weitere Zuständigkeitsvorschriften bestehen (hierzu unter (1)). Anschließend sollen die für eine internationale Zuständigkeit für Annexverfahren in Betracht kommenden weiteren Vorschriften untersucht werden (hierzu unter (2)) und es soll geprüft werden, ob Art. 3 Abs. 1 EuInsVO nicht vielmehr für Annexentscheidungen eine ausschließliche Zuständigkeitsvorschrift ist (hierzu unter (3)).

##### (1) Erwägungen des EuGH

Einerseits stellt der EuGH in Bezug auf Art. 25 Abs. 1 Unterabsatz 2 EuInsVO fest, dass „die Möglichkeit“ besteht, dass die Gerichte des Eröffnungsstaats auch über Annexklagen befinden. Daraus ließe sich folgern, dass Art. 3 Abs. 1 EuInsVO keine ausschließliche internationale Zuständigkeit ist, sondern dass daneben noch weitere Regelungen für die internationale Zuständigkeit von Annexverfahren bestehen.[552] Jedoch erläutert der EuGH bereits im nächsten Absatz, dass die Formulierung in Art. 25 Abs. 1 Unterabsatz 2, „auch wenn diese Entscheidungen von einem anderen Gericht getroffen werden“, nicht bedeutet, dass der Gemeinschaftsgesetzgeber eine Zuständigkeit der Gerichte des Eröffnungsstaates für die Annexentscheidungen hätte ausschließen wollen. Vielmehr bedeute dieser Satzteil, dass sich die örtliche und sachliche Zuständigkeit nach dem innerstaatlichen Recht richtet und dass nicht zwangsläufig das Insolvenzeröffnungsgericht sachlich und örtlich zuständig ist.[553] Dieser Absatz spricht eher dagegen, dass Gerichte eines anderen Mitgliedstaats international zuständig sind für Annexstreitigkeiten.[554] Auch das vom EuGH angeführte Argument, dass im Interesse der Verhinderung des „forum shopping“ vermieden werden müsse,

---

552 *Thole* ZEuP 2010, 904, 916; *Thole* ZIP 2012, 605, 608.

553 a.A. *Lupoi* in: Cross Border Insolvency, 2011, S. 70.

554 *Konecny* ZIK 2009, 40, 40.

dass Gerichte in unterschiedlichen Mitgliedstaaten für eine erhobene Anfechtungsklage zuständig sind, spricht dagegen, dass der EuGH der Ansicht ist, dass für Annexklagen neben Art. 3 Abs. 1 EuInsVO noch weitere Vorschriften für die internationale Zuständigkeit bestehen.

Gegen eine ausschließliche Zuständigkeit spricht hingegen, dass der EuGH das von den Erwägungsgründen 2 und 8 verfolgte Ziel der Verbesserung der Effizienz und Beschleunigung des Insolvenzverfahrens betont. Prozesse dauern in den verschiedenen Mitgliedstaaten unterschiedlich lang.[555] Folglich könnte es für den Insolvenzverwalter vorteilhafter sein, den Insolvenzanfechtungsanspruch vor den Gerichten eines anderen Mitgliedstaats zu erheben, wenn dort mit einer schnelleren Entscheidung gerechnet werden kann – beispielsweise in dem Mitgliedstaat, in dem der Anfechtungsgegner seinen (Wohn-)Sitz hat, oder der Mitgliedstaat, in dem sich der Vermögenswert befindet, dessen Übertragung angefochten wird. Denn je schneller Klarheit darüber besteht, welche Vermögenswerte noch zur Masse gehören, desto schneller und effizienter kann das Insolvenzverfahren durchgeführt werden.

Ferner kann es für den Insolvenzverwalter vorteilhaft sein, die Insolvenzanfechtungsklage in einem anderen Mitgliedstaat geltend zu machen, wenn er daneben noch andere Ansprüche gegen den Anfechtungsgegner einklagen möchte, die nicht unmittelbar aus dem Insolvenzverfahren hervorgehen und in engem Zusammenhang damit stehen.[556] Denn solche Klagen fallen nicht in den Anwendungsbereich der EuInsVO und deren Zuständigkeitsvorschrift in Art. 3 Abs. 1 EuInsVO. Der Insolvenzverwalter müsste dann – getrennt nach Anspruchsgrundlagen – Klagen in unterschiedlichen Mitgliedstaaten geltend machen,[557] die eventuell auf das gleiche Klageziel gerichtet sind.[558] Dadurch wird das Insolvenzverfahren verzögert und ist folglich kostenintensiver. Hat der Insolvenzverwalter hingegen die Möglichkeit, zu wählen, ob er die Anfechtungsklage in dem Mitgliedstaat der Insolvenzverfahrenseröffnung oder in einem anderen Mitgliedstaat erhebt, könnte das Insolvenzverfahren beschleunigt und effizienter werden. Ein solches „Wahlrecht“ des Insolvenzverwalters setzt

555 MünchKommBGB/*Kindler* Art. 3 EuInsVO Rn. 90; Virgós/Garcimartín, European Insolvency Regulation, S. 65.

556 *Hau* in: Gottwald, Europäisches Insolvenzrecht, Kollektiver Rechtsschutz, S. 108; *Hau* KTS 2009, 378, 385; *Oberhammer* in: Festschrift Koziol 2010, 1239, 1259; *Stoecker/Zschaler* NZI 2010, 757, 760; *Thole* ZEuP 2010, 904, 917.

557 *Hau* KTS 2009, 378, 385; *Oberhammer* in: Festschrift Koziol 2010, 1239, 1259; *Stoecker/Zschaler* NZI 2010, 757, 760.

558 *Oberhammer* in: Festschrift Koziol 2010, 1239, 1265.

voraus, dass Art. 3 Abs. 1 EuInsVO für Annexklagen keine ausschließliche Zuständigkeitsvorschrift ist, sondern dass daneben andere Vorschriften über die internationale Zuständigkeit für Annexklagen bestehen.[559]

Aus dem Urteil wird nicht deutlich, ob der EuGH die internationale Zuständigkeit in Art. 3 Abs. 1 EuInsVO als ausschließliche Zuständigkeit auslegt,[560] oder ob daneben noch weitere „Möglichkeiten" für Vorschriften über die internationale Zuständigkeit für Annexverfahren bestehen.

(2) Weitere in Betracht kommende Vorschriften über die internationale Zuständigkeit für Annexverfahren

(a) Art. 18 Abs. 2 Satz 2 EuInsVO

Art. 18 Abs. 2 Satz 2 EuInsVO bestimmt seinem Wortlaut zufolge:

> *Des weiteren kann er* [der Verwalter, der durch ein nach Art. 3 Abs. 2 zuständiges Gericht bestellt worden ist] *eine den Interessen der Gläubiger dienende Anfechtungsklage erheben.*

Aus dem Zusammenhang mit Satz 1 wird gefolgert, dass der Sekundär- bzw. Partikularinsolvenzverwalter die Anfechtungsklage nicht nur im Staat der Verfahrenseröffnung erheben kann.[561] Art. 18 Abs. 2 Satz 1 EuInsVO bestimmt, dass der Sekundär- bzw. Partikularinsolvenzverwalter

> *in jedem anderen Mitgliedstaat gerichtlich und außergerichtlich geltend machen [darf], dass ein beweglicher Gegenstand nach der Eröffnung des Insolvenzverfahrens aus dem Gebiet des Staates der Verfahrenseröffnung in das Gebiet eines anderen Mitgliedstaates verbracht worden ist.*

Auch wenn in der Literatur keine Einigkeit darüber besteht, ob sich auch die Anfechtungsklage nur auf bewegliche Gegenstände, die nach der Eröffnung verbracht worden sind, beziehen kann, wird jedenfalls aus dem Zusammenhang mit Satz 1 gefolgert, dass Satz 2 dem Sekundär- bzw. Partikularinsolvenzverwalter die Befugnis zur Erhebung einer Anfechtungsklage in jedem anderen Mitgliedstaat einräumt.[562] Denn die Befugnis des Sekundär- bzw. Partikularinsolvenzverwalters, Klagen im Inland zu erheben, müsste nicht ausdrücklich geregelt werden.[563] Diese Kompetenz steht dem Partikular- bzw. Sekundärinsolvenzverwalter schon

559 *Oberhammer* in: Festschrift Koziol 2010, 1239, 1259; *Thole* ZEuP 2010, 904, 917.

560 FK-InsO/*Wenner/Schuster* Art. 3 EuInsVO Rn. 38.

561 *Oberhammer* KTS 2008, 271, 280; *Thole* ZEuP 2010, 904, 911.

562 vgl. statt vieler *Oberhammer* KTS 2008, 271, 281 ff.

563 *Bierbach* ZIP 2008, 2203, 2208; *Oberhammer* KTS 2008, 271, 280.

aus der allgemeinen Befugnis zur Sammlung der Masse gemäß Art. 18 Abs. 2, 3 und Art. 2 lit. b) EuInsVO zu. Vielmehr verfolgt Art. 18 Abs. 2 EuInsVO das Ziel, dem Sekundärinsolvenzverwalter die Möglichkeit einzuräumen, Vermögen, das zur Masse des Sekundärinsolvenzverfahrens gehört, aber in einen anderen Mitgliedstaat abgeflossen ist, zur Masse zurückzuholen.[564] Dazu kann der Sekundärinsolvenzverwalter eine Anfechtungsklage außerhalb des Sekundäreröffnungsstaats erheben. Voraussetzung dafür ist das Bestehen einer internationalen Zuständigkeit eines Gerichts.[565] Eine solche lässt sich Art. 18 Abs. 2 Satz 2 EuInsVO nicht direkt entnehmen.[566] Denn seiner Stellung und Systematik zufolge regelt Art. 18 EuInsVO Kompetenzen der Verwalter, jedoch keine internationale Zuständigkeit. Die Regelung über die internationale Zuständigkeit ist in der EuInsVO im ersten Kapitel „Allgemeine Vorschriften" in Art. 3 EuInsVO enthalten. Art. 18 EuInsVO hingegen steht im zweiten Kapitel, „Anerkennung der Insolvenzverfahren". Art. 16 und 17 EuInsVO enthalten Regelungen über die Anerkennung des Insolvenzverfahrens. Art. 18 EuInsVO enthält die Befugnisse des Verwalters und deren Anerkennung. Art. 19 EuInsVO bestimmt den Nachweis der Verwalterstellung.

Selbst wenn man davon ausgeht, dass Art. 18 Abs. 2 Satz 2 EuInsVO eine internationale Zuständigkeit für Anfechtungsklagen des Sekundärinsolvenzverwalters erhält,[567] stellt sich die Frage, ob das auch für die Insolvenzanfechtungsklage im Hauptinsolvenzverfahren gilt.[568] Eventuell ließe sich die Auslegung des EuGH in Bezug auf Art. 3 Abs. 1 EuInsVO auch auf Art. 3 Abs. 2 EuInsVO und somit auf das Sekundär- und Partikularverfahren übertragen.[569] Konsequenz dessen wäre, dass der Sekundärinsolvenzverwalter neben der Möglichkeit der Erhebung der Insolvenzanfechtungsklage in anderen Mitgliedstaaten gemäß

---

564 *Bierbach* ZIP 2008, 2203, 2208; Cranshaw/Hinkel/*Paulus*, Anfechtungsrecht, Art. 4, 13 EuInsVO Rn. 45; *Oberhammer* KTS 2008, 271, 280.

565 *Thole* ZEuP 2010, 904, 912.

566 Geimer/Schütze/*Gruber*, Internationaler Rechtsverkehr, Art. 13 InsolvenzVO Rn. 22, Art. 25 EuInsVO Rn. 31; *Mankowski/Willemer* RIW 2009, 669, 677; *Oberhammer* in: Festschrift Koziol 2010, 1239, 1259.

567 *Mörsdorf-Schulte* NZI 2008, 282, 285; *Thole* ZEuP 2010, 904, 916.

568 *Burgstaller* in: Festschrift Jelinek 2002, 31, 37; *Oberhammer* in: Festschrift Koziol 2010, 1239, 1259.

569 Cranshaw/Hinkel/*Paulus*, Anfechtungsrecht, Art. 4, 13 EuInsVO Rn. 58; *Fehrenbach* IPrax 2009, 492, 495; *Kodek* ÖBA 2009, 629, 633; *Mankowski/Willemer* RIW 2009, 669, 678; Pannen/*Dammann*, EuInsVO, Art. 13 Rn. 16 für eine analoge Anwendung des Art. 3 Abs. 2 EuInsVO für Anfechtungsklagen im Sekundärinsolvenzverfahren bereits vor dem „Deko Marty"-Urteil.

Art. 18 Abs. 2 Satz 2 EuInsVO die zusätzliche Möglichkeit hätte, Insolvenzanfechtungsklagen gegen einen Anfechtungsgegner, der seinen (Wohn-)Sitz in einem anderen Mitgliedstaat hat, im Sekundäreröffnungsstaat zu erheben. Dann hätte der Sekundärinsolvenzverwalter weitreichendere Befugnisse als der Hauptinsolvenzverwalter.[570] Das stünde jedoch nicht im Einklang mit der Systematik sowie den Grundprinzipien der EuInsVO.[571] Wie schon der Name impliziert, hat das Hauptinsolvenzverfahren eine dominierende Rolle gegenüber dem Sekundärinsolvenzverfahren.[572] Dementsprechend hat der Verwalter des Sekundärinsolvenzverfahrens gegenüber dem Verwalter des Hauptinsolvenzverfahrens eine untergeordnete Stellung, vgl. Art. 31 ff. EuInsVO. Auch in Bezug auf den Partikularinsolvenzverwalter ist nicht erkennbar, warum dieser im Gegensatz zum Hauptinsolvenzverwalter eine weitreichendere Befugnis zur Geltendmachung der Insolvenzanfechtungsklage in einem anderen Mitgliedstaat haben sollte. Ein solcher Widerspruch ließe sich dadurch verhindern, dass Art. 18 Abs. 2 Satz 2 EuInsVO auch für den Hauptinsolvenzverwalter gilt.[573]

Die Übertragung der Auslegung des Art. 3 Abs. 1 EuInsVO durch den EuGH auf die internationale Zuständigkeit für Annexklagen auf das Sekundärinsolvenzverfahren erscheint konsequent.[574] Denn die Argumente, die der EuGH für die Auslegung anführt, lassen sich auch auf das Sekundärinsolvenzverfahren übertragen.[575] Hinzu kommt, dass der Wortlaut des Art. 3 Abs. 2 EuInsVO ebenso wie der des Art. 3 Abs. 1 EuInsVO die Entscheidung über die Eröffnung des jeweiligen Verfahrens nennt.

Dass jedoch zur Wahrung des Über-/Unterordnungsverhältnisses zwischen Haupt- und Sekundärinsolvenzverfahren die Regelung in Art. 18 Abs. 2 Satz 2 EuInsVO auf das Hauptinsolvenzverfahren zu übertragen ist, ist aufgrund der mehrfachen Umwege und Analogien fernliegend.[576] Denn erstens ist Art. 18 Abs. 2 Satz 2 EuInsVO keine Zuständigkeitsvorschrift, und zweitens besteht keine Notwendigkeit, für das Hauptinsolvenzverfahren eine internationale Zuständigkeit für Annexklagen zu schaffen. Denn insbesondere für Insolvenzanfechtungsklagen hat der EuGH in dem vorliegenden Urteil entschieden, dass eine

570 *Mankowski/Willemer* RIW 2009, 669, 678.

571 a.A. *Mankowski/Willemer* RIW 2009, 669, 678; *Oberhammer* KTS 2008, 271, 279.

572 Erwägungsgrund 20 Satz 3 EuInsVO.

573 *Bariatti* RabelsZ 73 (2009), 629, 657; *Burgstaller* in: Festschrift Jelinek 2002, 31, 37.

574 *Kodek* ÖBA 2009, 629, 633; *Stürner/Kern* LMK 2009, 278572.

575 Cranshaw/Hinkel/*Paulus*, Anfechtungsrecht, Art. 4, 13 EuInsVO Rn. 58; *Oberhammer* in: Festschrift Koziol 2010, 1239, 1267.

576 Pannen/*Pannen*, EuInsVO, Art. 3 Rn. 110.

internationale Zuständigkeit gemäß Art. 3 Abs. 1 EuInsVO in dem Mitgliedstaat des Mittelpunkts der hauptsächlichen Interessen des Schuldners besteht.

### (b) Zuständigkeitsvorschriften der EuGVVO

Auch eine Anwendung der Zuständigkeitsvorschriften der EuGVVO kommt nicht in Betracht.[577] Denn es widerspricht der Auslegung der Verordnungen durch den EuGH nach Bejahung der Eröffnung des Anwendungsbereichs der EuInsVO für eine Insolvenzanfechtungsklage, neben Art. 3 Abs. 1 EuInsVO eine internationale Zuständigkeit in der EuGVVO zu verorten.[578] In Gourdain/Nadler hat der EuGH festgestellt, dass eine Klage, die unmittelbar aus dem Insolvenzverfahren hervorgeht und damit in einem engen Zusammenhang steht, nicht in den Anwendungsbereich des EuGVÜ, heute EuGVVO, fällt. In „Deko Marty" hat er genau dieses Kriterium aufgenommen, um zu begründen, dass eine solche Klage unter die EuInsVO fällt. Für eine solche Klage können daher die Zuständigkeitsvorschriften der EuGVVO nicht neben denen der EuInsVO angewandt werden.[579] Ansonsten müsste man den Ausnahmetatbestand des Art. 1 Abs. 2 lit. b) EuGVVO nach Anwendung der EuInsVO modifizieren.

### (c) Nationale Zuständigkeitsvorschriften

Eine Anwendung der nationalen Vorschriften zur Bestimmung der internationalen Zuständigkeit scheidet ebenfalls aus.[580] Denn der europäische Gesetzgeber hat auf dem Gebiet der Zivil- und Handelssachen einerseits und auf dem Gebiet des Insolvenzrechts andererseits vereinheitlichte Regelungen über die internationale Zuständigkeit geschaffen. Würde nun für insolvenzrechtliche Annexentscheidungen, an der Schnittstelle dieser beiden Gebiete,[581] eine nationale Zuständigkeitsvorschrift angewandt, würde die europäische Rechtsvereinheitlichung ausgehöhlt bzw. verkürzt.[582] Ferner stellt sich die Frage, wonach sich die

---

577 *Hau* KTS 2009, 378, 385; *Oberhammer* in: Festschrift Koziol 2010, 1239, 1267; a.A. *Thole* ZEuP 2010, 904, 917; Virgós/Garcimartín, European Insolvency Regulation, S. 65.

578 *Oberhammer* in: Festschrift Koziol 2010, 1239, 1260; a.A. *Hau* in: Gottwald, Europäisches Insolvenzrecht, Kollektiver Rechtsschutz, S. 103 alterativ anwendbar.

579 Gebauer/Wiedmann/*Haubold* Kapitel 32 Art. 3 EuInsVO Rn. 85.

580 *Hau* KTS 2009, 378, 386; *Mankowski*/*Willemer* RIW 2009, 669, 670; *Oberhammer* in: Festschrift Koziol 2010, 1239, 1260; *Thole* ZEuP 2010, 904, 917.

581 *Hau* KTS 2009, 378, 382; *Lüttringhaus*/*Weber* RIW 2010, 45, 46; MünchKommBGB/*Kindler* Art. 25 EuInsVO Rn. 16.

582 *Leipold* in: Festschrift Ishikawa 2001, 221, 228; *Mankowski*/*Willemer* RIW 2009, 669, 670; MünchKommBGB/*Kindler* Art. 3 EuInsVO Rn. 88; *Thole* ZEuP 2010, 904, 917.

Anerkennung der Entscheidung, die aufgrund einer nationalen Zuständigkeitsvorschrift ergeht, bestimmt. Denn eine automatische Anerkennung nach Art. 25 Abs. 1 Unterabsatz 2 EuInsVO ist systemwidrig.[583] Hinzu kommt, dass europäisches Recht höherrangig ist.[584] Neben europäischem Sekundärrecht ist nationales Gesetzesrecht daher nur dann anwendbar, wenn das europäische Recht die Anwendung nationalen Rechts vorsieht oder dafür eine Lücke lässt. Die EuInsVO sieht die Anwendung nationalen Rechts in Bezug auf die örtliche und sachliche Zuständigkeit vor.[585] Die internationale Zuständigkeit hingegen bestimmt sich nach europäischem Recht.

#### (d) Fazit

Keine der genannten Vorschriften ist geeignet, um neben Art. 3 Abs. 1 EuInsVO eine internationale Zuständigkeit für Annexverfahren zu bestimmen. Da der EuGH nicht ausdrücklich davon ausgeht, dass eine solche besteht, könnte Art. 3 Abs. 1 EuInsVO auch für Annexklagen eine ausschließliche Zuständigkeitsvorschrift sein.

### (3) Ausschließliche Zuständigkeit

Sowohl der Wortlaut des Art. 3 Abs. 1 EuInsVO als auch der Vergleich mit der Eröffnungsentscheidung, für die Art. 3 Abs. 1 EuInsVO eine ausschließliche internationale Zuständigkeit enthält, sprechen dafür, dass Art. 3 Abs. 1 EuInsVO in Bezug auf Annexklagen eine ausschließliche Zuständigkeitsvorschrift ist.[586] Es stellt sich jedoch insbesondere die Frage, ob eine ausschließliche internationale Zuständigkeit in Art. 3 Abs. 1 EuInsVO mit den Zuständigkeitsinteressen der Beteiligten vereinbar ist. Denn für den Insolvenzverwalter kann es unter Umständen (s.o.) vorteilhafter sein, eine Insolvenzanfechtungsklage in einem anderen Mitgliedstaat als dem der Eröffnung des

---

583 siehe oben unter Teil 2 § 6; sowie *Leipold* in: Festschrift Ishikawa 2001, 221, 228.

584 EuGH, Urteil vom 15.07.1964, Rs. 6/64, Slg. 1964, 1141 (Costa./.E.N.E.L.); BVerfG, Urteil vom 09.06.1971, 2 BvR 225/69, BVerfGE 31, 145; BVerfG, Urteil vom 18.10.1967, 1 BvR 248/63, 216/67, BVerfGE 22, 293.

585 Erwägungsgrund 15 EuInsVO.

586 *Ambach* S. 241; Geimer/Schütze/*Haß/Herweg*, Internationaler Rechtsverkehr, Art. 3 InsolvenzVO Rn. 26; Haß/Huber/Gruber/Heiderhoff/*Haß/Herweg*, EuInsVO, Art. 3 Rn. 26; *Kodek* ÖBA 2009, 629, 631; *Lorenz* S. 116; *Mankowski/Willemer* RIW 2009, 669, 675; *Mock* ZInsO 2009, 470, 472; Pannen/*Pannen*, EuInsVO, Art. 3 Rn. 113; *Willemer* S. 154; a.A. MünchKommBGB/*Kindler* Art. 3 EuInsVO Rn. 90; *Thole* ZEuP 2010, 904, 916.

Insolvenzverfahrens zu erheben. Hinzu kommt, dass der von der möglicherweise anfechtbaren Handlung begünstigte Beklagte ein Interesse daran hat, vor den Gerichten, in dem er seinen (Wohn-)Sitz hat, verklagt zu werden.[587] Dieses Interesse entspricht dem Grundsatz des *actor sequitur forum rei*. Auch wenn teilweise vertreten wird, dieser allgemeine europäisch-zivilprozessuale Grundsatz finde im europäischen Insolvenzrecht keine Anwendung,[588] sollte das Interesse des Beklagten mit einbezogen werden.[589] Dieses könnte jedoch zugunsten des Insolvenzverfahrens eingeschränkt sein. Denn durch das Grundprinzip der Universalität des Verfahrens sowie durch die ausschließliche internationale Zuständigkeit und die Anwendbarkeit eines nationalen Rechts, der *lex fori concursus*, trifft die EuInsVO eine Wertungsentscheidung.[590] Im Gegensatz zum Zivilprozess wird keine Gleichbehandlung der Parteien gefordert, sondern das Gesamtverfahren steht im Vordergrund. Um den Binnenmarkt zu vollenden, wurde ein zentrales grenzüberschreitendes Insolvenzverfahren durch die EuInsVO geschaffen. Die EuInsVO verfolgt damit das Ziel, die Gesamtheit der Gläubiger – und nicht nur einige wenige – zu schützen.[591] Folglich hat das Kollektiv, also die Gesamtheit der Gläubiger, im europäischen Insolvenzrecht ein hohes Gewicht.[592] Um die Gesamtheit der Gläubiger zu schützen, muss ihr Interesse nicht nur innerhalb des Gesamtverfahrens geschützt werden, sondern auch bei Streitigkeiten, die zu diesem einen engen und unmittelbaren Zusammenhang aufweisen. Ebenso wie beispielsweise in der EuGVVO, in der zugunsten der schwächeren Partei, wie beispielsweise Verbrauchern oder Unterhaltsgläubigern, der Grundsatz des *actor sequitur forum rei* eingeschränkt ist, ist im europäischen Insolvenzrecht die Gesamtheit der Gläubiger schutzwürdiger als der durch eine möglicherweise anfechtbare Handlung Begünstigte. Daraus folgt, dass der Grundsatz des *actor sequitur forum rei* zugunsten der Gesamtheit der Gläubiger einzuschränken ist und dem Insolvenzverwalter im Eröffnungsstaat für Anfechtungsklagen

587 *Hau* KTS 2009, 378, 384.

588 *Mankowski/Willemer* RIW 2009, 669, 676.

589 *Fehrenbach* IPrax 2009, 492, 494; *Hau* KTS 2009, 378, 384; *Mock* ZInsO 2009, 470, 472; *Oberhammer* in: Festschrift Koziol 2010, 1239, 1249; *Oberhammer* IPrax 2010, 317, 318; *Thole* ZEuP 2010, 904, 913.

590 *Mankowski/Willemer* RIW 2009, 669, 676.

591 Erwägungsgrund 21 EuInsVO.

592 *Mankowski/Willemer* RIW 2009, 669, 676.

ein Klägergerichtsstand zusteht.[593] Hinzu kommt, dass – in den Grenzen des möglichen Sekundärinsolvenzverfahrens – auch die Gläubiger dem Schuldner an seinen Gerichtsstand des Mittelpunkts der hauptsächlichen Interessen folgen müssen.[594] Ebenso muss auch der Anfechtungsgegner dem Schuldner zugunsten des Gesamtverfahrens an dessen Mittelpunkt seiner hauptsächlichen Interessen und der dort maßgeblichen *lex fori concursus* folgen. Dabei ist der Anfechtungsgegner jedoch nicht schutzlos gestellt.[595] Er muss sich zwar vor dem Gericht eines anderen Mitgliedstaates und dem nationalen Recht, nach dem sich die Anfechtbarkeit der Rechtshandlung beurteilt, verteidigen. Jedoch ist ihm dieser Mitgliedstaat nicht unbekannt.[596] Das Hauptinsolvenzverfahren wird in dem Mitgliedstaat eröffnet, in dem der Schuldner den Mittelpunkt seiner hauptsächlichen Interessen hat. Dieser muss für Dritte nach außen erkennbar sein.[597] Ferner kann der Anfechtungsgegner gemäß Art. 13 einwenden, dass die Handlung nach der für das Rechtsgeschäft maßgeblichen *lex causae* nicht anfechtbar ist.[598]

Daraus folgt, dass durch eine ausschließliche Zuständigkeit für Annexverfahren gemäß Art. 3 Abs. 1 EuInsVO zwar die Zuständigkeitsinteressen des Beklagten eingeschränkt, jedoch nicht beeinträchtigt oder verletzt werden. Auch für den Insolvenzverwalter, für den die Zuständigkeitskonzentration grundsätzlich vorteilhaft ist, ist es hinnehmbar, im Einzelfall Klagen getrennt nach den Anspruchsgrundlagen in verschiedenen Mitgliedstaaten zu erheben.[599]

#### *c) Fazit*

Die Auslegung des EuGH bezieht sich gemäß der Vorlagefrage primär auf die internationale Zuständigkeit für eine Insolvenzanfechtungsklage. Der EuGH charakterisiert diese als eine Klage, die unmittelbar aus dem Insolvenzverfahren

---

593 MünchKommBGB/*Kindler* Art. 3 EuInsVO Rn. 89; *Oberhammer* in: Festschrift Koziol 2010, 1239, 1251; a.A. *Hau* KTS 2009, 378, 384.

594 *Mankowski/Willemer* RIW 2009, 669, 676.

595 MünchKommBGB/*Kindler* Art. 3 EuInsVO Rn. 89; *Oberhammer* in: Festschrift Koziol 2010, 1239, 1251.

596 *Mankowski/Willemer* RIW 2009, 669, 676; *Oberhammer* in: Festschrift Koziol 2010, 1239, 1251; a.A. *Thole* ZEuP 2010, 904, 913.

597 siehe oben unter Teil 3 § 2 II 2 und § 3 I 3 b) aa) (1).

598 MünchKommBGB/*Kindler* Art. 3 EuInsVO Rn. 89.

599 *Stoecker/Zschaler* NZI 2010, 757, 760; a.A. *Haubold* IPrax 2002, 157, 162 demzufolge auch die konkurrierenden Ansprüche zur Insolvenzanfechtungsklage unter die EuInsVO fallen.

hervorgeht und in engem Zusammenhang damit steht. Folglich handelt es sich um eine Annexstreitigkeit.[600] Der EuGH stellt ausdrücklich klar, dass für eine Klage, die unmittelbar aufgrund des Insolvenzverfahrens ergeht und in einem engen Zusammenhang damit steht, gemäß Art. 3 Abs. 1 EuInsVO die Gerichte des Insolvenzeröffnungsstaates international zuständig sind. Art. 3 Abs. 1 EuInsVO wird dabei vom EuGH nicht analog angewandt, sondern weit ausgelegt. Auch wenn die Lösung des EuGH dogmatisch ungenau ist,[601] hat der EuGH klargestellt, dass insolvenzbezogene Annexverfahren in den Anwendungsbereich der EuInsVO fallen und dass für die Eröffnung dieser Verfahren die Gerichte im Staat des Mittelpunkts der hauptsächlichen Interessen international zuständig sind. Mangels anderer Zuständigkeitsvorschriften in der EuInsVO und mangels Anwendbarkeit anderer europäischer oder nationaler Regelungen ist die Zuständigkeitsvorschrift in Art. 3 Abs. 1 für eine Annexentscheidung eine ausschließliche. Unklar bleibt, welche insolvenznahen Streitigkeiten noch unter das Kriterium des unmittelbaren Hervorgehens und des engen Zusammenhangs zum Insolvenzverfahren fallen.[602] Aus Deko Marty und Gourdain/Nadler ließe sich folgern, dass jede Klage, die die Eröffnung eines Insolvenzverfahrens voraussetzt, die den insolvenzspezifischen Zweck der Mehrung der Masse im Interesse der Gläubigergemeinschaft verfolgt und an der ein Insolvenzverwalter beteiligt ist, darunter fällt.[603]

Der EuGH hat durch sein „Deko Marty"-Urteil jedenfalls eine Art „europarechtlicher *vis attractiva concursus*" für Annexverfahren geschaffen.[604] Die örtliche und die sachliche Zuständigkeit bestimmt sich hingegen nach nationalem Recht, so dass ein anderes als das Insolvenzeröffnungsgericht zuständig sein kann.

---

600 a.A. *Fehrenbach* IPrax 2009, 492, 497.

601 Geimer/Schütze/*Gruber*, Internationaler Rechtsverkehr, Art. 25 InsolvenzVO Rn. 30; *Mankowski/Willemer* RIW 2009, 669, 679; MünchKommBGB/*Kindler* Art. 3 EuInsVO Rn. 87; *Willemer* S. 90.

602 *Fehrenbach* IPrax 2009, 492, 496; FK-InsO/*Wenner/Schuster* Art. 3 EuInsVO Rn. 39; *Konecny* ZIK 2009, 40, 42; *Lüttringhaus/Weber* RIW 2010, 45, 47; *Mock* ZInsO 2009, 470, 471; *Oberhammer* in: Festschrift Koziol 2010, 1239, 1261; Paulus, EuInsVO, Art. 3 Rn. 2a; *Thole* ZEuP 2010, 904, 917; *Thole* ZIP 2012, 605, 606.

603 *Mankowski/Willemer* RIW 2009, 669, 672.

604 *Cranshaw* DZWIR 2009, 353, 358; *Hau* KTS 2009, 378, 383; *Mörsdorf-Schulte* ZIP 2009, 1456, 1457; *Riedemann/Pannen* EWIR 2009, 505, 505; *Stoecker/Zschaler* NZI 2010, 757, 759; a.A. *Lupoi* in: Cross Border Insolvency, 2011, S. 71.

## II. Alpenblume

### 1. *Sachverhalt*

Das schwedische Malmö Tingsrätt eröffnete im Jahre 1993 das Insolvenzverfahren über das Vermögen der SCT Industri AB, einer Aktiengesellschaft schwedischen Rechts mit Sitz in Schweden, und bestellte einen Insolvenzverwalter. SCT Industri besaß 47% der Gesellschaftsanteile der SCT Hotelbetrieb GmbH, deren Rechtsnachfolgerin die Scaniahof Ferienwohnung GmbH ist, eine Gesellschaft österreichischen Rechts mit Sitz in der politischen Gemeinde Zell am See, Österreich. Diese Gesellschaftsanteile veräußerte der Insolvenzverwalter der SCT Industri im Jahre 1994 an Alpenblume AB, eine Aktiengesellschaft schwedischen Rechts mit Sitz in Schweden. Daraufhin wurde Alpenblume in Österreich als Inhaberin der Gesellschaftsanteile eingetragen. 1997 wurde das Konkursverfahren ohne Überschuss beendet. Das schwedische Malmö Tingsrätt ordnete am 19. März 2002 die Liquidierung der SCT Industri an.

Auf die im Jahre 1994 erhobene Klage von SCT Industri stellte das Landgericht Salzburg fest, dass Alpenblume die Gesellschaftsanteile nicht wirksam erworben habe. Grund dafür sei, dass der in Schweden bestellte Verwalter nicht befugt gewesen sei, über Vermögenswerte in Österreich zu verfügen. Das Landgericht Salzburg gab der Scaniahof auf, SCT Industri wieder als Inhaberin der Gesellschaftsanteile einzutragen. Das Oberlandesgericht Linz bestätigte das Urteil. Alpenblume trat in das Verfahren als Nebenintervenientin ein und erhob vor dem österreichischen Obersten Gerichtshof die außerordentliche Revision, die dieser mit Beschluss vom 17. Mai 2004 zurückwies.

Daraufhin erhob Alpenblume am 25. August 2004 bei einem schwedischen Gericht Klage gegen SCT Industri auf Rückübertragung der Gesellschaftsanteile an der Scaniahof. Das schwedische Malmö Tingsrätt befand, dass einer Prüfung der Klage nichts entgegenstehe. SCT Industri legte gegen die Entscheidung des Malmö Tingsrätt Berufung ein und beantragte Klageabweisung mit der Begründung, in Österreich sei über die Frage schon entschieden worden. Alpenblume beantragte, die Entscheidung zu bestätigen. Das Hovrätt för Skåne och Blekinge wies die Berufung zurück. Dagegen legte SCT Industri ein Rechtsmittel ein. Der Högsta domstolen (Oberster Gerichtshof) setzte das Verfahren aus und legte dem EuGH folgende Frage zur Vorabenscheidung vor:

> *Ist die Ausnahme in Art. 1 Abs. 2 Buchst. b der Verordnung Nr. 44/2001 in Bezug auf Konkurse, Vergleiche und ähnliche Verfahren dahin auszulegen, dass sie eine Entscheidung eines Gerichts in einem Mitgliedstaat A über die Eintragung als Inhaber von Anteilen einer*

*im Mitgliedstaat A ansässigen Gesellschaft, die von einem für eine Gesellschaft in einem anderen Mitgliedstaat B bestellten Konkursverwalter übertragen wurden, erfasst, wenn das Gericht seine Entscheidung darauf gründet, dass der Mitgliedstaat A in Ermangelung einer zwischenstaatlichen Vereinbarung über die gegenseitige Anerkennung von Konkursverfahren die Befugnis des Konkursverwalters zur Verfügung über Vermögensgegenstände im Mitgliedstaat A nicht anerkennt?*

## 2. *Entscheidung des EuGH*

Die Entscheidung des EuGH in der Rechtssache C-111/08 erging am 02. Juli 2009.[605] In seinem Urteil fasst der EuGH zunächst die Vorlagefrage zusammen. Er stellt fest, dass das vorlegende Gericht im Wesentlichen wissen wolle, ob Mitgliedstaaten untereinander eine gerichtliche Entscheidung anerkennen müssen, die in einer Zivilklage ergangen ist, die im Zusammenhang mit einem in einem anderen Mitgliedstaat durchgeführten Insolvenzverfahren steht. Im Einzelnen gehe es darum, ob die Voraussetzungen des Art. 1 Abs. 2 lit. b) EuGVVO erfüllt seien, wenn ein Gericht eines Mitgliedstaates die Übertragung von Gesellschaftsanteilen im Rahmen eines in einem anderen Mitgliedstaat eröffneten Konkursverfahrens mit der Begründung für unwirksam erklärt, dass der Konkursverwalter, der die Anteile übertragen hat, nicht befugt gewesen sei, über Vermögenswerte in diesem Mitgliedstaat zu verfügen.[606]

---

605 EuGH, Urteil vom 02.07.2009, Rs. C-111/08, Slg. 2009, I-5655 (Alpenblume).

606 *Oberhammer* IPrax 2010, 317, 318 f. ist der Ansicht, der EuGH habe den Gegenstand des Verfahrens „*diffus umschrieben*". In dem Rechtsstreit vor dem Landgericht Salzburg sei es nur um die Pflicht der Scaniahof zur Bewirkung der Firmenbuchanmeldung gegangen, mit der statt der Erwerberin Alpenblume wieder SCT Industri eingetragen werden sollte. Die Bewirkung der Firmenbuchanmeldung entspricht im deutschen Recht der Eintragung ins Handelsregister. An diesem Rechtsstreit zwischen SCT Industri als Klägerin und Scaniahof als Beklagte sei Alpenblume gar nicht beteiligt, sondern lediglich Nebenintervenientin gewesen und zwar erst ab dem Revisionsstadium. Daher stelle sich in dem schwedischen Verfahren die Frage der Anerkennung nicht, da die Parteien nicht identisch sind. Hinzu komme, dass die Darstellung des Sachverhalts durch den EuGH „*überaus oberflächlich und teilweise auch irreführend*" sei. Die genaue Darstellung der Klage des Ausgangsverfahrens sei jedoch entscheidend, um zu ermitteln, ob der Anwendungsbereich der EuGVVO eröffnet ist.
Im Folgenden wird von dem Sachverhalt ausgegangen, den der EuGH seinem Urteil zugrunde legt. Denn die Prüfung und Auslegung des EuGH bezieht sich darauf, ob eine Klage mit der die Unwirksamkeit von Gesellschaftsanteilen aufgrund der

Vorab stellt der EuGH klar, dass die EuInsVO nicht auf das im Ausgangsrechtsstreit in Rede stehende Verfahren anwendbar ist. Begründet wird dies damit, dass das Ausgangsverfahren vor Inkrafttreten der EuInsVO eröffnet wurde. Somit gehe es ausschließlich darum, ob eine Entscheidung, wie sie das österreichische Gericht im Ausgangsverfahren erlassen hat, unter die EuGVVO fällt, mit der Folge, dass das vorlegende schwedische Gericht an sie gebunden wäre.

Im Folgenden erläutert der EuGH den Anwendungsbereich der EuGVVO sowie den Ausschluss für „Konkurse, Vergleiche und ähnliche Verfahren" des Art. 1 Abs. 2 lit. b) EuGVVO. Es sei daran zu erinnern, dass Konkurse und ähnliche Verfahren sowohl wegen der Eigentümlichkeit des betreffenden Sachgebiets, das besondere Regelungen erfordert, als auch wegen der tiefgreifenden Unterschiede zwischen den Rechtsvorschriften der Vertragsstaaten vom Anwendungsbereich des EuGVÜ ausgenommen worden seien. Der EuGH habe im Rahmen seiner Rechtsprechung zum EuGVÜ entschieden, dass sich eine Klage auf ein Konkursverfahren beziehe, wenn sie unmittelbar aus diesem hervorgehe und sich eng innerhalb des Rahmens eines Konkurs- oder Vergleichsverfahrens halte. Eine Klage, die derartige Merkmale aufweise, falle daher nicht in den Anwendungsbereich des Übereinkommens. Der EuGH zieht ferner ein weiteres Urteil aus seiner Rechtsprechung heran. Aus diesem ergebe sich, dass die vom EuGH vorgenommene Auslegung des EuGVÜ auch für die EuGVVO gelte, soweit die Vorschriften der Verordnung und die des Übereinkommens als gleichbedeutend angesehen werden können. Grund dafür sei, dass die EuGVVO nun an die Stelle des EuGVÜ getreten sei. Der EuGH stellt klar, dass in dem mit der EuGVVO geschaffenen System Art. 1 Abs. 2 lit. b) denselben Platz einnimmt wie Art. 1 Abs. 2 Nr. 2 im System des EuGVÜ. Bei einer derartigen Übereinstimmung einer Vorschrift des EuGVÜ mit einer Vorschrift der EuGVVO sei nach dem 19. Erwägungsgrund der EuGVVO die Kontinuität der Auslegung zwischen diesen beiden Rechtsakten zu wahren. Eine solche Kontinuität sei auch ein Mittel dazu, die Beachtung des Grundsatzes der Rechtssicherheit zu gewährleisten, der eine der Grundlagen dieser Rechtsakte sei. Aus alledem zieht der EuGH den Schluss, dass es sich jeweils nach der Enge des Zusammenhangs – im Sinne der Gourdain/Nadler-Rechtsprechung – zwischen einer Klage und dem Konkursverfahren entscheidet, ob der in Art. 1 Abs. 2 lit. b) EuGVVO genannte Ausschluss Anwendung findet.

---

mangelnden Verfügungsbefugnis des Insolvenzverwalters festgestellt wird unter die EuGVVO oder deren Ausnahme in Art. 1 Abs. 2 lit. b) fällt.

Der EuGH stellt sein Auslegungsergebnis in Bezug auf die zu prüfende Klage voran und stellt fest, dass sich im Ausgangsverfahren der Zusammenhang als „besonders eng" erweist. Der EuGH begründet das vor allem mit zwei Argumenten. Zum einen sei der Vorlageentscheidung zu entnehmen, dass der Ausgangsrechtsstreit ausschließlich die Frage betreffe, wer Inhaber von Gesellschaftsanteilen ist, die im Rahmen eines Konkursverfahrens von einem Konkursverwalter auf der Grundlage von Bestimmungen wie denen des schwedischen Konkursgesetzes übertragen wurden. Diese wichen von den allgemeinen Regeln des Zivilrechts und insbesondere des Sachenrechts ab. Der EuGH betont, dass die schwedischen Vorschriften vor allem vorsehen, dass der Schuldner im Konkursfall das Recht einbüßt, frei über sein Vermögen zu verfügen, und dass es Sache des Konkursverwalters ist, das die Konkursmasse bildende Vermögen für Rechnung der Gläubiger zu verwalten und, soweit erforderlich, zu übertragen. Daraus folgert der EuGH, dass die im Ausgangsverfahren streitige Übertragung und die daran anknüpfende Rückforderungsklage mit anderen Worten unmittelbare und untrennbare Folge dessen gewesen seien, dass der Konkursverwalter, also ein Rechtssubjekt, das erst nach Einleitung eines Konkursverfahrens tätig wird, ein Vorrecht ausgeübt habe. Hinzu komme, dass er eigens Bestimmungen des nationalen Rechts eingenommen habe, die für diese Art von Verfahren gelten. Nach Ansicht des EuGH wird ein solches Verständnis dadurch bestätigt, dass – wie sich aus den vorgelegten Akten des Ausgangsverfahrens ergebe – sich die Aktiva des Unternehmens, dessen Vermögen Gegenstand des Konkursverfahrens ist, nach dem Verkauf der fraglichen Gesellschaftsanteile durch den Konkursverwalter erhöht hätten.

Zum anderen sieht es der EuGH als maßgeblich an, dass die Begründung des österreichischen Gerichts einzig und allein auf den Umfang der Befugnisse des betreffenden Konkursverwalters im Rahmen eines Konkursverfahrens und insbesondere auf dessen Befugnis, über Vermögen in Österreich zu verfügen, abstellte. Daraus folgert der EuGH, dass Inhalt und Tragweite der Entscheidung in engem Zusammenhang mit dem Ablauf des Konkursverfahrens standen. Dieser Zusammenhang werde auch nicht dadurch geschwächt, dass im Ausgangsverfahren das Konkursverfahren zum Zeitpunkt der Erhebung der Klage vor den österreichischen Gerichten beendet gewesen war.

Im Folgenden subsumiert der EuGH die Klage unter das Abgrenzungskriterium aus Gourdain/Nadler. Eine Klage wie die, um die es im Ausgangsverfahren gehe, leite sich unmittelbar aus einem Konkursverfahren ab und stehe in engem Zusammenhang damit, so dass sie nicht in den Anwendungsbereich der EuGVVO falle. Anschließend stellt der EuGH fest, dass die in den Erwägungsgründen 2, 7 und 15 der EuGVVO aufgeführten Grundsätze an dieser Beurteilung nichts ändern. Die Gründe dafür seien die besonderen, im Ausgangsverfahren bestehenden rechtlichen Besonderheiten und der enge Zusammenhang zwischen der bei dem vorlegenden Gericht anhängigen Klage mit dem Insolvenzverfahren.

### 3. *Konsequenzen*

Die Vorlagefrage bezieht sich darauf, ob der Ausnahmetatbestand des Art. 1 Abs. 2 lit. b) EuGVVO erfüllt ist bei einer Entscheidung eines Gerichts in einem Mitgliedstaat A (Österreich) über die Eintragung als Inhaber von Anteilen einer im Mitgliedstaat A ansässigen Gesellschaft (Scaniahof), die von einem für eine Gesellschaft (SCT Industri) in einem anderen Mitgliedstaat B (Schweden) bestellten Konkursverwalter übertragen wurde. Daher betrifft die Vorlage des schwedischen Gerichts die Frage, ob die Entscheidung des österreichischen Gerichts in den Anwendungsbereich der EuGVVO fällt, oder ob sie unter den Ausschlusstatbestand des Art. 1 Abs. 2 lit. b) EuGVVO zu subsumieren ist.

Wenn die EuGVVO auf die österreichische Entscheidung anwendbar ist, sind die dortigen Regelungen (Art. 33 ff. EuGVVO) über die Anerkennung von Urteilen einschlägig.[607] Gemäß Art. 33 Abs. 1 EuGVVO wird die Entscheidung grundsätzlich automatisch anerkannt.[608] Das schwedische Gericht hätte dann die österreichische Entscheidung anerkennen und nicht erneut entscheiden dürfen.[609] Fällt die österreichische Entscheidung hingegen – so der EuGH – nicht in den Anwendungsbereich der EuGVVO, muss das schwedische Gericht die österreichische Entscheidung nicht anerkennen und kann erneut entscheiden. Eine Anerkennung der Entscheidung nach den Regeln der EuInsVO kommt vorliegend nicht in Betracht, denn die EuInsVO ist zeitlich nicht anwendbar. Art. 43 EuInsVO bestimmt den zeitlichen Anwendungsbereich der EuInsVO. Demgemäß ist die EuInsVO auf Insolvenzverfahren anwendbar, die nach ihrem Inkrafttreten am 31. Mai 2002 eröffnet wurden. Das Insolvenzverfahren über das Vermögen der SCT Industri wurde vom Malmö Tingsrätt im Jahre 1993 eröffnet. Der EuGH stellt in seinem Urteil, zumindest in der deutschen Sprachfassung, für den zeitlichen Anwendungsbereich der EuInsVO nicht auf die Eröffnung des Insolvenzverfahrens, sondern auf die Eröffnung des Ausgangsverfahrens ab. In der englischen Sprachfassungen ist dies beispielsweise anders:

> *[…], it must be noted that Regulation No 1346/2000 is not applicable to this case as the insolvency proceedings were opened before the entry into force of that regulation.*

---

607 *Oberhammer* IPrax 2010, 317, 319.

608 Kropholler/von Hein, Europäisches Zivilprozessrecht, Vor. Art. 33 EuGVO Rn. 2.

609 Art. 34 Abs. 4 EuGVVO; Kropholler/von Hein, Europäisches Zivilprozessrecht, Vor. Art. 33 EuGVO Rn. 12.

Hier wird für die zeitliche Anwendbarkeit der EuInsVO auf die Eröffnung des Insolvenzverfahrens abgestellt, so dass bei der deutschen Sprachfassung ein Übersetzungsfehler vorliegen könnte.

Weitere Ungenauigkeiten bestehen an weitaus entscheidenderen Stellen. Der Streitgegenstand des österreichischen Verfahrens wird nicht genau bezeichnet, sondern vielmehr umschrieben. In dem Urteil finden sich an einigen Stellen Ausführungen zum Gegenstand des österreichischen Verfahrens. Auch ist nicht immer eindeutig, für welches Verfahren der EuGH die Nähe zum Insolvenzverfahren untersucht. In Rn. 28 stellt der EuGH fest, dass sowohl die österreichische als auch die schwedische Rückforderungsklage unmittelbare und untrennbare Folge dessen sind, dass der Insolvenzverwalter ein Vorrecht ausgeübt hat. Auch am Ende des Urteils in seiner vermeintlichen Zusammenfassung der voranstehenden Erwägungen bezeichnet der EuGH nicht das österreichische Verfahren als eng mit dem Insolvenzverfahren zusammenhängend, sondern das schwedische.

Für die Beantwortung der Vorlagefrage ist es jedoch nicht entscheidend, ob das schwedische Verfahren einen Zusammenhang zum Insolvenzverfahren aufweist. Denn das schwedische Gericht legt dem EuGH die Vorlagefrage vor (sogenanntes Ausgangsverfahren).[610] Die zu prüfende Klage ist jedoch das österreichische Verfahren. Denn die Anerkennung der österreichischen Entscheidung in Schweden hängt davon ab, ob die österreichische Entscheidung in den Anwendungsbereich der EuGVVO fällt, mit der Folge dass die Entscheidung grundsätzlich gemäß Art. 33 Abs. 1 EuGVVO automatisch anerkannt würde. Der EuGH geht in seinem Urteil davon aus, dass in dem österreichischen Verfahren die Unwirksamkeit der Übertragung der Gesellschaftsanteile festgestellt wurde, da die Befugnisse des schwedischen Insolvenzverwalters in Österreich nicht anerkannt wurden.

Im Sachverhalt heißt es:

> *Auf Klage von SCT Industri stellte ein österreichisches Gericht fest, dass der in Schweden bestellte Konkursverwalter nicht befugt gewesen sei, über Vermögenswerte in Österreich zu verfügen, und dass Alpenblume daher die Gesellschaftsanteile nicht wirksam erworben habe.*

Um die Vorlagefrage zusammenzufassen, stellt der EuGH fest, dass es darum gehe, ob

---

610 *Oberhammer* IPrax 2010, 317, 320. Der EuGH hingegen bezeichnet in seinem Urteil das österreichische Verfahren als das Ausgangsverfahren.

*eine Entscheidung, mit der das Gericht eines anderen Mitgliedstaats die Übertragung von Gesellschaftsanteilen im Rahmen eines Konkursverfahrens mit der Begründung für unwirksam erklärt hat, dass der Konkursverwalter, der die Anteile übertragen habe, nicht befugt gewesen sei, über Vermögenswerte in diesem Mitgliedstaat zu verfügen, unter die Ausnahme in Art. 1 Abs. 2 Buchst. b der Verordnung Nr. 44/2001 in Bezug auf Konkurse, Vergleiche und ähnliche Verfahren fällt.*

An anderer Stelle führt der EuGH aus, dass

*der Ausgangsrechtsstreit ausschließlich die Frage betrifft, wer Inhaber von Gesellschaftsanteilen ist, die im Rahmen eines Konkursverfahrens von einem Konkursverwalter auf der Grundlage von Bestimmungen wie denen des schwedischen Konkursgesetzes [...] übertragen wurden.*

In der darauf folgenden Randnummer hingegen heißt es:

*die im Ausgangsverfahren streitige Übertragung.*

Im Folgenden stellt der EuGH fest, das österreichische Gericht habe in der Entscheidung

*„die Unwirksamkeit der Übertragung der im Ausgangsverfahren streitigen Gesellschaftsanteile erklärt."*

In der Literatur wird hingegen die Ansicht vertreten, die Sachverhaltsdarstellung durch den EuGH sei „überaus oberflächlich und teilweise auch irreführend."[611] Der EuGH habe den Gegenstand des österreichischen Verfahrens „diffus umschrieben".[612] In dem Verfahren vor dem Landgericht Salzburg sei es vielmehr darum gegangen, dass SCT Industri gegen Scaniahof auf Vornahme der Firmenbuchanmeldung geklagt habe, damit statt der Erwerberin Alpenblume wieder SCT Industri eingetragen werde.[613]

Unabhängig von ihrem genauen Gegenstand ist die Klage jedenfalls nicht direkt darauf gerichtet, die Anerkennung der Befugnisse des schwedischen Insolvenzverwalters in Österreich festzustellen. Vielmehr ist die Anerkennung der Befugnisse des schwedischen Verwalters ein innerhalb der Klage zu prüfender Punkt. Die Frage über die Anerkennung der Befugnisse des Insolvenzverwalters kann selbst klageweise geltend gemacht werden. Es handelt sich um ein präjudizielles Rechtsverhältnis im Tatbestand einer Norm.[614] Daher handelt es sich bei

---

611 *Oberhammer* IPrax 2010, 317, 318.
612 *Oberhammer* IPrax 2010, 317, 319.
613 *Oberhammer* IPrax 2010, 317, 319.
614 siehe statt aller *Mankowski* NZI 2010, 508, 509.

der Frage der Anerkennung der Befugnisse des Verwalters in dem österreichischen Rechtsstreit um eine Vorfrage.[615]

Um die Vorlagefrage der Anwendbarkeit der EuGVVO auf die österreichische Entscheidung zu beantworten, grenzt der EuGH zunächst den Anwendungsbereich der EuGVVO und deren Ausschlusstatbestand in Art. 1 Abs. 2 lit. b) ab (hierzu unter a)). Anschließend subsumiert er die österreichische Klage unter den Ausschluss in Art. 1 Abs. 2 lit. b) EuGVVO, mit der Folge, dass das schwedische Gericht die österreichische Entscheidung nicht anerkennen muss (hierzu unter b)).

### *a) Abgrenzung des Anwendungsbereichs der EuGVVO*

Der EuGH erläutert die Entstehungsgeschichte bis hin zur Auslegung des heutigen Art. 1 Abs. 2 lit. b) EuGVVO. Konkurse, Vergleiche und ähnliche Verfahren sind sowohl wegen der Eigentümlichkeit des betreffenden Sachgebiets, das besondere Regelungen erfordert, als auch wegen der tiefgreifenden Unterschiede zwischen den Rechtsvorschriften der Staaten vom Anwendungsbereich des EuGVÜ ausgenommen worden. Das ergibt sich sowohl aus dem erläuternden *Jenard*-Bericht[616] zum EuGVÜ sowie aus dem Gourdain/Nadler-Urteil des EuGH aus dem Jahre 1979. In diesem Urteil hat der EuGH auch die Ausnahme des Art. 1 Abs. 2 Nr. 2 EuGVÜ konkretisiert und ein Kriterium zur Abgrenzung des Anwendungsbereichs des EuGVÜ entwickelt. Das EuGVÜ ist nicht anwendbar auf eine Klage, die sich auf ein Konkursverfahren bezieht. Eine Klage bezieht sich dann auf ein Konkursverfahren, wenn die Klage unmittelbar aus diesem hervorgeht und sich eng innerhalb des Rahmens eines Konkurs- oder Vergleichsverfahrens hält.

Im Folgenden stellt der EuGH fest, dass die EuGVVO an die Stelle des EuGVÜ getreten ist. Der EuGH bezieht sich auf ein anderes zur EuGVVO ergangenes Urteil, in dem er entschieden hat, dass seine eigene Rechtsprechung in Bezug auf Vorschriften, die in dem Übereinkommen und in der Verordnung gleich lauten, weiterhin gilt.[617] In Bezug auf die Anwendbarkeit der EuGVVO heißt das, dass die Auslegung aus Gourdain/Nadler weiterhin gilt.[618] Denn an

---

615 *Kodek* ÖBA 2009, 629, 635; Kropholler/von Hein, Europäisches Zivilprozessrecht, Art. 1 EuGVO Rn. 35.

616 Bericht zu dem Übereinkommen über die gerichtliche Zuständigkeit und die Vollstreckung gerichtlicher Entscheidungen in Zivil- und Handelssachen von P. Jenard, ABl. 1979 Nr. C 59, 1.

617 EuGH, Urteil vom 14.05.2009, Rs. C-180/06, Slg. 2009, I-3961 (Ilsinger).

618 Gottwald/*Gottwald/Kolmann* § 130 Rn. 59.

die Stelle des Art. 1 Abs. 2 Nr. 2 EuGVÜ ist der gleichlautende Art. 1 Abs. 2 lit. b) EuGVVO getreten. Hinzu kommt, dass dieser die gleiche Funktion einnimmt wie seine Vorgängervorschrift. Durch die Ausnahme für Konkurse, Vergleiche und ähnliche Verfahren wird der Anwendungsbereich der EuGVVO, die grundsätzlich für alle Zivil- und Handelssachen anwendbar ist, begrenzt. In seine Begründung bezieht der EuGH auch Erwägungsgrund 19 mit ein. Diesem entnimmt er, dass bei einer Übereinstimmung der Vorschriften des Übereinkommens und der EuGVVO die Kontinuität der Auslegung zwischen den beiden Rechtsakten gewahrt werden solle, um Rechtssicherheit zu gewährleisten. Schließlich stellt der EuGH fest, dass sich nach der Enge des Zusammenhangs zwischen der in Frage stehenden Klage und dem Insolvenzverfahren im Sinne der Gourdain/Nadler-Rechtsprechung entscheidet, ob Art. 1 Abs. 2 lit. b) einschlägig ist.

*b) Einordnung der Klage des Ausgangsverfahrens*

Der EuGH stellt fest, dass die österreichische Klage mit dem Insolvenzverfahren einen „besonders engen" Zusammenhang aufweist. Nach Ansicht des EuGH handelt es sich bei dieser Klage um eine solche, die das in Gourdain/Nadler entwickelte Abgrenzungskriterium erfüllt. Daraus folgt, dass der Ausnahmetatbestand des Art. 1 Abs. 2 lit. b) EuGVVO erfüllt und die EuGVVO nicht anwendbar ist. In dem „Deko Marty"-Urteil hat der EuGH entschieden, dass für eine Klage, die das in Gourdain/Nadler entwickelte Kriterium erfüllt, eine internationale Zuständigkeit gemäß Art. 3 Abs. 1 EuInsVO besteht. Folge dessen wäre, dass die österreichische Klage, ebenso wie die Insolvenzanfechtungsklage, in den Anwendungsbereich der EuInsVO fiele, eine internationale Zuständigkeit am Mittelpunkt der hauptsächlichen Interessen des Schuldners bestünde und die Entscheidung gemäß Art. 25 Abs. 1 Unterabsatz 2 automatisch anerkannt werden würde[619] – vorausgesetzt die EuInsVO wäre zeitlich anwendbar. Es stellt sich daher die Frage, ob eine solche Auslegung in Einklang mit der Auslegung der beiden Verordnungen steht.

Der Anwendungsbereich der EuGVVO ist eröffnet, wenn es sich um eine Zivil- oder Handelssache handelt, Art. 1 Abs. 1. Der Begriff der Zivil- und Handelssache wird weder in der Verordnung noch in den Erwägungsgründen positiv definiert.[620] Vielmehr bestimmt sich der Begriff in Abgrenzung zu einer

619 *Kodek* ÖBA 2009, 629, 635; *Mansel/Thorn/Wagner* IPrax 2010, 1, 22 sehen *„unmittelbare Konsequenzen für den sachlichen Anwendungsbereich der EuInsVO"*.

620 siehe oben unter Teil 3 § 1.

öffentlich-rechtlichen Streitigkeit.[621] Dabei kommt es auf den Streitgegenstand, den Gegenstand des Rechtsstreits, nicht hingegen auf die Art des angerufenen Gerichts, an.[622] Für den Gegenstand des Rechtsstreits sind inzidenter zu prüfende Punkte, sogenannte Vorfragen, nicht entscheidend.[623]

Ebenso wie ein inzident zu prüfender Punkt nicht darüber entscheidet, ob es sich um eine Zivil- oder Handelssache einerseits oder um eine öffentlich-rechtliche Streitigkeit andererseits handelt, kann eine inzident zu klärende Frage über die Anerkennung und den Umfang der Befugnisse eines ausländischen Insolvenzverwalters nicht dazu führen, dass es sich um eine Klage handelt, die unter das vom Anwendungsbereich der EuGVVO ausgeschlossene Rechtsgebiet für „Konkurse, Vergleiche und ähnliche Verfahren" fällt.[624]

Der EuGH sieht die inzident zu prüfende Frage hingegen als entscheidend an. Das begründet er zum einen mit dem vom Insolvenzverwalter ausgeübten Vorrecht und dem Urteil des österreichischen Gerichts, welches die Begründung seiner Klage darauf stützt, dass die Übertragung der Gesellschaftsanteile wegen der mangelnden Verfügungsbefugnis des schwedischen Insolvenzverwalters in Österreich unwirksam ist. Der EuGH sieht es als entscheidend an, dass der Insolvenzverwalter aufgrund der spezifischen, ihm durch das Insolvenzrecht übertragenen Verfügungsbefugnis handelt. Das gilt jedoch für jedes Insolvenzverfahren. Der Verlust der Verfügungsbefugnis des Schuldners und deren Übergang auf den Verwalter ist eine der Voraussetzungen, die Art. 1 Abs. 1 EuInsVO für ein Insolvenzverfahren nennt. Auch im Gourdain/Nadler-Urteil wird ein solcher Übergang der Verfügungsbefugnis auf den Verwalter als Voraussetzung eines Insolvenzverfahrens angesehen.[625] Hinzu kommt, dass die Übertragung von Gesellschaftsanteilen kein speziell dem Verwalter zustehendes Recht ist.[626] Denn auch der Schuldner war vor Insolvenzeröffnung befugt, Gesellschaftsanteile, die sich in seinem Vermögen befanden, zu übertragen.[627] Anders als beispielsweise bei der Insolvenzanfechtung handelt es sich bei der Übertragung von Gesellschaftsanteilen nicht um ein spezifisches Recht, das

---

621 siehe oben unter Teil 3 § 1.

622 Art. 1 Abs. 1, 2. Halbsatz EuGVVO.

623 *Mankowski* NZI 2009, 570, 572; *Mankowski* NZI 2010, 508, 509.

624 Geimer/Schütze/*Pörnbacher*, Internationaler Rechtsverkehr, Art. 1 VO (EG) Nr. 44/2001 Rn. 3; MünchKommZPO/*Gottwald* Art. 1 EuGVVO Rn. 8.

625 EuGH, Urteil vom 22.02.1979, Rs. 133/78, Slg. 1979, 733 (Gourdain/Nadler) Rn. 5.

626 *Mankowski* NZI 2009, 570, 572; *Oberhammer* in: Festschrift Koziol 2010, 1239, 1264.

627 *Mankowski* NZI 2009, 570, 572; *Oberhammer* IPrax 2010, 317, 323; *Thole* ZEuP 2010, 904, 919.

durch das Insolvenzverfahren entsteht. Vielmehr handelt es sich um ein Recht, das dem Schuldner vor Insolvenzeröffnung zustand und das nach Übergang der Verfügungsbefugnis in gleicher Weise dem Insolvenzverwalter zusteht.[628] Auch führt das Argument des EuGH, dass sich nach Ausübung dieses Vorrechts die Aktiva des Unternehmens erhöht hätten, zu keiner anderen Beurteilung. Durch die Ausübung des Vorrechts hat der Insolvenzverwalter ein Rechtsgeschäft nach Insolvenzeröffnung vorgenommen. Dass sich dabei die Aktiva des Unternehmens erhöht haben, ist nichts Ungewöhnliches.[629] Vielmehr ist der Insolvenzverwalter dazu verpflichtet, im Interesse der Gläubigergemeinschaft zu handeln.[630] Da ihr Interesse in der Befriedigung ihrer Forderungen liegt, handelt der Insolvenzverwalter in ihrem Interesse, wenn durch sein Handeln die Masse vergrößert wird. Daher entspricht die gewinnbringende Veräußerung des Gesellschaftsanteils der Pflicht des Insolvenzverwalters zur Mehrung der Masse. Das ändert jedoch nichts daran, dass das vom Insolvenzverwalter zugunsten der Masse getätigte Rechtsgeschäft ein ganz normales Rechtsgeschäft ist, mit dem Unterschied, dass nunmehr, nach Übergang der Verfügungsbefugnis auf den Verwalter, nicht der Schuldner, sondern er dieses Rechtsgeschäft vornimmt. Die Verfügungsbefugnis des durch das Insolvenzverfahren bestellten Insolvenzverwalters ist eine Voraussetzung für die Wirksamkeit des Rechtsgeschäfts. Daher ist bei der Prüfung der Wirksamkeit der Übertragung der Gesellschaftsanteile die Rechtsmacht des ausländischen Insolvenzverwalters inzident zu prüfen. Das führt jedoch nicht dazu, dass jede Klage, in der eine solche inzident zu prüfende Frage relevant wird, unter den Ausschluss des Art. 1 Abs. 2 lit. b) EuGVVO fällt.[631] Auch das zweite vom EuGH genannte Argument, dass das österreichische Gericht seine Entscheidung auf diese mangelnde Befugnis des Insolvenzverwalters, im Ausland zu handeln, stützt, führt nicht dazu, dass die Klage unter den Ausschluss in Art. 1 Abs. 2 lit. b) EuGVVO fällt.

Aus den vom EuGH genannten Argumenten lässt sich folgern, dass dann, wenn das Gericht die Unwirksamkeit der Übertragung der Gesellschaftsanteile nicht aufgrund der mangelnden Verfügungsbefugnis des Insolvenzverwalters prüft, sondern der Rechtserwerb aus einem anderen Grund unwirksam gewesen

628 *Mankowski* NZI 2009, 570, 572; *Oberhammer* IPrax 2010, 317, 323; *Thole* ZEuP 2010, 904, 919.

629 *Kodek* ÖBA 2009, 629, 635.

630 so auch *Oberhammer* in: Festschrift Koziol 2010, 1239, 1264; *Thole* ZEuP 2010, 904, 919.

631 FK-InsO/*Wenner/Schuster* Art. 3 EuInsVO Rn. 39.

wäre,[632] der Ausschluss in Art. 1 Abs. 2 lit. b) EuGVVO nicht erfüllt ist. Folge dessen wäre, dass eine unterschiedliche internationale Zuständigkeit, entweder nach der EuInsVO oder nach der EuGVVO, bestünde, je nachdem welcher Grund für die Unwirksamkeit der Übertragung der Gesellschaftsanteile geltend gemacht wird. Würde beispielsweise die Unwirksamkeit der Übertragung der Gesellschaftsanteile wegen einer fehlerhaften Ermächtigung gemäß § 185 BGB des Übertragenden in Frage stehen, richtete sich die Klage nach der EuGVVO. Für die internationale Zuständigkeit und die Anwendbarkeit entweder der EuInsVO oder der EuGVVO kann jedoch nicht entscheidend sein, ob die mit der Klage geltend gemachte Unwirksamkeit der Übertragung der Gesellschaftsanteile aufgrund mangelnder Verfügungsbefugnis des Insolvenzverwalters oder aufgrund mangelnder Ermächtigung eines Dritten besteht. Denn es handelt sich um dieselbe Klage, die auf die gleiche Anspruchsgrundlage gestützt wird und mit der der Kläger das gleiche Klageziel verfolgt.[633] Die Anwendbarkeit der EuGVVO kann nicht davon abhängig gemacht werden, woraus sich der Mangel des Rechtsgeschäfts, das Gegenstand der Klage ist, ergibt. Daher ist es für den Anwendungsbereich der EuGVVO nicht entscheidend, ob die Übertragung des Gesellschaftsanteils wegen der mangelnden Verfügungsbefugnis des Insolvenzverwalters unwirksam ist. Ansonsten würde jedes Verfahren, das in irgendeiner Weise eine insolvenzrechtliche Frage beinhaltet, als unmittelbar aus dem Insolvenzverfahren hervorgehend und einen engen Zusammenhang damit aufweisend gelten,[634] mit der Folge, dass die EuInsVO anwendbar ist und eine Zuständigkeitsbündelung im Insolvenzeröffnungsstaat besteht.[635]

Die durch den EuGH vorgenommene Subsumtion der österreichischen Entscheidung unter Art. 1 Abs. 2 lit. b) EuGVVO widerspricht nicht nur dem Wortlaut des im Gourdain/Nadler-Urteil entwickelten Abgrenzungskriteriums. In diesem Urteil hat der EuGH entschieden, dass ein Verfahren nur dann unter den Ausschluss in Art. 1 Abs. 2 lit. b) EuGVVO fällt, wenn das Verfahren unmittelbar aus dem Insolvenzverfahren hervorgeht und in engem Zusammenhang damit steht. Zwar geht das österreichische Verfahren insofern aus dem Insolvenzverfahren hervor, als die Eröffnung des Insolvenzverfahrens kausal für die Erhebung

632 *Oberhammer* IPrax 2010, 317, 323.

633 Unabhängig davon, ob man mit *Oberhammer* IPrax 2010, 317 davon ausgeht, dass die Klage auf Bewirkung der Firmenbuchanmeldung gerichtet war oder wie vom EuGH angenommenen auf die Feststellung der Unwirksamkeit der Übertragung der Gesellschaftsanteile gerichtet ist.

634 Gebauer/Wiedemann/*Haubold* Kapitel 32 Art. 3 EuInsVO Rn. 86a.

635 *Oberhammer* IPrax 2010, 317, 323.

der Klage ist.[636] Denn ohne ein über das Vermögen der SCT Industri eröffnetes Insolvenzverfahren hätte SCT Industri die Klage vor dem Landgericht Salzburg nicht erhoben. Ob diese Kausalität dazu führt, dass das österreichische Verfahren unmittelbar aus dem Insolvenzverfahren hervorgeht, kann dahingestellt bleiben, denn das zweite Abgrenzungskriterium der Enge des Zusammenhangs ist nicht erfüllt.[637] Zwischen dem österreichischen Verfahren und dem Insolvenzverfahren besteht – anders als der EuGH im vorliegenden Urteil annimmt – kein Zusammenhang, der „besonders eng" wäre. Vielmehr besteht aufgrund der insolvenzrechtlichen Vorfrage zwar ein gewisser Zusammenhang zu der Insolvenz des Schuldners.[638] Jedoch liegt schon der Bedeutung des Wortes „Enge" zufolge eine solche zwischen dem Insolvenzverfahren und einem Einzelverfahren, in dem im Laufe des Verfahrens eine insolvenzrechtliche Frage relevant wird, nicht vor.

Auch widerspricht es dem Willen des historischen Verordnungsgebers, eine Klage, die eine insolvenzrechtliche Vorfrage betrifft, unter den Ausschlusstatbestand des Art. 1 Abs. 2 lit. b) EuGVVO zu subsumieren. Denn im Bericht von *Jenard* zum EuGVÜ heißt es, dass

> *die genannten Sachgebiete nur dann von der Anwendung des Übereinkommens ausgeschlossen [sind], wenn sie den Gegenstand des Rechtsstreits selbst bilden. Die Ausnahme gilt jedoch dann nicht, wenn der Richter über eine Frage aus diesen Gebieten nur incidenter zu entscheiden hat.*

Der Bericht von *Jenard* stellt

> *in Wirklichkeit einen Kommentar zu dem am 27. September 1986 in Brüssel unterzeichneten Übereinkommen*

dar und ist somit entscheidend für die Auslegung der Bestimmungen des EuGVÜ. Daher war im Rahmen des EuGVÜ nicht entscheidend, ob eine Klage eine insolvenzrechtliche Vorfrage betraf. Eine solche Klage fiel nicht unter den Ausschluss in Art. 1 Abs. 2 Nr. 2 EuGVÜ. Die Auslegung des EuGVÜ hat auch noch Gültigkeit für die Auslegung der heutigen EuGVVO, wenn die Vorschriften gleichbedeutend sind. In dem vorliegenden Urteil hat der EuGH klargestellt, dass die Vorschrift des Art. 1 Abs. 2 Nr. 2 EuGVÜ und Art. 1 Abs. 2 lit. b) EuGVVO sowohl den gleichen Wortlaut als auch die gleiche Funktion haben. Denn sie begrenzen den Anwendungsbereich des EuGVÜ bzw. der EuGVVO. Daher

---

636 *Mankowski* NZI 2009, 570, 572; *Oberhammer* in: Festschrift Koziol 2010, 1239, 1264; *Oberhammer* IPrax 2010, 317, 322.

637 FK-InsO/*Wenner/Schuster* Art. 3 EuInsVO Rn. 39; *Oberhammer* IPrax 2010, 317, 323.

638 *Mankowski* NZI 2010, 508, 509.

widerspricht es der historischen Auslegung, eine Klage, die eine insolvenzrechtliche Vorfrage betrifft, unter das ausgeschlossene Rechtsgebiet des Art. 1 Abs. 2 lit. b) EuGVVO zu subsumieren.

Hinzu kommt, dass es nicht in Einklang mit der Entstehungsgeschichte der EuInsVO steht, eine Klage wie die österreichische als eine insolvenzrechtliche Annexklage zu qualifizieren. Im Gegensatz zur heutigen EuInsVO enthielten der Vorentwurf 1970 und der Entwurf 1980 einen Katalog von Einzelverfahren, die in den Anwendungsbereich des geplanten Insolvenzübereinkommens fallen sollten. Auf eine derart umfassende *vis attractiva concursus* hat man sich jedoch nicht einigen können, so dass das geplante EuInsÜ von 1994 keinen Katalog von Einzelstreitigkeiten mehr enthielt. Eine Klage, die eine insolvenzrechtliche Vorfrage betrifft, wäre nicht unter den dortigen Art. 17 des Vorentwurfs 1970 bzw. Art. 15 des Entwurfs von 1980 gefallen. Vielmehr würde es darüber hinausgehen, eine Klage, die eine insolvenzrechtliche Vorfrage betrifft, unter den Anwendungsbereich der EuInsVO zu subsumieren. Da man sich auf die *vis attractiva concursus* nicht hat einigen können, lässt sich der Umkehrschluss ziehen, dass eine Klage, die nicht einmal unter den Katalog gefallen wäre, erst recht nicht in den Anwendungsbereich der heutigen EuInsVO fällt.

Ferner entspricht es nicht Sinn und Zweck der Verordnungen, eine Klage wie die vor dem Landgericht Salzburg vom Anwendungsbereich der EuGVVO auszuschließen. Denn die EuGVVO strebt das Ideal an, für sämtliche Verfahren in Zivil- und Handelssachen Regelungen über die internationale Zuständigkeit, die Anerkennung und die Vollstreckung zu enthalten.[639] Daher widersprechen gerade die vom EuGH genannten Erwägungsgründe 2, 7 und 15 seiner Auslegung, dass die österreichische Entscheidung nicht in den Anwendungsbereich der EuGVVO fällt. Denn gemäß Erwägungsgrund 2 soll die EuGVVO dadurch zur Funktionsfähigkeit des Binnenmarktes beitragen, dass sie einheitliche Vorschriften für die internationale Zuständigkeit schafft und die Anerkennung und Vollstreckung solcher Entscheidungen vereinfacht. Dabei soll gemäß Erwägungsgrund 7 der sachliche Anwendungsbereich der Verordnung grundsätzlich alle Zivil- und Handelssachen erfassen. Es soll verhindert werden, dass sich widersprechende Entscheidungen in den einzelnen Mitgliedstaaten ergehen, Erwägungsgrund 15. Dadurch werde die Rechtssicherheit im Interesse des gemeinsamen Binnenmarktes gefördert.

---

639 Geimer/Schütze/*Geimer*, Europäisches Zivilverfahrensrecht, A.1 Art. 1 EuGVVO Rn. 66.

Lediglich für die genau festgelegten Rechtsgebiete in Art. 1 Abs. 2 EuGVVO soll die EuGVVO nicht anwendbar sein. Seit Inkrafttreten der EuInsVO erfasst diese Verordnung die Insolvenzverfahren und Einzelentscheidungen, die unmittelbar aus dem Insolvenzverfahren hervorgehen und in einem engen Zusammenhang damit stehen. Die EuInsVO ist jedoch nur für das Gesamtverfahren als solches sowie für die in Erwägungsgrund 6 genannten Entscheidungen anwendbar. Für normale zivilrechtliche Entscheidungen enthält die EuInsVO keine Regelungen. Ziel der EuInsVO ist es, grenzüberschreitende Insolvenzverfahren zu koordinieren, um die grenzüberschreitende Gläubigergemeinschaft zu schützen, und um zu verhindern, dass durch „forum shopping" Rechtsstreitigkeiten und Vermögensgegenstände verschoben werden.[640] Um dieses Ziel zu erreichen, erfasst die EuInsVO nicht nur das Insolvenzverfahren als solches, sondern auch gewisse Verfahren, die im Zusammenhang mit der Insolvenz stehen. Denn einige der Entscheidungen, die sich auf das Insolvenzverfahren auswirken, werden nicht im Gesamtverfahren, sondern in einem eigenen kontradiktorischen Verfahren getroffen, beispielsweise die Insolvenzanfechtung. Für diese unmittelbar aus dem Insolvenzverfahren hervorgehenden und damit in engem Zusammenhang stehenden Entscheidungen enthält die EuInsVO Regelungen, insbesondere über die im Gegensatz zur EuGVVO erleichterte Anerkennung und Vollstreckung.[641] Hintergrund dessen ist, das Insolvenzverfahren als solches zu beschleunigen und die Effizienz zu erhöhen.[642] Eine Effizienzsteigerung kann jedoch nur durch Entscheidungen erfolgen, die sehr eng mit dem Insolvenzverfahren verknüpft sind, nicht jedoch durch normale zivilrechtliche Entscheidungen. Daher besteht kein Grund, normale zivilrechtliche Entscheidungen, auch wenn sie das Insolvenzverfahren in gewisser Weise betreffen, unter die EuInsVO zu subsumieren. Vielmehr handelt es sich um normale zivilrechtliche Streitigkeiten, die der EuGVVO unterfallen. Denn es ist kein Grund dafür ersichtlich, dass eine Klage, mit der derselbe Anspruch geltend gemacht wird, einmal in den Anwendungsbereich der EuGVVO und einmal in den der EuInsVO fällt, in Abhängigkein davon, ob im Laufe des Verfahrens eine insolvenzrechtliche Frage relevant wird.

Auch widerspricht es dem zivilprozessualen Grundsatz des *actor sequitur forum rei*, jede Klage, die eine insolvenzrechtliche Vorfrage betrifft, unter den Anwendungsbereich der EuInsVO zu subsumieren, mit der Folge, dass eine internationale Zuständigkeit der Gerichte des Mitgliedstaats besteht, in dem der

640 Erwägungsgründe 3, 4 und 21 EuInsVO.

641 Art. 25 Abs. 1 Unterabsatz 2 EuInsVO.

642 so auch *Mankowski* NZI 2010, 508, 509 *„aus der Nähe zum Insolvenzzweck"*.

Schuldner den Mittelpunkt seiner hauptsächlichen Interessen hat. Denn dadurch würde der Schutz des Beklagten ausgehebelt.

### c) Fazit

Der der Vorlagefrage zugrundeliegende Sachverhalt kann sich seit Inkrafttreten der EuInsVO nicht mehr ereignen.[643] Da gemäß Art. 18 EuInsVO die Befugnisse des ausländischen Insolvenzverwalters automatisch anerkannt werden, würde über die Frage der Wirksamkeit der Übertragung von Gesellschaftsanteilen durch einen solchen kein Verfahren mehr geführt werden. Dennoch enthält das Urteil Wertungen, die auch nach Inkrafttreten der EuInsVO maßgeblich sind.[644] Zunächst hat der EuGH klargestellt, dass Art. 1 Abs. 2 lit. b) EuGVVO die gleiche Funktion innehat wie seine Vorgängervorschrift im EuGVÜ, so dass die Auslegung aus Gourdain/Nadler auch noch für die Konkretisierung des Ausnahmetatbestands für „Konkurse, Vergleiche und ähnliche Verfahren" relevant ist. Die Einordnung der zu prüfenden Klage als Annexklage, die „besonders eng" mit dem Insolvenzverfahren zusammenhängt, widerspricht hingegen der Auslegung der EuInsVO und der EuGVVO.[645] Vielmehr führt eine insolvenzrechtliche Frage innerhalb der Klage nicht dazu, dass dieses Verfahren unmittelbar aus dem Insolvenzverfahren hervorgeht und in engem Zusammenhang damit steht.[646] Zwar hat der EuGH die Kompetenz zur Rechtsfortbildung. Es kann jedoch nicht davon ausgegangen werden, dass der EuGH durch das vorliegende Urteil bewusst eine umfassende *vis attractiva concursus* für alle Verfahren, die eine insolvenzrechtliche Vorfrage betreffen, schaffen wollte. Denn zum einen ist die Begründung, mit der der EuGH den „besonders engen" Zusammenhang herleitet, knapp.[647] Der „besonders enge" Zusammenhang wird vom EuGH nur darauf gestützt, dass erstens der Insolvenzverwalter aufgrund des Übergangs der Verfügungsbefugnis ein Rechtsgeschäft abschließt, welches vorher der Schuldner hätte vornehmen können und mit dem er seiner allgemeinen Aufgabe zur Mehrung der Masse nachkommt, und dass zweitens das österreichische Gericht

---

643 *Mankowski* NZI 2009, 570, 571; *Oberhammer* IPrax 2010, 317, 317.

644 *Oberhammer* IPrax 2010, 317, 317.

645 Hess, Europäisches Zivilprozessrecht, § 6 Rn. 21 Rn. 99; *Mankowski* NZI 2009, 570, 572; *Oberhammer* in: Festschrift Koziol 2010, 1239, 1263; *Oberhammer* IPrax 2010, 317, 318; a.A. Kropholler/von Hein, Europäisches Zivilprozessrecht, Art. 1 EuGVO Rn. 35.

646 FK-InsO/*Wenner/Schuster* Art. 3 EuInsVO Rn. 39.

647 FK-InsO/*Wenner/Schuster* Art. 3 EuInsVO Rn. 39; *Oberhammer* IPrax 2010, 317, 322.

in seiner Urteilsbegründung die Nichtanerkennung der Befugnisse des ausländischen Insolvenzverwalters nennt.

Hinzu kommt, dass das Urteil, zumindest in der deutschen Sprachfassung, fehlerhaft ist. Für die zeitliche Anwendbarkeit der EuInsVO wird statt der Insolvenzverfahrenseröffnung die Eröffnung des Ausgangsverfahrens als maßgeblich angesehen. Der genaue Streitgegenstand wird nicht genannt, und am Ende des Urteils subsumiert der EuGH in seiner vermeintlichen Zusammenfassung der vorstehenden Erwägungen das schwedische Verfahren als eng mit dem Insolvenzverfahren zusammenhängend, worauf es für die Beantwortung der Vorlagefrage aber gar nicht ankommt.

Des Weiteren wurde in dem Verfahren des EuGH auf Schlussanträge des Generalanwalts verzichtet. Ein solcher Verzicht ist nach der Satzung des Europäischen Gerichtshofs nur möglich, wenn der Gerichtshof der Auffassung ist, dass eine Rechtssache keine neue Rechtsfrage aufwirft. Der Gerichtshof kann dann, nach Anhörung des Generalanwalts, beschließen, dass über die Sache ohne Schlussanträge des Generalanwalts entschieden wird (Art. 20 Abs. 5 EuGH-Satzung[648]). Daher lässt sich aus dem Urteil nicht folgern, dass der EuGH eine umfassende *vis attractiva concursus* hat schaffen wollen. Das bestätigt auch das kurze Zeit später ergangene Urteil des EuGH im Fall German Graphics.

## III. German Graphics

### *1. Sachverhalt*

Die German Graphics Grafische Maschinen GmbH verkaufte an Holland Binding NV, eine Aktiengesellschaft niederländischen Rechts, Maschinen. Der Kaufvertrag enthielt einen Eigentumsvorbehalt zugunsten von German Graphics. Die Maschinen wurden geliefert, der Kaufpreis jedoch nicht vollständig gezahlt.

Am 01. November 2006 eröffnete die Rechtbank Utrecht (Niederlande) das Konkursverfahren über das Vermögen der Holland Binding und bestellte Frau Alice van der Schee als Konkursverwalterin. German Graphics beantragte vor dem Landgericht Braunschweig den Erlass von Sicherungsmaßnahmen in Bezug auf bestimmte Maschinen, die sich in den Geschäftsräumen der Holland Binding in den Niederlanden befanden. Diesem Antrag gab das Landgericht Braunschweig am 19. Dezember 2006 statt. Gegen diesen Beschluss legte die

648 Protokoll über die Satzung des Gerichts der Europäischen Union vom 26. Februar 2001, ABl. 2001 Nr. C 80, 53; zuletzt geändert am 11. August 2012 (keine Änderung dieses Absatzes).

Konkursverwalterin Alice van der Schee ein Rechtsmittel bei der Rechtbank Utrecht ein. Die Rechtbank Utrecht hob daraufhin den Beschluss des Landgerichts Braunschweig mit Entscheidung vom 28. Juli 2007 auf. Gegen die Entscheidung der Rechtbank Utrecht legte German Graphics Kassationsbeschwerde beim Hoge Raad der Niederlande ein. Dieser setzte das Verfahren am 20. Juni 2008 aus und legte dem EuGH folgende Fragen zur Vorabentscheidung vor:

1. *Ist Art. 25 Abs. 2 der Verordnung (EG) Nr. 1346/2001 dahin auszulegen, dass die dort verwendete Formulierung „soweit jenes Übereinkommen d.h. die Verordnung (EG) Nr. 44/2001] anwendbar ist" bedeutet, dass die Anerkennungs- und Vollstreckungsvorschriften der Verordnung Nr. 44/2001 erst dann in Bezug auf andere als die in Art. 25 Abs. 1 der Verordnung Nr. 1346/2000 genannten Entscheidungen für anwendbar erklärt werden können, wenn zuvor geprüft wurde, ob diese Entscheidungen nach Art. 1 Abs. 2 Buchst. b der Verordnung Nr. 44/2001 vom sachlichen Anwendungsbereich der letztgenannten Verordnung ausgeschlossen sind?*
2. *Ist Art. 1 Abs. 2 Buchst. b der Verordnung Nr. 44/2001 in Verbindung mit Art. 7 Abs. 1 der Verordnung Nr. 1346/2001 dahin auszulegen, dass der Umstand, dass sich eine von einem Eigentumsvorbehalt erfasste Sache zu dem Zeitpunkt, zu dem ein Insolvenzverfahren über das Vermögen des Käufers eröffnet wird, im Mitgliedstaat der Verfahrenseröffnung befindet, dazu führt, dass eine auf diesen Eigentumsvorbehalt gestützte Klage des Verkäufers, wie die von German Graphics, als eine Klage anzusehen ist, die im Sinne von Art. 1 Abs. 2 Buchst. b der Verordnung Nr. 44/2001 den Konkurs betrifft und daher vom Anwendungsbereich dieser Verordnung ausgeschlossen ist?*
3. *Ist es im Rahmen von Frage 2 von Bedeutung, dass nach Art. 4 Abs. 2 Buchst. b der Verordnung Nr. 1346/2000 das Recht des Mitgliedstaates der Verfahrenseröffnung regelt, welche Vermögenswerte zur Masse gehören?*

## 2. *Entscheidung des EuGH*

Die Entscheidung des EuGH in der Rechtssache C-J029/08 erging am 10. September 2009.[649] Zunächst fasst der EuGH die erste Vorlagefrage zusammen. Der EuGH stellt fest, dass das Gericht wissen möchte, ob eine Entscheidung im Sinne des Art. 25 Abs. 2 EuInsVO erst dann nach den Bestimmungen der EuGVVO anerkannt werden kann, wenn das Vollstreckungsgericht zuvor geprüft hat, ob die Entscheidung in den Anwendungsbereich der EuGVVO fällt. Zur Beantwortung der Frage erläutert der EuGH zunächst die Anerkennungsregelung der EuInsVO, insbesondere die Vorschrift des Art. 25 EuInsVO. In den Art. 16 bis 26 EuInsVO sei die Anerkennung von Entscheidungen mit Bezug zu einem Insolvenzverfahren geregelt. In diesem Zusammenhang habe Art. 25 EuInsVO die Anerkennung und

649 EuGH, Urteil vom 10.09.2009, Rs. C- 292/08, Slg. 2009, I-8421 (German Graphics).

Vollstreckung von Entscheidungen zum Gegenstand, die nicht unmittelbar die Eröffnung des Verfahrens betreffen. Zum einen befasse sich Art. 25 Abs. 1 Unterabsatz 1 mit den „zur Durchführung und Beendigung eines Insolvenzverfahrens ergangenen Entscheidungen" und zum anderen in Abs. 1 Unterabsatz 2 und 3 mit den „Entscheidungen, die unmittelbar aufgrund des Insolvenzverfahrens ergehen und in engem Zusammenhang damit stehen" sowie mit den Entscheidungen über bestimmte Sicherungsmaßnahmen, und in Abs. 2 mit „anderen als den in Absatz 1 genannten Entscheidungen [...], soweit jenes Übereinkommen [d.h. das Brüsseler Übereinkommen] anwendbar ist." Daher fallen die in Art. 25 Abs. 2 genannten Entscheidungen nicht in den Anwendungsbereich der EuInsVO. Der EuGH stellt fest, dass es nicht ausgeschlossen ist, dass dazu auch Entscheidungen gehören, die weder in den Anwendungsbereich der EuInsVO noch in den der EuGVVO fallen. Insoweit gehe aus dem Wortlaut von Art. 25 Abs. 2 EuInsVO hervor, dass die Anwendung der EuGVVO auf eine Entscheidung voraussetze, dass die Entscheidung in den Anwendungsbereich der EuGVVO falle. Somit sei die Verordnung nicht anwendbar, wenn die betreffende Entscheidung sich nicht auf eine Zivil- oder Handelssache beziehe oder gemäß Art. 1 EuGVVO von deren Anwendungsbereich ausgeschlossen ist. Daraus folgert der EuGH, dass ein Vollstreckungsgericht, bevor es eine Entscheidung, die nicht in den Anwendungsbereich der EuInsVO fällt, nach den Vorschriften der EuGVVO anerkennt, prüfen müsse, ob der Anwendungsbereich der EuGVVO eröffnet ist. Anschließend fasst der EuGH sein Auslegungsergebnis in Bezug auf die erste Vorlagefrage zusammen. Auf diese sei zu antworten, dass Art. 25 Abs. 2 EuInsVO dahin auszulegen ist, dass die dort verwendete Formulierung „soweit jenes Übereinkommen anwendbar ist" bedeute, dass die Anerkennungs- und Vollsteckungsentscheidungen der EuGVVO erst dann in Bezug auf andere als die in Art. 25 Abs. 1 genannten Entscheidungen für anwendbar erklärt werden können, wenn diese Entscheidungen nicht vom sachlichen Anwendungsbereich der EuGVVO ausgeschlossen sind.

Die zweite und dritte Vorlagefrage prüft der EuGH zusammen. Auch hier fasst der EuGH die Vorlagefragen zusammen und stellt fest, dass das vorlegende Gericht wissen möchte, ob die auf einen Eigentumsvorbehalt gestützte Klage eines Verkäufers gegen einen Käufer aufgrund der Eröffnung eines Insolvenzverfahrens über das Vermögen des Käufers vom Anwendungsbereich der EuGVVO ausgeschlossen ist, wenn sich die vom Eigentumsvorbehalt erfasste Sache im Mitgliedstaat der Verfahrenseröffnung befindet.

Zur Beantwortung zieht der EuGH zunächst die seiner Ansicht nach entscheidenden Erwägungsgründe der EuGVVO heran. Nach dem 2. Erwägungsgrund erschweren die Unterschiede zwischen bestimmten einzelstaatlichen Vorschriften über die gerichtliche Zuständigkeit und die Anerkennung von

Entscheidungen das reibungslose Funktionieren des Binnenmarktes. Nach dem 7. Erwägungsgrund sollte sich der sachliche Anwendungsbereich der Verordnung auf den wesentlichen Teil des Zivil- und Handelsrechts erstrecken. Im 15. Erwägungsgrund werde betont, dass im Interesse einer abgestimmten Rechtspflege vermieden werden müsse, dass in zwei Mitgliedstaaten miteinander unvereinbare Vorschriften ergingen. Aus diesen Erwägungsgründen folgert der EuGH, dass der Gemeinschaftsgesetzgeber den in Art. 1 Abs. 1 EuGVVO enthaltenen Begriff der „Zivil- und Handelssache" und damit den Anwendungsbereich der EuGVVO weit fassen wollte.

Eine solche Auslegung sieht der EuGH in Erwägungsgrund 6 der EuInsVO bestätigt. Dieser bestimmt, dass sich gemäß dem Verhältnismäßigkeitsgrundsatz die Verordnung auf Vorschriften beschränken solle, die die Zuständigkeit für die Eröffnung des Insolvenzverfahrens und für Entscheidungen, die unmittelbar aufgrund des Insolvenzverfahrens ergehen und damit in einem engen Zusammenhang stehen, regeln. Daraus folgert der EuGH, dass der Anwendungsbereich der EuInsVO nicht weit ausgelegt werden solle.

Im Folgenden zieht der EuGH seine bisher zur Abgrenzung der EuGVVO und der EuInsVO ergangenen Urteile heran. In Gourdain/Nadler habe der Gerichtshof zum EuGVÜ entschieden, dass sich eine Klage auf ein Konkursverfahren beziehe, wenn sie unmittelbar aus diesem hervorgehe und sich eng innerhalb des Rahmens eines Konkurs- oder Vergleichsverfahrens halte. Der EuGH zitiert das „Deko Marty"-Urteil, um festzustellen, dass eine solche Klage nicht in den Anwendungsbereich des EuGVÜ falle. Da die EuGVVO das EuGVÜ ersetzt, gelte die Auslegung des Gerichtshofs auch für die Bestimmungen der Verordnung, soweit die Bestimmungen des EuGVÜ und der EuGVVO als gleichwertig angesehen werden. Aus dem 19. Erwägungsgrund folgert der EuGH, dass bei der Auslegung die Kontinuität zwischen dem EuGVÜ und der EuGVVO zu wahren sei. Dabei bezieht er sich auf ein anderes, 2009 ergangenes Urteil zur EuGVVO. Sodann stellt der EuGH, wie schon im Alpenblume-Urteil, fest, dass Art. 1 Abs. 2 lit. b) in dem mit der EuGVVO geschaffenen System denselben Platz einnimmt wie Art. 1 Abs. 2 Nr. 2 im System des EuGVÜ. Darüber hinaus haben die beiden Bestimmungen den gleichen Wortlaut.

Aus alledem folgert der EuGH, dass sich somit nach der Enge der Verbindung, die im Sinne der mit dem Gourdain/Nadler-Urteil begründeten Rechtsprechung zwischen einer gerichtlichen Klage wie derjenigen, um die es im Ausgangsverfahren gehe, und dem Konkursverfahren besteht, entscheide, ob der in Art. 1 Abs. 2 lit. b) EuGVVO genannte Ausschluss Anwendung finde.

Im Folgenden subsumiert der EuGH die zu prüfende Klage unter dieses Auslegungsergebnis und stellt fest, dass in einer Situation wie der im

Ausgangsverfahren der Zusammenhang weder unmittelbar noch eng genug sei, um die Anwendung der EuGVVO auszuschließen. Aus der Vorlageentscheidung gehe hervor, dass German Graphics die Rückgabe der in ihrem Eigentum stehenden Sachen verlangt habe. Das Gericht habe daher nur zu klären, wer Eigentümer bestimmter, sich in den Geschäftsräumen der Holland Binding in den Niederladen befindlicher Maschinen sei. Die Beantwortung dieser Rechtsfrage erfolge unabhängig von der Eröffnung eines Insolvenzverfahrens. German Graphics habe mit ihrer Klage nur sicherstellen wollen, dass die zu ihren Gunsten vereinbarte Eigentumsvorbehaltsklausel angewandt werde. Mit anderen Worten stelle die auf den Eigentumsvorbehalt gestützte Klage eine eigenständige Klage dar. Diese habe ihre Grundlage nicht im Insolvenzverfahren und setze weder die Eröffnung eines Insolvenzverfahrens noch die Bestellung eines Insolvenzverwalters voraus. Die bloße Tatsache, dass die Konkursverwalterin an dem Rechtsstreit beteiligt sei, sei nicht ausreichend, um das Verfahren vor dem Landgericht Braunschweig als ein Verfahren anzusehen, das unmittelbar aus dem Konkurs hervorgehe und sich eng innerhalb des Rahmens eines Konkursverfahrens halte. Eine Klage wie die beim Landgericht Braunschweig sei daher nicht vom Anwendungsbereich der EuGVVO ausgeschlossen.

Im Folgenden klärt der EuGH den Einfluss von Art. 7 EuInsVO und Art. 4 EuInsVO auf das von ihm gewonnene Auslegungsergebnis. Die Vorschrift des Art. 7 Abs. 1 EuInsVO lege lediglich fest, dass „[d]ie Eröffnung eines Insolvenzverfahrens gegen den Käufer einer Sache […] die Rechte des Verkäufers aus einem Eigentumsvorbehalt unberührt [lässt], wenn sich die Sache zum Zeitpunkt der Eröffnung des Verfahrens in dem Gebiet eines anderen Mitgliedstaats als dem der Verfahrenseröffnung befindet." Der EuGH stellt fest, dass es sich bei dieser Bestimmung nur um eine materiell-rechtliche Bestimmung handle, durch die der Verkäufer einer Sache, die sich nicht in dem Mitgliedstaat der Verfahrenseröffnung befinde, geschützt werden solle. Außerdem sei Art. 7 Abs. 1 EuInsVO in dem Ausgangsverfahren nicht anwendbar, da sich die Sachen von German Graphics zum Zeitpunkt der Eröffnung des Insolvenzverfahrens in den Niederlanden, also im Mitgliedstaat der Verfahrenseröffnung, befanden.

Auch Art. 4 EuInsVO ist nach Ansicht des EuGH für die Einordnung der im Ausgangsverfahren fraglichen Klage nicht von Bedeutung. Bei dieser Vorschrift handle es sich nur um eine Kollisionsnorm, die vorsieht, dass das Recht des Staates, in dem das Insolvenzverfahren eröffnet wird, anzuwenden ist, um festzustellen, „welche Vermögenswerte zur Masse gehören und wie die nach der Verfahrenseröffnung vom Schuldner erworbenen Vermögenswerte zu behandeln sind." Diese Vorschrift habe keine Auswirkung auf den Anwendungsbereich der EuGVVO.

Abschließend fasst der EuGH sein Auslegungsergebnis aufgrund der vorstehenden Erwägungen zusammen: Die in Art. 1 Abs. 2 lit. b) EuGVVO enthaltene Ausnahme ist in Verbindung mit Art. 7 Abs. 1 EuInsVO unter Berücksichtigung des Art. 4 Abs. 2 lit. b) EuInsVO dahin auszulegen, dass sie nicht auf eine auf einen Eigentumsvorbehalt gestützte Klage eines Verkäufers gegen einen in Konkurs geratenen Käufer anwendbar ist, wenn sich die vom Eigentumsvorbehalt erfasste Sache zum Zeitpunkt der Eröffnung des Insolvenzverfahrens über das Vermögen des Käufers im Mitgliedstaat der Verfahrenseröffnung befindet.

### *3. Konsequenzen*

Das Urteil des EuGH in der Rechtssache C-J029/08 erging am 10. September 2009. Zur Beantwortung der Frage, ob eine Klage, die auf einen Eigentumsvorbehalt gestützt wird, in den Anwendungsbereich der EuGVVO fällt, grenzt der EuGH zunächst die Anwendungsbereiche von EuGVVO und EuInsVO ab (hierzu unter a)). Anschließend subsumiert er die Klage unter sein gewonnenes Auslegungsergebnis (hierzu unter b)). Art. 4 und Art. 7 EuInsVO sieht der EuGH nicht als relevant für die Abgrenzungsbereiche und die Einordnung der zu prüfenden Klage an (hierzu unter c)).

#### *a) Abgrenzung von EuGVVO und EuInsVO*

Zur Abgrenzung der Anwendungsbereiche von EuGVVO und EuInsVO zieht der EuGH die Erwägungsgründe der Verordnungen heran sowie seine bisherige Rechtsprechung. Die Argumentation des EuGH stützt sich auf den Wortlaut sowie auf systematische, historische und teleologische Überlegungen, obwohl auf Schlussanträge des Generalanwalts verzichtet wurde.

##### aa) Erwägungsgründe

##### (1) Erwägungsgründe der EuGVVO

Um die Vorlagefrage zu beantworten, zieht der EuGH zunächst die Erwägungsgründe 2, 7 und 15 EuGVVO heran. In Alpenblume hat der EuGH ebenfalls diese drei Erwägungsgründe am Ende seines Urteils herangezogen und festgestellt, dass diese nichts an seiner Beurteilung änderten, dass eine Klage, die eine insolvenzrechtliche Vorfrage betrifft, vom Anwendungsbereich der EuGVVO ausgeschlossen ist.[650] Vorliegend zieht der EuGH genau dieselben Erwägungsgründe heran, um festzustellen, dass der Anwendungsbereich der EuGVVO weit ist. In Alpenblume

650 EuGH, Urteil vom 02.07.2009, Rs. C-111/08, Slg. 2009, I-5655 (Alpenblume) Rn. 32.

hingegen hat er, indem er die dort zu prüfende Klage als insolvenznah eingeordnet hat, den Anwendungsbereich der EuGVVO nicht weit ausgelegt. Auch wenn der EuGH nicht ausdrücklich auf die andere Auslegung im Alpenblume-Urteil eingeht, hat er durch das vorliegende Urteil diese Auslegung nicht fortgeführt,[651] sondern vielmehr ins Gegenteil verkehrt.[652] Denn der EuGH entnimmt den Erwägungsgründen 2, 7 und 15 vorliegend, dass der Anwendungsbereich der EuGVVO weit ausgelegt wird. Gemäß Erwägungsgrund 7 erstreckt sich der sachliche Anwendungsbereich der EuGVVO grundsätzlich auf alle Zivil- und Handelssachen. Ziel ist es, die Funktionsfähigkeit des Binnenmarktes durch die Vereinheitlichung der Regelung über die internationale Zuständigkeit und durch die Vereinfachung der Anerkennung und Vollstreckung zu erhöhen, Erwägungsgrund 2. Daher solle gemäß Erwägungsgrund 15 verhindert werden, dass in den unterschiedlichen Mitgliedstaaten sich widersprechende Entscheidungen ergehen. Folge dessen ist, dass der Anwendungsbereich der EuGVVO weit auszulegen ist.

(2) Erwägungsgrund der EuInsVO

Auch zieht der EuGH einen Erwägungsgrund der EuInsVO heran. Erwägungsgrund 6 Satz 1 lautet:

> *Gemäß dem Verhältnismäßigkeitsgrundsatz sollte sich diese Verordnung auf Vorschriften beschränken, die die Zuständigkeit für die Eröffnung von Insolvenzverfahren und für Entscheidungen regeln, die unmittelbar aufgrund des Insolvenzverfahrens ergehen und in engem Zusammenhang damit stehen.*

In seinem „Deko Marty"-Urteil stellt der EuGH vor allem auf den 2. Halbsatz des Erwägungsgrunds 6 EuInsVO ab. Aus diesem folgerte der EuGH, dass die EuInsVO auch Regelungen für die internationale Zuständigkeit von Entscheidungen enthalte, die unmittelbar aus dem Insolvenzverfahren hervorgehen und damit in einem engen Zusammenhang stehen.[653] Im „German Graphics"-Urteil betont der EuGH den 1. Halbsatz des Erwägungsgrunds 6. Die EuInsVO „beschränke" sich gemäß dem Verhältnismäßigkeitsgrundsatz auf ebensolche Einzelverfahren und das Insolvenzverfahren.[654] Diese beiden Sichtweisen des EuGH

651 *Brinkmann* IPrax 2010, 324, 327; FK-InsO/*Wenner/Schuster* Art. 3 EuInsVO Rn. 39; *Lüttringhaus/Weber* RIW 2010, 45, 48; *Mankowski* NZI 2010, 508, 510; *Oberhammer* IPrax 2010, 317, 324.

652 FK-InsO/*Wenner/Schuster* Art. 3 EuInsVO Rn. 39 *„rudert der EuGH [...] einen Schritt zurück"*; *Thole* ZEuP 2010, 904, 920 *„vorsichtig entgegenlaufende Tendenz"*.

653 EuGH, Urteil vom 12.02.2009, Rs. C-339/07, Slg. 2009, I-767 (Deko Marty) Rn. 21.

654 *Mankowski* NZI 2010, 508, 510.

auf Erwägungsgrund 6 EuInsVO widersprechen sich nicht. Vielmehr bestimmt Erwägungsgrund 6 in seiner Gesamtheit, dass

1. die EuInsVO auch anwendbar ist auf Einzelverfahren, die unmittelbar aus dem Insolvenzverfahren hervorgehen und in engem Zusammenhang damit stehen, aber
2. gemäß dem Verhältnismäßigkeitsgrundsatz nicht ausufernd auf jedes Einzelverfahren, das irgendeinen Bezug zu dem Insolvenzverfahren hat.

#### bb) Lückenloses Aneinanderschließen

Durch das vorliegende Urteil stellt der EuGH klar, dass die Anwendungsbereiche der Verordnungen lückenlos aneinandergrenzen. Das lässt sich zum einen dem Wortlaut und der Systematik des Urteils in Bezug auf die von ihm herangezogenen Erwägungsgründe sowie zum anderen der Antwort auf die erste Vorlagefrage entnehmen.

##### (1) Wortlaut

Der EuGH stellt fest, dass der Anwendungsbereich der EuGVVO „weit" ist. Im Gegensatz dazu bezeichnet er den Anwendungsbereich der EuInsVO als „nicht weit". Bereits diese Formulierung lässt erkennen, dass die Anwendungsbereiche der beiden Verordnungen aufeinander bezogen sind. Eine solche Formulierung ist viel aussagekräftiger, als wenn der EuGH den Anwendungsbereich der EuInsVO als „eng" bezeichnet hätte. Inhaltlich macht es keinen Unterschied, da „nicht weit" und „eng" Synonyme sind. Jedoch kommt den Bezeichnungen als „weit" und „nicht weit" eine darüber hinausgehende Bedeutung zu. Denn dadurch verknüpft der EuGH die Anwendungsbereiche der Verordnungen in der Weise, dass sie einander ausschließen. Der Anwendungsbereich der EuGVVO ist weit auszulegen. Konsequenz dessen ist, dass der Ausnahmetatbestand des Art. 1 Abs. 2 lit. b) für „Konkurse, Vergleiche und ähnliche Verfahren" *nicht* weit auszulegen ist. Auch der Anwendungsbereich der EuInsVO wird vom EuGH als „nicht weit" bezeichnet. Aus dieser Formulierung lässt sich der Schluss ziehen, dass die „nicht weite" Ausnahme des Art. 1 Abs. 2 lit. b) EuGVVO für „Konkurse, Vergleiche und ähnliche Verfahren" und der „nicht weite" Anwendungsbereich der EuInsVO gleichzusetzen sind. Das spricht dafür, dass die Verordnungen lückenlos aneinander grenzen. Denn dann, wenn der Ausnahmetatbestand des Art. 1 Abs. 2 lit. b) EuGVVO für „Konkurse, Vergleiche und ähnliche Verfahren" erfüllt ist, ist die EuInsVO anwendbar. Handelt es sich nicht um einen Konkurs, einen Vergleich oder ein ähnliches Verfahren ist der Ausnahmetatbestand des

Art. 1 Abs. 2 lit. b) EuGVVO nicht erfüllt; mit der Folge, dass der Anwendungsbereich der EuGVVO für Zivil- und Handelssachen eröffnet ist.[655]

### (2) Systematik

Dieses Verständnis lässt sich auch durch die weitere Formulierung und Systematik des Urteils bestätigen. Nachdem der EuGH feststellt hat, dass der Anwendungsbereich der EuGVVO „weit" ist, zieht er Erwägungsgrund 6 der EuInsVO heran. Dies leitet der EuGH mit den Worten ein:

> *Eine solche Auslegung lässt sich auch durch Satz 1 des sechsten Erwägungsgrunds der Verordnung Nr. 1346/2001 bestätigen [...].*

Erwägungsgrund 6 enthält eine Regelung darüber, welche Verfahren in den Anwendungsbereich der EuInsVO fallen sollen. Dadurch, dass der EuGH diese Regelung als für die Auslegung des Anwendungsbereichs der EuGVVO relevant ansieht, lässt sich der Schluss ziehen, dass die Anwendungsbereiche der Verordnungen nicht isoliert zu betrachten sind. Denn andernfalls wäre es für den Anwendungsbereich der EuGVVO und für dessen Ausnahme in Art. 1 Abs. 2 lit. b) unerheblich, auf welche Verfahren sich der Anwendungsbereich der EuInsVO erstreckt.[656]

### (3) Vorlagefrage 1

Nichts anderes ergibt sich aus der Antwort des EuGH auf die erste Vorlage-frage. Um die Frage zu beantworten, ob eine Entscheidung im Sinne von Art. 25 Abs. 2 EuInsVO erst dann nach den Bestimmungen der EuGVVO anerkannt und vollstreckt werden kann, wenn vorher die Anwendbarkeit der EuGVVO geprüft worden ist, zieht der EuGH den Wortlaut des Art. 25 EuInsVO sowie die Anerkennungssystematik der EuInsVO und des Art. 25 heran. Der EuGH stellt fest, dass die Anerkennung von Entscheidungen, die einen Bezug zum Insolvenzverfahren haben, in den Art. 16 bis 26 EuInsVO geregelt sind. Art. 25 EuInsVO enthält Regelungen über die Anerkennung und Vollstreckung von vier verschiedenen Arten von Verfahren, die nicht unmittelbar die Eröffnung des Insolvenz-verfahrens betreffen. Dabei fallen die in Art. 25 Abs. 2 EuInsVO genannten Entscheidungen dem Wortlaut zufolge nicht in den Anwendungsbereich der EuInsVO. Diese Entscheidungen könnten in den Anwendungsbereich

---

655 *Mankowski* NZI 2010, 508, 510 *„einheitlicher Insolvenzbegriff"* in EuInsVO und EuGVVO.

656 *Brinkmann* IPrax 2010, 324, 326.

der EuGVVO fallen. Voraussetzung dafür ist, dass der Anwendungsbereich der EuGVVO eröffnet ist. Diesen Schluss zieht der EuGH aus dem Wortlaut des Art. 25 Abs. 2 EuInsVO

*soweit jenes Übereinkommen anwendbar ist.*

Dieser Satzteil bezieht sich auf das in Abs. 1 genannte Übereinkommen, das EuGVÜ. Die Verweisung auf das EuGVÜ ist eine dynamische, so dass „Übereinkommen" als „EuGVVO" zu lesen ist.

Sein Auslegungsergebnis begründet der EuGH auch damit, dass nicht ausgeschlossen sei, dass es Entscheidungen gebe, die weder in den Anwendungsbereich der EuInsVO noch in den der EuGVVO fallen. Daher sei bei Entscheidungen im Sinne des Art. 25 Abs. 2 EuInsVO, die nicht in den Anwendungsbereich der EuInsVO fallen, zunächst zu prüfen, ob der Anwendungsbereich der EuGVVO eröffnet ist. Aus dieser Formulierung des EuGH lässt sich nicht der Schluss ziehen, dass die Verordnungen nicht lückenlos aneinander grenzen, mit der Folge, dass nationales Recht anwendbar ist oder sich die Verordnungen in ihrem Anwendungsbereich überschnitten. Denn in seinem nächsten Absatz erläutert der EuGH, dass die EuGVVO nicht anwendbar sei, wenn die betreffende Entscheidung sich nicht auf eine Zivil- oder Handelssache beziehe oder gemäß Art. 1 vom Anwendungsbereich der EuGVVO ausgeschlossen sei. Daraus folgt, dass eine Entscheidung nur dann weder in den Anwendungsbereich der EuInsVO noch in den der EuGVVO fällt, wenn es sich um eine öffentlich-rechtliche Streitigkeit handelt oder eine andere der in Art. 1 Abs. 2 EuGVVO genannten Ausnahmen erfüllt ist.[657] Das ist nur folgerichtig. Denn es wäre systemwidrig, wenn die EuInsVO über ihren Art. 25 Abs. 2 die Vorschriften der EuGVVO über die Anerkennung und Vollstreckung von Entscheidungen für anwendbar erklären könnte, wenn sonst – ohne jeglichen Insolvenzbezug – die EuGVVO nicht anwendbar ist.

### cc) Rechtsprechung des EuGH

Zur Abgrenzung des Anwendungsbereichs von EuInsVO und EuGVVO zieht der EuGH auch seine bisherigen dazu ergangen Urteile heran, wodurch eine ständige Rechtsprechung begründet werden könnte.[658] Die Stelle, an der der

657 MünchKommBGB/*Kindler* Art. 25 EuInsVO Rn. 26.

658 *Brinkmann* IPrax 2010, 324, 325; *Mankowski* NZI 2010, 508, 510 *„Verfestigung der EuGH-Rechtsprechung"*.

EuGH die Urteile heranzieht, ist nicht immer einleuchtend. So belegt er beispielsweise folgenden Satz mit dem „Deko Marty“-Urteil:

> *Eine Klage, die derartige Merkmale aufweist, fällt daher nicht in den Anwendungsbereich dieses Übereinkommens.*

Das ist in mehrfacher Weise unsystematisch. Denn zum einen hat der EuGH im Gourdain/Nadler-Urteil erstmals entschieden, dass eine Klage, die unmittelbar aus dem Insolvenzverfahren hervorgeht und sich eng innerhalb des Rahmens eines solchen Verfahrens befindet, nicht unter das EuGVÜ fällt. Zum anderen war das EuGVÜ auf den im „Deko Marty“-Urteil zu beurteilenden Fall längst nicht mehr anwendbar.

Abgesehen davon stellt der EuGH die Entwicklung chronologisch dar. Er beginnt mit seinem Urteil aus dem Jahre 1979. In diesem hat er den Ausnahmetatbestand des damals geltenden Art. 1 Abs. 2 Nr. 2 EuGVÜ konkretisiert, indem er feststellte, dass eine Klage sich auf ein Konkursverfahren bezieht, wenn sie unmittelbar aus diesem hervorgeht und sich eng innerhalb des Rahmens eines Konkurs- oder Vergleichsverfahrens befindet. Eine Klage, die solche Merkmale aufweist, fällt nicht in den Anwendungsbereich des EuGVÜ. Im Folgenden erläutert der EuGH, dass die EuGVVO an die Stelle des EuGVÜ getreten ist. Die Auslegung durch den EuGH zu den Bestimmungen des Übereinkommens gelte für die Bestimmungen der EuGVVO fort. Begründet wird dies zum einen damit, dass die Verordnungen gleichwertig seien, zum anderen mit Erwägungsgrund 19. Diesem entnimmt der EuGH, wie auch schon zuvor in einem anderen zur EuGVVO ergangenen Urteil,[659] dass Erwägungsgrund 19 die Wahrung der Kontinuität der Auslegung zwischen dem EuGVÜ und der EuGVVO verfolgt. Der EuGH stellt fest, dass Art. 1 Abs. 2 lit. b) EuGVVO den gleichen Wortlaut hat wie Art. 1 Abs. 1 Nr. 2 EuGVÜ. Hinzu kommt, dass Art. 1 Abs. 2 lit. b) im System der EuGVVO den gleichen Platz einnimmt wie seine Vorgängervorschrift im System des EuGVÜ, wie der EuGH in seinem wenige Monate zuvor ergangenen Alpenblume-Urteil entschieden hatte.

Aus alledem zieht der EuGH den Schluss, dass es sich nach der Enge der Verbindung – im Sinne der durch das Gourdain/Nadler-Urteil begründeten Rechtsprechung – zwischen einer Einzelklage mit dem Insolvenzverfahren bemesse, ob der Ausnahmetatbestand des Art. 1 Abs. 2 lit. b) EuGVVO erfüllt sei. Bei der im Ausgangsverfahren zu prüfenden Klage sieht der EuGH den Zusammenhang als nicht eng und nicht unmittelbar genug an.

---

659 EuGH, Urteil vom 23.04.2009, Rs. C-167/08, Slg. 2009, I-3477 (Draka NK Cabels u.a.) Rn. 20.

### *b) Die auf den Eigentumsvorbehalt gestützte Klage*

Der EuGH sieht die auf den Eigentumsvorbehalt gestützte Klage als nicht eng und unmittelbar mit dem Insolvenzverfahren zusammenhängend an. Daher ist der Ausnahmetatbestand des Art. 1 Abs. 2 lit. b) EuGVVO nicht erfüllt. Der Anwendungsbereich der EuGVVO ist daher eröffnet. Zur Begründung dessen charakterisiert der EuGH zunächst die im Ausgangsverfahren zu prüfende Klage. Wie in seinen bisherigen Urteilen stellt der EuGH auf die Art der Klage ab. Das von der Klägerin angerufene Gericht hat zu klären, wer Eigentümer an den sich in den Geschäftsräumen der Holland Binding in den Niederlanden befindlichen Maschinen ist, die von der Klägerin an die Beklagte aufgrund eines Kaufvertrags, der eine Eigentumsvorbehaltsklausel enthält, geliefert worden sind. Der EuGH ist der Ansicht, dass die Beantwortung dieser Rechtsfrage unabhängig von der Eröffnung eines Insolvenzverfahrens erfolgt.[660] Zur Begründung zieht der EuGH folgende Kriterien heran: Die auf den Eigentumsvorbehalt gestützte Klage setzt nicht die Eröffnung eines Insolvenzverfahrens und die Bestellung eines Insolvenzverwalters voraus. Andererseits ist die bloße Tatsache, dass die Insolvenzverwalterin an dem Rechtsstreit beteiligt ist, nicht ausreichend, um die Klage als unmittelbar aus dem Insolvenzverfahren hervorgehend und mit diesem im engen Zusammenhang stehend anzusehen.

#### aa) Beteiligung des Insolvenzverwalters an dem Rechtsstreit

Der EuGH hat klargestellt, dass die Beteiligung des Insolvenzverwalters an dem Rechtsstreit allein nicht ausreicht, um ein Einzelverfahren als so eng und unmittelbar mit dem Insolvenzverfahren zusammenhängend anzusehen, dass die EuInsVO anwendbar ist. Eine Begründung enthält das Urteil des EuGH nicht. Das Auslegungsergebnis steht in Einklang mit der Herangehensweise in den vorherigen Urteilen, durch die der EuGH eine Klage entweder der EuGVVO oder der EuInsVO zuordnet. Der EuGH stellt auf die Art der Klage ab. Die Art der Klage ist nicht nur bzw. nicht immer durch die Beteiligung des Insolvenzverwalters an dem Verfahren beeinflusst. Zwar gibt es Klagen, die die Beteiligung des Insolvenzverwalters voraussetzen, wie die Insolvenzanfechtungsklage. Die Insolvenzanfechtung steht nur dem Insolvenzverwalter zu, so dass eine solche Klage nur durch den Insolvenzverwalter geltend gemacht werden kann. Andererseits kann der Insolvenzverwalter – im Rahmen der *lex fori processus*[661] – an Prozessen beteiligt sein, bei denen vorher, vor Insolvenzeröffnung, der Schuldner

660 *Brinkmann* IPrax 2010, 324, 327.
661 gemäß Art. 15 EuInsVO.

Partei war.[662] Denn durch die Insolvenzeröffnung und den zumindest teilweisen Übergang der Verwaltungs- und Verfügungsbefugnis auf den Insolvenzverwalter rückt dieser in die Position des Schuldners. Das Verfahren und der mit der Klage geltend gemachte Anspruch ändern sich nicht dadurch, dass nun der Insolvenzverwalter die ursprünglich dem Schuldner zustehenden Rechte geltend macht. Daher kann die Beteiligung des Insolvenzverwalters in einem Einzelverfahren allein kein taugliches Kriterium sein, um den engen und unmittelbaren Bezug zum Insolvenzverfahren zu begründen.[663]

#### bb) Insolvenz als (Tatbestands-)Voraussetzung?

Es stellt sich die Frage, ob sich aus den ersten beiden vom EuGH genannten Kriterien der Umkehrschluss ziehen lässt,[664] dass eine Klage dann einen engen und unmittelbaren Zusammenhang zum Insolvenzverfahren aufweist, wenn die Klage die Eröffnung des Insolvenzverfahrens und die Bestellung eines Insolvenzverwalters voraussetzt. Die Bestellung des Insolvenzverwalters hängt mit der Eröffnung des Insolvenzverfahrens zusammen. Denn ein Verfahren ist nur dann ein Insolvenzverfahren, wenn ein Insolvenzverwalter bestellt wird. Gemäß Art. 2 lit. a) EuInsVO ist ein Verfahren ein Insolvenzverfahren, wenn die Anforderungen des Art. 1 Abs. 1 EuInsVO erfüllt sind und das Verfahren in Anhang A der Verordnung aufgelistet ist. Art. 1 Abs. 1 EuInsVO bestimmt:

> *Diese Verordnung gilt für Gesamtverfahren, welche die Insolvenz des Schuldners voraussetzen und den vollständigen oder teilweisen Vermögensbeschlag gegen den Schuldner sowie die Bestellung eines Verwalters zur Folge haben.*

Die Bestellung eines in Anhang C genannten Verwalters ist Teil der Eröffnung des Insolvenzverfahrens, denn ein solches setzt die Bestellung eines Verwalters voraus. Die beiden vom EuGH genannten Kriterien der Eröffnung des Verfahrens und der Bestellung eines Verwalters lassen sich so auslegen, dass Voraussetzung das Vorliegen eines Insolvenzverfahrens ist. Es stellt sich dann des Weiteren die Frage, wie diese „Voraussetzung" zu verstehen ist; etwa als Tatbestandsvoraussetzung des Anspruchs?

Dafür spricht, dass eine Norm, die in ihrem Tatbestand die Insolvenz eines der Beteiligten voraussetzt, schon vom Wortlaut her aus dem Insolvenzverfahren

---

662 MünchKommBGB/*Kindler* Art. 15 EuInsVO Rn. 11.

663 *Haas* NZG 1999, 1148, 1151; *Mankowski* NZI 2010, 508, 511; *Strobel* S. 121; *Thole* ZEuP 2010, 904, 922; a.A. *Ambach* S. 124 sieht die Beiteiligung des Insolvenzverwalters als ungeeignetes Abgrenzungskriterium an.

664 *Oberhammer* IPrax 2010, 317, 324.

hervorgeht. Denn ohne die Insolvenz würde der Anspruch gar nicht erst entstehen. Ein solches Verständnis deckt sich ebenfalls mit dem „Deko Marty"-Urteil. Dort hat der EuGH entschieden, dass eine Insolvenzanfechtungsklage unter die EuInsVO fällt. Dieser Anfechtungsanspruch, mit dem der Verwalter die Feststellung der Unwirksamkeit von Handlungen des Schuldners vor Insolvenzeröffnung begehrt, setzt ein Insolvenzverfahren über das Vermögen des Schuldners voraus. Das Insolvenzverfahren ist bei der Insolvenzanfechtung Tatbestandsvoraussetzung des Anspruchs.

Dagegen spricht jedoch das Gebot der einheitlichen Anwendung und Auslegung des Unionsrechts.[665] Die Mitgliedstaaten haben die Kompetenz, nationales Insolvenzrecht zu erlassen. Es besteht daher die Gefahr, dass ein Mitgliedstaat „normale" zivilrechtliche Ansprüche nochmals in seinem Insolvenzgesetz regelt und dort die Insolvenz zur Tatbestandsvoraussetzung erhebt. Eine Klage, die auf einen solchen Anspruch gestützt wird, unterfiele dann der EuInsVO. Die Mitgliedstaaten könnten folglich durch die Ausgestaltung des Anspruchs darüber entscheiden, ob ein Einzelverfahren der EuInsVO oder der EuGVVO unterfällt. Eine Zuständigkeitsbündelung im Insolvenzeröffnungsstaat für Einzelverfahren könnte so durch die Hintertür eingeführt werden – nicht über einen Gerichtsstand, der eine *vis attractiva* zugunsten des Insolvenzgerichts enthält, sondern durch materielles Insolvenzrecht. Andererseits enthält die EuInsVO kein einheitliches materielles Insolvenzrecht, so dass durch die Anwendung der nationalen *lex fori concursus* den Mitgliedstaaten ein gewisser (Entscheidungs-)Spielraum verbleibt. Dieser kann jedoch nicht so weit gehen, dass ein Mitgliedstaat auf einem anderen Weg eine umfassende *vis attractiva concursus* einführt, auf die man sich auf europäischer Ebene nicht hat einigen können. Das widerspricht dem Willen des historischen Verordnungsgebers.

Daraus folgt, dass das Vorliegen eines Insolvenzverfahrens als Tatbestandsvoraussetzung nicht unbedingt ein taugliches Abgrenzungskriterium des Anwendungsbereichs von EuInsVO und EuGVVO ist.[666] Dem Urteil des EuGH lässt sich ein solcher Umkehrschluss nicht zwingend entnehmen. Erforderlich ist daher eine weitere Konkretisierung des Kriteriums des unmittelbaren Hervorgehens aus dem Insolvenzverfahren und dem engen Zusammenhang damit.[667] Aus dem Urteil des EuGH ließe sich folgern, dass die Tatbestandsvoraussetzung

---

665 siehe statt aller Dauses/*Stettner*, EU-Wirtschaftsrecht, A. IV. Rn. 10; Schulze/Zuleeg/Kadelbach/*Borchardt*, Europarecht, § 15 Rn. 46.

666 *Mankowski/Willemer* RIW 2009, 669, 671; *Oberhammer* IPrax 2010, 317, 324; *Willemer* S. 132.

667 *Brinkmann* IPrax 2010, 324, 325.

der Insolvenz eventuell ein, jedoch nicht das einzige taugliche Kriterium für ein der EuInsVO unterfallendes Annexverfahren sein kann. Fest steht jedenfalls, dass allein die Beteiligung des Insolvenzverwalters an dem Verfahren nicht dazu führt, dass ein enger und unmittelbarer Bezug des Verfahrens zum Insolvenzverfahren besteht.

### *c) Mangelnder Einfluss von Art. 4 und Art. 7 Abs. 1 EuInsVO*

Sowohl Art. 4 EuInsVO als auch Art. 7 Abs. 1 EuInsVO haben nach Ansicht des EuGH keinen Einfluss auf die Eröffnung des Anwendungsbereichs von EuInsVO oder EuGVVO.

Art. 7 Abs. 1 EuInsVO lautet:

> *Die Eröffnung eines Insolvenzverfahrens gegen den Käufer einer Sache lässt die Rechte des Verkäufers aus einem Eigentumsvorbehalt unberührt, wenn sich diese Sache zum Zeitpunkt der Eröffnung des Verfahrens im Gebiet eines anderen Mitgliedstaats als dem der Verfahrenseröffnung befindet.*

Im vorliegenden Fall befinden sich die durch den Eigentumsvorbehalt gesicherten Maschinen in den Niederlanden und somit in dem Staat der Verfahrenseröffnung. Obwohl die Tatbestandsvoraussetzungen des Art. 7 Abs. 1 EuInsVO nicht erfüllt sind,[668] fragt der Hoge Raad nach der Auslegung des Art. 7 Abs. 1 EuInsVO. Sein Auslegungsergebnis begründet der EuGH knapp:

> *Bei dieser Bestimmung handelt es sich also nur um eine materiell-rechtliche Vorschrift, durch die der Verkäufer in Bezug auf die Sachen geschützt werden soll, die sich nicht im Mitgliedstaat der Verfahrenseröffnung befinden.*

In den Art. 5 bis 15 EuInsVO sind Ausnahmevorschriften zu der grundsätzlichen Geltung der *lex fori concursus* enthalten.[669] Art. 7 EuInsVO schützt das Vertrauen der Parteien auf den Eigentumsvorbehalt. Der Eigentumsvorbehalt soll insolvenzfest sein.[670] Ebenso wird allgemein durch Art. 5 EuInsVO das Vertrauen auf den Bestand von dinglichen (Sicherungs-)Rechten geschützt.[671] Auch Art. 5 EuInsVO beschränkt den Schutz auf Gegenstände, die sich außerhalb des Insolvenzeröffnungsstaats befinden. Sicherungsrechte dienen dem Schutz des Sicherungsnehmers. Ein solcher Schutz kann gerade in der Insolvenz des Vertragspartners bzw. des Sicherungsgebers nicht entfallen. Vielmehr werden

---

668 *Cranshaw* DZWIR 2010, 89, 95.
669 MünchKommBGB/*Kindler* Vor. Art. 4–15 EuInsVO Rn. 3.
670 D-K/D/CH/*Duursma-Kepplinger*, EuInsVO, Art. 7 Rn. 4.
671 D-K/D/CH/*Duursma-Kepplinger*, EuInsVO, Art. 7 Rn. 8.

Sicherungsrechte auch für den Fall der Insolvenz vereinbart mit dem Ziel der vorrangigen Befriedigung.[672] Da der Verordnungsgeber den Eigentumsvorbehalt als Annex zum Kaufvertrag versteht, wurde in Art. 7 EuInsVO eine eigenständige Regelung geschaffen.[673] Inhaltlich unterscheiden sich Art. 5 und Art. 7 Abs. 1 EuInsVO nicht. In beiden ist angeordnet, dass das Recht des gesicherten Dritten „unberührt" bleibt. Gemäß Art. 7 EuInsVO bleiben die Rechte aus dem Eigentumsvorbehalt unberührt, nicht die Vorbehaltssache als solche.[674] Aufgrund der EU-weiten Wirkungserstreckung des Insolvenzverfahrens und des Insolvenzbeschlags wird auch die durch den Eigentumsvorbehalt gesicherte Sache von den Wirkungen des Insolvenzverfahrens erfasst. In gleicher Weise bestimmt Art. 5 EuInsVO, dass das dingliche Recht des Dritten an dem Gegenstand unberührt bleibt, so dass auch der Gegenstand von den Wirkungen des Insolvenzverfahrens und dem Insolvenzbeschlag erfasst wird.[675] Lediglich das Recht des Vorbehaltsverkäufers bzw. des Dritten daran bleibt unberührt. Was diese Unberührtheit genau bedeutet ist unklar.[676] In der Literatur wird diskutiert, ob es sich bei Art. 7 (ebenso bei Art. 5) um eine Kollisions-[677] oder um eine Sachnorm[678] handelt. Der EuGH hat festgestellt, dass es sich um eine materiellrechtliche Vorschrift handelt. Versteht man „materiell-rechtlich" in Abgrenzung zu „prozess-rechtlich", ist dadurch noch keine Entscheidung zugunsten einer der beiden Ansichten getroffen. Jedenfalls schränkt Art. 7 EuInsVO die Universalität des Verfahrens und die grundsätzliche Geltung der *lex fori concursus* ein.[679] Eine solche Norm kann jedoch auf die Abgrenzung zwischen insolvenznahen und -fernen Einzelverfahren keinen Einfluss haben.[680] Denn der Regelung, dass die Rechte des Vorbehaltsverkäufers durch das Insolvenzverfahren über das Vermögen des Vorbehaltskäufers nicht berührt werden, ist keine Aussage darüber zu entnehmen, ob ein Verfahren, das den Eigentumsvorbehalt

672 D-K/D/CH/*Duursma-Kepplinger*, EuInsVO, Art. 5 Rn. 1; Pannen/*Ingelmann*, EuInsVO, Art. 5 Rn. 1.

673 MünchKommBGB/*Kindler* Art. 7 EuInsVO Rn. 1.

674 D-K/D/CH/*Duursma-Kepplinger*, EuInsVO, Art. 7 Rn. 10.

675 Paulus, EuInsVO, Art. 5 Rn. 19.

676 vgl. statt vieler Pannen/*Ingelmann*, EuInsVO, Art. 5 Rn. 9; Paulus, EuInsVO, Art. 5 Rn. 18; *Piekenbrock* KTS 2010, 195, 211.

677 *Fritz/Bähr* DZWIR 2001, 221, 228.

678 D-K/D/CH/*Duursma-Kepplinger*, EuInsVO, Art. 7 Rn. 17; Paulus, EuInsVO, Art. 5 Rn. 1.

679 D-K/D/CH/*Duursma-Kepplinger*, EuInsVO, Art. 7 Rn. 1; Pannen/*Ingelmann*, EuInsVO, Art. 7 Rn. 1.

680 *Cranshaw* DZWIR 2010, 89, 95.

betrifft, einen engen und unmittelbaren Bezug zum Insolvenzverfahren aufweist oder nicht.[681] Hinzu kommt, dass sich die Frage nach dem anwendbaren materiellen Recht erst dann stellt, wenn feststeht, welche Verordnung auf das Einzelverfahren anwendbar ist. Zunächst ist zu ermitteln, ob die Streitigkeit in den Anwendungsbereich der EuGVVO oder der EuInsVO fällt. Dabei ist auf das durch den EuGH entwickelte Kriterium des unmittelbaren Hervorgehens und des engen Zusammenhangs zum Insolvenzverfahren abzustellen. Anschließend ist die internationale Zuständigkeit zu klären. Wenn feststeht, welches Gericht (international) zuständig ist, stellt sich die Frage nach dem anwendbaren Recht und welche Vorschriften dafür maßgeblich sind. Für das Abgrenzungskriterium des engen und unmittelbaren Zusammenhangs ist die materiell-rechtliche Vorschrift des Art. 7 EuInsVO, die bestimmt, dass gewisse Rechte von Insolvenzverfahren unberührt bleiben, nicht entscheidend. Auch wenn der EuGH seine Ansicht nicht ausführlich begründet und in diesem Verfahren auch auf Schlussanträge des Generalanwalts verzichtet wurde, überzeugt das Auslegungsergebnis des EuGH. Denn die materiell-rechtliche Vorschrift des Art. 7 Abs. 1 EuInsVO hat auf die vorgelagerte Frage der Anwendbarkeit von EuInsVO oder EuGVVO keinen Einfluss.[682]

Das gilt jedoch – entgegen der Ansicht des EuGH – nicht für jede materiellrechtliche Norm. Der EuGH spricht auch Art. 4 EuInsVO jegliche Relevanz für die Abgrenzung des Anwendungsbereichs ab:

> *Diese Vorschrift hat keine Auswirkungen auf den Anwendungsbereich der Verordnung Nr. 44/2001.*

Als Grundkollisionsnorm der EuInsVO bestimmt Art. 4, dass, soweit die Verordnung nichts anderes bestimmt,

> *für das Insolvenzverfahren und seine Wirkungen das Insolvenzrecht des Mitgliedstaates [gilt], in dem das Verfahren eröffnet wird.*

Die Folgenden lit. a) bis m) enthalten einen Katalog mit Regelungsgegenständen, die innerhalb des Insolvenzverfahrens relevant werden. Durch die Verwendung des Worts „insbesondere" bringt der Verordnungsgeber zum Ausdruck, dass die Aufzählung nicht abschließend ist.[683] Nach der Systematik der Verordnung sind für den Anwendungsbereich der Verordnung Art. 1 und die in Anhang A genannten Verfahren maßgeblich. Diese erfassen die verschiedenen Gesamt-verfahren

681 *Cranshaw* DZWIR 2010, 89, 95; *Mankowski* NZI 2010, 508, 511.

682 *Mankowski* NZI 2010, 508, 511.

683 MünchKommBGB/*Kindler* Art. 4 EuInsVO Rn. 14.

der einzelnen Mitgliedstaaten als solche. Jedoch ist der Anwendungs-bereich der EuInsVO nicht nur für Gesamtverfahren eröffnet, sondern auch für bestimmte Einzelverfahren.[684] Welche Einzelverfahren genau unter die EuInsVO fallen, ist nicht ausdrücklich bestimmt, sondern muss durch Auslegung ermittelt werden. Bei der Auslegung, welche Einzelverfahren in den Anwendungsbereich der EuInsVO fallen, ist auch Art. 4 EuInsVO heranzuziehen.[685] Denn Art. 4 Abs. 2 EuInsVO listet auf, was der Verordnungsgeber als mit dem Insolvenzverfahren zusammenhängend ansieht.[686] Das bedeutet nicht, dass per se jeder Rechtsstreit über eine solche Materie, die in dem Katalog des Art. 4 enthalten ist, unter die EuInsVO fällt.[687] Entscheidend ist vielmehr, ob das Abgrenzungskriterium des unmittelbaren Hervorgehens und des engen Zusammenhangs zum Insolvenzverfahren erfüllt ist. Dabei kommt dem Katalog des Art. 4 Abs. 2 EuInsVO eine Indizwirkung zu. Denn der Verordnungsgeber ordnet die dort aufgeführten Regelungsgegenstände grundsätzlich dem Insolvenzverfahren zu.[688] Im Einzelfall muss dann nach der Art der Klage entschieden werden, ob der Anwendungsbereich der EuInsVO eröffnet ist. Art. 4 EuInsVO jedoch jegliche Relevanz für den Anwendungsbereich der EuGVVO abzusprechen geht zu weit.[689] Denn der Anwendungsbereich der EuGVVO ist dann eröffnet, wenn die Ausnahmevorschrift des Art. 1 Abs. 2 lit. b) EuGVVO zugunsten der EuInsVO nicht erfüllt ist. Zur Auslegung des Abgrenzungskriteriums des unmittelbaren Hervorgehens und des engen Zusammenhangs zum Insolvenzverfahren ist Art. 4 EuInsVO heranzuziehen.

Eine auf einen Eigentumsvorbehalt gestützte Klage gegen den insolventen Käufer ließe sich unter Art. 4 Abs. 2 lit. b) EuInsVO subsumieren.[690] Gemäß Art. 4 Abs. 2 lit. b) EuInsVO bestimmt die *lex fori concursus*, welche Vermögenswerte zur Masse gehören. Durch die von German Graphics erhobene Klage wird festgestellt, ob sich die Maschinen noch im Eigentum von German Graphics befinden oder in das Vermögen des Vorbehaltskäufers, Holland Binding, übergegangen

684 Erwägungsgrund 6 EuInsVO.
685 *Ambach* S. 111.
686 *Mankowski* NZI 2010, 508, 511; *Mankowski/Willemer* RIW 2009, 669, 672.
687 *Brinkmann* IPrax 2010, 324, 328; Fasching/Konecny/*Kodek* Art. 1 EuGVVO Rn. 138; *Willemer* S. 145; a.A. Virgós/Garcimartín, European Insolvency Regulation, S. 61.
688 *Mankowski* NZI 2010, 508, 511; *Mankowski/Willemer* RIW 2009, 669, 672; Paulus, EuInsVO, Art. 4 Rn. 6.
689 *Brinkmann* IPrax 2010, 324, 327; *Lüttringhaus/Weber* RIW 2010, 45, 49; *Mankowski* NZI 2010, 508, 511.
690 *Brinkmann* IPrax 2010, 324, 327.

sind. Daher ist die Entscheidung relevant dafür, ob die Maschinen in die Masse gehören oder nicht. Daraus folgt jedoch nicht zwingend, dass die Klage in den Anwendungsbereich der EuInsVO fällt. Durch die Aufnahme einer solchen Regelung in Art. 4 Abs. 2 lit. b) EuInsVO hat der Verordnungsgeber festgesetzt, dass die Frage, ob ein Vermögensgegenstand zur Masse gehört, dem Insolvenzrecht des Eröffnungsstaats untersteht. Daraus folgt jedoch nicht, dass jedes Einzelverfahren, das darüber geführt wird, in den Anwendungsbereich der EuInsVO fällt. Entscheidend dafür, ob die Klage unmittelbar aus dem Insolvenzverfahren hervorgeht und einen engen Zusammenhang damit aufweist, ist die Art der Klage.[691] Eine Feststellungsklage, die darauf gerichtet ist, das Eigentum, das aufgrund einer Eigentumsvorbehaltsklausel im Kaufvertrag besteht, hätte German Graphics auch ohne ein Insolvenzverfahren über das Vermögen der Holland Binding erheben können.[692] Die Insolvenz ist vielmehr nur der Anlass.[693] Dadurch ändert sich die Klage als solche nicht. Denn die Eigentumsverhältnisse werden durch die Insolvenz des Vorbehaltskäufers nicht verändert. Es handelt sich um eine „normale" zivilrechtliche Klage, mit der das Eigentum festgestellt wird.[694] Die Klage geht nicht unmittelbar aus dem Insolvenzverfahren hervor und steht nicht in engem Zusammenhang damit. Infolgedessen ist die EuInsVO nicht anwendbar.

#### *d) Fazit*

Zusammenfassend lässt sich feststellen, dass der EuGH im „German Graphics"-Urteil die im Alpenblume-Urteil begonnene Rechtsprechung nicht weiter fortgeführt hat. Vielmehr hat er im Gegensatz zum Alpenblume-Urteil den Anwendungsbereich der EuGVVO weit ausgelegt. Eine Feststellungsklage wie die von German Graphics, mit der ein vor Insolvenzeröffnung begründetes Sicherungsmittel des Eigentumsvorbehalts geltend gemacht wird, weist zwar einen Insolvenzbezug auf. Denn gemäß Art. 4 Abs. 1 lit. b) EuInsVO entscheidet die *lex fori concursus* darüber, ob der mit dem Eigentumsvorbehalt gesicherte Gegenstand in die Insolvenzmasse fällt. Gleichwohl kann der Sicherungsgeber, wie vor Insolvenzeröffnung, sein Recht auch außerhalb des Insolvenzverfahrens geltend machen. Eine auf einen Eigentumsvorbehalt gestützte Feststellungsklage über

---

691 *Brinkmann* IPrax 2010, 324, 327.

692 *Brinkmann* IPrax 2010, 324, 329; *Piekenbrock* KTS 2010, 195, 217.

693 siehe hierzu *Klicka* in: Festschrift Beys 2003, 721, 723.

694 *Brinkmann* IPrax 2010, 324, 328; *Piekenbrock* KTS 2010, 195, 217; zur umgekehrten Situation *Klicka* in: Festschrift Beys 2003, 721, 723.

die Eigentumsstellung ist daher keine insolvenzrechtliche Annexstreitigkeit, die in den Anwendungsbereich der EuInsVO fällt.

## IV. F-Tex

### *1. Sachverhalt*

Obwohl die Neo Personal Light Clothing GmbH (NPLC) mit Sitz in Duisburg zahlungsunfähig war, überwies sie in der Zeit von Februar bis Juni 2001 insgesamt 523700,20 LTL[695] an Lietuvos-Anglijos UAB „Jadecloud-Vilma", eine Gesellschaft mit beschränkter Haftung litauischen Rechts mit Sitz in Litauen. Über das Vermögen der NPLC wurde am 23. Januar 2005 durch das Amtsgericht[696] Duisburg das Insolvenzverfahren eröffnet. Dieses stellte fest, dass die einzige Gläubigerin der NPLC die F-Tex SIA, eine Gesellschaft mit beschränkter Haftung lettischen Rechts mit Sitz in Lettland ist. Daher schloss der Insolvenzverwalter der NPLC mit F-Tex einen Vertrag und trat F-Tex alle der NPLC gegenüber Dritten bestehenden Forderungen ab; auch den Anspruch gegen Jadecloud-Vilma auf Rückzahlung der Beträge, die diese zwischen Februar und Juni 2001 von NPLC erhalten hatte. F-Tex war nicht verpflichtet, die Forderung einzuziehen. Falls sich F-Tex zur Einziehung der abgetretenen Forderung entschließen würde, war sie verpflichtet 33% des Erlöses an den Insolvenzverwalter der NPLC zu leisten.

F-Tex erhob vor dem Vilniaus apygardos teimss in Litauen Klage gegen Jadecloud-Vilma auf Rückzahlung der Beträge in Höhe von 523700,20 LTL zuzüglich Zinsen, die diese im Zeitraum von Februar bis Juni 2001 von NPLC erhalten hatte. Das Gericht wies die Klage am 19. August 2009 mit der Begründung ab, dass es international nicht zuständig sei. Das erstinstanzliche litauische Gericht vertrat die Ansicht, dass eine internationale Zuständigkeit der deutschen Gerichte bestehe, da dort das Insolvenzverfahren über das Vermögen der NPLC eröffnet worden sei. Gegen das Urteil legte F-Tex Berufung ein. Der Lietuvos aeliancinis teimas hob die Entscheidung des erstinstanzlichen Gerichts am 5. November 2009 auf. Das Berufungsgericht vertrat die Ansicht, dass es sich bei Art. 3 Abs. 1 EuInsVO für eine Insolvenzanfechtungsklage nicht um eine ausschließliche Zuständigkeit handele. Gegen die Entscheidung legte Jadecloud-Vilma ein Rechtsmittel ein.

---

695 ca. 151.000 Euro.

696 In dem Urteil des EuGH heißt es irrtümlicherweise „*Landgericht*", vgl. *Cranshaw* ZInsO 2012, 1237, 1239 Fn. 15; siehe § 2 InsO.

F-Tex erhob auch vor dem Landgericht Duisburg Klage auf Rückzahlung der 523700,20 LTL zuzüglich Zinsen. Jedoch vertrat das Landgericht Duisburg die Auffassung, dass die Klage mangels internationaler Zuständigkeit unzulässig sei.

Das litauische Rechtsmittelgericht setzte das Verfahren aus und legte dem EuGH folgende Fragen zur Vorabentscheidung vor:

> 1. *Sind Art. 3 Abs. 1 der Verordnung Nr. 1346/2000 und Art. 1 Abs. 2 Buchst. b der Verordnung Nr. 44/2001 unter Berücksichtigung der Urteile des Gerichtshofs vom 22. Februar 1979, Gourdain (133/78, Slg. 1979, 733), und vom 12. Februar 2009, Seagon (C-339/07, Slg. 1979, I-767), dahin auszulegen, dass*
>
> a) *ein nationales Gericht, bei dem ein Insolvenzverfahren anhängig ist, für eine actio Pauliana ausschließlich zuständig ist, die sich unmittelbar aus dem Insolvenzverfahren herleitet oder in engem Zusammenhang damit steht, und Ausnahmen von dieser Zuständigkeit nur auf andere Bestimmungen der Verordnung Nr. 1346/2000 gestützt werden können;*
>
> b) *eine actio Pauliana, die vom einzigen Gläubiger eines Unternehmens, über dessen Vermögen in einem Mitgliedstaat ein Insolvenzverfahren eröffnet worden ist,*
>
> - *in einem anderen Mitgliedstaat erhoben wird,*
> - *auf einer Forderung gegen einen Dritten beruht, die der Insolvenzverwalter dem Gläubiger vertraglich gegen Entgelt abgetreten hat, so dass dadurch der Umfang der Ansprüche des Insolvenzverwalters im ersten Mitgliedstaat eingeschränkt wird, und*
> - *etwaige andere Gläubiger nicht gefährdet, als Zivil- und Handelssache im Sinne von Art. 1 Abs. 1 der Verordnung Nr. 44/2001 einzustufen ist?*
>
> *[...]*

## 2. *Entscheidung des EuGH*

Die Entscheidung des EuGH in der Rechtssache C-213/10 erging am 19. April 2012.[697] Der EuGH beantwortet die Vorlagefrage 1 b) zuerst. Dazu fasst er zunächst die Vorlagefrage zusammen. Er stellt fest, dass das vorlegende Gericht wissen möchte, ob die im Ausgangsverfahren zu prüfende Klage in den Anwendungsbereich der EuInsVO fällt, weil sich eine solche Klage unmittelbar aus dem Insolvenzverfahren herleitet und in engem Zusammenhang damit steht, oder ob sie in den Anwendungsbereich der EuGVVO fällt, weil sie unter den Begriff der Zivil- und Handelssache fällt. Bei der im Ausgangsverfahren zu prüfenden Klage handelt es sich um eine solche, die vom Gläubiger eines Schuldners, über dessen Vermögen ein Insolvenzverfahren eröffnet worden ist, auf der Grundlage einer Forderungsabtretung durch den in diesem Verfahren bestellten Insolvenzverwalter gegen einen Dritten erhoben wurde.

---

697 EuGH, Urteil vom 19.04.2012, Rs. C-213/10, ZIP 2012, 1049 (F-Tex).

*a) Vorbemerkung*

In seinen Vorbemerkungen bestimmt der EuGH den Anwendungsbereich der EuGVVO und den der EuInsVO sowie deren Verhältnis zueinander.

aa) EuGVVO

Der EuGH stellt den Anwendungsbereich der EuGVVO und den Ausschlusstatbestand in Art. 1 Abs. 2 lit. b) dar. Nach Art. 1 Abs. 2 EuGVÜ, an dessen Stelle die EuGVVO getreten ist, war das Übereinkommen in Zivil- und Handelssachen anwendbar, ohne dass es auf die Art der Gerichtsbarkeit angekommen wäre. In Art. 1 Abs. 2 des Übereinkommens wurden bestimmte Angelegenheiten ausgeschlossen, u.a. in Nr. 2 „Konkurse, Vergleiche und ähnliche Verfahren". Sowohl im Bericht von *Jenard* als auch in dem von *Schlosser*[698] sei, so der EuGH, darauf hingewiesen worden, dass der von diesem Ausschluss erfasste Bereich unter ein besonderes Übereinkommen fallen müsse. In Nr. 53 des Berichts von *Schlosser* hieß es, dass der Anwendungsbereich von EuGVÜ und EuInsÜ so abzugrenzen sei, dass keine Lücke und keine Qualifikationsfragen aufträten. In dem im Rahmen des EuGVÜ ergangenen Gourdain/Nadler-Urteil habe der Gerichtshof die Tragweite des in Rede stehenden Ausschlusses eingegrenzt. In Rn. 4 dieses Urteils habe der Gerichtshof festgestellt, dass Entscheidungen, die sich auf ein Insolvenzverfahren beziehen, nur dann vom Anwendungsbereich des EuGVÜ ausgeschlossen seien, wenn sie unmittelbar aus diesem Verfahren hervorgehen und sich eng innerhalb des Rahmens eines Konkurs- oder Vergleichsverfahrens halten. In dem nach Inkrafttreten der EuGVVO ergangenen Alpenblume-Urteil habe der Gerichtshof festgestellt, dass die Auslegung des EuGVÜ, da die EuGVVO an die Stelle des EuGVÜ getreten sei, auch für sie gelte. Voraussetzung sei, dass die Vorschriften als gleichbedeutend angesehen werden können, was bei Art. 1 Abs. 2 lit. b) EuGVVO und Art. 1 Abs. 2 Nr. 2 EuGVÜ aufgrund des gleichen Wortlauts der Fall sei. Unter Rückgriff auf das Kriterium, dass eine Klage an ein Konkursverfahren anknüpft, wenn sie unmittelbar aus diesem hervorgeht und sich eng innerhalb des Rahmens eines Konkurs- oder Vergleichsverfahrens hält, habe der Gerichtshof klargestellt, dass die

698 Bericht zu dem Übereinkommen des Königreichs Dänemark, Irlands und des Vereinigten Königreichs Großbritannien und Nordirland über den Beitritt zum Übereinkommen über die gerichtliche Zuständigkeit und die Vollstreckung gerichtlicher Entscheidungen in Zivil- und Handelssachen sowie zum Protokoll betreffend die Auslegung dieses Übereinkommens durch den Gerichtshof von P. Schlosser, ABl. 1979 Nr. C 59, 71.

Enge des Zusammenhangs entscheidend dafür sei, ob der genannte Ausschluss Anwendung finde. Die Enge des Zusammenhangs zwischen einer gerichtlichen Klage und dem Konkursverfahren beurteile sich dabei im Sinne des Gourdain/Nadler-Urteils.

### bb) EuInsVO

Im Folgenden fasst der EuGH den Anwendungsbereich der EuInsVO zusammen. Die EuInsVO übernehme wörtlich die Bestimmungen des EuInsÜ. Wie das vorlegende Gericht ausgeführt habe, hat der Gerichtshof im Urteil „Deko Marty" geprüft, anhand welcher Kriterien sich ermitteln lasse, ob eine Klage in den Anwendungsbereich von Art. 3 Abs. 1 EuInsVO fällt. In Rn. 20 dieses Urteils habe der Gerichtshof hervorgehoben, dass in Erwägungsgrund 6 EuInsVO zur Abgrenzung ihres Gegenstands gerade auf das im Gourdain/Nadler-Urteil aufgestellte Kriterium abgestellt werde. Nach diesem Erwägungsgrund solle sich die Verordnung nämlich auf Vorschriften beschränken, die die Zuständigkeit für die Eröffnung von Insolvenzverfahren und für Entscheidungen regle, die unmittelbar aufgrund des Insolvenzverfahrens ergehen und in engem Zusammenhang damit stehen. Der Gerichtshof habe daraus gefolgert, dass in Ansehung dieser Absicht des Gesetzgebers und der praktischen Wirksamkeit der genannten Verordnung ihr Art. 3 Abs. 1 EuInsVO dahin auszulegen sei, dass er den Gerichten des für die Eröffnung eines Insolvenzverfahrens zuständigen Mitgliedstaats eine internationale Zuständigkeit auch für solche Klagen zuweise, die unmittelbar aus diesem Verfahren hervorgehen und in engem Zusammenhang damit stehen. Hinzuzufügen sei, dass dieses doppelte Kriterium auch in Art. 25 Abs. 1 EuInsVO verwendet werde.

### cc) Verhältnis von EuInsVO und EuGVVO

Zum Verhältnis der beiden Verordnungen führt der Gerichtshof aus, was sich seiner Ansicht nach aus den vorstehenden Erwägungen ergibt. Erstens ergebe sich daraus, dass Art. 1 Abs. 2 lit. b) EuGVVO vom Anwendungsbereich dieser Verordnung, die nach ihrem 7. Erwägungsgrund, von einigen genau festgelegten Rechtsgebieten abgesehen, auf das gesamte Zivil- und Handelsrecht Anwendung finden solle, nur Klagen ausschließe, die sich unmittelbar aus einem Insolvenzverfahren herleiten und in engem Zusammenhang damit stehen. Aus denselben Erwägungen ergebe sich zweitens, dass nur Klagen, die sich unmittelbar aus einem Insolvenzverfahren herleiten und in engem Zusammenhang damit stehen, in den Anwendungsbereich der EuInsVO fallen.

Zur Beantwortung der Vorlagefrage 1 b) sei daher zu prüfen, ob dieses doppelte Kriterium in Anbetracht der Feststellungen des vorlegenden Gerichts bei der Klage des Ausgangsverfahrens als erfüllt anzusehen sei.

*b) Vorlagefrage 1 b)*

Der EuGH stellt fest, dass mit der Klage des Ausgangsverfahrens von der Beklagten die Rückzahlung von Beträgen verlangt werde, die sie von einer Schuldnerin erhalten habe, bevor über deren Vermögen ein Insolvenzverfahren eröffnet worden sei. Die Klägerin des Ausgangsverfahrens stütze ihre Klage auf die Abtretung der Forderung durch den im Rahmen dieses Verfahrens bestellten Insolvenzverwalter. Gegenstand dieser Abtretung sei das Insolvenzanfechtungsrecht gewesen, das dem Insolvenzverwalter nach der deutschen Insolvenzordnung in Bezug auf alle vor der Eröffnung des Insolvenzverfahrens vorgenommenen und die Insolvenzgläubiger benachteiligenden Rechtshandlungen zustehe. Aus den Akten gehe hervor, dass die im deutschen Recht in den §§ 129 ff. InsO geregelte Insolvenzanfechtungsklage nur vom Insolvenzverwalter erhoben werden könne, und zwar ausschließlich zur Wahrnehmung der Interessen der Gesamtheit der Gläubiger. Nach den Angaben der deutschen Regierung könne das Insolvenzanfechtungsrecht aber abgetreten werden. Voraussetzung dafür sei, dass zugunsten der Gesamtheit der Gläubiger eine als gleichwertig angesehene Gegenleistung erbracht werde.

Der Gerichtshof zieht im Folgenden das „Deko Marty"-Urteil heran und stellt fest, dass in diesem Urteil entschieden wurde, dass eine Klage, mit der ein Insolvenzverwalter eine Insolvenzanfechtungsklage geltend macht, unter Art. 3 Abs. 1 EuInsVO fällt. Außerdem habe der Gerichtshof im Alpenblume-Urteil entschieden, dass die dort zu prüfende Klage unter den Begriff des Konkurses im Sinne von Art. 1 Abs. 2 lit. b) EuGVVO fällt. In diesem Urteil sei es um die Anerkennung einer Entscheidung gegangen, mit der die Unwirksamkeit einer Abtretung durch den im Rahmen eines im Insolvenzverfahren bestellten Verwalters festgestellt wurde, weil er nicht befugt gewesen sei, über den abgetretenen Vermögenswert zu verfügen.

Sodann stellt der EuGH fest, dass sich der vorliegende Ausgangsrechtsstreit von den Sachverhalten, zu denen diese Urteile ergangen sind, unterscheidet. Denn anderes als der Kläger in der Rechtssache „Deko Marty" handelte die Klägerin des Ausgangsverfahrens nicht als Insolvenzverwalter, d.h. nicht als Organ eines Insolvenzverfahrens, sondern als Zessionarin einer Forderung. Überdies sei, anders als in der Rechtssache Alpenblume, Gegenstand des vorliegenden Ausgangsverfahrens nicht die Gültigkeit der vom Insolvenzverwalter vorgenommenen Abtretung. Die Befugnis des Insolvenzverwalters, sein Insolvenzanfechtungsrecht abzutreten, sei unstreitig.

Daher sei zu prüfen, ob die von der Klägerin des Ausgangsverfahrens erhobene Klage in Anbetracht ihrer besonderen Merkmale unmittelbar mit der Insolvenz der Schuldnerin zusammenhänge und in engem Zusammenhang mit dem Insolvenzverfahren stehe.

Zunächst stellt der EuGH klar, dass Jadecloud-Wilma und die Europäische Kommission geltend gemacht haben, dass die Klage der Zessionarin in ihrem Ursprung und Inhalt im Wesentlichen einer vom Insolvenzverwalter erhobenen Klage entspreche. Der EuGH stellt fest, dass sich nicht bestreiten lässt, dass der Anspruch, auf den die Klägerin des Ausgangsverfahrens ihren Anspruch stützt, mit der Insolvenz der Schuldnerin zusammenhängt. Grund dafür sei, dass der Anspruch auf das Insolvenzanfechtungsrecht zurückgehe, das dem Insolvenzverwalter nach den nationalen Rechtsvorschriften über das Insolvenzverfahren zustehe. Trotzdem ist der EuGH der Ansicht, dass es fraglich sei, ob die abgetretene Forderung, nachdem sie Bestandteil des Vermögens der Zessionarin geworden sei, weiter unmittelbar mit der Insolvenz der Schuldnerin zusammenhängt. Nach Ansicht des EuGH kann dies jedoch dahin stehen, sofern die Geltendmachung des abgetretenen Anspruchs durch die Zessionarin jedenfalls nicht in engem Zusammenhang mit dem Insolvenzverfahren steht. Dies prüft der EuGH im Folgenden.

Dazu stellt er zunächst fest, dass – worauf F-Tex sowie die litauische und die deutsche Regierung hinweisen – für die Geltendmachung der an einen Zessionar abgetretenen Forderung andere Regeln gelten als im Rahmen eines Insolvenzverfahrens. Erstens könne der Zessionar im Unterschied zum Insolvenzverwalter, der grundsätzlich verpflichtet sei, im Interesse der Gläubiger zu handeln, frei entscheiden, ob er die abgetretene Forderung geltend machen wolle. Zweitens handele der Zessionar, wenn er sich entschließt, seine Forderung geltend zu machen, in seinem eigenen Interesse und zu seinem persönlichen Vorteil. Wie die Forderung, auf die er die Klage stützt, werde der Erlös aus der Klage, die er erhebt, Bestandteil seines Vermögens. Die Folgen seiner Klage unterschieden sich somit von denen einer vom Insolvenzverwalter erhobenen Anfechtungsklage, mit der das Ziel verfolgt wird, die Aktiva des Unternehmens, über dessen Vermögen das Insolvenzverfahren eröffnet worden ist, zu vermehren. Nach Ansicht des EuGH ändert daran auch die Tatsache nichts, dass sich F-Tex im Ausgangsverfahren verpflichtet habe, als Gegenleistung für die Abtretung des Anfechtungsrechts durch den Insolvenzverwalter einen Teil des Erlöses aus der abgetretenen Forderung abzuführen. Denn dabei handele es sich lediglich um eine Zahlungsmodalität. Eine solche Vertragsbestimmung sei eine Ausprägung der Vertragsfreiheit. Denn dem Insolvenzverwalter und der Zessionarin stehe es unstreitig frei, die Gegenleistung der Zessionarin so zu gestalten, dass sie einen Pauschalbetrag oder einen Prozentsatz der gegebenenfalls wiedererlangten Beträge zahlt. Überdies habe nach deutschem Recht, das im Ausgangsverfahren auf das Insolvenzverfahren anwendbar sei, die Beendigung des Verfahrens keinen Einfluss auf die Geltendmachung des abgetretenen Insolvenzanfechtungsrechts durch den Zessionar. Nach den Angaben der deutschen Regierung könne das Recht vom Zessionar auch nach Beendigung des Insolvenzverfahrens geltend gemacht werden.

Der EuGH ist der Ansicht, dass die Klage des Ausgangsverfahrens aufgrund ihrer Merkmale nicht in engem Zusammenhang mit dem Insolvenzverfahren steht. Daher sei festzustellen, dass sie nicht in den Anwendungsbereich von Art. 3 Abs. 1 EuInsVO fällt. Infolgedessen falle die Klage auch nicht unter den Begriff des Konkurses im Sinne von Art. 1 Abs. 2 lit. b) EuGVVO. Ob diese Klage unmittelbar mit der Insolvenz des Schuldners zusammenhängt, bräuchte somit nicht entschieden zu werden.

Da die Klage des Ausgangsverfahrens nicht unter die EuInsVO fällt, beantwortet der EuGH die Vorlagefrage 1 a), ob die Zuständigkeit des Art. 3 Abs. 1 EuInsVO für eine Anfechtungsklage eine ausschließliche ist, nicht.

### 3. *Konsequenzen*

#### a) *Abgrenzung der Anwendungsbereiche von EuGVVO und EuInsVO*

Um die Vorlagefrage zu beantworten, grenzt der EuGH zunächst die Anwendungsbereiche der beiden relevanten Verordnungen ab. Dabei stellt er zunächst die Entwicklung der EuGVVO, sodann die der EuInsVO dar. Dass die Anwendungsbereiche der Verordnungen lückenlos aneinander grenzen, begründet der EuGH mit einem historischen Argument. Im Bericht von *Schlosser* hieße es, dass der Anwendungsbereich von EuGVÜ und EuInsÜ so abzugrenzen sei, dass keine Lücke und keine Qualifikationsfragen aufträten. Jedoch zieht der EuGH sein „German Graphics"-Urteil, indem er erstmals deutlich gemacht hat, dass das lückenlose Aneinandergrenzen der Anwendungsbereiche auch für die die Übereinkommen ersetzenden Verordnungen gelte, nicht heran. Auch wenn das litauische Rechtsmittelgericht in der Vorlagefrage nicht nach dem Einfluss des „German Graphics"-Urteils auf die Auslegung fragt, steht es dem EuGH frei, seine Auslegung auch darauf zu stützen.[699]

#### b) *Internationale Zuständigkeit für die abgetretene Insolvenzanfechtungsklage*

Im Folgenden ordnet der EuGH die im Ausgangsverfahren zu prüfende Klage ein. Dabei erläutert er zunächst Zweck und Voraussetzung der Insolvenzanfechtungsklage nach deutschem Recht: Gemäß §§ 129 ff. InsO stehe dem

699 vgl. Art. 19 EUV.

Insolvenzverwalter die Befugnis zu, Handlungen, die die Gläubigergemeinschaft benachteiligen, anzufechten. Anschließend vergleicht er die zu prüfende Klage mit den in den Urteilen „Deko Marty" und Alpenblume zugrundeliegenden Sachverhalten. Die in „German Graphics" zu prüfende Klage, die sich auf einen Eigentumsvorbehalt bezog, erwähnt der EuGH nicht. Grund dafür könnte sein, dass der EuGH die im Ausgangsverfahren zu prüfende Klage nur mit denjenigen Annexklagen vergleichen möchte, die seiner Ansicht nach in den Anwendungsbereich der EuInsVO fallen, und nicht mit derjenigen Klage aus „German Graphics", die zwar einen Insolvenzbezug hat, aber kein Annexverfahren i. S. d. Art. 25 Abs. 1 Unterabsatz 2 EuInsVO ist und daher nicht unter die EuInsVO fällt.

#### aa) Charakterisierung der Klage, insbesondere das mit der Klage verfolgte Ziel

Die Insolvenzanfechtung dient dem Schutz der Gläubigergemeinschaft.[700] Bevor das Insolvenzverfahren über das Vermögen des Schuldners eröffnet wird, hat dieser die Möglichkeit, Vermögen beiseite zu schaffen oder einzelne Gläubiger zu befriedigen. Gläubiger, die persönliche Verhältnisse zu dem Schuldner haben, über die wirtschaftliche Situation besonders gut informiert sind oder in besonderer Weise Druck ausüben, können so erreichen, dass ihre Forderung vor Insolvenzeröffnung befriedigt wird.[701] Dadurch wird jedoch die bei Insolvenzeröffnung bestehende Masse geschmälert, wodurch die Gemeinschaft der Gläubiger benachteiligt wird. Daher steht dem Insolvenzverwalter das Recht zu, bestimmte Handlungen des Schuldners, die dieser vor Insolvenzeröffnung vorgenommen hat und die die Gläubigergemeinschaft benachteiligen können, anzufechten.[702] Ziel ist es, abgeflossenes Vermögen wieder zur Masse zurückzuholen.[703] Der dem Insolvenzverwalter zustehende Anspruch aus Insolvenzanfechtung kann abgetreten werden,[704] wenn zugunsten der Gesamtheit der Gläubiger eine als gleichwertig angesehene Gegenleistung erbracht wird.[705] Das

---

700 MünchKommInsO/*Kirchhof* Vor. §§ 129–147 Rn. 2.

701 MünchKommInsO/*Kirchhof* Vor. §§ 129–147 Rn. 2.

702 FK-InsO/*Dauerheim* § 129 Rn. 1.

703 FK-InsO/*Dauerheim* § 129 Rn. 1.

704 BGH, Urteil vom 17.02.2011, IX ZR 91/10, BGHZ 188, 351; HK-InsO/*Kreft* § 129 Rn. 92.

705 BGH, Urteil vom 17.02.2011, IX ZR 91/10, BGHZ 188, 351; Graf-Schlicker/*Huber*, InsO, § 129 Rn. 29; HambKomm/*Rogge/Leptien*, InsO, § 143 Rn. 92; MünchKommInsO/*Kayser* § 129 Rn. 216.

bedeutet, dass es eine Voraussetzung der Abtretung ist, dass die Gläubigergemeinschaft durch die Abtretung nicht schlechter, sondern mindestens genauso gut gestellt sein muss wie vor der Abtretung des Insolvenzanfechtungsanspruchs. Dabei kommen zwei Möglichkeiten der Gegenleistung in Betracht. Die Anfechtungsforderung kann entweder verkauft werden oder der Insolvenzverwalter kann in Form eines Anteils am Einziehungserlös der Anfechtungsforderung beteiligt werden.[706] In dem im Urteil zu entscheidenden Fall stand dem Insolvenzverwalter ein Anteil von 33% des Einziehungserlöses zu. Der EuGH stellt klar, dass der Insolvenzanfechtungs-anspruch durch die Abtretung in das Vermögen des Zessionars übergeht. Folge dessen ist, dass der Insolvenzanfechtungsanspruch nicht mehr Teil der Masse ist. In die Masse ist – an dessen Stelle – als Gegenleistung entweder der Kaufpreis für die Forderung oder der Anspruch auf den vereinbarten Anteil am Einziehungs-erlös geflossen.[707] Daher wird die durch den Dritten erhobene Insolvenzanfechtungsklage nicht nur im Interesse der Gläubigergemeinschaft erhoben. Vielmehr handelt der Zessionar primär im eigenen Interesse, da der abgetretene Anspruch aus Insolvenzanfechtung Teil seines Vermögens ist.[708] Insbesondere wenn als Gegenleistung ein Anteil am Einziehungserlös vereinbart wurde, dient die Klage zumindest mittelbar dem Interesse der Gläubigergemeinschaft. Denn nur, wenn der Anspruch erfolgreich eingeklagt und vollstreckt wurde, fließt der vereinbarte Anteil am Einziehungserlös in die Masse. Zwar ist der mit der Klage geltend gemachte Anspruch aus Insolvenzanfechtung ein solcher, der durch das Insolvenzverfahren erst entsteht. Das mit der Insolvenzanfechtung verfolgte Ziel der Vergrößerung der Masse im Interesse der Gläubigergemeinschaft wird durch die von dem Dritten erhobene Klage jedoch nicht unmittelbar erreicht. Denn wenn ein Anteil am Einziehungserlös vereinbart wurde, erfolgt zunächst der Zwischenschritt der Erhebung der Klage durch den Dritten. Dieser muss sich zunächst entschließen, die Klage zu erheben, die Klage muss Erfolg haben, und der Titel muss vollstreckt werden. Erst bei erfolgreicher Einziehung des abgeflossenen Vermögens kommt der vereinbarte Anteil am Einziehungserlös der Masse zu. Die Klage des Dritten mit der dieser einen abgetretenen Anspruch aus Insolvenzanfechtung geltend macht, geht daher nicht unmittelbar aus dem Insolvenzverfahren hervor.[709] Auch wenn der Anspruch aus Insolvenzanfechtung an den Dritten verkauft wurde, geht die

706 HambKomm/*Rogge/Leptien*, InsO, § 143 Rn. 93; MünchKommInsO/*Kayser* § 129 Rn. 217.

707 MünchKommInsO/*Kayser* § 129 Rn. 217.

708 EuGH, Urteil vom 19.04.2012, Rs. C-213/10, ZIP 2012, 1049 (F-Tex) Rn. 44.

709 *Cranshaw* ZInsO 2012, 1237, 1241.

Klage nicht unmittelbar aus dem Insolvenzverfahren hervor. Denn die Gegenleistung in Form des Kaufpreises ist nicht vom Erfolg der Klage abhängig, so dass das Ziel der Vergrößerung der Masse bereits erreicht wurde.

Der EuGH prüft das unmittelbare Hervorgehen der Klage aus dem Insolvenzverfahren nicht. Er ist der Ansicht, dass der mit der Klage geltend gemachte Anspruch auf nationale Rechtsvorschriften über das Insolvenzverfahren zurückgeht und einen Zusammenhang zum Insolvenzverfahren aufweist. Ob der abgetretene Insolvenzanfechtungsanspruch unmittelbar aus dem Insolvenzverfahren hervorgeht, sieht der EuGH als fraglich an, lässt es jedoch dahinstehen und prüft die Enge des Zusammenhangs zwischen der Klage und dem Insolvenzverfahren. Im Ergebnis ergeben sich daraus keine Unterschiede. Denn wenn bereits ein Merkmal dieses doppelten Kriteriums – wie der EuGH es bezeichnet – nicht vorliegt, ist der Anwendungsbereich der EuInsVO für ein Einzelverfahren nicht eröffnet. Die beiden Kriterien müssen kumulativ vorliegen. Entscheidend für die Enge des Zusammenhangs ist das mit der Klage verfolgte Ziel. Das lässt sich aus einem Vergleich mit dem „Deko Marty"-Urteil erkennen und mit den Argumenten, die der EuGH heranzieht, um einen Unterschied zu dem dieser Klage zugrunde liegenden Sachverhalt zu begründen. In dem „Deko Marty"-Urteil hat der EuGH entschieden, dass eine durch den Insolvenzverwalter erhobene Insolvenzanfechtungsklage unter die EuInsVO fällt und dass eine internationale Zuständigkeit gemäß Art. 3 Abs. 1 am Mittelpunkt der hauptsächlichen Interessen des Schuldners besteht. Eine solche Klage geht unmittelbar aus dem Insolvenzverfahren hervor und steht in engem Zusammenhang damit.[710] Im Gegensatz dazu liegt ein solcher nicht vor, wenn eine Klage, die auf den gleichen Anspruch gestützt wird, durch einen Dritten, an den der Anspruch abgetreten wurde, erhoben wird. Der EuGH begründet das mit mehreren Argumenten.[711]

Zum einen sei der Zessionar nicht dazu verpflichtet, die Forderung einzuziehen. Der Insolvenzverwalter hingegen sei dazu verpflichtet, im Interesse der Gläubigergemeinschaft zu handeln. Dazu gehört auch, dass er Handlungen des Schuldners, die die Gläubiger benachteiligen, anficht und das abgeflossene Vermögen wieder zur Masse zieht. Das Interesse der Gläubiger hebt der EuGH ein weiteres Mal hervor, wenn er ausführt, dass der Zessionar im eigenen Interesse und zu seinem persönlichen Vorteil handelt, da die Insolvenzanfechtungsforderung in sein Vermögen übergegangen ist. Daraus folgt, dass der EuGH es

710 EuGH, Urteil vom 12.02.2009, Rs. C-339/07, Slg. 2009, I-767 (Deko Marty) Rn. 28.

711 *Schnichels/Stege* EuZW 2013, 809, 810 „*EuGH ist in Begründung und Ergebnis vollumfänglich zuzustimmen.*"

als entscheidend ansieht, dass mit dem abgetretenen Anspruch im Gegensatz zu dem im „Deko Marty"-Urteil zugrundeliegenden Sachverhalt nicht direkt der insolvenzspezifische Zweck der Mehrung der Masse im Interesse der Gläubigergemeinschaft verfolgt wird. Die Folge der Klage ist laut EuGH eine andere. Daran ändert nach Ansicht des EuGH auch die für die Abtretung vereinbarte Gegenleistung nichts, denn dies sei eine Form der Vertragsfreiheit. Daraus lässt sich folgern, dass die Folge der Klage, also das mit der Klage verfolgte Ziel, entscheidend dafür ist, ob eine Klage in den Anwendungsbereich der EuInsVO oder in den der EuGVVO fällt.[712] Drittens stellt der EuGH darauf ab, dass die Beendigung des Insolvenzverfahrens keinen Einfluss auf die Befugnis des Zessionars hat, den Insolvenzanfechtungsanspruch geltend zu machen. Der Insolvenzverwalter hingegen muss dies im laufenden Verfahren tun. Andernfalls kann der Zweck der Klage, die Masse zu vergrößern, nicht erreicht werden. Aus diesen drei vom EuGH herangezogenen Argumenten lässt sich folgern, dass der EuGH dem mit der Klage verfolgten Ziel eine Bedeutung für die Einordnung der Klage unter die EuGVVO oder unter die EuInsVO zumisst. Anders als im vorliegenden Urteil verfolgte der vom Insolvenzverwalter erhobene Anfechtungsanspruch im „Deko Marty"-Urteil das insolvenzspezifische Ziel, eine die Gläubigergemeinschaft benachteiligende Handlung anzufechten, um das abgeflossene Vermögen wieder zur Masse zu ziehen. Der materielle Anspruch, der mit der Klage geltend gemacht wird, ist in beiden Fällen der gleiche: die Insolvenzanfechtungsklage nach deutschem Recht. Für die Abgrenzung des Anwendungsbereichs ist der materielle Anspruch daher nicht ausschlaggebend. Denn einerseits unterfällt eine Klage, mit der ein Insolvenzanfechtungsanspruch geltend gemacht wird, der EuInsVO – siehe „Deko Marty". Andererseits unterfällt eine Klage, mit der ein abgetretener Insolvenzanfechtungsanspruch geltend gemacht wird, der EuGVVO – siehe „F-Tex". Daraus folgt, dass der mit der Klage geltend gemachte materielle Anspruch nicht über die auf die Klage anwendbare Verordnung entscheidet.

### bb) Beteiligung des Insolvenzverwalters

Hingegen sieht es der EuGH als entscheidend an, dass die Klage durch den Insolvenzverwalter erhoben wird:

> *[D]ie Klägerin des Ausgangsverfahrens [handelt] nämlich nicht als Insolvenzverwalter, d.h. als Organ eines Insolvenzverfahrens, sondern als Zessionarin einer Forderung.*

---

712 *Cranshaw* ZInsO 2012, 1237, 1241 *„Der Anfechtungsanspruch wandelt seinen Charakter in der Hand des Zessionars nicht."*

In „German Graphics" hatte der EuGH jedoch festgestellt, dass

> *die bloße Tatsache, dass die Konkursverwalterin an dem Rechtsstreit beteiligt ist, nicht ausreichend [erscheint], um das Verfahren vor dem Landgericht Braunschweig als ein Verfahren anzusehen, das unmittelbar aus dem Konkurs hervorgeht und sich eng innerhalb des Rahmens eines Konkursverfahrens hält.*

Aus diesen beiden Aussagen lässt sich folgern, dass zwar die Beteiligung des Insolvenzverwalters an dem Verfahren *allein* nicht dazu führt, dass eine Klage unmittelbar aus dem Insolvenzverfahren hervorgeht und eng mit diesem zusammenhängt. Jedoch ist die Beteiligung des Insolvenzverwalters eine der Voraussetzungen, um den engen und unmittelbaren Zusammenhang zum Insolvenzverfahren zu begründen.[713] Zu der Beteiligung des Insolvenzverwalters an der Klage müssen noch weitere Umstände hinzukommen, damit die Klage unmittelbar aus dem Insolvenzverfahren hervorgeht und einen engen Zusammenhang damit aufweist.

#### cc) Inzident zu prüfende Rechtsmacht des Insolvenzverwalters

In seine Argumente zur Einordnung der zu prüfenden Klage bezieht der EuGH auch das Alpenblume-Urteil ein. In diesem hat der EuGH entschieden, dass eine Klage, mit der die Unwirksamkeit einer Abtretung festgestellt wurde, weil die Befugnisse des im Rahmen eines Insolvenzverfahrens bestellten Verwalters nicht anerkannt wurden, gemäß Art. 1 Abs. 2 lit. b) EuGVVO unter den Begriff des Konkurses fällt. Der EuGH ist der Ansicht, dass sich der vorliegende Ausgangsrechtsstreit unter anderem deswegen von dem Alpenblume-Urteil unterscheidet, denn

> *Gegenstand [ist] nicht die Gültigkeit der vom Insolvenzverwalter vorgenommenen Abtretung, und dessen Befugnis, sein Insolvenzanfechtungsrecht abzutreten, ist unstreitig.*

In beiden Urteilen stellt der EuGH auf die Rechtsmacht des Verwalters ab. Der Umfang der Befugnisse des Insolvenzverwalters ist in beiden Verfahren jedoch nicht der Gegenstand der Klage, sondern ein innerhalb des Anspruchs zu prüfender Punkt, eine Vorfrage. Eine solche kann jedoch nicht zu einer Zuständigkeitskonzentration im Insolvenzeröffnungsstaat führen.[714] Eine Zuständigkeitskonzentration bei Aktivklagen des Verwalters bezweckt, dass der Insolvenzverwalter nicht an einem anderen Ort klagen muss. Da ein Auslands-prozess zeit- und

---

713 *Brinkmann* EWIR 2012, 383, 384; Cranshaw/Hinkel/*Paulus*, Anfechtungsrecht, Art. 4, 13 EuInsVO Rn. 40.

714 siehe oben unter Teil 3 § 3 II 3 b).

kostenintensiv ist, ist ein Inlandsprozess für das Insolvenzverfahren meist effizienter und effektiver;[715] dadurch werden die Interessen der Gläubiger gewahrt. Auch kann eine Effizienz- und Effektivitätssteigerung dann vorliegen, wenn sich der mit der Klage geltend gemachte Anspruch materiell-rechtlich nach dem nationalen Recht richtet, das auf das Insolvenzverfahren anwendbar ist. Denn dann wäre einheitlich ein nationales Recht anwendbar. Dem steht jedoch auf der anderen Seite das Interesse des Klagegegners gegenüber. Dieser hat, da das Bestehen des Anspruchs noch nicht feststeht, sondern in dem Verfahren erst geprüft wird, ein Interesse daran, dass der Prozess im Mitgliedstaat seines (Wohn-) Sitzes oder dem durch eine Gerichtsstandvereinbarung vorgesehenen durchgeführt wird. Auch ist nicht zwingend das Recht nur eines Staates anwendbar. Denn der mit der Klage geltend gemachte Anspruch muss sich nicht in jedem Fall nach dem nationalen Recht, dem das Insolvenzverfahren untersteht, richten. Die Interessen müssen daher gegeneinander abgewogen werden. Ist die Rechtsmacht des Verwalters nur ein inzident zu prüfender Aspekt, ist eine Zuständigkeitskonzentration nicht zu rechtfertigen. Das Interesse des Klagegegners, am vereinbarten Gerichtsstand oder an dem seines (Wohn-)Sitzes zu prozessieren, überwiegt (*actor sequitur forum rei*). Auch beurteilt sich nur die Frage der Befugnisse des Verwalters nach der *lex fori concursus*, so dass auch eine Zuständigkeitskonzentration unter dem Gesichtspunkt der einheitlichen Anwendung des Rechts des Staates, in dem das Insolvenzverfahren eröffnet wird, nicht in jedem Fall vorliegt.

#### dd) Fazit

Aus dem „F-Tex“-Urteil lässt sich folgern, dass der Anwendungsbereich der EuInsVO für Annexverfahren eng auszulegen ist. Denn trotz der vorliegenden Besonderheit, dass die Insolvenzanfechtungsklage nicht an einen Dritten außerhalb des Insolvenzverfahrens, sondern an den einzigen Gläubiger des insolventen Schuldners abgetreten wurde, fällt diese Annexklage nicht unter die EuInsVO. Die Klage erfüllt selbst dann nicht das Doppelkriterium des unmittelbaren Hervorgehens und des engen Zusammenhangs zum Insolvenzverfahren, wenn der abgetretene Insolvenzanfechtungsanspruch durch den einzigen Gläubiger des insolventen Schuldners erhoben wird.

715 siehe oben unter Teil 3 § 2 II 2; § 3 I 3 b) aa) (1).

Auch wenn durch das Urteil des EuGH nicht vollständig geklärt wurde, wann eine insolvenznahe Streitigkeit der EuGVVO oder der EuInsVO unterfällt,[716] trägt das Urteil zur Konkretisierung des unmittelbaren Hervorgehens und des engen Zusammenhangs zum Insolvenzverfahren bei. Gemäß dem Urteil kommt es darauf an, ob die Annexklage während des laufenden Insolvenzverfahrens vom Insolvenzverwalter mit dem Ziel der Mehrung der Masse im Interesse der Gläubiger erhoben wird, unabhängig von der Rechtsnatur des mit der Klage geltend gemachten Anspruchs. Dass der mit der Klage geltend gemacht Anspruch dem Insolvenzrecht entstammt, führt nicht zwingend dazu, dass die Klage der EuInsVO unterfällt. Umgekehrt ist der materielle Anspruch nicht vollkommen unerheblich. Denn insolvenzspezifische Zwecke werden häufig durch Normen des Insolvenzrechts verfolgt. Der insolvenzspezifische Zweck kann sich jedoch ändern, wenn statt dem Insolvenzverwalter ein Zessionar den insolvenzrechtlichen Anspruch aus abgetretenem Recht geltend macht.[717]

## V. ÖFAB

### *1. Sachverhalt*

Herr Koot, der seinen Wohnsitz in den Niederlanden hatte, war vom 9. September 2007 bis zum 5. September 2009 Mitglied des Verwaltungsrates der Copperhill Mountain Lodge AB, einer Aktiengesellschaft schwedischen Rechts mit Sitz in Schweden. Anschließend war Herr Koot bis zum 22. Januar 2010 stellvertretendes Verwaltungsratsmitglied. Evergreen Investments BV, eine Gesellschaft mit beschränkter Haftung niederländischen Rechts mit Sitz in den Niederlanden, hielt zunächst etwa 40% der Aktien von Copperhill, bevor sie am 2. Dezember 2009 weitere 50% der Aktien von Copperhill erwarb. Im Zeitraum vom 10. Oktober 2007 bis zum 2. Dezember 2009 hatte Copperhill ihren Sitz in Schweden, im Gerichtsbezirk des Östersunds Tingsrätt, dem Amtsgericht von Östersund. Dort übte Copperhill auch ihre Geschäftstätigkeit aus. Unter anderem sollte ein Hotel errichtet werden. Copperhill beauftrage zwei örtliche Unternehmen, Toréns Entreprend i Östersund AB und Kakelmässan Norr Handelsbolag. Diese sollten im Zuge der Errichtung des Hotels verschiedene Arbeiten erbringen, beispielsweise die Verlegung von Fliesen in den Badezimmern. Copperhill konnte ihre Verbindlichkeiten wegen finanzieller Schwierigkeiten

716 *Brinkmann* EWIR 2012, 383, 384; *Kluth* GWR 2012, 335014; *Sujecki* EuZW 2012, 427, 430.

717 a.A. *Brinkmann* EWIR 2012, 383, 384.

nicht erfüllen. Daher erließ das Östersunds Tingsrätt am 23. März 2009 einen Beschluss über die Sanierung einer Gesellschaft („företagsrekonstruktion"). Die Forderungen von Toréns und Kakelmässan wurden im Rahmen der Sanierung zum Teil erfüllt. Die Restforderungen erwarb Invest i Årefjällen i Stockholm AB. Invest erhob am 10. August 2010 beim Östersunds Tingsrätt eine Klage gegen Herrn Koot und eine weitere Klage gegen Evergreen. Die Klage gegen Evergreen wurde zum einen auf die Grundsätze der Durchgriffshaftung und zum anderen darauf gestützt, dass Evergreen „versprochen" habe an die Toréns und Kakelmässan zu zahlen bzw. Copperhill die dafür erforderlichen Geldmittel zur Verfügung zu stellen.

Am 26. April 2011 beschloss das Östersunds Tingsrätt, die Klage von Invest mangels internationaler Zuständigkeit gemäß Art. 5 Nr. 1 oder Nr. 3 EuGVVO abzuweisen. Das Gericht vertrat die Ansicht, die Klagen müssten gemäß Art. 2 Abs. 1 EuGVVO im Wohnsitzstaat von Herrn Koot bzw. in dem Staat, in dem Evergreen ihren Sitz habe, also in den Niederlanden, erhoben werden. Dagegen legte Invest beim Hovrätt för Nedre Norrland Berufung ein und beantragte, den Gerichtshof um Vorabentscheidung zu ersuchen. Invest veräußerte die Forderungen an die ÖFBA. Auch der Hovrätt för Nedre Norrland hielt eine Auslegung des Gerichtshofs in Bezug auf Art. 5 Nr. 1 und Nr. 3 für erforderlich. Seiner Ansicht nach habe sich der Gerichtshof noch nicht mit der Frage auseinandergesetzt, ob Klagen, mit denen ein Mitglied des Verwaltungsrats einer Aktiengesellschaft nach Kapitel 25 § 18 des schwedischen Gesetzes über Aktiengesellschaften sowie ein Anteilseigner einer Aktiengesellschaft im Wege der Durchgriffshaftung für Verbindlichkeiten der Gesellschaft in Anspruch genommen werden sollen, unter Art. 5 Nr. 3 EuGVVO fallen. In Bezug auf die Durchgriffshaftung führt das vorlegende Gericht aus, dass die Anteilseigner einer Aktiengesellschaft nach der Rechtsprechung des Högsta domstolen (Oberster Gerichtshof) in Ausnahmefällen für Verbindlichkeiten der Gesellschaft haftbar gemacht werden können. Von Bedeutung könnten insoweit Umstände wie treuloses oder sittenwidriges Verhalten der Aktionäre, eine Unterkapitalisierung oder die fehlende Absicht, am Wirtschaftsleben teilzunehmen, sein. Der Hovrätt för Nedre Norrland hat das Verfahren ausgesetzt und dem EuGH unter anderem folgende Fragen zur Vorabentscheidung vorgelegt:

1. *Sind Art. 5 Nrn. 1 und 3 der Verordnung Nr. 44/2001 so auszulegen, dass sie eine allumfassende Ausnahme von der Hauptregel des Art. 2 bei Schadensersatzklagen darstellen?*
2. *Ist der Begriff der „unerlaubten Handlung oder einer Handlung, die einer unerlaubten Handlung gleichgestellt ist, oder der Ansprüche aus einer solchen Handlung" in Art. 5 Nr. 3 der Verordnung Nr. 44/2001 so auszulegen, dass diese Bestimmung im Fall der*

*Klage eines Gläubigers gegen ein Verwaltungsratsmitglied einer Gesellschaft anwendbar ist, wenn die Klage die Haftung des Verwaltungsratsmitglieds für Verbindlichkeiten der Gesellschaft zum Gegenstand hat, weil dieses Verwaltungsratsmitglied keine formellen Maßnahmen getroffen hat, um die finanzielle Lage der Gesellschaft zu kontrollieren, und stattdessen den Geschäftsbetrieb weitergeführt und die Gesellschaft sich dadurch noch weiter verschuldet hat?*

3. *Ist der Begriff der „unerlaubten Handlung oder einer Handlung, die einer unerlaubten Handlung gleichgestellt ist, oder der Ansprüche aus einer solchen Handlung“ in Art. 5 Nr. 3 der Verordnung Nr. 44/2001 so auszulegen, dass die Bestimmung im Fall der Klage eines Gläubigers gegen einen Anteilseigner einer Gesellschaft anwendbar ist, wenn die Klage dessen Haftung für die Verbindlichkeiten der Gesellschaft zum Gegenstand hat, weil er die Weiterführung des Geschäftsbetriebs zugelassen hat, obwohl die Gesellschaft unterkapitalisiert war und einem Liquidationsverfahren unterworfen werden musste?*
*[...]*
7. *Falls Art. 5 Nrn. 1 oder 3 der Verordnung Nr. 44/2001 in einer der oben beschriebenen Situationen anwendbar ist: Ist es für die Anwendbarkeit dieser Bestimmungen von Bedeutung, dass eine Forderung vom ursprünglichen Forderungsinhaber abgetreten worden ist?*

## 2. Entscheidung des EuGH

Die Entscheidung des EuGH in der Rechtssache C-147/12 erging am 18. Juli 2013.[718] Der EuGH prüft zunächst die Fragen 1–3 zusammenhängend. Vorab sei auf das Vorbringen von Herrn Koot einzugehen, der die Ansicht vertritt, die gegen ihn erhobenen Klagen fielen gemäß Art. 1 Abs. 2 lit. b) EuGVVO nicht in deren Anwendungsbereich. Denn sie stützten sich auf Vorschriften des schwedischen Rechts, nach denen Aktiengesellschaften, deren Eigenmittel nicht ausreichten, abzuwickeln seien. Der Gerichtshof weist darauf hin, dass Art. 1 Abs. 2 lit. b) EuGVVO nach gefestigter Rechtsprechung nur diejenigen Klagen vom Anwendungsbereich der Verordnung ausschließt, die unmittelbar aufgrund des Insolvenzverfahrens ergehen und in engem Zusammenhang damit stehen. Aus den dem Gerichtshof vorgelegten Akten sowie aus den Erläuterungen der schwedischen Regierung in der mündlichen Verhandlung folgert der EuGH, dass die Klagen, um die es im Ausgangsverfahren gehe, nicht in engem Zusammenhang damit stehen. Begründet wird dies zum einen damit, dass die Klagen erhoben wurden, nachdem Copperhill einem Sanierungsverfahren unterworden worden war. Jedenfalls sei mit der Europäischen Kommission festzustellen, dass diese Klagen keine im Interesse aller Gläubiger auszuübenden ausschließlichen

718 EuGH, Urteil vom 18.07.2013, Rs. C-147/12, EuZW 2013, 703 (ÖFAB).

Prärogativen des Verwalters seien, sondern dass es sich um Rechte handle, die die ÖFAB in ihrem eigenen Interesse wahrnehmen könne. Daher sei festzustellen, dass die Klagen, um die es im Ausgangsverfahren geht, in den Anwendungsbereich der EuGVVO fallen.

Im Folgenden legt der EuGH die Begriffe „unerlaubte Handlung oder Handlung, die einer unerlaubten Handlung gleichgestellt ist, oder Ansprüche aus einer solchen Handlung" autonom aus und grenzt diese insbesondere von dem Begriff „Vertrag oder Ansprüche aus einem Vertrag" i. S. d. Art. 5 Nr. 1 lit. a) EuGVVO ab. Dabei charakterisiert er die beiden Klagen gegen Herrn Koot und Evergreen. Die beiden Klagen seien nicht auf eine freiwillig eingegangene Verpflichtung gestützt, die von einer dieser Parteien gegenüber der anderen eingegangen wurde. Sondern die Klagen seien einerseits auf die Behauptung gestützt, dass das Verwaltungsratsmitglied von Copperhill formelle Maßnahmen zur Kontrolle der finanziellen Lage dieser Gesellschaft nicht getroffen habe. Andererseits habe der Hauptanteilseigener seine Rechtspflichten vernachlässigt. Dadurch hätten die beiden zugelassen, dass die Gesellschaft ihren Geschäftsbetrieb weitergeführt habe, obwohl sie unterkapitalisiert gewesen war und einem Liquidationsverfahren hätte unterworfen werden müssen. Nach den anwendbaren Rechtsvorschriften können das Verwaltungsratsmitglied und der Anteilseigner gegebenenfalls haftbar gemacht werden. Die darauf gerichteten Klagen im Ausgangsverfahren sollen zwar das Verwaltungsratsmitglied und den Anteilseigner haftbar machen. Vor allem ermöglichen sie jedoch eine Befriedigung von Forderungen, die gegenüber der Gesellschaft nicht in vollem Umfang durchgesetzt werden konnten, weil das Verwaltungsratsmitglied und der Anteilseigner dieser Gesellschaft ihren Rechtspflichten nicht nachgekommen waren. Die Klagen seien daher auf Ersatz des Schadens gerichtet, der dadurch entstanden ist, dass Toréns und Kakelmässan Arbeiten für Copperhill verrichteten hätten ohne dafür Zahlungen von der Gesellschaft zu erhalten. Daher sei Art. 5 Nr. 3 EuGVVO anzuwenden. Der Gerichtshof betont, dass damit nicht der Beantwortung der Frage vorgegriffen werden solle, wie andere gegen ein Verwaltungsratsmitglied oder einen Anteilseigner einer Gesellschaft denkbare Klagen einzuordnen seien.

Um die siebte Vorlagefrage zu beantworten, prüft der EuGH, ob es unter den Umständen des Ausgangsverfahrens für die Bestimmung des nach Art. 5 Nr. 3 EuGVVO zuständigen Gerichts von Bedeutung ist, dass die fragliche Forderung vom ursprünglichen Forderungsinhaber abgetreten wurde. Der Gerichtshof weist zum einen darauf hin, dass – wie er in Rn. 41 des vorliegenden Urteils entschieden habe – die in Art. 5 Nr. 3 vorgesehenen besonderen Zuständigkeitsregeln dem Ziel der räumlichen Nähe entsprechen. Sie hätten ihren Grund in der besonders engen Verknüpfung zwischen dem Vertrag oder dem Ort, an dem das schädigende Ereignis eingetreten sei, und dem zur Entscheidung berufenen Gericht. Eine Forderung, die sich unter Nr. 3 subsumieren lasse, weise grundsätzlich weiterhin eine enge Verknüpfung mit dem Ort auf, an dem das schädigende Ereignis eingetreten ist, auch wenn die fraglichen Forderungen abgetreten wurden. Zum anderen widerspricht es nach Ansicht des Gerichtshofs dem Ziel der EuGVVO, das im 11. Erwägungsgrund angeführt ist, demgemäß die Zuständigkeitsregeln in hohem Maße voraussehbar sein müssen, wenn sich eine vom Gläubiger vorgenommene Forderungsabtretung auf die Bestimmung des zuständigen Gerichts nach Art. 5 Nr. 3 EuGVVO auswirken würde. Daher sei auf die siebte Frage zu antworten, dass es unter Umständen wie denen des Ausgangsverfahrens für die Bestimmung des nach Art. 5 Nr. 3 EuGVVO zuständigen Gerichts ohne Bedeutung ist, dass die fragliche Forderung vom ursprünglichen Forderungsinhaber abgetreten wurde.

### 3. *Konsequenzen*

Die Entscheidung befasst sich hauptsächlich mit der Auslegung der einzelnen Begriffe des Art. 5 Nr. 3 EuGVVO.[719] Die Frage, ob die zu prüfenden Klagen eventuell vom Anwendungsbereich der EuGVVO ausgeschlossen sind, wird zu Beginn des Urteils thematisiert und mit wenigen Argumenten verneint. Der EuGH stellt fest, dass gemäß der „ständigen Rechtsprechung" unter Art. 1 Abs. 2 lit. b) EuGVVO nur Klagen fallen, die unmittelbar aus dem Insolvenzverfahren hervorgehen und damit in engem Zusammenhang stehen.

#### *a) Einordnung der zu prüfenden Klagen*

Ob die zu prüfenden Klagen unmittelbar aus dem Insolvenzverfahren hervorgehen, prüft der EuGH nicht. Die Enge des Zusammenhangs zum Insolvenzverfahren verneint er mit zwei Argumenten. Zum einen sieht es der EuGH als entscheidend an, dass die beiden Klagen gegen Herrn Koot und Evergreen erhoben wurden, „nachdem Copperhill einem Sanierungsverfahren unterworfen worden war". Dieser Satzteil ließe sich so verstehen, dass die beiden Klagen erhoben wurden, nachdem über Copperhill ein Sanierungsverfahren eröffnet worden ist. In dieser Weise kann das jedoch nicht gemeint sein, denn die Eröffnung eines Insolvenzverfahrens würde nicht dagegen sprechen, dass es sich um ein insolvenzbezogenes Annexverfahren handelt. Vielmehr ist die Eröffnung des Insolvenzverfahrens den insolvenzbezogenen Annexverfahren vorgelagert. Daher

---

719 siehe dazu *Landbrecht* EuZW 2013, 703, 707; NJW Spezial 2013, 593.

ist der Satzteil so zu verstehen, dass das Sanierungsverfahren bereits abgeschlossen ist. Dafür spricht auch, dass die Forderungen von Toréns und Kakelmässan bereits „zum Teil" erfüllt wurden. Eine Verteilung der Insolvenzmasse hat offenbar schon stattgefunden, so dass der genannte Satzteil im Sinne eines bereits beendeten Sanierungsverfahrens zu verstehen ist.

Das zweite vom EuGH genannte Argument betrifft das mit der Klage verfolgte Ziel. Der EuGH sieht es als entscheidend an, dass die Klagen gegen Herrn Koot und Evergreen nicht vom Verwalter wegen seines Vorrechts und im Interesse aller Gläubiger erhoben wurden. Die Klägerin handelte vielmehr in ihrem eigenen Interesse. Daher ist eine Klage eines Gläubigers, der im Wege einer Durchgriffshaftung gegen die Gesellschafter vorgeht dann kein insolvenzbezogenes Annexverfahren, wenn der Gläubiger die Klage nach Beendigung des Insolvenzverfahrens und in seinem eigenen Interesse erhebt. In dieser Situation ist auch eine Klage eines Gläubigers, mit der dieser ein geschäftsführendes Organ auf Schadensersatz in Anspruch nimmt, kein insolvenzbezogenes Annexverfahren. Auch wenn der EuGH die beiden Klagen als allgemeine Zivilsachen einordnet, weisen sie einen Bezug zum Insolvenzverfahren auf. Denn mit der jeweiligen Klage wird ein Verhalten des Gesellschafters bzw. des Organs der Gesellschaft sanktioniert, das dazu beigetragen hat, dass über die Gesellschaft ein Insolvenzverfahren eröffnet wurde.

Im Gourdain/Nadler-Urteil, das der EuGH in all seinen Urteilen, die zur Abgrenzung von EuInsVO und EuGVVO ergangen sind, heranzieht und die er daher im vorliegenden Urteil auch als ständige Rechtsprechung bezeichnet, hat er entschieden, dass eine Klage auch dann unter den Ausschluss in Art. 1 Abs. 2 EuGVVO für „Konkurse, Vergleiche und ähnliche Verfahren" fällt, wenn es sich um eine Klage handelt, die unmittelbar aus dem Insolvenzverfahren hervorgeht und damit in engem Zusammenhang steht. Gegenstand des Ausgangsverfahrens in Gourdain/Nadler war eine Durchgriffshaftung auf den Geschäftsführer der insolventen Gesellschaft.

Es stellt sich daher die Frage, wie sich eine solche Klage, die gemäß dem Gourdain/Nadler-Urteil nicht in den Anwendungsbereich der EuGVVO fällt, von den Klagen des vorliegenden Ausgangsverfahrens unterscheiden lässt. Gemeinsam ist den Klagen, dass ein Gesellschafter bzw. ein geschäftsleitendes Organ der Gesellschaft in die Haftung genommen wird, und zwar für ein Verhalten in einem gewissen Zeitraum vor Insolvenzeröffnung, das dazu führt, dass die Gesellschaft nicht mehr imstande ist ihre Verbindlichkeiten zu erfüllen. Im Unterschied zu den hier zu prüfenden Klagen handelte der Insolvenzverwalter in dem Ausgangsverfahren des Gourdain/Nadler-Urteils während der Dauer des Insolvenzverfahrens im Namen und im Interesse der Gesamtheit der Gläubiger.

Mit der gegen den Geschäftsführer erhobenen Klage wurde das Ziel verfolgt, dass er einen Teil der Verbindlichkeiten der Gesellschaft trägt. Hintergrund dessen war die Mehrung der Masse im Interesse der Gläubigergesamtheit. Und genau darin unterscheidet sich die Klage von den beiden vorliegenden. Im vorliegenden Urteil handelt es sich nicht um Klagen, die dem mit dem Insolvenzverfahren verfolgten Zweck dienen. Vielmehr erfolgt die Klageerhebung nach Beendigung des Insolvenzverfahrens, um die den beiden Gläubigern Toréns und Kakelmässan zustehenden Restforderungen zu befriedigen. Daraus lässt sich folgern, dass der mit der Klage verfolgte Zweck darüber entscheidet, ob eine Klage auf Durchgriffshaftung bzw. auf Schadensersatz wegen insolvenzfördernden Verhaltens unter die EuGVVO fällt oder unter den Ausschlusstatbestand des Art. 1 Abs. 2 lit. b) EuGVVO und somit als insolvenzbezogenes Annexverfahren in den Anwendungsbereich der EuInsVO.

### *b) Einfluss der Abtretung auf das Auslegungsergebnis*

Nach Ansicht des EuGH hat es vorliegend – anders als im „F-Tex"-Urteil – keinen Einfluss auf die internationale Zuständigkeit, dass der Anspruch vom ursprünglichen Gläubiger abgetreten wurde. Der ursprüngliche Gläubiger ist nicht der ursprünglich Klageerhebende, sondern das sind die ursprünglichen Forderungsinhaber Toréns und Kakelmässan. Denn nur wenn die Gläubiger des insolventen Schuldners die Klage erheben würden, ließe sich ein enger Zusammenhang zum Insolvenzverfahren begründen, der durch eine Abtretung verloren gehen könnte. Der EuGH begründet seine Ansicht damit, dass die Klage weiterhin eine enge Verbindung mit dem Ort der schädigenden Handlung aufweist. Das ändere sich auch nicht durch die Forderungsabtretung. Hinzu komme, dass gemäß Erwägungsgrund 11 die Zuständigkeit vorhersehbar sein soll. Im Gegensatz dazu hatte der EuGH in „F-Tex" entschieden, dass die Abtretung eines ursprünglich dem Insolvenzverwalter zustehenden Insolvenzanfechtungsanspruchs dazu führt, dass eine solche Klage des Zessionars kein insolvenzbezogenes Insolvenzverfahren ist. In dieser Abtretung sieht der EuGH – im Gegensatz zu der vorliegenden – eine Änderung der Art der Klage. Daraus folgt, dass es im Rahmen von insolvenz-bezogenen Einzelentscheidungen von Bedeutung ist, ob sich durch die Abtretung die Klage als solche ändert. Ändert sich die Art der Klage durch die Abtretung nicht, bleibt es bei der ursprünglichen Einordnung der Klage als Annexklage bzw. als normale zivilrechtliche Streitigkeit.

### *c) Fazit*

Zusammenfassend lässt sich feststellen, dass der EuGH auch in der vorliegenden Entscheidung den Anwendungsbereich der EuGVVO weit auslegt. Eine

Klage, auch wenn sie darauf gerichtet ist, das insolvenzbezogene Fehlverhalten von Gesellschaftern oder Organen der Gesellschaft zu sanktionieren, ist eine allgemeine zivilrechtliche Streitigkeit, wenn sie nach Beendigung des Insolvenzverfahrens im eigenen Interesse des Klägers erhoben wird. Trotz der kurzen Begründung des EuGH überzeugt das Auslegungsergebnis und trägt zur weiteren Konkretisierung des Abgrenzungsmerkmals zwischen EuInsVO und EuGVVO bei.

# § 4 Zusammenfassung und Weiterentwicklung

## I. Die aus den Urteilen entwickelten Kernaussagen

Den dargestellten Urteilen des EuGH – vorausgesetzt, man geht davon aus, dass der EuGH das Alpenblume-Urteil teilweise durch das „German Graphics"-Urteil korrigiert hat – lassen sich folgende Kernaussagen entnehmen: Grundsätzlich ist der Anwendungsbereich der EuGVVO für Zivil- und Handelssachen weit auszulegen. Der Ausnahmetatbestand des Art. 1 Abs. 2 lit. b) EuGVVO ist erfüllt bei einer Klage, die unmittelbar aus dem Insolvenzverfahren hervorgeht und in engem Zusammenhang damit steht. Denn Art. 1 Abs. 2 lit. b) EuGVVO hat denselben Wortlaut und dieselbe Funktion wie Art. 1 Abs. 2 Nr. 2 EuGVÜ, so dass die Kontinuität der durch das Gourdain/Nadler-Urteil begründeten Auslegung zu wahren ist. Eine Klage, die unmittelbar aus dem Insolvenzverfahren hervorgeht und in engem Zusammenhang damit steht, fällt daher nicht in den Anwendungsbereich der EuGVVO. Vielmehr ist der Anwendungsbereich der EuInsVO eröffnet. Die internationale Zuständigkeit für eine solche insolvenzbezogene Annexentscheidung bestimmt sich nach der internationalen Zuständigkeit für die Eröffnungsentscheidung. Art. 3 Abs. 1 EuInsVO ist nach Ansicht des EuGH direkt anwendbar, nicht analog. Die Anerkennung und Vollstreckung insolvenzbezogener Annexentscheidungen richtet sich nach Art. 25 Abs. 1 Unterabsatz 2 EuInsVO. Die Insolvenzanfechtungsklage ist eine Klage, die unmittelbar aus dem Insolvenzverfahren hervorgeht und in engem Zusammenhang damit steht, so dass es sich um eine insolvenzbezogene Annexklage handelt.[720] Um zu ermitteln, welche weiteren Verfahren unmittelbar aus dem Insolvenzverfahren hervorgehen und in engem Zusammenhang damit stehen, muss dieses Doppelkriterium konkretisiert werden. Aus den oben dargestellten und untersuchten Urteilen lassen

720 a.A. MünchKommInsO/*Reinhart* Art. 3 EuInsVO Rn. 92; Rauscher/*Mankowski*, EuZPR/EuIPR, Art. 1 Brüssel I-VO Rn. 20c.

sich folgende Kriterien zur Konkretisierung heranziehen;[721] diese Kriterien sind – da der EuGH sie weder ausdrücklich fixiert noch abschließend aufgezählt hat – nicht starr.[722] Vielmehr sind die Hintergründe und Konsequenzen der Anwendbarkeit entweder der EuGVVO oder der EuInsVO mit einzubeziehen. Eine Zuständigkeitskonzentration im Insolvenzeröffnungsstaat vereinfacht das Handeln des Insolvenzverwalters, denn es werden zeit- und kostenintensive Auslandsprozesse vermieden, so dass die Effizienz und Effektivität des Insolvenzverfahrens verbessert wird. Dadurch wird das Interesse der Gesamtheit der Gläubiger gewahrt. Auch kann eine Zuständigkeitskonzentration der Verfahren, deren Gegenstand gemäß Art. 4 Abs. 2 EuInsVO der *lex fori concursus* unterliegt, aufgrund der Sachnähe des Gerichts sowie des Gleichlaufs von *forum* und *ius* vorteilhaft sein. Umgekehrt ist jedoch auch das Interesse des Prozessgegners zu beachten. Insbesondere bei Aktivklagen des Insolvenzverwalters würde bei einer Zuständigkeitskonzentration der Grundsatz des *actor sequitur forum rei* eingeschränkt und Gerichtsstandvereinbarungen wären nicht mehr anwendbar. Das Vertrauen der anderen am Prozess beteiligten Personen in eine Gerichtsstandvereinbarung oder in die anderen Gerichtsstände der EuGVVO ist zu wahren. Daher ist ein Verfahren, das einen Anspruch betrifft, der auch ohne Insolvenz bestehen würde, kein insolvenzbezogenes Annexverfahren.[723] In gleicher Weise führt auch eine insolvenzrechtliche Vorfrage nicht dazu, dass ein Verfahren unmittelbar aus dem Insolvenzverfahren hervorgeht und damit in engem Zusammenhang steht.[724] Eine Zuständigkeitskonzentration im Insolvenzeröffnungsstaat ist in solchen Fällen nicht zu rechtfertigen. Insgesamt ist das vom EuGH entwickelte Doppelkriterium eng auszulegen.[725] Entscheidend ist die Art der Klage. Um festzustellen, ob eine nationale Klage das autonome, durch den EuGH entwickelte Doppelkriterium erfüllt, kommt es daher darauf an, welche Charakteristika es hat. Bedeutung kommt dem mit der Klage verfolgten Zweck zu. Entscheidend ist, ob die Klage einen insolvenzspezifischen Zweck, insbesondere die Mehrung der Masse

721 so schon *Haubold* IPrax 2002, 157, 162 „*[…] muß [sic!] pragmatisch und entlang der Leitlinien des EuGH abgegrenzt werden.*“

722 Gebauer/Wiedemann/*Haubold* Kapitel 32 Art. 3 EuInsVO Rn. 86a „*Er* [der EuGH] *hat mangels entsprechenden Anlasses nicht entschieden, welche Typen von Annexverfahren allgemein einen hinreichend engen und unmittelbaren Bezug mit dem Insolvenzverfahren aufweisen.*“

723 MünchKommBGB/*Kindler* Art. 25 EuInsVO Rn. 16.

724 FK-InsO/*Wenner/Schuster* Art. 3 EuInsVO Rn. 40.

725 HK-InsO/*Stephan* Art. 3 EuInsVO Rn. 14; MünchKommBGB/*Kindler* Art. 25 EuInsVO Rn. 16; Pannen/*Riedemann*, EuInsVO, Art. 25 Rn. 20.

im Interesse der Gläubigergemeinschaft, verfolgt.[726] Ob der mit der Klage geltend gemachte Anspruch dem Insolvenzrecht entstammt bzw. gemäß Art. 4 Abs. 2 der *lex fori concursus* unterliegt, ist mit einzubeziehen. Dies allein führt jedoch nicht dazu, dass es sich um ein insolvenzbezogenes Annexverfahren handelt. Ebenso ist die Beteiligung des Insolvenzverwalters allein nicht entscheidend. Vielmehr handelt es sich um ein Indiz, neben dem noch weitere Umstände vorliegen müssen, damit ein Verfahren ein Annexverfahren ist. Erfolgt die Klageerhebung erst nach Beendigung des Insolvenzverfahrens, ist dies hingegen ein Indiz gegen das Vorliegen eines insolvenzbezogenen Annexverfahrens.[727]

## II. Einordnung der weiteren insolvenzbezogenen Zivilprozesse

Im Folgenden werden die insolvenzbezogenen Klagen, die noch nicht Gegenstand einer EuGH-Entscheidung waren, dargestellt und nach der Art der Klage untersucht, um zu ermitteln, wie sich das Verfahren einordnen lässt.

### *1. Aktivprozesse des Insolvenzverwalters in Bezug auf Ansprüche des Schuldners*

Aktivprozesse, mit denen der Insolvenzverwalter Ansprüche, die der Schuldner vor Insolvenzeröffnung begründet hat, geltend macht, sind – unabhängig davon, ob es sich um schuldrechtliche, deliktische, bereicherungsrechtliche oder dingliche Ansprüche handelt – keine insolvenzbezogenen Annexverfahren. Denn diese Ansprüche beruhen auf Rechtsgeschäften bzw. auf Handlungen des Schuldners vor Insolvenzeröffnung und können grundsätzlich auch vom Schuldner klageweise geltend gemacht werden.[728] Die Insolvenz ist oft nur der

---

726 *Thole* ZIP 2012, 605, 607; *Willemer* S. 127.

727 Gebauer/Wiedemann/*Haubold* Kapitel 32 Art. 3 EuInsVO Rn. 86a; Leonhardt/Smid/Zeuner/*Smid* Art. 25 EuInsVO Rn. 13; Simons/Hausmann/*Hausmann*, Brüssel I-VO, Art. 1 Rn. 82.

728 *Ambach* S. 164; D-K/D/CH/*Duursma-Kepplinger*, EuInsVO, Art. 25 Rn. 55; Fasching/Konecny/*Kodek* Art. 1 EuGVVO Rn. 147; Gebauer/Wiedemann/*Gebauer* Kapitel 27 Art. 1 EuGVVO Rn. 23; Gebauer/Wiedemann/*Haubold* Kapitel 32 Art. 3 EuInsVO Rn. 87; *Geimer* in: Festschrift Maschacek/Matscher 2008, 743, 751; Geimer/Schütze/*Geimer*, Europäisches Zivilverfahrensrecht, A.1 Art. 1 EuGVVO Rn. 130; Gottwald/*Gottwald/Kolmann* § 130 Rn. 61; HambKomm/*Undritz*, InsO, Art. 3 EuInsVO Rn. 6; *Haubold* IPrax 2002, 157, 162; Kropholler/von Hein, Europäisches Zivilprozessrecht, Art. 1 EuGVO Rn. 37; Kübler/Prütting/Bork/*Kemper*, InsO, Art. 25 EuInsVO Rn. 11; MünchKommBGB/*Kindler* Art. 25 EuInsVO Rn. 16; MünchKommInsO/*Reinhart* Art. 3 EuInsVO Rn. 98; MünchKommZPO/*Gottwald* Art. 1 EuGVO Rn. 20;

Anlass, um den Anspruch – beispielsweise auf Herausgabe oder Lohnzahlung – geltend zu machen. Der Insolvenzverwalter erhebt die Klage zwar, um im Interesse der Gläubigergemeinschaft Vermögen zur Masse zu ziehen.[729] Das allein führt jedoch nicht dazu, dass es sich um ein Verfahren handelt, das unmittelbar aus dem Insolvenzverfahren hervorgeht und in engem Zusammenhang damit steht. Denn trotz der Klageerhebung durch den Verwalter handelt es sich um eine normale zivilrechtliche Streitigkeit.[730] Die Insolvenz hat auf den mit der Klage geltend gemachten Anspruch keinen Einfluss.[731] Selbst wenn der Insolvenzverwalter ein insolvenzbedingtes Rücktrittsrecht geltend macht,[732] ist das zugrundeliegende Rechtsverhältnis bereits vor Insolvenzeröffnung begründet worden.[733] Auch materiell-rechtlich wird der Anspruch durch die Eröffnung des Insolvenzverfahrens und die Geltung der *lex fori concursus* nicht verändert. Daher handelt es sich um eine Leistungs-, Feststellungs- oder Herausgabeklage, die als normale Zivilsache der EuGVVO unterliegt.[734]

Bei gegenseitigen Verträgen, die noch nicht vollständig erfüllt sind, kann sich die Insolvenz auf den Vertrag auswirken. Der Verwalter hat – gemäß der *lex fori concursus*[735] – die Befugnis, darüber zu entscheiden, ob der Vertrag fortgeführt wird oder nicht. Aber auch das führt nicht dazu, dass eine Streitigkeit, die einen vor Insolvenz begründeten Anspruch betrifft, zu einer Annexklage wird. Vielmehr handelt es sich trotz des Einflusses des Insolvenzverfahrens um eine normale zivilrechtliche Streitigkeit, die einen Vertrag betrifft, den der Schuldner vor

---

*Oberhammer* ZInsO 2004, 761, 764; Pannen/*Riedemann*, EuInsVO, Art. 25 Rn. 21, 48; Paulus, EuInsVO, Art. 25 Rn. 23; Rauscher/*Mankowski*, EuZPR/EuIPR, Art. 1 Brüssel I-VO Rn. 20; Rauscher/*Mäsch*, EuZPR/EuIPR, Art. 3 EG-InsVO Rn. 9; Simons/Hausmann/*Hausmann*, Brüssel I-VO, Art. 1 Rn. 93; *Stürner* IPrax 2005, 416, 421; Westpfahl/Goetker/Wilkens Rn. 225; *Willemer* S. 313 ff.

729 Paulus, EuInsVO, Art. 25 Rn. 23; Simons/Hausmann/*Hausmann*, Brüssel I-VO, Art. 1 Rn. 93.

730 *Haubold* IPrax 2002, 157, 162; Simons/Hausmann/*Hausmann*, Brüssel I-VO, Art. 1 Rn. 93.

731 MünchKommInsO/*Reinhart* Art. 3 EuInsVO Rn. 98.

732 Fasching/Konecny/*Kodek* Art. 1 EuGVVO Rn. 147; Rauscher/*Mankowski*, EuZPR/EuIPR, Art. 1 Brüssel I-VO Rn. 20.

733 *Stürner* IPrax 2005, 416, 421.

734 Geimer/Schütze/*Geimer*, Europäisches Zivilverfahrensrecht, A.1 Art. 1 EuGVVO Rn. 130.

735 Art. 4 Abs. 2 lit. e) EuInsVO.

Insolvenzeröffnung begründet hat.[736] Das Vertrauen des Vertragspartners auf eine Gerichtsstandvereinbarung bzw. auf die anderen Gerichtsstände der EuGVVO ist zu schützen. Eine den Verwalter einseitig privilegierende Zuständigkeitskonzentration im Insolvenzeröffnungsstaat[737] ist nicht zu rechtfertigen. Auch würde eine Zuständigkeitskonzentration im Insolvenzeröffnungsstaat nicht unbedingt zu einem Gleichlauf von *forum* und *ius* führen. Denn die Forderung beurteilt sich nach dem Forderungsstatut gemäß der Rom I-VO.[738]

### 2. *Streitigkeiten zwischen dem Insolvenzverwalter und dem Schuldner*

Eine Streitigkeit zwischen dem Insolvenzverwalter und dem Schuldner ist dann ein insolvenzbezogenes Annexverfahren, wenn sich Insolvenzverwalter und Schuldner in ihrer spezifischen Funktion gegenüberstehen. Ist Gegenstand der Klage beispielsweise, ob ein bestimmter Gegenstand zur Masse gehört, weist die Klage eine sehr enge Verknüpfung zum Insolvenzverfahren auf.[739] Denn ohne die Eröffnung eines Insolvenzverfahrens würde ein solcher Rechtsstreit nicht ent-stehen. Hinzu kommt, dass der Insolvenzverwalter am Rechtsstreit beteiligt ist und im Interesse der Gläubigergemeinschaft zur Mehrung der Masse handelt. Materiell-rechtlich beurteilt sich der mit der Klage geltend gemachte Anspruch nach der *lex fori concursus*. Denn gemäß Art. 4 Abs. 2 lit. b) EuInsVO bestimmt die *lex fori concursus*, welche Gegenstände zur Masse gehören. Aus alledem lässt

---

736 D-K/D/CH/*Duursma-Kepplinger*, EuInsVO, Art. 25 Rn. 55; Fasching/Konecny/*Kodek* Art. 1 EuGVVO Rn. 147; *Geimer* in: Festschrift Maschacek/Matscher 2008, 743, 751; Geimer/Schütze/*Geimer*, Europäisches Zivilverfahrensrecht, A.1 Art. 1 EuGVVO Rn. 130; *Stürner* IPrax 2005, 416, 421; a.A. MünchKommBGB/*Kindler* Art. 25 EuInsVO Rn. 18; Paulus, EuInsVO, Art. 25 Rn. 8, 23; Schlosser, EU-Zivilprozessrecht, Art. 1 EuGVVO Rn. 21; Westpfahl/Goetker/Wilkens Rn. 224; *Willemer* S. 375.

737 Simons/Hausmann/*Hausmann*, Brüssel I-VO, Art. 1 Rn. 90.

738 Verordnung (EG) Nr. 593/2008 des Europäischen Parlaments und des Rates vom 17. Juni 2008 über das auf vertragliche Schuldverhältnisse anzuwendende Recht (Rom I), ABl. 2008 Nr. L 177, 6.

739 Gottwald/*Gottwald/Kolmann* § 130 Rn. 61; HambKomm/*Undritz*, InsO, Art. 3 EuInsVO Rn. 5; *Haubold* IPrax 2002, 157, 162; Kebekus/Sabel/Schlegel/*Kebekus/Sabel* Art. 25 EuInsVO Rn. 5; Kübler/Prütting/Bork/*Kemper*, InsO, Art. 25 EuInsVO Rn. 10; Pannen/*Riedemann*, EuInsVO, Art. 25 Rn. 20; Rauscher/*Mankowski*, EuZPR/EuIPR, Art. 1 Brüssel I-VO Rn. 19c; Rauscher/*Mäsch*, EuZPR/EuIPR, Art. 3 EG-InsVO Rn. 9; Schlosser, EU-Zivilprozessrecht, Art. 1 EuGVVO Rn. 21; Simons/Hausmann/*Hausmann*, Brüssel I-VO, Art. 1 Rn. 92; Uhlenbruck/*Lüer*, InsO, Art. 25 EuInsVO Rn. 7; Westpfahl/Goetker/Wilkens Rn. 224; *Willemer* S. 393.

sich folgern, dass die Klage unmittelbar aus dem Insolvenzverfahren hervorgeht und in engem Zusammenhang damit steht.

Anders ist dies hingegen, wenn sich Schuldner und Insolvenzverwalter nicht in ihrer spezifischen Funktion gegenüberstehen. Schließen Schuldner und Insolvenzverwalter beispielsweise einen (Kauf-)Vertrag, stehen sie sich wie normale Vertragspartner gegenüber, so dass eine Klage, die einen solchen Vertrag zum Gegenstand hat, in den Anwendungsbereich der EuGVVO fällt.[740]

### 3. *Haftungsklagen gegen den Insolvenzverwalter*

Eine Haftungsklage gegen den Insolvenzverwalter könnte ein insolvenzbezogenes Annexverfahren sein.[741] Denn eine Haftungsklage gegen den Insolvenzverwalter ist erst durch die Eröffnung eines Insolvenzverfahrens möglich. Ebenso wie bei der Insolvenzanfechtungsklage handelt es sich um einen Anspruch, der erst im Laufe des Insolvenzverfahrens entstehen kann. Ferner wird bei einer Haftungsklage die Gläubigergemeinschaft das Ziel verfolgen, die Masse zu vermehren.[742] Eine solche Haftungsklage gegen den Insolvenzverwalter kommt insbesondere dann in Betracht, wenn der Insolvenzverwalter einen zur Masse gehörenden Gegenstand nicht bestmöglich verwertet hat und dadurch eine Pflicht verletzt hat. Auch ist eine Zuständigkeitskonzentration in dem Insolvenzeröffnungsstaat für den Insolvenzverwalter nicht unzumutbar. Denn in diesem Mitgliedstaat hat er seine Tätigkeit als Insolvenzverwalter aufgenommen. Daher

---

740 Rauscher/*Mankowski*, EuZPR/EuIPR, Art. 1 Brüssel I-VO Rn. 19c; Westpfahl/Goetker/Wilkens Rn. 224.

741 dafür: D-K/D/CH/*Duursma-Kepplinger,* EuInsVO, Art. 25 Rn. 54; Gebauer/Wiedemann/*Haubold* Kapitel 32 Art. 3 EuInsVO Rn. 87; Geimer/Schütze/*Haß/Herweg*, Internationaler Rechtsverkehr, Art. 3 InsolvenzVO Rn. 27; Geimer/Schütze/*Gruber*, Internationaler Rechtsverkehr, Art. 25 InsolvenzVO Rn. 14; Gottwald/*Gottwald/Kolmann* § 130 Rn. 61; HambKomm/*Undritz*, InsO, Art. 3 EuInsVO Rn. 5; Haß/Huber/Gruber/Heiderhoff/*Haß/Herweg*, EuInsVO, Art. 3 Rn. 27; HK-InsO/*Stephan* Art. 3 EuInsVO Rn. 14; Kebekus/Sabel/Schlegel/*Kebekus/Sabel* Art. 25 EuInsVO Rn. 5; Leonhardt/Smid/Zeuner/*Smid* Art. 25 EuInsVO Rn. 13; *Lüke* in: Festschrift Schütze 1999, 467, 483; MünchKommBGB/*Kindler* Art. 25 EuInsVO Rn. 18; Rauscher/*Mankowski*, EuZPR/EuIPR, Art. 1 Brüssel I-VO Rn. 19b; Schlosser, EU-Zivilprozessrecht, Art. 1 EuGVVO Rn. 21; Westpfahl/Goetker/Wilkens Rn. 224; *Willemer* S. 393; a.A. *Geimer* in: Festschrift Maschacek/Matscher 2008, 743, 751; MünchKommInsO/*Reinhart* Art. 3 EuInsVO Rn. 102; Pannen/*Pannen*, EuInsVO, Art. 3 Rn. 114; Paulus, EuInsVO, Art. 25 Rn. 8; Uhlenbruck/*Lüer*, InsO, Art. 25 EuInsVO Rn. 7.

742 Rauscher/*Mankowski*, EuZPR/EuIPR, Art. 1 Brüssel I-VO Rn. 19b.

ist er mit der formellen und materiellen Rechtslage vertraut. Hinzu kommt, dass das Insolvenzgericht häufig einen inländischen Verwalter bestellen wird, so dass der Verwalter seinen allgemeinen Gerichtsstand im Sinne des Art. 2 EuGVVO im Insolvenzeröffnungsstaat hat.

Andererseits würde eine Zuständigkeitskonzentration dazu führen, dass die anderen Gerichtsstände der EuGVVO nicht anwendbar sind. Der Kläger kann ein Interesse daran haben, beispielsweise am Ort des schädigenden Ereignisses zu klagen.[743] Daher ist zu differenzieren:[744]

Handelt es sich um eine Klage eines einzelnen Beteiligten, beispielsweise eines Gläubigers wegen Nichtberücksichtigung bei der Verteilung, oder um eine Klage der Gläubigergemeinschaft, liegt eine insolvenzbezogene Annexklage vor.[745] Denn bei einer Haftungsklage der Gläubigergemeinschaft wird der insolvenzspezifische Zweck der Mehrung der Masse verfolgt. Auch bei der Klage eines einzelnen Gläubigers liegt eine enge Verknüpfung zum Insolvenzverfahren vor. Denn die Klage betrifft die Sonderbeziehung aufgrund des Insolvenzverfahrens zwischen dem Insolvenzverwalter und dem Beteiligten. Daher sind solche Haftungsklagen gegen den Insolvenzverwalter im Insolvenzeröffnungsstaat zu erheben. Das führt gemäß Art. 4 Abs. 2 lit. c), 2. Var. EuInsVO zu einer Zuständigkeitskonzentration im Insolvenzeröffnungsstaat und zu einem Gleichlauf von internationaler Zuständigkeit und anwendbarem Recht.

Bei allgemeinen Haftungsklagen gegen den Insolvenzverwalter ist die EuInsVO nicht anwendbar.[746] Denn der Insolvenzverwalter hat eine „normale" unerlaubte Handlung begangen, die eine Zuständigkeitskonzentration im Insolvenzeröffnungsstaat nicht rechtfertigt. Vielmehr stehen sich Kläger und Insolvenzverwalter nicht in einer spezifischen insolvenzbezogenen Situation gegenüber, sondern als Schädiger und Geschädigter. Daher ist die EuGVVO mit ihren besonderen Zuständigkeitsvorschriften, insbesondere für unerlaubte

---

743 MünchKommInsO/*Reinhart* Art. 3 EuInsVO Rn. 102.

744 siehe auch allgemein dazu: Leonhardt/Smid/Zeuner/*Smid* Art. 25 EuInsVO Rn. 13 Klagen, *„die der Verwalter aufgrund der ihm verliehenen spezifischen Rechtsmacht erhebt oder die gegen ihn wegen der aus seiner Rechtsmacht folgenden rechtlichen Verantwortlichkeit für die Masse erhoben werden."*

745 D-K/D/CH/*Duursma-Kepplinger,* EuInsVO, Art. 25 Rn. 54; Hess, Europäisches Zivilprozessrecht, § 6 Rn. 21; Rauscher/*Mankowski*, EuZPR/EuIPR, Art. 1 Brüssel I-VO Rn. 19b; *Willemer* S. 388.

746 a.A. Rauscher/*Mankowski*, EuZPR/EuIPR, Art. 1 Brüssel I-VO Rn. 19b.

Handlungen, anwendbar. Die unerlaubte Handlung richtet sich nach dem Deliktsstaut gemäß der Rom II-VO.[747]

### 4. *Klage eines Gläubigers bezüglich des Bestehen eines Anspruchs und/oder dessen Ranges*

Bei Klagen eines Gläubigers ist zu differenzieren: Handelt es sich um eine Klage, mit der ein Gläubiger einen ihm gegenüber dem Schuldner zustehenden Anspruch – sei es schuldrechtlich, deliktisch, dinglich oder bereicherungsrechtlich – gerichtlich geltend macht, handelt es sich um eine normale zivilrechtliche Streitigkeit, die unter die EuGVVO fällt.[748] Denn ebenso wie bei einer Aktivklage des Verwalters handelt es sich um ein Rechtsverhältnis, das vor Insolvenzeröffnung begründet worden ist. Daher fällt auch eine Klage über das Bestehen eines Absonderungsrechts – ebenso wie bei einem Aussonderungsrecht[749] – nicht unter die EuInsVO.[750]

---

747 Verordnung (EG) Nr. 864/2007 des Europäischen Parlaments und des Rates vom 11. Juli 2007 über das auf außervertragliche Schuldverhältnisse anzuwendende Recht (Rom II-VO), ABl. 2007 Nr. L 199, 40.

748 D-K/D/CH/*Duursma-Kepplinger*, EuInsVO, Art. 25 Rn. 55; Fasching/Konecny/*Kodek* Art. 1 EuGVVO Rn. 150; Gebauer/Wiedemann/*Gebauer* Kapitel 27 Art. 1 EuGVVO Rn. 23; Gebauer/Wiedemann/*Haubold* Kapitel 32 Art. 3 EuInsVO Rn. 87; *Geimer* in: Festschrift Maschacek/Matscher 2008, 743, 751; Geimer/Schütze/*Geimer*, Europäisches Zivilverfahrensrecht, A.1 Art. 1 EuGVVO Rn. 130; Geimer/Schütze/*Gruber*, Internationaler Rechtsverkehr, Art. 25 InsolvenzVO Rn. 14; Gottwald/*Gottwald/Kolmann* § 130 Rn. 61; HambKomm/*Undritz*, InsO, Art. 3 EuInsVO Rn. 6; Hess, Europäisches Zivilprozessrecht, § 6 Rn. 21; Kropholler/von Hein, Europäisches Zivilprozessrecht, Art. 1 EuGVO Rn. 37; Kübler/Prütting/Bork/*Kemper*, InsO, Art. 25 EuInsVO Rn. 11; MünchKommBGB/*Kindler* Art. 25 EuInsVO Rn. 18; MünchKommInsO/*Reinhart* Art. 3 EuInsVO Rn. 93; MünchKommZPO/*Gottwald* Art. 1 EuGVO Rn. 20; *Oberhammer* KTS 2009, 27, 45; Pannen/*Riedemann*, EuInsVO, Art. 25 Rn. 21, 48; Paulus, EuInsVO, Art. 25 Rn. 8; Rauscher/*Mäsch*, EuZPR/EuIPR, Art. 3 EG-InsVO Rn. 9; *Stürner* IPrax 2005, 416, 419; Westpfahl/Goetker/Wilkens Rn. 224; Zöller/*Geimer*, ZPO, Art. 1 EuGVVO Rn. 35c.

749 EuGH, Urteil vom 10.09.2009, Rs. C-292/08, Slg. 2009, I-8421 (German Graphics).

750 Fasching/Konecny/*Kodek* Art. 1 EuGVVO Rn. 151; FK-InsO/*Wenner/Schuster* Art. 3 EuInsVO Rn. 40; Gebauer/Wiedemann/*Gebauer* Kapitel 27 Art. 1 EuGVVO Rn. 23; Gebauer/Wiedemann/*Haubold* Kapitel 32 Art. 3 EuInsVO Rn. 87; *Geimer* in: Festschrift Maschacek/Matscher 2008, 743, 751; Geimer/Schütze/*Geimer*, Europäisches Zivilverfahrensrecht, A.1 Art. 1 EuGVVO Rn. 130; Geimer/Schütze/*Gruber*, Internationaler Rechtsverkehr, Art. 25 InsolvenzVO Rn. 14; HK-InsO/*Stephan* Art. 3 EuInsVO Rn. 14; *Haubold* IPrax 2002, 157, 163; Kropholler/von Hein, Europäisches Zivilprozessrecht, Art. 1 EuGVO Rn. 37; Kübler/Prütting/Bork/

Denn solche Streitigkeiten hätten auch ohne Insolvenzverfahren geführt werden können.[751] Auch wenn sich bei diesen Klagen des Gläubigers gegen den Insolvenzverwalter der Klageantrag ändert,[752] ändert sich die Art der Klage nicht. Denn das Rechtsverhältnis zum Schuldner wurde vor Insolvenzeröffnung begründet, und der geltend gemachte materielle Anspruch steht dem Gläubiger auch schon vor Insolvenzeröffnung zu. Daher ist das Vertrauen des Klägers in die Anwendbarkeit der allgemeinen Regeln der EuGVVO zu wahren.[753] Hinzu kommt, dass, wenn keine Gerichtsstandvereinbarung oder ein ausschließlicher Gerichtssand besteht, die Gerichte des Insolvenzeröffnungsstaats international zuständig sind, wenn sich der Mittelpunkt hauptsächlicher Interessen am (Wohn-)Sitz des Schuldners befindet.

Anders ist dies hingegen bei Streitigkeiten über den Rang einer Forderung. Eine Rangstreitigkeit fällt in den Anwendungsbereich der EuInsVO.[754] Denn eine solche Klage ist sehr eng mit dem Insolvenzverfahren verknüpft und betrifft einen Teil des Insolvenzverfahrens.[755] Der Insolvenzverwalter hat gemäß der *lex fori concursus* zu ermitteln, welche Gläubiger an der Verteilung teilnehmen und

---

*Kemper*, InsO, Art. 3 EuInsVO Rn. 22, Art. 25 EuInsVO Rn. 11; MünchKommBGB/*Kindler* Art. 3 EuInsVO Rn. 91; MünchKommInsO/*Reinhart* Art. 3 EuInsVO Rn. 95, 96; MünchKommZPO/*Gottwald* Art. 1 EuGVO Rn. 20; Nagel/Gottwald § 2 Rn. 67; Paulus, EuInsVO, Art. 25 Rn. 23; Rauscher/*Mankowski*, EuZPR/EuIPR, Art. 1 Brüssel I-VO Rn. 21; Schlosser, EU-Zivilprozessrecht, Art. 1 EuGVVO Rn. 21; *Stürner* IPrax 2005, 416, 420; Westpfahl/Goetker/Wilkens Rn. 225; *Willemer* S. 353; a.A. Pannen/*Pannen*, EuInsVO, Art. 3 Rn. 114.

751 Kropholler/von Hein, Europäisches Zivilprozessrecht, Art. 1 EuGVO Rn. 37; MünchKommBGB/*Kindler* Art. 3 EuInsVO Rn. 91.

752 Geimer/Schütze/*Geimer*, Europäisches Zivilverfahrensrecht, A.1 Art. 1 EuGVVO Rn. 130; MünchKommInsO/*Reinhart* Art. 3 EuInsVO Rn. 93.

753 Fasching/Konecny/*Kodek* Art. 1 EuGVVO Rn. 151; Geimer/Schütze/*Geimer*, Europäisches Zivilverfahrensrecht, A.1 Art. 1 EuGVVO Rn. 130; *Haubold* IPrax 2002, 157, 163; MünchKommInsO/*Reinhart* Art. 3 EuInsVO Rn. 93; Rauscher/*Mankowski*, EuZPR/EuIPR, Art. 1 Brüssel I-VO Rn. 21.

754 Geimer/Schütze/*Haß/Herweg*, Internationaler Rechtsverkehr, Art. 3 InsolvenzVO Rn. 27; Geimer/Schütze/*Gruber*, Internationaler Rechtsverkehr, Art. 25 InsolvenzVO Rn. 14; HambKomm/*Undritz*, InsO, Art. 3 EuInsVO Rn. 5; Haß/Huber/Gruber/Heiderhoff/*Haß/Herweg*, EuInsVO, Art. 3 Rn. 2; *Haubold* IPrax 2002, 157, 163; MünchKommBGB/*Kindler* Art. 3 EuInsVO Rn. 91; Pannen/*Riedemann*, EuInsVO, Art. 25 Rn. 20; Rauscher/*Mankowski*, EuZPR/EuIPR, Art. 1 Brüssel I-VO Rn. 22; *Stürner* IPrax 2005, 416, 420; *Willemer* S. 352; a.A. Fasching/Konecny/*Kodek* Art. 1 EuGVVO Rn. 150; Geimer/Schütze/*Geimer*, Europäisches Zivilverfahrensrecht, A.1 Art. 1 EuGVVO Rn. 130; MünchKommInsO/*Reinhart* Art. 3 EuInsVO Rn. 93.

755 MünchKommInsO/*Reinhart* Art. 3 EuInsVO Rn. 94.

um welche Art von Forderung es sich handelt. Eine Streitigkeit darüber wird vom Insolvenzverwalter zwar nicht mit dem Ziel der Mehrung der Masse geführt, jedoch sind die anderen Kriterien erfüllt, die geeignet sind, um ein unmittelbares Hervorgehen aus dem Insolvenzverfahren und einen engen Zusammenhang damit zu begründen. Die Rangstreitigkeit wird während der Dauer des Insolvenzverfahrens geführt, und der Verwalter ist Partei des Prozesses. Welchen Rang die Forderung im Insolvenzverfahren einnimmt, richtet sich gemäß Art. 4 Abs. 2 lit. i) EuInsVO nach der *lex fori concursus*. Eine Zuständigkeitsbündelung im Insolvenzeröffnungsstaat ist auch unter dem Gesichtspunkt der Sachnähe sowie der Entscheidungseinheit sinnvoll.[756] Hinzu kommt, dass der Kläger dem Schuldner ohnehin in den Mitgliedstaat des Mittelpunkts der hauptsächlichen Interessen folgen muss, beispielsweise um dort seine Forderung anzumelden. Im Gegensatz zu einer Feststellungsklage[757] handelt es sich bei einer Rangstreitigkeit um eine Klage, die unmittelbar aus dem Insolvenzverfahren hervorgeht und in engem Zusammenhang damit steht.

### 5. *Streitigkeiten über Ansprüche, die der Insolvenzverwalter nach Insolvenzeröffnung begründet hat*

Es ließe sich argumentieren, dass ein solche Klage unmittelbar aus dem Insolvenzverfahren hervorgeht und in engem Zusammenhang damit steht.[758] Denn ein solches Verfahren setzt die Eröffnung des Insolvenzverfahrens voraus, und der Insolvenzverwalter ist Partei des Prozesses. Der Insolvenzverwalter geht die Verbindlichkeit nach Insolvenzeröffnung, die Masseverbindlichkeit, zugunsten der Gläubigergemeinschaft ein. Trotzdem handelt es sich nicht um ein Verfahren, das unmittelbar aus dem Insolvenzverfahren hervorgeht und dazu einen engen Zusammenhang aufweist.[759] Denn der Verwalter hat mit dem Massegläubiger/-schuldner

---

756 *Haubold* IPrax 2002, 157, 163; *Stürner* IPrax 2005, 416, 419.

757 a.A. HK-InsO/*Stephan* Art. 3 EuInsVO Rn. 14; Kübler/Prütting/Bork/*Kemper*, InsO, Art. 3 EuInsVO Rn. 22; Leonhardt/Smid/Zeuner/*Smid* Art. 25 EuInsVO Rn. 13; Uhlenbruck/*Lüer*, InsO, Art. 25 EuInsVO Rn. 7; Pannen/*Pannen*, EuInsVO, Art. 3 Rn. 114; Pannen/*Riedemann*, EuInsVO, Art. 25 Rn. 20; Paulus, EuInsVO, Art. 25 Rn. 8, 23.

758 Leonhardt/Smid/Zeuner/*Smid* Art. 25 EuInsVO Rn. 13.

759 *Ambach* S. 164; Fasching/Konecny/*Kodek* Art. 1 EuGVVO Rn. 146; Geimer/Schütze/*Geimer*, Europäisches Zivilverfahrensrecht, A.1 Art. 1 EuGVVO Rn. 130; Hess, Europäisches Zivilprozessrecht, § 6 Rn. 21; Kübler/Prütting/Bork/*Kemper*, InsO, Art. 25 EuInsVO Rn. 11; MünchKommInsO/*Reinhart* Art. 3 EuInsVO Rn. 97; MünchKommZPO/*Gottwald* Art. 1 EuGVO Rn. 20; Paulus, EuInsVO, Art. 25 Rn. 23;

ein ganz normales Rechtsgeschäft getätigt, das der Schuldner vor Insolvenzeröffnung auch hätte vornehmen können. Insolvenzverwalter und Massegläubiger/-schuldner stehen sich wie normale Vertragspartner gegenüber. Daher handelt es sich nicht um ein insolvenzrechtliches Annexverfahren mit der Folge, dass eine Zuständigkeitsbündelung im Insolvenzeröffnungsstaat vorliegt. Vielmehr sind die allgemeinen Vorschriften den EuGVVO anwendbar.[760] Hinzu kommt, dass es den Vertragsparteien freisteht, eine Gerichtsstandvereinbarung für den Mitgliedstaat des Mittelpunkts der hauptsächlichen Interessen zu treffen.

### 6. *Klagen, die das Gesellschaftsverhältnis betreffen*

#### a) *Charakterisierung der Art der Klagen*

Bei Klagen, die das Gesellschaftsverhältnis betreffen ist zu differenzieren.[761] Eine Klage, durch die eine insolvenzspezifische Pflichtverletzung sanktioniert wird, die ein Gesellschafter oder ein geschäftsleitendes Organ der Gesellschaft begangen hat, ist dann eine insolvenzbezogenes Annexverfahren, wenn der Insolvenzverwalter mit der Klage im Interesse der Gläubigergemeinschaft zur Erreichung des Insolvenzzwecks handelt.[762] Es ließe sich zwar argumentieren, dass eine solche Klage eine normale gesellschaftsrechtliche Streitigkeit ist, da sie das Innenverhältnis zwischen der Gesellschaft und den Gesellschaftern bzw. dem geschäftsleitenden Organ betrifft. Jedoch ist eine solche Klage vergleichbar mit der Insolvenzanfechtungsklage. Denn es wird ein Verhalten, das in einem gewissen Zeitraum vor Insolvenzeröffnung stattgefunden hat, und das dazu geführt hat, das Vermögen der Gesellschaft zu vermindern, sanktioniert.

Anders ist dies hingegen, wenn trotz der insolvenzbezogenen Pflichtverletzung durch den Insolvenzverwalter kein insolvenzspezifischer Zweck verfolgt

---

Rauscher/*Mankowski*, EuZPR/EuIPR, Art. 1 Brüssel I-VO Rn. 20a; Schlosser, EU-Zivilprozessrecht, Art. 1 EuGVVO Rn. 21; *Stürner* IPrax 2005, 416, 422; *Willemer* S. 374.

760 MünchKommBGB/*Kindler* Art. 3 EuInsVO Rn. 91.

761 Magnus/Mankowski/*Rogerson*, Brussels I Regulation, Chapter 1 Art. 1 Rn. 34; a.A. *Geimer* in: Festschrift Maschacek/Matscher 2008, 743, 752; Geimer/Schütze/*Geimer*, Europäisches Zivilverfahrensrecht, A.1 Art. 1 EuGVVO Rn. 130; *Haubold* IPrax 2002, 157, 163; HK-InsO/*Stephan* Art. 3 EuInsVO Rn. 14; MünchKommInsO/*Reinhart* Art. 3 EuInsVO Rn. 99 ff. immer EuGVVO.

762 EuGH, Urteil vom 22.02.1979, Rs. 133/78, Slg. 1979, 733 (Gourdain/Nadler); Simons/Hausmann/*Hausmann*, Brüssel I-VO, Art. 1 Rn. 83; so auch in Bezug auf die Insolvenzantragspflicht Rauscher/*Mankowski*, EuZPR/EuIPR, Art. 1 Brüssel I-VO Rn. 20d; so auch *Dutta* IPrax 2007, 195, 197 in Bezug auf die Anfechtung der Erstattung von kapitalersetzenden Leistungen.

wird, sondern Gläubiger direkte Klagen gegen Gesellschafter oder Organe der insolventen Gesellschaft erheben, mit dem Ziel der persönlichen Befriedigung ihres Anspruchs.[763] Dann liegt zwar ein gewisser Bezug zum Insolvenzverfahren vor. Dieser ist jedoch nicht so groß, dass es sich um eine insolvenzrechtliche Annexklage handelt. Denn eine Zuständigkeitskonzentration in dem Insolvenzeröffnungsstaat ließe sich dann nicht rechtfertigen. Vielmehr handelt es sich um Ansprüche außerhalb des Insolvenzverfahrens, so dass die allgemeinen Gerichtsstände der EuGVVO, insbesondere Art. 5 Nr. 3, anwendbar sind.

Handelt es sich hingegen um eine Klage zwischen der Gesellschaft und den Gesellschaftern, die entweder das Innenverhältnis ohne insolvenzbezogene Pflichtverletzung betreffen, oder bei der sich Gesellschaft und Gesellschafter wie normale Vertragsparteien gegenüberstehen, liegt eine allgemeine Zivilsache vor. Eine Streitigkeit aus dem Innenverhältnis liegt beispielsweise vor, wenn es um die Zahlung der Einlage geht. Dabei handelt es sich um eine normale zivilrechtliche Klage.[764] Denn der mit der Klage geltend gemachte Anspruch betrifft ein Rechtsverhältnis, das die Gesellschaft vor Insolvenz begründet hat. Die Insolvenz der Gesellschaft wird oft nur der Anlass sein, um die Klage geltend zu machen. Auch wenn Gesellschafter und Gesellschaft sich wie normale Vertragsparteien gegenüberstehen, ist eine Zuständigkeitskonzentration im Insolvenzeröffnungsstaat nicht zu rechtfertigen. Beispielsweise wenn Gegenstand der Klage ein Dienstleistungs- oder Kaufvertrag ist. Auch hier haben die Parteien einen Vertrag vor Insolvenzeröffnung geschlossen, so dass eine solche Klage auch unabhängig vom Insolvenzverfahren mit der Gesellschaft statt mit dem Insolvenzverwalter als Partei des Prozesses, hätte geführt werden können. Anders kann dies eventuell bei einem zwischen Gesellschafter und Gesellschaft geschlossenen Darlehensvertrag sein.

### *b) Klagen in Deutschland*

In Bezug auf die in Deutschland relevanten Klagen muss daher wie folgt differenziert werden.

763 EuGH, Urteil vom 18.07.2013, Rs. C-147/12, EuZW 2013, 703 (ÖFAB) Rn. 25; Rauscher/*Mankowski*, EuZPR/EuIPR, Art. 1 Brüssel I-VO Rn. 20g; Simons/Hausmann/*Hausmann*, Brüssel I-VO, Art. 1 Rn. 85.

764 Simons/Hausmann/*Hausmann*, Brüssel I-VO, Art. 1 Rn. 94.

### aa) Existenzvernichtungshaftung

Nach der Rechtsprechung des BGH stützt sich die sogenannte Existenzvernichtungshaftung auf § 826 BGB.[765] Sanktioniert wird ein missbräuchlicher Eingriff des Gesellschafters bzw. Aktionärs in das Gesellschaftsvermögen, das dazu führt, dass die Gesellschaft ihre Verbindlichkeiten nicht mehr erfüllen kann. Es handelt sich nicht um eine Durchgriffshaftung der Gläubiger, sondern um eine Innenhaftung des Gesellschafters bzw. Aktionärs, und daher auch im Konzern,[766] der Gesellschaft gegenüber.[767] Eine darauf gestützte Klage des Insolvenzverwalters, mit der dieser die Ansprüche der Gesellschaft im Laufe des Insolvenzverfahrens geltend macht, ist eine insolvenzbezogene Annexklage.

In Deutschland ist daher die Existenzvernichtungsklage gegen die Gesellschafter bzw. bei einer GmbH gegen die Geschäftsführer[768] ein insolvenzbezogenes Annexverfahren, wenn der Insolvenzverwalter die Ansprüche der insolventen Gesellschaft im laufenden Verfahren geltend macht.[769] Die einzelnen Gläubiger können dies außerhalb des Insolvenzverfahrens nicht, da es sich um eine reine Innenhaftung handelt.

### bb) Konzernhaftung bei der Aktiengesellschaft gemäß §§ 302 ff. AktG

Zum Schutz der Gläubiger und der Minderheitsaktionäre haftet das herrschende Unternehmen in entsprechender Anwendung der §§ 302 ff. AktG. Dabei handelt es sich um eine Haftung, mit der die umfassende Einflussnahme des Mehrheitsaktionärs, die zu Nachteilen der Gesellschaft führt, sanktioniert wird. Eine insolvenzbezogene Pflichtverletzung liegt folglich nicht vor. Vielmehr gelten in

---

765 BGH, Urteil vom 16.07.2007, II ZR 3/04, BGHZ 173, 246 (Trihotel) Rn. 15.

766 BGH, Urteil vom 16.07.2007, II ZR 3/04, BGHZ 173, 246 (Trihotel) Rn. 17.

767 BGH, Urteil vom 16.07.2007, II ZR 3/04, BGHZ 173, 246 (Trihotel) Rn. 18.

768 Saenger, GesR, § 17 Rn. 809.

769 MünchKommAktG/*Altmeppen/Ego*, Europäische Niederlassungsfreiheit Rn. 635; MünchKommBGB/*Kindler* Art. 3 EuInsVO Rn. 91; Paulus, EuInsVO, Art. 25 Rn. 23; Rauscher/*Mäsch*, EuZPR/EuIPR, Art. 3 EG-InsVO Rn. 9; a.A. Gebauer/Wiedemann/*Gebauer* Kapitel 27 Art. 1 EuGVVO Rn. 23 Geimer in: Festschrift Maschacek/Matscher 2008, 743, 752; Geimer/Schütze/*Geimer*, Europäisches Zivilverfahrensrecht, A.1 Art. 1 EuGVVO Rn. 130; Geimer/Schütze/*Gruber*, Internationaler Rechtsverkehr, Art. 25 InsolvenzVO Rn. 14; Kropholler/von Hein, Europäisches Zivilprozessrecht, Art. 1 EuGVO Rn. 36; Pannen/*Pannen*, EuInsVO, Art. 3 Rn. 114; Rauscher/*Mankowski*, EuZPR/EuIPR, Art. 1 Brüssel I-VO Rn. 20c; Simons/Hausmann/*Hausmann*, Brüssel I-VO, Art. 1 Rn. 94; *Thole* ZIP 2012, 605, 607; Westpfahl/Goetker/Wilkens Rn. 225.

einem Fall der insolvenzbezogenen Pflichtverletzung auch die Grundsätze der Existenzvernichtungshaftung. Daher handelt es sich bei einer Streitigkeit über die Konzernhaftung gemäß §§ 302 ff. AktG um eine normale zivilrechtliche Klage, auf die die EuGVVO anwendbar ist.[770]

#### cc) Insolvenzverschleppungshaftung

Bei der Insolvenzverschleppungshaftung wird die Pflicht von Vorständen einer Aktiengesellschaft oder von Geschäftsführern einer GmbH zur rechtzeitigen Stellung des Insolvenzantrags sanktioniert, § 823 Abs. 2 BGB i. V. m. § 15a InsO.[771] Es handelt sich um eine insolvenzbezogene Pflichtverletzung, so dass eine solche Klage in den Anwendungsbereich der EuInsVO fällt.[772] Auch in Bezug auf das materielle Recht ist dies sinnvoll. Denn eine Insolvenzverschleppungshaftung, die an die Eröffnung des Insolvenzverfahrens anknüpft, richtet sich nach der *lex fori concursus*.

#### dd) Streitigkeiten zwischen Gesellschaft und Gesellschaftern wegen eines Gesellschafterdarlehens

Auch wenn sich Gesellschaft und Gesellschafter bei einem Darlehen des Gesellschafters an die Gesellschaft wie normale Vertragspartner gegenüber stehen, sind Gesellschaftsdarlehen gemäß § 39 Abs. 1 Nr. 5 InsO nachrangig. Denn der deutsche Gesetzgeber geht davon aus, dass ein Gesellschafter der Gesellschaft im Falle der Kreditunwürdigkeit ein Darlehen zur Verfügung stellt, das heißt, wenn aufgrund der schlechten finanziellen Lage kein Dritter der Gesellschaft ein Darlehen gewähren würde.

Wird das Darlehen vor Insolvenzeröffnung an den Gesellschafter zurückgezahlt, obwohl es der Gesellschaft finanziell schlecht geht, fällt eine dies betreffende Klage als insolvenzbezogene Annexstreitigkeit in den Anwendungsbereich der EuInsVO.[773] Denn Gegenstand der Klage ist die Anfechtung der Rückzahlung an den Gesellschafter gemäß § 135 Abs. 1 Nr. 2 InsO.

---

770 Geimer/Schütze/*Geimer*, Europäisches Zivilverfahrensrecht, A.1 Art. 1 EuGVVO Rn. 130; *Kindler* in: Festschrift Ulmer 2003, 305, 308; Rauscher/*Mankowski*, EuZPR/EuIPR, Art. 1 Brüssel I-VO Rn. 20c; *Thole* ZIP 2012, 605, 607.

771 Simons/Hausmann/*Hausmann*, Brüssel I-VO, Art. 1 Rn. 84.

772 Gottwald/*Gottwald/Kolmann* § 130 Rn. 61; MünchKommBGB/*Kindler* Art. 25 EuInsVO Rn. 18; *Schilling/Schmidt* DZWIR 2006, 218, 219; a.A. Pannen/*Pannen*, EuInsVO, Art. 3 Rn. 114.

773 MünchKommBGB/*Kindler* Art. 3 EuInsVO Rn. 91, Art. 25 EuInsVO Rn. 18; Paulus, EuInsVO, Art. 25 Rn. 23; *Thole* ZIP 2012, 605, 607; a.A. Geimer/Schütze/*Gruber*,

##### ee) Erstattungsansprüche gegen Geschäftsführer und Vorstand

Auch die Erstattungsansprüche gemäß §§ 30, 31 sowie § 64 Satz 3 GmbHG und §§ 92 f. AktG sanktionieren eine insolvenzbezogene Pflichtverletzung des Geschäftsführers bzw. Vorstands, so dass es sich um eine insolvenzbezogene Annexklage handelt.[774] Der Anspruch wird vom Insolvenzverwalter für die Gesellschaft geltend gemacht, um die Masse zugunsten der Gläubigergemeinschaft zusammenzuhalten. Aufgrund dieser Nähe handelt es sich um ein Annexverfahren, für das eine Zuständigkeitskonzentration im Insolvenzeröffnungsstaat besteht.

---

Internationaler Rechtsverkehr, Art. 25 InsolvenzVO Rn. 14; Geimer/Schütze/*Geimer*, Europäisches Zivilverfahrensrecht, A.1 Art. 1 EuGVVO Rn. 130; MünchKommZPO/*Gottwald* Art. 1 EuGVO Rn. 19; Rauscher/*Mäsch*, EuZPR/EuIPR, Art. 3 EG-InsVO Rn. 9; Schlosser, EU-Zivilprozessrecht, Art. 1 EuGVVO Rn. 21; Simons/Hausmann/*Hausmann*, Brüssel I-VO, Art. 1 Rn. 94.

774 Paulus, EuInsVO, Art. 25 Rn. 23; für § 64 GmbH *Thole* ZIP 2012, 605, 607; a.A. für § 30 GmbHG MünchKommBGB/*Kindler* Art. 25 EuInsVO Rn. 18.

# Teil 4: Ergebnis

Die vorliegende Untersuchung hat ergeben, dass sich der „Mittelpunkt der hauptsächlichen Interessen“ einer schuldnerischen Gesellschaft durch die Herleitung einer einheitlichen Prüfungsreihenfolge konkretisieren lässt. Diese Lösung ermöglicht eine EU-weit einheitliche Auslegung im Interesse der Verhinderung von „forum shopping“ und positiven Kompetenzkonfliken. In Bezug auf die internationale Zuständigkeit von insolvenznahen Einzelverfahren kommt die vorliegende Untersuchung zu dem Ergebnis, dass sich die einzelnen Verfahren entweder den (Zuständigkeits-)Vorschriften der EuGVVO oder der EuInsVO zuordnen lassen.

## § 1 Konkretisierung des Mittelpunkts der hauptsächlichen Interessen einer schuldnerischen Gesellschaft

In Bezug auf den „Mittelpunkt der hauptsächlichen Interessen“ einer schuldnerischen Gesellschaft hat die vorliegende Arbeit gezeigt, dass sich der unbestimmte Rechtsbegriff nicht genau definieren lässt. Jedoch ist es möglich, den Begriff zu konkretisieren, um so eine einheitliche Auslegung für die Bestimmung der internationalen Zuständigkeit zur Eröffnung eines Hauptinsolvenzverfahrens zu erreichen. Das Ergebnis der vorliegenden Untersuchung ist eine einheitliche Prüfungsreihenfolge zur Ermittlung des Mittelpunkts der hauptsächlichen Interessen einer schuldnerischen Gesellschaft. Diese Lösung orientiert sich insbesondere am Wortlaut und dessen Entstehung sowie an der Systematik und am Telos der EuInsVO und den dazu ergangenen Urteilen des EuGH.

Bei der Ermittlung des international zuständigen Gerichts zur Eröffnung des Hauptinsolvenzverfahrens ist zunächst von dem Mitgliedstaat des Satzungssitzes der Gesellschaft auszugehen. Denn gemäß Art. 3 Abs. 1 Satz 2 EuInsVO wird dieser Ort als der Mittelpunkt der hauptsächlichen Interessen einer schuldnerischen Gesellschaft vermutet. Dieser Mitgliedstaat erfüllt auch das von der EuInsVO geforderte Merkmal, dass der Mittelpunkt hauptsächlicher Interessen für Dritte erkennbar sein muss. Denn der Satzungssitz einer Gesellschaft oder juristischen Person ist für Dritte durch einen Blick in das Handelsregister oder ein entsprechendes Register eines anderen Mitgliedstaats erkennbar.

Dieser Grundsatz der Eröffnung des Insolvenzverfahrens in dem Mitgliedstaat, in dem die schuldnerische Gesellschaft ihren Satzungssitz hat, ist jedoch nicht unabänderlich. Vielmehr hat sich der europäische Gesetzgeber dazu entschieden, ein eigenes, neues Merkmal für die Bestimmung der internationalen

Zuständigkeit zu schaffen. Der Begriff „Mittelpunkt der hauptsächlichen Interessen", der aus dem Istanbuler Übereinkommen des Europarats stammt, wurde dem Begriff des „Geschäftszentrums", der in dem Vorentwurf eines Konkursübereinkommens von 1970 entwickelt wurde, vorgezogen. Die Begriffsänderung ist auf die Kritik an dem Begriff des „Geschäftszentrums" zurückzuführen. Die vorgenommene historische Auslegung hat ergeben, dass damit eine inhaltliche Änderung nicht bezweckt worden ist. Denn trotz der unterschiedlichen Normgeber und der unterschiedlichen Ausgestaltung des Entwurfs eines Konkursübereinkommens von 1980, der aus dem Vorentwurf von 1970 hervorgegangen ist, und dem Istanbuler Übereinkommen, ist die dahinterstehende Grundidee der Koordinierung von grenzüberschreitenden europäischen Insolvenzverfahren die gleiche. Der Begriff des „Geschäftszentrums" wurde in dem *Lemontey*-Bericht zum Entwurf von 1980 definiert als der Ort, an dem der Schuldner seine Hauptinteressen verwaltet. Auch wenn man in die Materialien zu dem Entwurf von 1980 die Erkennbarkeit für Dritte hineinlesen kann, ist eine solche nicht explizit genannt. Ausdrücklich ergänzt um die Erkennbarkeit für Dritte wurde das Anknüpfungsmerkmal für die internationale Zuständigkeit erst im *Virgós/Schmit*-Bericht zu dem EuInsÜ von 1994. Die vorliegende Arbeit kommt zu dem Ergebnis, dass mit der Erkennbarkeit für Dritte eine solche für die Gesamtheit der grenzüberschreitenden Gläubigergemeinschaft gemeint ist. Denn das Insolvenzverfahren wird vor allem auch in ihrem Interesse durchgeführt. Da sich das Insolvenzverfahren nach dem Recht des Staates der Verfahrenseröffnung, der *lex fori concursus*, richtet, ist es wichtig für die Gläubiger, das Insolvenzforum zu erkennen. Denn dieses legen sie bei der Berechnung ihrer Risiken zugrunde. Die vorliegende Untersuchung hat gezeigt, dass dies jedoch nicht bedeutet, dass sich der Mittelpunkt der hauptsächlichen Interessen einer schuldnerischen Gesellschaft immer in demselben Mitgliedstaat befindet. Vielmehr ist auch die Niederlassungsfreiheit gemäß Art. 49, 54 AEUV auf Gesellschaften anwendbar, so dass sie sich grenzüberschreitend umwandeln können oder ihren Tätigkeitsschwerpunkt in einen anderen Mitgliedstaat verlegen können. Eine Veränderung des Mittelpunkts hauptsächlicher Interessen ist jedoch nur dann möglich, wenn eine solche Änderung tatsächlich stattgefunden hat. Insbesondere liegt eine solche dann nicht vor, wenn Beteiligte Rechtsstreitigkeiten oder Vermögensgegenstände in einen anderen Mitgliedstaat verbringen, um dadurch ihre Rechtsposition zu verbessern. Ein solches „forum shopping" ist gemäß Erwägungsgrund 4 zu verhindern. Denn die EuInsVO schützt nicht nur einzelne Beteiligte des Insolvenzverfahrens sondern vielmehr die grenzüberschreitende Gläubigergemeinschaft. Um ein „forum shopping" zu verhindern und um Rechtssicherheit durch Vorhersehbarkeit zu schaffen, ist die Sicht der Dritten zu objektivieren.

Entscheidend ist, was für Dritte bei ihrem gewöhnlichen Geschäftsverkehr mit der Gesellschaft allgemein zugänglich ist. Dritte gehen so lange davon aus, dass der Satzungssitz der schuldnerischen Gesellschaft der Mittelpunkt ihrer hauptsächlichen Interessen ist, bis die Vermutung widerlegt ist. Das ergibt sich auch aus systematischen Erwägungen. Im Umkehrschluss aus Art. 3 Abs. 1 EuInsVO folgt, dass nur solche Umstände die Vermutung widerlegen können, die geeignet sind, die Vermutung aufzustellen. Die Erkennbarkeit für Dritte und die Maßgeblichkeit objektiver Umstände ist eine Art Mindestanforderung für den Mittelpunkt der hauptsächlichen Interessen. Als Ergebnis ist also festzuhalten, dass der Mittelpunkt der hauptsächlichen Interessen für die grenzüberschreitende Gläubigergemeinschaft erkennbar sein muss.

In Bezug auf die einzelnen Kriterien, die für die Widerlegung der Vermutung herangezogen werden,[775] hat die vorliegende Arbeit insbesondere die Urteile des EuGH untersucht. Entscheidend ist, wo sich die Hauptverwaltung der Gesellschaft befindet. Das ist auf die Formulierung in Erwägungsgrund 13, der auf den *Virgós/Schmit*-Bericht zurückgeht, welcher selbst wiederum auf den Entwurf von 1980 und den Vorentwurf von 1970 zurückzuführen ist, zugeschnitten. Dieser bestimmt, dass für die Bestimmung des Mittelpunkts der hauptsächlichen Interessen entscheidend ist, wo der Schuldner seine hauptsächlichen Interessen verwaltet. Um die Vermutung des Mittelpunkts der hauptsächlichen Interessen zugunsten des Satzungssitzes zu widerlegen, hat die vorliegende Arbeit die folgende Prüfungsreihenfolge hergeleitet:

1. Befindet sich die Hauptverwaltung in dem Mitgliedstaat des Satzungssitzes der Gesellschaft, ist die Vermutung gemäß Art. 3 Abs. 1 Satz 2 EuInsVO zugunsten des Satzungssitzes unwiderleglich. Entscheidende Kriterien für die Hauptverwaltung sind einerseits, wo sich die Verwaltungs- und Kontrollorgane der Gesellschaft befinden und zum anderen, wo die Verwaltungsentscheidungen in für Dritte feststellbarer Weise getroffen werden. Die Verwaltungs- und Kontrollorgane sind in Abhängigkeit von der jeweiligen Gesellschaftsform zu bestimmen. Die Auslegung hat ergeben, dass dabei nicht auf die Begriffsbestimmung der SE-VO zurückgegriffen werden kann, da die Rechtsprechung des EuGH zum europäischen Insolvenzrecht von der dortigen Terminologie abweicht. Für die Gesellschaften nach deutschem Recht setzt sich das Kontrollorgan meist aus den Gesellschaftern zusammen.[776] Anders ist dies bei der Aktiengesellschaft, denn

775 Bzw. wenn die Gesellschaft gemäß ihrem Gesellschaftsstatut keinen Satzungssitz hat.

776 §§ 713, 716 BGB (für die Gesellschaft bürgerlichen Rechts); § 37 Abs. 1 GmbHG (für die GmbH).

Kontrollorgan ist nicht die Hauptversammlung, sondern der Aufsichtsrat.[777] Das Kontrollorgan überwacht das Verwaltungsorgan, welches für die Gesellschaft nach innen und außen handelt und insbesondere Rechtsbeziehungen zu Dritten begründet. Bei einer Aktiengesellschaft nach deutschem Recht ist dies der Vorstand,[778] und bei einer GmbH der Geschäftsführer.[779] Für die Gesellschaft bürgerlichen Rechts sowie für die offene Handelsgesellschaft und für die Kommanditgesellschaft ist das Verwaltungsorgan der bzw. die Gesellschafter.[780] Entscheidend ist nicht, wo die einzelnen Mitglieder des Organs ihren Wohnsitz oder Aufenthalt haben. Es kommt vielmehr darauf an, wo das Organ als solches für die Gesellschaft nach außen hin erkennbar handelt.

2. Befinden sich die Verwaltungs- und Kontrollorgane der Gesellschaft hingegen in einem anderen Mitgliedstaat als dem, in dem die Gesellschaft ihren Satzungssitz hat, und werden auch in diesem Mitgliedstaat die Verwaltungsentscheidungen in für Dritte feststellbarer Weise getroffen, ist die Vermutung zugunsten des Satzungssitzes widerlegt. Denn dann belegen objektive und zugleich für Dritte feststellbare Elemente, dass sich der Mittelpunkt der hauptsächlichen Interessen der schuldnerischen Gesellschaft nicht in dem Mitgliedstaat des Satzungssitzes befindet, sondern in dem der Hauptverwaltung.

3. Weisen die Verwaltungs- und Kontrollorgane sowie der feststellbare Ort der Verwaltungsentscheidungen Bezüge zu mehreren Mitgliedstaaten auf, muss der Mittelpunkt der hauptsächlichen Interessen des Schuldners durch die Heranziehung weiterer, nach außen erkennbarer Umstände bestimmt werden. Dabei ist darauf abzustellen, wo sich das Vermögen der Gesellschaft befindet und wo sie einer wirtschaftlichen Tätigkeit vor allem durch das Begründen von Rechtsbeziehungen, nachgeht.

Durch die in der vorliegenden Untersuchung hergeleitete Prüfungsreihenfolge lässt sich eine einheitliche Auslegung und daher eine gewisse Rechtssicherheit bei der Bestimmung der internationalen Zuständigkeit zur Eröffnung des Hauptinsolvenzverfahrens schaffen. Gleichwohl bleibt dem Konzept des „Mittelpunkts der hauptsächlichen Interessen" eine Flexibilität inne. Denn es handelt sich nicht um einen Ort, der an eine Art von Register geknüpft ist. Hinzu kommt, dass die rechtlichen Verflechtungen von Gesellschaften, insbesondere solchen, die in Konzernen verbunden sind, komplex sind, so dass auf die jeweilige insolvente Gesellschaft

777 § 118 AktG.

778 §§ 77, 78 AktG.

779 §§ 35 ff. GmbHG.

780 §§ 709 ff. BGB (für die Gesellschaft bürgerlichen Rechts); §§ 114 ff., 125 HGB (für die OHG) bzw. i. V. m. § 161 Abs. 2 HGB (für die KG).

gesondert abgestellt werden muss. Die vorgeschlagene Lösung gilt für jede Art von Gesellschaft, unabhängig von ihrem Gegenstand oder ihrer gesellschaftsrechtlichen Struktur. Denn gemäß dem der Verordnung zugrundeliegenden Prinzip ist über jeden Schuldner, der eine eigene Rechtspersönlichkeit hat, ein gesondertes Verfahren zu eröffnen. Bei einer Tochtergesellschaft muss innerhalb der Prüfung untersucht werden, ob der nach außen erkennbare Einfluss der Muttergesellschaft zu einer Widerlegung der Vermutung gemäß Art. 3 Abs. 1 Satz 2 EuInsVO führt.

Bei nur interner Leitung und Anweisung durch die Muttergesellschaft ist das, wie auch die historische Entstehungsgeschichte der EuInsVO gezeigt hat, nicht der Fall. Denn dann besteht die Gefahr, dass in dem Satzungssitzmitgliedstaat der Tochtergesellschaft ein Sekundärinsolvenzverfahren eröffnet wird, das aufgrund der wirtschaftlichen Tätigkeit der Tochtergesellschaft in dem Satzungssitzmitgliedstaat massereicher ist als das Hauptinsolvenzverfahren. Eine solche Bedeutungsverlagerung zugunsten des Sekundärinsolvenzverfahrens widerspräche der Systematik der EuInsVO und den Regelungen in den Art. 31 ff. EuInsVO, die davon ausgehen, dass das Hauptinsolvenzverfahren gemäß seiner Bezeichnung das übergeordnete Verfahren ist.

Eine Widerlegung der Vermutung kommt vielmehr dann in Betracht, wenn die oben genannten, nach außen erkennbaren Umstände dafür sprechen, dass Dritte davon ausgehen, dass der Mittelpunkt der hauptsächlichen Interessen einer Tochtergesellschaft mit dem ihrer Muttergesellschaft zusammenfällt. Diese an der Effizienz des Verfahrens orientierte Lösung ermöglicht einen einheitlichen Konzerninsolvenzgerichtsstand bei gleichzeitiger Insolvenz von Mutter- und Tochtergesellschaft. Auch wenn ein solcher einheitlicher Konzerngerichtsstand in der EuInsVO nicht ausdrücklich angeordnet ist, hat die vorliegende Untersuchung ergeben, dass er jedenfalls auch nicht untersagt ist. Denn die EuInsVO enthält kein abschließendes Regelwerk, sondern punktuelle Regelungen über die wichtigsten Fragestellungen im europäischen Insolvenzrecht. Insbesondere Konzernsachverhalte, die sich in den letzten Jahren zum Hauptanwendungsfall der Verordnung entwickelt haben, regelt die EuInsVO nicht. Diese Lösung der formellen Zusammenfassung dient vor allem der Verwirklichung des von den Erwägungsgründen 2 und 8 verfolgten Ziels der Verbesserung der Effizienz des Insolvenzverfahrens im Sinne einer Minimierung der Verfahrenskosten bei gleichzeitiger Maximierung der Insolvenzmasse. Denn durch einen einheitlichen Konzerngerichtsstand entsteht eine Kenntnisbündelung bei dem zuständigen Gericht, und es werden Kooperations- und Koordinationsprobleme, die durch unterschiedliche mitgliedstaatliche Gerichte und Verwalter entstehen, vermindert. Ferner werden die Verfahren nach der gleichen *lex fori concursus* durchgeführt. Dadurch werden die Verfahren beschleunigt und es ergehen einheitliche Entscheidungen. Auch ist ein einheitlicher Konzerngerichtsstand für eine Gesamtsanierung des Konzerns vorteilhafter. Ein Nachteil dieser Lösung bleibt jedoch die Möglichkeit der Eröffnung eines Sekundärinsolvenzverfahrens in dem Mitgliedstaat, in dem die Tochtergesellschaft ihren Satzungssitz hat. Insbesondere deshalb, weil ein Sekundärinsolvenzverfahren gemäß Art. 27 Satz 3, Art. 3 Abs. 3 Satz 2, Art. 2 lit. c) EuInsVO in Verbindung mit Anhang B in den Grenzen des Art. 34 Abs. 1 EuInsVO immer ein Liquidationsverfahren ist. Daher ist eine Verortung des Mittelpunkts der hauptsächlichen Interessen der Tochtergesellschaft in dem Mitgliedstaat der Muttergesellschaft nur dann vorzunehmen, wenn die Tochtergesellschaft zu diesem Mitgliedstaat eine Vielzahl von wirtschaftlichen und rechtlichen Beziehungen hat, die dazu führen, dass die Gläubiger diesen Ort als das Zentrum der Tochtergesellschaft ansehen.

Auch wenn sich unter der geltenden Fassung der EuInsVO keine Definition des Mittelpunkts hauptsächlicher Interessen herleiten lässt, hat die vorliegende Untersuchung gezeigt, dass eine Konkretisierung des Begriffs möglich ist, die eine Definition ersetzt. Diese vorgeschlagene Lösung beruht dabei auf den der EuInsVO zugrundeliegenden Prinzipen. Denn einerseits werden die Interessen der grenzüberschreitenden Gläubigergemeinschaft durch die geforderte Erkennbarkeit des Mittelpunkts der hauptsächlichen Interessen gewahrt. Andererseits sollte das grenzüberschreitende Insolvenzverfahren in einem Mitgliedstaat eröffnet werden, der für den Schuldner „zentral" ist. Eine solche enge Verbindung entsteht vor allem dadurch, dass der Schuldner zu diesem Mitgliedstaat die meisten Bezugspunkte hat. Neben internen, wie dem Ort, an dem sich die Verwaltungs- und Kontrollorganen befinden, sind auch die Rechtsbeziehungen zu Dritten als wirtschaftliche Tätigkeit entscheidend. Durch diese Nähe zum Insolvenzgericht – nicht nur räumlich sondern vielmehr in Bezug auf das anwendbare Recht – wird das Insolvenzverfahren im Interesse der Gläubigergemeinschaft und des Schuldners effizienter. Neben der Verhinderung von „forum shopping" ist die Gewährung eines effizienten und effektiven Insolvenzverfahrens Hauptziel der EuInsVO, um den Binnenmarkt durch eine Koordination von grenzüberschreitenden Insolvenzverfahren weiter zu vollenden.

## § 2 Einordnung und internationale Zuständigkeit von insolvenzbezogenen Einzelentscheidungen

Die vorliegende Untersuchung kommt zu dem Ergebnis, dass sich die Regelungslücke für die Bestimmung der internationalen Zuständigkeit von insolvenzbezogenen Einzelentscheidungen an der Schnittelle von EuInsVO und EuGVVO durch eine Zuordnung der einzelnen Verfahren entweder zur EuInsVO oder zur

EuGVVO schließen lässt. Entscheidendes Abgrenzungsmerkmal ist das Doppelkriterium, das der EuGH im Gourdain/Nadler-Urteil 1979 entwickelt hat. Bei dieser Zuordnung sind stets die Hintergründe und Konsequenzen der Anwendbarkeit entweder der EuGVVO oder der EuInsVO miteinzubeziehen.

Die Auslegung der Verordnungen, insbesondere ihrer Wechselwirkungen und ihres Zusammenspiel, sowie der dazu ergangen EuGH-Urteile hat ergeben, dass der Anwendungsbereich der EuGVVO grundsätzlich weit auszulegen ist. Denn die EuGVVO verfolgt das Ziel, den Binnenmarkt dadurch zu verbessern, dass die internationale Zuständigkeit für Entscheidungen in Zivil- und Handelssachen vereinheitlicht und die Förmlichkeiten für die Anerkennung und für die Vollstreckung vereinfacht werden.[781] Daher soll grundsätzlich jede Entscheidung in einer Zivil- oder Handelssache in den Anwendungsbereich der EuGVVO fallen, mit Ausnahme der genau festgelegten Ausnahmen in Art. 1 Abs. 2 EuGVVO.[782] Art. 1 Abs. 2 lit. b) EuGVVO nennt insolvenzbezogene Einzelentscheidungen jedoch nicht; vielmehr wird ausdrücklich nur das Gesamtverfahren als solches erfasst: „Konkurse, Vergleiche und ähnliche Verfahren". Diese im Vorgängerübereinkommen wortgleiche und die gleiche Funktion einnehmende Ausnahme hat der EuGH im Jahre 1979, also lange vor Inkrafttreten der EuInsVO, in der Weise konkretisiert, dass eine Klage, die unmittelbar aus dem Insolvenzverfahren hervorgeht und in engem Zusammenhang damit steht, unter den Ausnahmetatbestand für „Konkurse, Vergleiche und ähnliche Verfahren" fällt. Aufgrund der Kontinuität der Auslegung gemäß Erwägungsgrund 19 EuGVVO und der wortgleichen Übernahme dieses Kriteriums in Erwägungsgrund 6 EuInsVO und Art. 25 Abs. 1 Unterabsatz 2 EuInsVO folgt, dass die Auslegung auch weiterhin Gültigkeit hat, obwohl keine ausdrückliche internationale Zuständigkeit für diese Verfahren in die EuInsVO aufgenommen wurde. Gleichwohl geht die EuInsVO der EuGVVO als speziellere Regelung gemäß dem Grundsatz *lex specialis derogat legi generali* vor. Hinzu kommt, dass der europäische Gesetzgeber beim Erlass der jüngsten Verordnung, der EuGVVO, keine anderweitige Regelung für insolvenzbezogene Verfahren getroffen hat.

Ein Verfahren, das unmittelbar aus dem Insolvenzverfahren hervorgeht und in engem Zusammenhang damit steht, fällt daher in den Anwendungsbereich der EuInsVO. Die Anerkennung und Vollstreckung wird von Art. 25 Abs. 1 Unterabsatz 2 EuInsVO geregelt. Die vorgenommene Auslegung, insbesondere die Entstehungsgeschichte und die Systematik des Art. 25 EuInsVO sowie die in den Erwägungsgründen der EuInsVO genannten Zielen und das „Deko Marty"-Urteil des EuGH

781 Erwägungsgrund 2 EuGVVO.
782 Erwägungsgrund 7 EuGVVO.

haben ergeben, dass sich die internationale Zuständigkeit nach Art. 3 Abs. 1 als Annexzuständigkeit zum Insolvenzverfahren bestimmt. Ein solches sogenanntes insolvenzbezogenes Annexverfahren ist daher ebenfalls in dem Mitgliedstaat des Mittelpunkts der hauptsächlichen Interessen des Schuldners zu eröffnen. Dadurch entsteht eine Art „europarechtlicher *vis attractiva concursus*" für Annexverfahren. Diese Lösung führt zu einer Zuständigkeitskonzentration im Insolvenzeröffnungsstaat und dient vor allem den Interessen des Insolvenzverwalters und jenen des Schuldners. Denn es werden zeit- und kostenintensive Auslandsprozesse verhindert, wodurch das Insolvenzverfahren meist beschleunigt und somit effizienter wird. Unterliegt der mit der Klage geltend gemachte Anspruch gemäß Art. 4 Abs. 2 EuInsVO der *lex fori concursus* kann durch die Sachnähe des Gerichts sowie des Gleichlaufs von *forum* und *ius* auch eine Effizienz- und Effektivitätssteigerung erreicht werden. Eine dadurch bedingte Mehrung der Insolvenzmasse steht auch im Interesse der grenzüberschreitenden Gläubigergemeinschaft. Denn ihr Interesse besteht in der möglichst umfangreichen Befriedigung ihrer Forderungen. Die vorliegende Untersuchung hat gezeigt, dass auf der anderen Seite jedoch auch das Interesse des Klagegegners zu berücksichtigen ist. Denn trotz der Sondersituation der Insolvenz hat der Klagegegner, insbesondere bei Aktivklagen des Insolvenzverwalters, ein Interesse daran, dass die Klage im Mitgliedstaat seines Wohnsitzes oder im Mitgliedstaat des vereinbarten Gerichtsstands eröffnet wird. Um den Grundsatz des *actor sequitur forum rei* zu wahren und das Vertrauen des Klagegegners zu schützen, kann nicht jedes Verfahren, das nur irgendeinen Bezug zum Insolvenzverfahren hat, unter die Zuständigkeitskonzentration der EuInsVO fallen. Hinzu kommt, dass sich der mit der Klage geltend gemachte Anspruch nicht in jedem Fall nach dem nationalen Recht, dem das Insolvenzverfahren untersteht, richtet. Die Abwägung der widerstreitenden Interessen hat ergeben, dass einige der insolvenzbezogenen Einzelverfahren nicht unter die EuInsVO, sondern unter die EuGVVO fallen. Zur Abgrenzung der Anwendungsbereiche hat die vorliegende Arbeit die erforderliche Konkretisierung des Doppelkriteriums vorgenommen.

Die vorliegende Untersuchung kommt zu dem Ergebnis, dass von den insolvenzbezogenen Verfahren, die unter die EuInsVO fallen, nur solche erfasst sein können, die dem von der EuInsVO verfolgten Ziel der Verbesserung der Koordination von grenzüberschreitenden Insolvenzverfahren durch effiziente und effektive Insolvenzverfahren dienen. Auch der EuGH stellt in seinen Urteilen auf das mit der Klage verfolgte Ziel ab, das durch die Art der Klage bedingt ist. Für die Art der Klage ist insbesondere eine insolvenzrechtliche Vorfrage nicht entscheidend. Denn ebenso wie eine öffentlich-rechtliche Vorfrage nicht dazu führt, dass für einen an sich zivilrechtlichen Streitgegenstand die EuGVVO nicht anwendbar ist, kann eine insolvenzrechtliche Vorfrage nicht dazu führen, dass die Ausnahme in

Art. 1 Abs. 2 lit. b) EuGVVO erfüllt ist. Das ergibt sich auch im Umkehrschluss zu den früheren Entwürfen eines Konkursübereinkommens von 1970 und 1980, in denen ein umfassender Katalog von Einzelverfahren, für die eine Zuständigkeitsbündelung im Insolvenzeröffnungsstaat bestand, enthalten war. Da man sich auf eine solche umfassende *vis attractiva concursus* nicht hat einigen können, fällt eine Klage erst recht nicht in den Anwendungsbereich der heutigen EuInsVO, die nicht einmal unter den damaligen Katalog gefallen wäre. Die vorliegende Untersuchung geht davon ausgeht, dass der EuGH das Alpenblume-Urteil durch das „German Graphics"-Urteil teilweise korrigiert hat, und kommt daher zu dem Ergebnis, dass die folgenden Kriterien dafür maßgeblich sind, ob ein Verfahren unmittelbar aus dem Insolvenzverfahren hervorgeht und in engem Zusammenhang damit steht:

1. Große Bedeutung kommt dem mit der Klage verfolgten Zweck zu. Dieser muss insolvenzspezifisch sein. Das ist insbesondere dann der Fall, wenn die Klage die Sonderbeziehung der Beteiligten aufgrund der Insolvenz betrifft. Auch ist ein solcher gegeben, wenn die Klage dem Interesse der grenzüberschreitenden Gläubigergemeinschaft dient, insbesondere bei einer Aktivklage des Insolvenzverwalters zur Mehrung der Insolvenzmasse. Hingegen liegt ein insolvenzspezifischer Zweck dann nicht vor, wenn eine Klage mit dem gleichen Ziel auch unabhängig von der Eröffnung des Insolvenzverfahrens über einen Beteiligten möglich gewesen wäre.
2. Der Beteiligung des Insolvenzverwalters an dem Einzelverfahren kommt eine Indizwirkung zu. Allerdings führt nicht allein die Beteiligung des Insolvenzverwalters an einem Verfahren dazu, dass es sich um eine unter die EuInsVO fallende Annexklage handelt. Denn die Art der Klage ist nicht nur bzw. nicht immer durch die Beteiligung des Verwalters beeinflusst.
3. Ein weiteres Kriterium ist der Zeitpunkt der Eröffnung des Einzelverfahrens. Für ein unter die EuInsVO fallendes Einzelverfahren spricht, wenn dieses erst nach der Eröffnung des Insolvenzverfahrens sowie vor dessen Beendigung eröffnet und entschieden wird. Denn nur dann kann das Einzelverfahren Einfluss auf das Insolvenzverfahren haben.
4. Des Weiteren kommt dem Katalog des Art. 4 Abs. 2 EuInsVO eine Indizwirkung zu. Denn der Verordnungsgeber unterstellt diese Regelungsgegenstände der *lex fori concursus* und ordnet sie somit dem Insolvenzverfahren zu. Hinzu kommt, dass insolvenzspezifische Zwecke häufig durch Normen des Insolvenzrechts verfolgt werden. Trotzdem fällt nicht jedes Verfahren, dessen Gegenstand einer der Regelungsgegenstände des Art. 4 Abs. 2 EuInsVO ist, automatisch unter die EuInsVO. Vielmehr müssen noch weitere Umstände hinzukommen, damit die Klage eine insolvenzbezogene Annexklage ist.

5. Bei der Abtretung eines Anspruchs muss differenziert werden, ob dadurch die Art der Klage als solche verändert wird oder nicht.

Die vorliegende Arbeit kommt zu dem Ergebnis, dass die internationale Zuständigkeit in Art. 3 Abs. 1 EuInsVO, die ihrem Wortlaut nach nur für das Insolvenzeröffnungsverfahren anwendbar ist, unter der geltenden Fassung der EuInsVO auch für Annexverfahren eine ausschließliche ist. Denn es gibt keine weiteren, daneben anwendbaren Zuständigkeitstatbestände. Insbesondere kommt, nachdem der Anwendungsbereich der EuInsVO eröffnet ist, eine Anwendung der allgemeinen Zuständigkeitsregeln der EuGVVO neben Art. 3 Abs. 1 EuInsVO nicht in Betracht. Denn die Anwendungsbereiche der Verordnungen schließen lückenlos aneinander, so dass die Verordnungen alternativ anwendbar sind. Wenn die Ausnahme des Art. 1 Abs. 2 lit. b) EuGVVO erfüllt ist, fällt das Verfahren nicht in den Anwendungsbereich der EuGVVO, sondern in jenen der EuInsVO, und umgekehrt. Die vorgeschlagene Lösung beruht darauf, dass den Verordnungen, die vom gleichen Normgeber stammen, ein einheitliches Begriffsverständnis zugrunde liegt. Aufgrund der ausschließlichen Zuständigkeit in Art. 3 Abs. 1 EuInsVO ist es umso wichtiger, die Verfahren genau zuzuordnen. Das richtet sich nach den Grundsätzen, die durch die vorliegende Arbeit anhand des Zusammenspiels von EuInsVO und EuGVVO, ihrer Systematik und ihres Telos sowie der dazu ergangenen EuGH-Urteile herausgearbeitet wurden. Nach dem in dieser Untersuchung ermittelten Abgrenzungsmaßstab lassen sich die einzelnen Verfahren wie folgt einordnen:

Die EuInsVO und deren Zuständigkeitskonzentration in Art. 3 Abs. 1 ist anwendbar für folgende Arten von Klagen:

- Insolvenzanfechtungsklagen des Insolvenzverwalters
- Streitigkeiten zwischen dem Insolvenzverwalter und dem Schuldner, wenn sich Insolvenzverwalter und Schuldner in ihrer spezifischen Funktion gegenüberstehen
- Haftungsklagen der Gläubigergemeinschaft oder eines einzelnen Gläubigers gegen den Insolvenzverwalter
- Streitigkeiten über den Rang einer Forderung
- Klagen, durch die eine insolvenzspezifische Pflichtverletzung sanktioniert wird, die ein Gesellschafter oder ein geschäftsleitendes Organ der Gesellschaft begangen hat

Hingegen ist die EuGVVO samt ihrer allgemeinen (Zuständigkeits-)Regelungen für folgende Klagen anwendbar:

- Aktivklagen des Insolvenzverwalters, mit denen er Ansprüche des Schuldners geltend macht, die vor Insolvenzeröffnung begründet wurden

- Klagen, mit denen ein Gläubiger einen ihm gegenüber dem Schuldner zustehenden Anspruch geltend macht, der ein Rechtsverhältnis betrifft, das vor Insolvenzeröffnung begründet worden ist
- Klagen über Aus- und Absonderungsrechte
- Klagen, mit denen der Verkäufer bei Insolvenz des Käufers sein Eigentum aufgrund eines Eigentumsvorbehalts geltend macht
- Insolvenzanfechtungsklagen, die von einem Gläubiger oder einem Dritten, an den der Insolvenzverwalter das Insolvenzanfechtungsrecht abgetreten hat, erhoben werden
- Haftungsklagen gegen den Insolvenzverwalter aufgrund allgemeiner unerlaubter Handlungen
- Streitigkeiten über Verbindlichkeiten, die der Insolvenzverwalter nach Insolvenzeröffnung begründet hat
- Klagen gegen Gesellschafter oder Organe der insolventen Gesellschaft, mit denen ein einzelner Gläubiger direkt das Ziel seiner persönlichen Befriedigung verfolgt
- Klagen zwischen einer Gesellschaft und deren Gesellschaftern, die das Innenverhältnis betreffen, ohne dass es sich um eine insolvenzbezogene Pflichtverletzung handelt
- Klagen zwischen einer Gesellschaft und ihren Gesellschaftern, bei denen sich die Gesellschaft und ihre Gesellschafter wie normale Vertragsparteien gegenüberstehen (anders kann dies sein bei Klagen, deren Gegenstand ein Darlehensvertrag zwischen der Gesellschaft und einem Gesellschafter ist)

Die vorliegende Untersuchung bietet eine Lösung für die erforderliche Abgrenzung von insolvenzbezogenen Streitigkeiten, die als Annexverfahren unter die EuInsVO fallen und solchen, auf die die EuGVVO anwendbar ist. Diese Lösung orientiert sich insbesondere an den von den Verordnungen erfolgten Zielen sowie den Urteilen des EuGH. In Bezug auf die internationale Zuständigkeit kommt die Arbeit nach Abwägung der widerstreitenden Interessen zu dem Ergebnis, dass für insolvenzbezogene Annexverfahren im Sinne des Art. 25 Abs. 1 Unterabsatz 2 EuInsVO eine Annexzuständigkeit im Insolvenzeröffnungsstaat besteht. Verfahren, die nicht unmittelbar aus dem Insolvenzverfahren hervorgehen und damit nicht in einem engen Zusammenhang stehen, im Sinne der hier erarbeiteten Maßstäbe, richten sich als normale zivilrechtliche Klagen nach den allgemeinen Gerichtsständen der EuGVVO. Eine solche insbesondere an der Dogmatik und den EuGH-Urteilen orientierte Auslegung führt im Interesse der Schaffung von Rechtssicherheit im europäischen Binnenmarkt zu einer alternativen Zuordnung der einzelnen Verfahren entweder zur EuInsVO oder zur EuGVVO.

# Literaturverzeichnis

*Adam, Dietmar*: Zuständigkeitsfragen bei der Insolvenz internationaler Unternehmensverbindungen, Baden-Baden 2006, zugl.: Köln, Univ., Diss., 2006

*Adam, Dietmar/Poertzgen, Christoph*: Überlegungen zum Europäischen Konzerninsolvenzrecht (Teil 1), in: ZInsO 2008, 281–287

*Ambach, Jördis*: Reichweite und Bedeutung von Art. 25 EuInsVO, Berlin 2009, zugl.: Leipzig, Univ., Diss., 2008

*Andres, Dirk/Grund, Andreas*: Die Flucht vor deutschen Insolvenzgerichten nach England, Die Entscheidungen in dem Insolvenzverfahren Hans Brochier Holdings Ltd., in: NZI 2007, 137–143

*Arnold, Hans*: Der Europarats-Entwurf eines europäischen Konkursübereinkommens, in: ZIP 1984, 1144–1159

*Arnold, Hans*: Straßburger Entwurf eines europäischen Konkursübereinkommens, in: IPrax 1986, 133–138

*Attinger, Barbara Jeanne*: Der Mittelpunkt der hauptsächlichen Interessen nach der EuInsVO - erfolgreiches Konzept oder Quelle der Rechtsunsicherheit? Eine Auseinandersetzung mit dem Zuständigkeitskriterium der Europäischen Insolvenzverordnung unter Heranziehung der Erkenntnisse der ökonomischen Analyse des Rechts, Frankfurt am Main 2008, zugl.: Saarbrücken, Univ., Diss., 2008

*Balz, Manfred*: Das neue Europäische Insolvenzübereinkommen, in: ZIP 1996, 948–955

—. Das Übereinkommen der Europäischen Union über Insolvenzverfahren, in: ZEuP 1996, 325–331

*Bariatti, Stefania*: Recent Case-Law Concerning Jurisdiction and the Recognition of Judgments under the European Insolvency Regulation, in: RabelsZ 73 (2009), 629–657

*Bähr, Biner/Riedemann, Susanne*: Zuständigkeit des inländischen Insolvenzgerichts für Hauptinsolvenzverfahren trotz strategischer Unternehmensführung am Sitz der englischen Muttergesellschaft („EMBIC I“), Anmerkung zu AG Mönchengladbach, Beschl. v. 27.4.2004, in: ZIP 2004, 1064–1068

*Beck, Siegfried/Depré, Peter* (Hrsg.): Praxis der Insolvenz, 2. Auflage, München 2010 (zit.: Beck/Depré/*Bearbeiter* § Rn.)

*Berges, A. M.*: Kommt es zu einem EWG-Konkursübereinkommen?, in: KTS 1965, 73–79

*Berner, Olaf/Klöhn, Lars*: Insolvenzantragspflicht, Qualifikation und Niederlassungsfreiheit, in: ZIP 2007, 106–114

*Bierbach, Axel W.*: Wettlauf der Gläubiger um den Insolvenzgerichtsstand – Anfechtungsbefugnisse des Insolvenzverwalters nach Art. 18 Abs. 2 Satz 2 EuInsVO, in: ZIP 2008, 2203–2207

*Braun, Eberhard*: Der neue Sport in Europa: Forumshopping in Insolvenzverfahren oder: die moderne Form von „Brittania rules the waves“, in: NZI 2004, Heft 1 Editorial V–VIII

*Brinkmann, Moritz*: Der Aussonderungsstreit im internationalen Insolvenzrecht – Zur Abgrenzung zwischen EuGVVO und EuInsVO (zu EuGH, 10.9.2009 - Rs. C-292/08 – German Graphics Graphische Maschinen GmbH./. Alice van der Schee als Konkursverwalterin der Holland Binding BV, unten S. 335, Nr. 23), in: IPRax 2010, 325–330

—. Kurzkommentar zu EuGH, Urt. v. 19.4.2012 – Rs. C-213/10 (Lietuvos Aukščiausiasis Teismas (Litauen)), ZIP 2012, 1049, in: EWIR 2012, 383–384

*Burgstaller, Alfred*: Zur Anfechtung nach der Europäischen Insolvenzverordnung, in: Festschrift für Wolfgang Jelinek zum 60. Geburtstag, Wien 2002, 31–45

*Calliess, Christian/Ruffert, Matthias* (Hrsg.): EUV/AEUV, 4. Auflage, München 2011(zit.: Calliess/Ruffert/*Bearbeiter*, EUV/AEUV, Art. Rn.)

*Carstens, Nis*: Die internationale Zuständigkeit im europäischen Insolvenzrecht, Köln Berlin München 2005, zugl.: Kiel, Univ., Diss., 2004

*Cranshaw, Friedrich L.*: Aktuelle Fragen zur europäischen Insolvenzverordnung vor dem Hintergrund der Rechtsprechung des EuGH, in: DZWIR 2009, 353–362

—. Fragen zur Durchsetzung des Eigentumsvorbehalts im Hauptinsolvenzverfahren des Vorbehaltskäufers im Geltungsbereich der EuInsVO, in: DZWIR 2010, 89–98

—. Das Urteil „Interedil“ des EuGH – Fortentwicklung des COMI, Durchbrechung von Bindungswirkungen, Folgen?, in: DZWIR 2012, 53–60

—. Zehn Jahre EuInsVO und Center of Main Interests – Motor dynamischer Entwicklungen im Insolvenzrecht?, in: DZWIR 2012, 133–141

—. Grenzüberschreitende Anfechtungsklagen, Auswirkungen der Rechtsprechung der Unionsgerichtsbarkeit, in: ZInsO 2012, 1237–1246

*Cranshaw, Friedrich L./Hinkel, Lars* (Hrsg.): Praxiskommentar zum Anfechtungsrecht, Kommentar zur Anfechtung innerhalb und außerhalb der Insolvenz nach AnfG und InsO sowie der Anfechtungssystematik mit internationalen Bezügen, Heidelberg 2013 (zit.: Cranshaw/Hinkel/*Bearbeiter*, Anfechtungsrecht, Art. Rn.)

*Dauses, Manfred A.* (Hrsg.): EU-Wirtschaftsrecht, Band 1, 33. Ergänzungslieferung, München 2013 (zit.: Dauses/*Bearbeiter*, EU-Wirtschaftsrecht, Kapitel Rn.)

*Deutscher Anwalts Verein*: Stellungnahme des Insolvenzrechtsausschusses des Deutschen Anwaltsvereins zum Vorentwurf eines Übereinkommens der Mitgliedstaaten der Europäischen Gemeinschaften über den Konkurs, Vergleiche und ähnliche Verfahren, in: KTS 1975, 59–76

—. Entwurf eines Europäischen Übereinkommens über den Konkurs - Stellungnahme des DAV, in: AnwBl. 1988, 575–576

*Deyda, Stephan*: Der Konzern im europäischen internationalen Insolvenzrecht, Baden-Baden 2008, zugl.: Köln, Univ., Diss., 2007

*Dutta, Anatol*: Kapitalersatzrechtliche Ansprüche im internationalen Zuständigkeitsrecht (zu OLG München, 6.6.2006 und 27.7.2006 - 7 U 2287/06, unten S. 212, Nr. 18a, und S. 214, Nr. 18b), in: IPrax 2007, 195–201

*Duursma, Dieter/Duursma-Kepplinger, Henriette-Christine*: Gegensteuerungsmaßnahmen bei ungerechtfertigter Inanspruchnahme der internationalen Zuständigkeit gemäß Art. 3 Abs. 1 EuInsVO, in: DZWIR 2003, 447–452

*Duursma-Kepplinger, Henriette-Christine*: Aktuelle Entwicklungen zur internationalen Zuständigkeit für Hauptinsolvenzverfahren - Erkenntnisse aus Staubitz-Schreiber und Eurofood, in: ZIP 2007, 896–903

*Duursma-Kepplinger, Henriette-Christine/Duursma, Dieter/Chalupsky, Ernst* (Hrsg.): Europäische Insolvenzverordnung Kommentar, Wien 2002 (zit.: D-K/D/CH/*Bearbeiter*, EuInsVO, Art. Rn.)

*Drucker, Peter F.*: Managing for Business Effectiveness in: Harvard Business Rewiew, Mai–Juni 1963, 53

*Ehricke, Ulrich*: Die neue Europäische Insolvenzverordnung und grenzüberschreitende Konzerninsolvenzen, in: EWS 2002, 101–107

*Eidenmüller, Horst*: Der Markt für internationale Konzerninsolvenzen: Zuständigkeitskonflikte unter der EuInsVO, in: NJW 2004, 3455–3459

—. Wettbewerb der Insolvenzrechte?, in: ZGR 2006, 467–488

—. Rechtsmissbrauch im Europäischen Insolvenzrecht, in: KTS 2009, 137–161

*Fasching, Hans W./Konecny, Andreas* (Hrsg): Kommentar zu den Zivilprozeßgesetzen, 5. Band/1. Teilband, EuGVVO, EuBVO, EuVTVO, §§ 39, 39a JN, §§ 63 bis 73, 283, 291a bis 291c ZPO, 2. Auflage, Wien 2008 (zit.: Fasching/Konecny/*Bearbeiter* Art. Rn.)

*Fehrenbach, Markus*: Die prioritätswidrige Verfahrenseröffnung im europäischen Insolvenzrecht (zu BGH, 29.5.2008 - IX ZB 102/07, unten S. 73, Nr. 3), in: IPrax 2009, 51–55

—. Die Zuständigkeit für insolvenzrechtliche Annexverfahren (zu EuGH, 12.2.2009 – Rs. C-339/07 – Christopher Seagon als Insolvenzverwalter der Frick Teppichböden Supermärkte GmbH./. Deko Marty Belgium NV, unten S. 513, Nr. 33a, und BGH, 19.5.2009 – IX ZR 39/06, unten S. 515, Nr. 33b), in: IPrax 2009, 492–498

*Ferber, Michael Martin:* European Insolvency Regulation, Substantive Consolidation, the threat of Form Shopping and a German point of view, Osterspai 2004 (zit.: *Ferber* S.)

*Fletscher, Ian F.*: The Istanbul Convention and the Draft EEC Convention, in: Festschrift für Hans Hanisch, Köln, Berlin, Bonn, München 1994, 89–107

*Flessner, Axel*: Entwicklungen im internationalen Konkursrecht, besonders im Verhältnis Deutschland-Frankreich, in: ZIP 1989, 749–757

—. Internationales Insolvenzrecht in Deutschland nach der Reform, in: IPrax 1997, 1–10

Frankfurter Kommentar zur Insolvenzordnung mit EuInsVO, InsVV und weiteren Nebengesetzten, hrsg. von Klaus Wimmer, 7. Auflage, Köln 2013 (zit.: FK-InsO/*Bearbeiter* Art. Rn.)

*Freitag, Robert/Leible, Stefan*: Justizkonflikte im Europäischen Internationalen Insolvenzrecht und (k)ein Ende? Zugleich eine Besprechung von EuGH RIW 2006, 619 – Eurofood, in: RIW 2006, 641–651

*Fritz, Daniel Friedemann/Bähr, Rainer M.*: Die Europäische Verordnung über Insolvenzverfahren – Herausforderung an Gerichte und Insolvenzverwalter, in: DZWIR 2001, 221–235

*Fuchs, Lydia*: Konkursanfechtung und EuInsVO, in: ÖJZ 2005, 624–628

*Gebauer, Martin/Wiedmann, Thomas* (Hrsg.): Zivilrecht unter europäischem Einfluss, Die richtlinienkonforme Auslegung des BGB und anderer Gesetze – Kommentierung der wichtigsten EU-Verordnungen, 2. Auflage, Stuttgart 2010 (zit.: Gebauer/Wiedmann/*Bearbeiter* Kapitel Art. Rn.)

*Geimer, Reinhold*: Betrachtungen zur Europäischen Insolvenzverordnung in: Rechtsschutz gestern – heute – morgen, Festgabe zum 80. Geburtstag von Rudolf Maschacek und Franz Matscher, Wien, Graz 2008, 743–762

*Geimer, Reinhold/Schütze, Rolf*: Europäisches Zivilverfahrensrecht, Kommentar zur EuGVVO, EuEheVO, EuZustellungsVO, EuInsVO, EuVTVO, zum Lugano-Übereinkommen und zum nationalen Kompetenz- und Anerkennungsrecht, 3. Auflage, München 2010 (zit.: Geimer/Schütze/*Bearbeiter*, Europäisches Zivilverfahrensrecht, Kapitel Art. Rn.)

—. (Hrsg.): Internationaler Rechtsverkehr in Zivil- und Handelssachen, Band I, 28. Ergänzungslieferung, München 2005 (zit.: Geimer/Schütze/*Bearbeiter*, Internationaler Rechtsverkehr, Art. Rn.)

—. (Hrsg.): Internationaler Rechtsverkehr in Zivil- und Handelssachen, Band II, 29. Ergänzungslieferung, München 2005 (zit.: Geimer/Schütze/*Bearbeiter*, Internationaler Rechtsverkehr, Art. Rn.)

*Gottwald, Peter*: Grenzüberschreitende Insolvenzen, Europäische und weltweite Tendenzen und Lösungen, München 1997 (zit.: Gottwald, Grenzüberschreitende Insolvenzen, S.)

—. (Hrsg.): Europäisches Insolvenzrecht, Kollektiver Rechtsschutz, Bielefeld 2008 (zit.: *Bearbeiter* in: Gottwald, Europäisches Insolvenzrecht, Kollektiver Rechtsschutz, S.)

—. (Hrsg.): Insolvenzrechtshandbuch, 4. Auflage, München 2010 (zit.: Gottwald/*Bearbeiter* § Rn.)

*Graf-Schlicker, Marie Luise* (Hrsg.): InsO – Kommentar zur Insolvenzordnung, 3. Auflage, Köln 2012 (zit.: Graf-Schlicker/*Bearbeiter*, InsO, Art. Rn.)

*Großfeld, Bernhard*: Internationales Insolvenzrecht im Werden?, in: ZIP 1981, 925–933

*Haas, Ulrich*: Insolvenzverwalterklagen und EuGVÜ, in: NZG 1999, 1148–1153

Hamburger Kommentar zum Insolvenzrecht, hrsg. von Andreas Schmidt, 4. Auflage, Köln 2012 (zit.: HambKomm/*Bearbeiter*, InsO, Art. Rn.)

*Hanisch, Hans*: Allgemeine kollisionsrechtliche Grundsätze im internationalen Insolvenzrecht, in: Festschrift für Günther Jahr zum siebzigsten Geburtstag, Tübingen 1993, 455–475

*Haß, Detlef/Huber, Peter/Gruber, Peter/Heiderhof, Bettina*: EU-Insolvenzverordnung, Kommentar zur Verordnung (EG) Nr. 1346/2000 über Insolvenzverfahren (EuInsVO), München 2005 (zit.: Haß/Huber/Gruber/Heiderhoff/*Bearbeiter*, EuInsVO, Art. Rn.)

*Hau, Wolfgang*: Internationale Zuständigkeit für Insolvenzanfechtungsklagen, Anmerkung zu BGH, Urteil vom 19.5.2009, IX ZR 39/96, in: KTS 2009, 378–386

*Haubold, Jens*: Europäsiches Zivilverfahrensrecht und Ansprüche im Zusammenhang mit Insolvenzverfahren, Zur Abgrenzung zwischen Europäischer Insolvenzverordnung und EuGVO, EuGVÜ und LugÜ, in: IPrax 2002, 157–163

—. Mitgliedstaatenbezug, Zuständigkeitserschleichung und Vermögensgerichtsstand in Internationalen Insolvenzrecht (zu OLG Köln, 23.4.2001 - 2 W 82/01, unten S. 59, Nr. 3a, und OLG Karlsruhe, 15.4.2002 - 9 W 111/01, unten S. 61, Nr. 3b), in: IPrax 2003, 34–41

*Häsemeyer, Ludwig*: Insolvenzrecht, 4. Auflage, Köln, Berlin, Bonn, München 2007 (zit.: Häsemeyer Rn.)

Heidelberger Kommentar Insolvenzordnung, hrsg. von Gerhart Kreft, 6. Auflage, Heidelberg, München, Landsverg, Frechen, Hamburg 2011 (zit.: HK-InsO/*Bearbeiter* Art. Rn.)

*Herchen, Axel*: International-insolvenzrechtliche Kompetenzkonflikte in der Europäischen Gemeinschaft, Zugleich Besprechung der Entscheidungen des High Court of Justice Leeds v. 16.5.2003 und des AG Düsseldorf v. 19.5/6.6.2003, in: ZInsO 2004, 61–66

—. Aktuelle Entwicklungen im Recht der internationalen Zuständigkeit zur Eröffnung von Insolvenzverfahren: Der Mittelpunkt der (hauptsächlichen) Interessen im Mittelpunkt der Interessen, in: ZInsO 2004, 825–831

*Hess, Harald*: Insolvenzrecht, Großkommentar in drei Bänden, Band III, Erläuterungen aller insolvenzrechtlichen Verordnungen, Nebengesetze und Nebenbestimmungen, Heidelberg 2007 (zit.: Hess, Insolvenzrecht, Anhang Rn.)

—. Europäisches Zivilprozessrecht, Heidelberg 2010 (zit.: Hess, Europäisches Zivilprozessrecht, § Rn.)

*Hess, Burkhard/Laukemann, Björn/Seagon, Christopher*: Europäisches Insolvenzrecht nach Eurofood: Methodische Standortbestimmung und praktische Schlussfolgerungen, in: IPrax 2007, 89–98

*Huber, Peter*: Internationales Insolvenzrecht in Europa – Das internationale Privat- und Verfahrensrecht der Europäischen Insolvenzverordnung, in: ZZP 114 (2001), 133–166

—. Der deutsch-englische Justizkonflikt – Kompetenzkonflikte im Internationalen Insolvenzrecht, in: Festschrift für Andreas Heldrich zum 70. Geburtstag, München 2005, 679–693

*Jahr, Günther*: Vereinheitlichtes Internationales Konkursrecht in der Europäischen Wirtschaftsgemeinschaft, Der Vorentwurf eines Übereinkommens über den Konkurs, Vergleiche und ähnliche Verfahren, in: RabelsZ 36 (1972), 620–652

*Kammel, Volker*: Die Bestimmung der zuständigen Gerichte bei grenzüberschreitenden Konzerninsolvenzen, in: NZI 2006, 334–338

*Kebekus, Frank*: Zuständigkeit des deutschen Insolvenzgerichts im Verfahren der Brochier Holdings Ltd. trotz satzungsmäßigen Sitzes in England, Anmerkung zu AG Nürnberg, Beschl. v. 1.10.2006, in: ZIP 2007, 83–87

*Kebekus, Frank/Sabel, Oliver/Schlegel, Ursula*: Cross Border Insolvencies: Germany, Köln 2007 (zit.: Kebekus/Sabel/Schlegel/*Bearbeiter* Art. Rn.)

*Kegel, Gerhard* (Hrsg.): Vorschläge und Gutachten zum Entwurf eines EG-Konkursübereinkommens, Tübingen 1988 (zit. *Bearbeiter* in: Vorschläge und Gutachten 1988, S.)

*Kindler, Peter*: Gesellschafterinnenhaftung in der GmbH und internationale Zuständigkeit nach der Verordnung (EG) Nr. 44/2001, in: Festschrift für Peter Ulmer zum 70. Geburtstag am 2. Januar 2003, Berlin 2003, 305–322

*Kindler, Peter/Nachmann, Josef* (Hrsg.): Handbuch Insolvenzrecht in Europa, 3. Ergänzungslieferung, München 2013 (zit.: Kindler/Nachmann/*Bearbeiter* § Rn.)

*Klicka, Thomas*: Einstweiliger Rechtsschutz zur Sicherung der Insolvenz, in: Festschrift für Kostas E. Beys, dem Rechtsdenker in attischer Dialektik, Athen 2003, 721-733

*Klöhn, Lars*: Verlegung des Mittelpunkts der hauptsächlichen Interessen i. S. d. Art. 3 Abs. 1 S. 1 EuInsVO vor Stellung des Insolvenzantrags, in: KTS 2006, 259–290

*Klöhn, Lars/Berner, Olaf*: EuInsVO Art. 3 Abs. 1; EuGVVO Art. 1 Abs. 2 lit. b, EuGH-Vorlage zur Bestimmung der internationalen Zuständigkeit für Insolvenzanfechtungsklagen, Anmerkung zu BGH, Beschluss vom 21.6.2007, IX ZR 39/06 (OLG Frankfurt/Main ZIP 2006, 769), in: ZIP 2007, 1415–1420

*Kluth, David*: Anmerkung zu EuGH: Rückforderungen aufgrund Insolvenzanfechtung sind nach Abtretung des Insolvenzverwalters als Zivil- und Handelssachen nach der EuGVVO einzuordnen, in: GWR 2012, 335014

*Knopf, Béla*: Der Ordre-public-Vorbehalt nach Art. 26 EuInsVO – eine Allzweckwaffe gegen forum shopping im europäischen Insolvenzrecht? – Zugleich eine Anmerkung zu den Entscheidungen im Insolvenzverfahren der Hans Brochier Holdings Ltd. –, in: ZInsO 2007, 629–637

—. Kurzkommentar zu High Court of Justice London, Urt. v. 26.11.2009, [2009] EWHC 3199 (Ch), in: EWiR 2010, 563–564

*Knopf, Béla/Mock, Sebastian*: Zur Anerkennung der Insolvenzeröffnung in einem anderen EU-Mitgliedstaat, Anmerkung zu EuGH, Urt. v. 2.5.2006, in: ZIP 2006, 907–915

*Koch, Harald*: Europäisches Insolvenzrecht und Schuldbefreiungs-Tourismus, in: Festschrift für Erik Jayme, Band I, München 2004, 437–444

*Kodek, Georg E.*: EuGH zur Konkursanfechtung: Eine erste Analyse, in: ÖBA 2009, 629-636

*Kolmann, Stephan*: Kooperationsmodelle im internationalen Insolvenzrecht – empfiehlt sich für das deutsche internationale Insolvenzrecht eine Neuorientierung?, Bielefeld 2001, zugl.: Regensburg, Univ., Diss., 1999/2000

*Konecny, Andreas*: Thesen zum Mittelpunkt der hauptsächlichen Schuldnerinteressen gem. Art. 3 Abs. 1 EuInsVO, in: ZIK 2005, 2–6

—. Internationale Zuständigkeit des Insolvenzeröffnungsstaates für Anfechtungsklagen, Anmerkung zu EuGH C-339/07, in: ZIK 2009, 40–42

*Kropholler, Jan/von Hein, Jan*: Europäisches Zivilprozessrecht, Kommentar zu EuGVO, Lugano-Übereinkommen 2007, EuVTVO, EuMVVO und EuGFVO, 9. Auflage, Frankfurt am Main 2011 (zit.: Kropholler/von Hein, Europäisches Zivilprozessrecht, Art. Rn.)

*Kübler, Bruno M.*: Der Mittelpunkt der hauptsächlichen Interessen nach Art. 3 Abs. 1 EuInsVO, in: Festschrift für Walter Gerhardt, Köln 2004, 527–562

*Kübler, Bruno M./Prütting, Hans/Bork, Reinhard* (Hrsg.): InsO Kommentar zur Insolvenzordnung, Band IV, 40. Lieferung, Köln 2010 (zit.: Kübler/Prütting/Bork/*Bearbeiter*, InsO, Art. Rn.)

*Landbrecht, Johannes*: EuGVVO: Deliktsgerichtsstand bei Durchgriffshaftung, VO (EG) Nr. 44/2001 (EuGVVO) Art. 5 Abs. 3, Anmerkung zu: EuGH Urteil vom 18.7.2013 - C-147/12, in: EuZW 2013, 703–708

*Lange, Paul*: Der internationale Gerichtsstand der unerlaubten Handlung nach dem EuGVÜ bei Verletzung von nationalen Kennzeichen, in: WRP 2000, 940–947

*Laukemann, Björn*: Rechtshängigkeit im europäischen Insolvenzrecht, in: RIW 2005, 104-112

*Lautenbach, Götz*: Eröffnung eines Hauptinsolvenzverfahrens in Deutschland trotz vorherigem Antrag in England, Anmerkung zu AG Mönchengladbach, Beschluss vom 27.04.2004, in: NZI 2004, 383–386

*Leible, Stefan/Staudinger, Ansgar*: Die europäische Verordnung über Insolvenzverfahren, in: KTS 2000, 533–575

*Leipold, Dieter*: Zuständigkeitslücken im neuen Europäischen Insolvenzrecht, in: Festschrift für Akira Ishikawa zum 70. Geburtstag am 27. November 2001, Berlin 2001, 221–239

*Lemontey, Jacques*: Bericht Lemontey zum Entwurf eines EG-Konkursübereinkommens, in: ZIP 1981, 547–562

*Leonhardt, Peter/Smid, Stefan/Zeuner, Mark* (Hrsg.): Internationales Insolvenzrecht Kommentar, 2. Auflage, Stuttgart 2012 (zit: Leonhardt/Smid/Zeuner/*Bearbeiter* Art. Rn.)

*Lieder, Solweig*: Grenzüberschreitende Unternehmenssanierungen im Lichte der EuInsVO, Unter Berücksichtigung der Entwicklungen im deutschen, österreichischen, englischen und spanischen Insolvenzrecht, Berlin 2007, zugl.: Kiel, Univ., Diss., 2006

*Lorenz, Verena*: Annexverfahren bei Internationalen Insolvenzen, Tübingen 2005, zugl.: Innsbruck, Univ., Diss., 2004

*Lüer, Hans-Jochen*: Einheitliches Insolvenzrecht innerhalb der Europäischen Gemeinschaften – Die Quadratur des Kreises? – Anmerkung zum Entwurf eines

Übereinkommens über den Konkurs, Vergleiche und ähnliche Verfahren –, in: KTS 1981, 147–165

—. Art. 3 Abs. 1 EuInsVO – Grundlage für ein europäisches Konzerninsolvenzrecht oder Instrumentarium eines „Insolvenz-Imperialismus"?; in: Festschrift für Günter Greiner zum 70. Geburtstag, Köln 2005, 201–215

*Lüke, Wolfgang*: Das europäische internationale Insolvenzrecht, in: ZZP 111 (1998), 275–314

—. Europäisches Zivilverfahrensrecht – das Problem der Abstimmung zwischen EuInsÜ und EuGVÜ, in: Festschrift für Rolf A. Schütze zum 65. Geburtstag, München 1999, 467–483

*Lüttringhaus, Jan D./Weber, Johannes*: Aussonderungsklagen an der Schnittstelle von EuGVVO und EuInsVO, Zum Urteil des EuGH vom 10.9.2009 in der Rechtssache C-292/08 – German Graphics Graphische Maschinen GmbH gegen Alice van der Schee, RIW 2009, 798, in: RIW 2010, 45–51

*Magnus, Ulrich/Mankowski, Peter* (Hrsg.): Brussels I Regulation, 2. Auflage, München 2012 (zit.: Magnus/Mankowski/*Bearbeiter*, Brussels I Regulation, Chapter Art. Rn.)

*Mankowski, Peter*: Kurzkommentar zu Court d´appel Versailles, Urt. v. 4.9.2003 – 05038/03, in: EWiR 2003, 1239–1240

—. Zuständigkeit des Insolvenzgerichts am Sitz der Konzernmutter bei Leitung der Verwaltung der Schuldnerin – Hettlage, Anmerkung zu AG München, Beschl. v. 4.5.2005, in: NZI 2004, 450–452

—. Internationales Insolvenzrecht, in: RIW 2005, 573–579

—. Klärung von Grundfragen des europäischen Internationalen Insolvenzrechts durch die Eurofood-Entscheidung? Center of main intersts (COMI), Anerkennung, ordre public, vorläufige Insolvenzverwaltung, in: BB 2006, 1753–1759

—. Insolvenznahe Verfahren und Sicherung des Eigentumsvorbehalts im Grenzbereich zwischen EuInsVO und EuGVVO, Hoge Raad, Vorlage v. 20.6.2008 – R 07/124 – HR German Graphics Graphische Maschinen GmbH/Alice van der Schee (EuGH – Rs. C-292/08), in: NZI 2008, 604–606

—. Anmerkung zu „Enger Zusammenhang" zwischen Zivilklage und Konkursverfahren – Anerkennung von Entscheidungen eines anderen Mitgliedstaats, in: NZI 2009, 570–572

—. Insolvenznahe Verfahren im Grenzbereich zwischen EuInsVO und EuGVVO – Zur Entscheidung des EuGH in Sachen German Graphics (NZI 2009, 741), in: NZI 2010, 508–511

—. Zum Begriff des „Mittelpunkts der hauptsächlichen Interessen des Schuldners", Anmerkung zu EuGH, Urt. v. 20.10.2011, in: NZI 2011, 990–995

*Mankowski, Peter/Willemer, Charlotte*: Die internationle Zuständigkeit für Insolvenzanfechtungsklagen, in: RIW 2009, 669–679

*Mansel, Heinz-Peter/Thorn, Karsten/Wagner, Rolf*: Europäisches Kollisionsrecht 2009: Hoffnungen durch den Vertrag von Lissabon, in: IPrax 2010, 1–22

*Manz, Gerhard/Mayer, Barabara/Schröder, Albert*: Europäische Aktiengesellschaft SE, 2. Auflage, Baden-Baden 2010 (zit.: Manz/Mayer/Schröder/*Bearbeiter*, SE, Art. Rn.)

*Metzger, Ingrid*: Die Umsetzung des Istanbuler Übereinkommens in das deutsche internationale Insolvenzrecht, Pfaffenweiler 1994, zugl.: Freiburg (Breisgau), Univ., Diss, 1994

*Michalski, Lutz* (Hrsg.): Kommentar zum Gesetz betreffend die Gesellschaft mit beschränkter Haftung (GmbHG), Band I §§ 1–34 GmbHG, 2. Auflage, München 2010 (zit.: Michalski/*Bearbeiter*, GmbHG, IntGesR Rn.)

*Mock, Sebastian*: Steine statt Brot? – Verfahrenskonzentration bei grenzüberschreitenden Insolvenzanfechtungsklagen und fehlende örtliche Zuständigkeiten – zugleich Anmerkung zu EuGH v. 12.2.2009 – Rs. C-339/07, in: ZInsO 2009, 470–474

*Mohrbutter, Harro/Ringsmeier, Andreas* (Hrsg.): Handbuch der Insolvenzverwaltung, 8. Auflage, Köln, Berlin, München 2007 (zit.: Mohrbutter/Ringstmeier/*Bearbeiter*, InsO, § Rn.)

*Morscher, Martin*: Die europäische Insolvenzverordnung (EuInsVO), Wien 2002 (zit.: Morscher, EuInsVO, Kapitel)

*Moss, Gabriel/Fletscher, Ian F./Isaacs, Stuart*: The EC Regulation On Insolvency Proceddings, A Commentary and Annotated Guide, 2. Auflage, Oxford, 2009 (zit.: Moss/Fletscher/Isaacs/*Bearbeiter* Rn.)

*Mörsdorf-Schulte, Juliana*: Internationaler Gerichtsstand für Insolvenzanfechtungsklagen im Spannungsfeld von EuInsVO, EuGVÜ/O und autonomem Recht und seine Überprüfbarkeit durch den BGH (zu BGH, 27.3.2003 – IX ZR 203/02, unten S. 59, Nr. 3), in: IPrax 2004, 31–40

—. Geschlossene europäische Zuständigkeitsordnung und die Frage der vis attractiva concursus, in: NZI 2008, 282–288

—. Zuständigkeit für Insolvenzanfechtungsklagen im Eröffnungsstaat, zugleich Besprechung EuGH v. 12.2.2009 – Rs C-339/07, ZIP 2009, 427 und Folgeentscheidung BGH v. 19.5.2009 – IX ZR 39/09, ZIP 2009, 1287 – Deko Marty, in: ZIP 2009, 1456–1462

*Müller, Karsten*: Kurzkommentar zu EuGH, Urt. v. 12.2.2009 – Rs. C-339/07 (BGH ZIP 2007, 1415), ZIP 2009, 427 = DB 2009, 613 = DStR 2009, 697 = NZI 2009, 199 = ZInsO 2009, 493, in: EWIR 2009, 411–412

Münchener Kommentar zum Bürgerlichen Gesetzbuch, hrsg. von Roland Rixecker und Jürgen Säcker, Band 11 Internationales Privatrecht, Internationales Wirtschaftsrecht, Einführungsgesetz zum Bürgerlichen Gesetzbuche (Art. 25-248), 5. Auflage, München 2010 (zit.: MünchKommBGB/*Bearbeiter* Art. Rn.)

Münchener Kommentar zur Insolvenzordnung, hrsg. von Hans-Peter Kirchhof, Horst Eidenmüller, Rolf Stürner, Band 2 §§ 80-216 InsO, 3. Auflage, München 2013 (zit.: MünchKommInsO/*Bearbeiter* § Rn.)

Münchener Kommentar zur Insolvenzordnung, hrsg. von Hans-Peter Kirchhof, Hans-Jürgen Lwowski, Rolf Stürner, Band 3 §§ 270-359 Internationales Insolvenzrecht Insolvenzsteuerrecht, 2. Auflage, München 2008 (zit.: MünchKommInsO/*Bearbeiter* Art. Rn.)

Münchener Kommentar zur Zivilprozessordnung mit Gerichtsverfassungsgesetz und Nebengesetzen, hrsg. von Wolfgang Krüger, Thomas Rauscher, Band 3 §§ 1025–1109, EGZPO, GVG, EGGVG, UKlaG, Internationales und Europäisches Zivilprozessrecht, 4. Auflage, München 2013 (zit.: MünchKommZPO/*Bearbeiter* Art. Rn.)

*Nadelmann, Kurt H.*: Ausländisches Vermögen unter dem Vorentwurf eines Konkursabkommens für die EWG-Staaten, in: KTS 1971, 65–81

*Nagel, Heinrich/Gottwald, Peter*: Internationales Zivilprozessrecht, 7. Auflage, Köln 2013 (zit.: Nagel/Gottwald § Rn.)

*Nerlich, Jörg/Kreplin, Georg* (Hrsg.): Münchener Anwaltshandbuch Insolvenz und Sanierung, 2. Auflage, München 2012 (zit.: Nerlich/Kreplin/*Bearbeiter* § Rn.)

*Nerlich, Jörg/Römermann, Volker*: Insolvenzordnung, 25. Ergänzungslieferung, München 2013 (zit.: Nerlich/Römermann/*Bearbeiter*, InsO, Art. Rn.)

*Neumayr, Matthias*: Internationale Zuständigkeit für eine Insolvenzanfechtungsklage, in: ZaK 2009, 78–79

NJW-Spezial: Mittelpunkt der hauptsächlichen Interessen des Schuldners, in: NJW-Spezial 2012, 181

NJW-Spezial: Deliktsgerichtsstand bei Durchgriffshaftung in: NJW-Spezial 2013, 593

*Oberhammer, Paul*: Das Europäische Insolvenzrecht und Österreich: Grundstrukturen und ausgewählte Probleme, in: ÖBA 2002, 698–708

—. Europäisches Insolvenzrecht in praxi – „Was bisher geschah", in: ZInsO 2004, 761–773

—. Zur internationalen Anfechtungsbefugnis des Sekundärinsolvenzverwalters nach Europäischem Insolvenzrecht, in: KTS 2008, 271–293

—. Von der EuInsVO zum europäischen Insolvenzrecht – Eine Zwischenbilanz über rechtspolitische Gestaltungsmittel und Ziele –, in: KTS 2009, 27–67

—. Im Holz sind Wege: EuGH SCT./. Alpenblume und der Insolvenztatbestand des Art. 1 Abs. 2 lit. b EuGVVO (zu EuGH, 2.7.2009 - Rs. C-111/08 - SCT Industri AB i likvidation./. Alpenblume AB, unten S. 353, Nr. 22), in: IPrax 2010, 317–324

—. Europäisches Insolvenzrecht: EuGH Seagon/Deko Marty Belgium und die Folgen, in: Festschrift für Helmut Koziol zum 70. Geburtstag, Wien 2010, 1239–1272

*Pannen, Klaus* (Hrsg.): Europäische Insolvenzverordnung Kommentar, Berlin 2007 (zit.: Pannen/Bearbeiter, EuInsVO, Art. Rn.)

*Pannen, Klaus/Riedemann, Susanne*: Der Begriff des „center of main interests" i. S. des Art. 3 I 1 EuInsVO im Spiegel aktueller Fälle aus der Rechtsprechung, in: NZI 2004, 646–651

*Paulus, Christoph*: Zuständigkeitsfragen nach der Europäischen Insolvenzverordnung, in: ZIP 2003, 1725–1729

—. Überlegungen zu einem modernen Konzerninsolvenzrecht, in: ZIP 2005, 1948–1955

—. Der EuGH und das moderne Insolvenzrecht, in: NZG 2006, 609–613

—. Die ersten Jahre der Europäisches Insolvenzverordnung, Erfahrungen und Erläuterungen, in: RabelsZ 70 (2006) 458–473

—. Die EuInsVO - wo geht die Reise hin?, in: NZI 2008, 1–6

—. Kurzkommentar zu EuGH, Urt. v. 20.10.2011, Rs. C-396/09, in: EWiR 2011, 745–755

—. Europäische Insolvenzverordnung Kommentar, 4. Auflage, Frankfurt am Main 2013 (zit.: Paulus, EuInsVO, Art. Rn.)

*Penzlin, Dietmar*: Kurzkommentar zu Tribunal de Commerce de Nanterre, Urteil vom 15.02.2006, PCL 2006J00174, in: EWiR 2006, 207–208

*Penzlin, Dietmar/Riedemann, Susanne*: Kein Verstoß gegen den Ordre Public bei fehlender Begründung der internationalen Zuständigkeit, Anmerkung zu OGH, Beschl. v. 17.3.2005, in: NZI 2005, 465–471

*Piekenbrock, Andreas*: Anmerkung zu EuGH: Anerkennung von Gerichtsentscheidungen über die Verfügung eines Konkusverwalters nach der Brüssel I-VO, in: LMK 2009, 2829817

—. Klagen eines Eigentumsvorbehaltskäufers bei ausländischem Konkurs des Käufers, Anmerkung zu EuGH, Urteil vom 10.09.2009, C-292/08, in: KTS 2010, 195–221

—. EuGH: Bindungswirkung von Vorabentscheidungen und „Mittelpunkt der hauptsächlichen Interessen", in: LMK 2012, 327375

*Poertzgen, Christoph/Adam, Dietmar*: Die Bestimmung des „center of main intersts“ gem. Art. 3 Abs. 1 EuInsVO, Anmerkung zum Urt. des EuGH („Parmalat“) v. 2.5.2006 - C-41/04 - ZInsO 2006, 484ff., in: ZInsO 2006, 505–510

*Pottharst, Klaus-Peter*: Probleme eines Europäischen Konkursübereinkommens, Das Internationale Insolvenzrecht in den Entwürfen der Europäischen Gemeinschaft für ein Abkommen über Konkurse, Vergleiche und ähnliche Verfahren, Frankfurt am Main 1995, zugl.: Regensburg, Univ., Diss., 1994

*Prager, Martin/Keller, Christoph*: Der Vorschlag der Europäischen Kommission zur Reform der EuInsVO, in: NZI 2013, 57–64

*Rauscher, Thomas* (Hrsg.): Europäisches Zivilprozess- und Kollisionsrecht EuZPR/EuIPR, Band 1, Brüssel I-VO, LugÜbk 2007, 3. Auflage, München 2011 (zit.: Rauscher/*Bearbeiter*, EuZPR/EuIPR, Art. Rn.)

—. (Hrsg.): Europäisches Zivilprozess- und Kollisionsrecht EuZPR/EuIPR, Band 2, EG-VollstrTitelVO, EG-MahnVO, EG-BagatellVO, EG-ZustellVO 2007, EG-BewVO, EG-InsVO, München 2010 (zit.: Rauscher/*Bearbeiter*, EuZPR/EuIPR, Art. Rn.)

*Reuß, Philipp M.*: Europäisches Insolvenzrecht 3.0 oder doch nur Version 1.1?, Der Vorschlag der Kommission vom 12.12.2012 zur Reform der Europäischen Insolvenzverordnung, in: EuZW 2013, 165–169

*Riedemann, Susanne*: Kurzkommentar zu BGH, Urt. v. 19.5.2009 - IX ZR 39/06 (EuGH ZIP 2009, 427, dazu EWIR 2009, 411 (K. Müller)), ZIP 2009, 1287, in: EWIR 2009, 505–506

*Riewe, Anna Deike*: Aktuelles Internationales und ausländisches Insolvenzrecht Juni/Juli 2009, in: NZI 2009, 549–551

*Rotstegge, Jochen P.*: Zuständigkeitsfragen bei der Insolvenz in- und ausländischer Konzerngesellschaften, in: ZIP 2008, 955–962

*Runkel, Hans P.* (Hrsg.): Anwalts-Handbuch Insolvenzrecht, 2. Auflage, Köln 2008 (zit.: Runkel/*Bearbeiter* § Rn.)

*Sabel, Oliver*: Hauptsitz als Niederlassung im Sinne der EuInsVO?, in: NZI 2004, 126–128

*Saenger, Ingo*: Gesellschaftsrecht, 2. Auflage, München 2013 (zit.: Saenger, GesR, § Rn.)

*Saenger, Ingo/Klockenbrink, Ulrich*: Anerkennungsfragen im internationalen Insolvenzrecht gelöst?, Zugleich Anmerkung zum Urteil des EuGH vom 2.5.2006 - Rs. C-341/04 (Eurofood/Parmalat), in: EuZW 2006, 363–367

—. Internationale Zuständigkeit für Insolvenzanfechtungsklagen und Geltendmachung von Erstattungsansprüchen wegen Verstoßes gegen Kapitalerhaltungsvorschriften, Zugleich Anmerkung zu den Beschlüssen des OLG München vom 27.7.2006 und 6.6.2006 - U 2287/06, in: IHR 2007, 60–64

*Sandrock, Otto*: Die Konkretisierung der Überlagerungstheorie in einigen zentralen Einzelfragen, Ein Beitrag zum internationalen Gesellschaftsrecht, in: Festschrift für Günter Beitzke zum 70. Geburtstag am 26. April 1979, Berlin New York 1979, 669–696

*Schack, Haimo*: Internationales Zivilverfahrensrecht, 5. Auflage, München 2010 (zit.: Schack, IntZPR, § Rn.)

*Schilling, Simon/Schmidt, Jessica*: COMI und vorläufiger Insolvenzverwalter – Problem gelöst? Die Schlussanträge in der Rechtssache „Eurofood/Parmalat" als wesentlicher Schritt zur Lösung der Kontroverse um die Auslegung der EuInsVO, in: ZInsO 2006, 113–118

—. Anmerkung zu AG Köln, Insolvenzantragstellung in einem anderen EU-Mitgliedstaat, in: DZWIR 2009, 218–220

*Schlosser, Peter F.*: EU-Zivilprozessrecht, EuGVVO, AVAG, VTVO, MahnVO, BagatellVO, HZÜ, EuZVO, HBÜ, EuBVO, 3. Auflage, München 2009 (zit.: Schlosser, EU-Zivilprozessrecht, Art. Rn.)

*Schmidt, Jessica*: Eurofood – Eine Leitentscheidung und ihre Rezeption in Europa und den USA, in: ZIP 2007, 405–410

—. Kurzkommentar zu High Court of Justice London, Urt. v. 3.7.2009 - [2009] EWHC 1441 (Ch), ZIP 2009, 1776, in: EWiR 2009, 571–572

*Schmidt, Joachim*: Französisches Recht für Europa – Der „Konkursdurchgriff" im Vorentwurf eines EG-Konkursabkommens, in: KTS 1976, 11–35

*Schmittmann, Jens M./Hesselmann, Thomas*: Die internationale Zuständigkeit und Wirkungserstreckung in der EuInsVO unter besonderer Berücksichtigung von Kompetenzkonflikten, in: ZInsO 2008, 957–967

*Schnichels, Dominik/Stege, Ulrich*: Die Entwicklung des europäischen Zivilprozessrechts im Bereich der EuGVVO im Jahr 2012, in: EuZW 2013, 809–816

*Schulze, Reiner/Zuleeg, Manfred/Kadelbach, Stefan* (Hrsg.): Europarecht, 2. Auflage, Baden-Baden 2010 (zit.: Schulze/Zuleeg/Kadelbach/*Bearbeiter*, Europarecht, § Rn.)

*Schwarz, Günter Christian*: Insolvenzverwalterklagen bei eigenkapitalersetzenden Gesellschafterleistungen nach der Verordnung (EG) Nr. 44/2001 (EuGVVO), in: NZI 2002, 290-298

*Schwemmer, Anja-Sophia*: Die Verlegung des center of main interests (COMI) im Anwendungsbereich der EuInsVO, in: NZI 2009, 355–359

*Simons, Thomas/Hausmann, Rainer* (Hrsg.): Brüssel I-Verordnung, Kommentar zur VO (EG) 44/2001 und zum Übereinkommen von Lugano, München 2012 (zit.: Simons/Hausmann/*Bearbeiter*, Brüssel I-VO, Art. Rn)

*Smid, Stefan*: Judikatur zum internationalen Insolvenzrecht, in: DZWIR 2004, 397–411

—. Praxishandbuch Insolvenzrecht, 5. Auflage, Berlin 2008 (zit.: Smid, Praxishandbuch Insolvenzrecht, § Rn.)

*Stoecker, Detlev/Zschaler, Philipp*: Internationale Zuständigkeit für Insolvenzanfechtungsklagen: Die Entscheidung Seagon/Deko in der Rechtsprechung deutscher Landgerichte, in: NZI 2010, 757–761

*Stoll, Hans* (Hrsg.): Vorschläge und Gutachten zur Umsetzung des EU-Übereinkommens über Insolvenzverfahren im deutschen Recht, Tübingen 1997 (zit.: *Bearbeiter* in: Stoll 1997, S.)

*Strobel, Florian*: Die Abgrenzung zwischen EuGVVO und EuInsVO im Bereich insolvenzbezogener Einzelentscheidungen, Frankfurt am Main 2006, zugl.: Köln, Univ., Diss., 2006

*Strub, Andreas*: Das Europäische Konkursübereinkommen, in: EuZW 1996, 71–74

*Stummel, Dieter*: Konkurs und Integration, Frankfurt am Main 1991, zugl. Heidelberg, Univ., Diss., 1990

*Stürner, Michael*: Gerichtsstandvereinbarungen und Europäisches Insolvenzrecht, Zugleich ein Beitrag zur internationelen Zuständigkeit bei insolvenzbezogenen Annexverfahren, in: IPrax 2005, 416–422

*Stürner, Rolf/Kawano, Masanori* (Hrsg.): Cross Border Insolvency, Intellectual Proterty, Litigation, Arbitration and Ordre Public, Tübingen 2001 (zit.: *Bearbeiter* in: Cross Border Insolvency, 2011, S.)

*Stürner, Rolf/Kern, Christoph*: Anmerkung zu EuGH: Internationale Zuständigkeit für eine Insolvenzanfechtungsklage, in: LMK 2009, 278572

*Sujecki, Bartosz*: Anmerkung zu EuGVVO/EuInsVO: Internationale Zuständigkeit für insolvenzrechtliches Annexverfahren, in: EuZW 2012, 427–430

*Taupitz, Jochen*: Das (zukünftige) europäische Internationale Insolvenzrecht – insbesondere aus international-privatrechtlicher Sicht –, in: ZZP 111 (1998), 315–356

*Taylor, Steven*: Veranstaltung zu grenzüberschreitenden Insolvenzen in der Insolvenzpraxis in Köln, mitgeteilt von Rolf Leithaus, in: NZI 2004, 194–195

*Thieme, Jürgen*: Der Entwurf eines Konkursübereinkommens der EG-Staaten von 1980, Überblick und allgemeine Kritik, in: RabelsZ 45 (1981), 459–499

*Thole, Christoph*: Die internationale Zuständigkeit für insolvenzrechtliche Anfechtungsklagen, Zugleich Besprechung OLG Frankfurt/M. v. 26.1.2006 – 15 U 200/05, ZIP 2006, 769, in: ZIP 2006, 1383–1387

—. Das COMI-Prinzip und andere Grundfragen des Europäischen Insolvenzrechts, in: ZEuP 2007, 1137–1151

—. *Vis attractiva europaei?* Die internationale Zuständigkeit für insolvenzbezogene Annexverfahren zwischen EuInsVO, EuGVVO und autonomem Recht,

Entscheidung des Europäischen Gerichtshofs vom 12. Februar 2009, in: ZEuP 2010, 904–924

—. Negative Feststellungsklagen, Insolvenztorpedos und EuInsVO, in: ZIP 2013, 605–613

*Tschentscher, Frank*: EuGH: Bei der Bestimmung des Mittelpunkts der hauptsächlichen Interessen einer Gesellschaft ist eine wertende Gesamtbetrachtung vorzunehmen, in: FD-InsR 2011, 325372

*Uhlenbruck, Wilhelm/Hirte, Heribert/Vallender, Heinz* (Hrsg.): Insolvenzordnung Kommentar, 13. Auflage, München 2010 (zit.: Uhlenbruck/*Bearbeiter*, InsO, Art. Rn.)

*Vallender, Heinz*: Aufgaben und Befugnisse des deutschen Insolvenzrichters in Verfahren nach der EuInsVO, in: KTS 2005, 283–329

—. Gefahren für den Insolvenzstandort Deutschland, in: NZI 2007, 129–137

*Vallender, Heinz/Fuchs, Karlhans*: Die Antragspflicht organschaftlicher Vertreter einer GmbH vor dem Hintergrund der Europäischen Insolvenzverordnung, in: ZIP 2004, 829–836

*Vallender, Heinz/Undritz, Sven-Holger* (Hrsg.): Praxis des Insolvenzrechts, Köln 2011 2012, (zit.: Vallender/Undritz/*Bearbeiter* Kapitel Rn.)

*Virgós, Miguel/Schmit, Etienne*: Erläuternder Bericht zu dem EU-Übereinkommen über Insolvenzverfahren, in: Vorschläge und Gutachten zur Umsetzung des EU-Übereinkommens im deutschen Recht, hrsg. von Hans Stoll, Tübingen 1997, 32–134 (zit.: *Virgós/Schmit* Bericht Rn.)

*Vogler, Daniela*: Die internationale Zuständigkeit für Insolvenzverfahren, Wien Graz 2004, zugl.: Wien, Univ., Diss., 2003

*Vormstein, Frank*: Zuständigkeit bei Konzerninsolvenzen, München 2005, zugl.: Kiel, Univ., Diss., 2005

*Wagner, Gerhard*: Entwicklungstendenzen und Forschungsperspektiven im Zivilprozess- und Insolvenzrecht, in: ZEuP 2008, 6–31

*Weller, Marc-Philippe*: Forum Shopping im Internationalen Insolvenzrecht? (zu BGH, 27.11.2003 - IX ZB 418/02, unten S. 429, Nr. 32a, und AG Düsseldorf, 12.3.2004 - 502 IN 126/03, unten S. 431, Nr. 32b, und AG München, 4.5.2004 - 1501 IE 1276/04, unten S. 433, Nr. 32c), in: IPrax 2004, 412–417

—. Inländische Gläubigerinteressen bei internationalen Konzerninsolvenzen, in: ZHR 169 (2005), 570–593

—. Die Verlegung des Center of Main Interest von Deutschland nach England, in: ZGR 2008, 835–866

—. GmbH-Bestattung im Ausland, in: ZIP 2009, 2029–2036

*Westpfahl, Lars/Goetker, Uwe/Wilkens, Jochen*: Grenzüberschreitende Insolvenzen, Köln 2008 (zit.: Westpfahl/Goetker/Wilkens Rn.)

*Wiedemann, Carolin*: Kriterien und maßgeblicher Zeitpunkt zur Bestimmung des COMI, in: ZInsO 2007, 1009–1017

*Wiesbauer, Bruno* (Hrsg.): Internationales Insolvenzrecht: die wesentlichen Bestimmungen des oesterreichischen Rechts und die Staatsverträge auf dem Gebiet des internationalen Insolvenzrechts, Wien 1986 (zit.: *Bearbeiter* in: Wiesbauer 1986 S.)

Willemer, Charlotte: Vis attractiva concursus und die Europäische Insolvenzverordnung, Tübingen 2006, zugl.: Hamburg, Univ., Diss., 2006

*Wimmer, Klaus*: Die Verordnung (EG) Nr. 1346/2000 über Insolvenzverfahren, in: ZInsO 2001, 97–103

—. Die EU-Verordnung zur Regelung grenzüberschreitender Insolvenzverfahren, in: NJW 2002, 2427–2431

—. Anmerkung zum Vorlagebeschluss des irischen Supreme Court in Sachen Parmalat, Bemerkung anlässlich der deutschen Stellungnahme gegenüber dem EuGH zu dem Vorabentscheidungsersuchen des Supreme Court (Irland) RS C-341/04, in dieser Ausgabe S. 159, in: ZInsO 2005, 119–127

*Wolfer, Hendrik*: Anmerkung zu EuGH: Für grenzüberschreitende Insolvenzanfechtungsklagen sind die Gerichte des Eröffnungsstaates international zuständig, in: GWR 2009, 283334

*Wolf, Ulrich M.*: Der europäische Gerichtsstand bei Konzerninsolvenzen, Tübingen 2012, zugl.: Dresden, Univ., Diss., 2011

*Zeuner, Mark/Elsner, Theresa*: Die internationale Zuständigkeit der Anfechtungsklage oder die Auslegung des Art. 1 Abs. 2 lit. b EuGVVO, in: DZWIR 2008, 1–6

*Zippelius, Reinhold*: Rechtsphilosophie, 6. Auflage, München 2011 (zit.: Zippelius, Rechtsphilosophie, S.)

*Zöller, Richard* (Hrsg.): Zivilprozessordnung mit FamFG (§§ 1–185, 200–270, 433–484) und Gerichtsverfassungsgesetz, den Einführungsgesetzen, mit Internationalem Zivilprozessrecht, EU-Verordnungen, Kostenanmerkungen, Kommentar, 30. Auflage, Köln 2014 (zit.: Zöller/*Bearbeiter*, ZPO, Art. Rn.)

www.ingramcontent.com/pod-product-compliance
Ingram Content Group UK Ltd.
Pitfield, Milton Keynes, MK11 3LW, UK
UKHW021908290926
8980IPUK00015B/1122

9 783631 665596